# RESPONSABILIDADE CIVIL AMBIENTAL DO FINANCIADOR

R225r    Raslan, Alexandre Lima.
         Responsabilidade civil ambiental do financiador / Alexandre Lima Raslan. – Porto Alegre: Livraria do Advogado Editora, 2012.
         293 p.; 23 cm.
         Inclui bibliografia.
         ISBN 978-85-7348-784-8

         1. Direito ambiental. 2. Instituições financeiras – Responsabilidade ambiental. 3. Propriedade – Aspectos sociais. 4. Proteção ambiental. 5. Economia. 6. Financiamento – Meio ambiente. 7. Responsabilidade por danos ambientais. I. Título.

CDU 349.6:347.51
CDD 346.046

Índice para catálogo sistemático:
1. Direito ambiental: Responsabilidade civil    349.6:347.51

(Bibliotecária responsável: Sabrina Leal Araujo – CRB 10/1507)

Alexandre Lima Raslan

# RESPONSABILIDADE CIVIL AMBIENTAL DO FINANCIADOR

livraria
DO ADVOGADO
editora

Porto Alegre, 2012

© Alexandre Lima Raslan, 2012

*Capa, projeto gráfico e diagramação*
Livraria do Advogado Editora

*Revisão*
Rosane Marques Borba

*Direitos desta edição reservados por*
**Livraria do Advogado Editora Ltda.**
Rua Riachuelo, 1338
90010-273 Porto Alegre RS
Fone/fax: 0800-51-7522
editora@livrariadoadvogado.com.br
www.doadvogado.com.br

Impresso no Brasil / Printed in Brazil

# Agradecimentos

Ao Ministério Público de Mato Grosso do Sul sou grato pela oportunidade e ao meu orientador, professor doutor Marcelo Gomes Sodré, pela dedicação e paciência. Em especial, agradeço às professoras doutoras Consuelo Yatsuda Moromizato Yoshida, Regina Veras Villas Bôas e Patrícia Faga Iglecias Lemos que, além de tudo o que o professor pode transmitir ao aluno, concederam-me amizade.

Agradeço aos amigos Renzo Siufi, Marco Túlio Garcia, Sérgio Muritiba, Mansour Karmouche, Luciano Loubet, Ricardo Melo, Humberto Ferri, Christiane de Alencar, Helen Neves D. da Silva, Irma Vieira de S. e Anzoategui, Paulo Alberto de Oliveira, Silvio Cesar Maluf, Heloisa Paulino, Rodrigo Jorge Moraes, Cristina Godoy de Araújo Freitas, Annelise Monteiro Steigleder e Édis Milaré pela convivência fraternal, incentivo e confiança.

Aos amigos Georges Abboud e Henrique Garbellini Carnio o agradecimento pela amizade fraternal e companhia sempre proveitosa, livrando-me da solidão das ideias.

Aos meus pais, Omar Rabiha Raslan e Leide Lima Raslan, agradeço pelo incentivo aos estudos, estendendo-o aos meus avós Nagib Raslan, Latife Raslan e Leonel da Silva Lima, por me honrarem com uma convivência amorosa, já extinta, ambientada em meio aos livros e às histórias de que sinto tanta falta.

Agradeço, enfim, a minha mulher, Cláudia Lopes Cruz, pela compreensão e suporte sem os quais não haveria inspiração para iniciar esta jornada e chegar até aqui, e aos nossos Bruno, Gabriela, Isabela e Rene que me ensinam, todos os dias, que sem amor nada faz sentido.

Rene! É pra você, meu filho.

# Prefácio

Tenho diante de mim a honrosa incumbência de prefaciar um primoroso trabalho do especialista e mestre em Direito das Relações Sociais, com ênfase em Direitos Difusos e Coletivos, o Promotor de Justiça do Ministério Público de Mato Grosso do Sul, ambientalista Alexandre Lima Raslan.

Várias são as razões que unem prefaciado e prefaciador, a começar pela pertença ao Ministério Público, instituição que tem exercido notória e salutar influência no desenvolvimento do Estado e da sociedade nacionais. Neste sentido, basta lembrar os recém-comemorados 25 anos da Ação Civil Pública, notável instrumento que propiciou à instituição atuar com maior desenvoltura na defesa dos direitos transindividuais, na democratização do acesso dos cidadãos ao Direito e à Justiça. E seria imperdoável não citar o importante papel do *Parquet* na custódia do patrimônio ambiental e na qualidade do Meio Ambiente.

Neste substancioso trabalho, Alexandre Raslan focalizou, com clareza, a perspectiva da propriedade e a responsabilidade civil ambiental das instituições financeiras, dois aspectos plenamente atuais que evidenciam o gravame de função social. Sobre eles desejo tecer algumas poucas considerações.

No que concerne à propriedade, ele buscou raízes profundas no Direito Romano, ou melhor, antes dele. No topo da Antiguidade Clássica, o Autor examinou a "Cidade Antiga" com olhos perscrutadores, pondo em realce os sólidos fundamentos da Cristandade Medieval e do mundo moderno, destacando algumas revoluções jurídicas que chegaram aos nossos tempos. Para ele, está bem claro que o jurídico não se separa do social e, com o andar dos séculos, leva na corrente também o econômico. O pensamento iluminista deu-lhe valiosos subsídios, particularmente no que se refere à liberdade, à democracia e aos valores sociais. Percebe-se nitidamente um fio condutor que chega até nós. Hoje, são velhos e novos problemas, velhas e novas soluções em torno de uma única e mesma realidade: a convivência dos homens entre si e, principalmente, da família humana com o ecossistema planetário.

Quanto às instituições financeiras, sabemos que elas tiveram uma evolução análoga, paralela – e, mais que isso –, entretecida com os caminhos jurídicos e sociais. No passado, a primitiva *pecúnia* (termo que vem do latim *pecus*: o gado, os rebanhos, a pecuária) era o rebanho que constituía sólido patrimônio e, milênios atrás, funcionava também como moeda. No presente, constatamos os tipos tão diferentes de capitais, inclusive o capital volátil de papéis voadores e virtuais que desconcertam as cabeças e descontrolam o mundo instável das finanças globais. Em nossos dias, bens ambientais transformam-se igualmente em *commodities* e entram no sobe-desce das bolsas. Surge, então, uma boa pergunta: é possível, em tal contexto, falar de sustentabilidade planetária?

É difícil responder à indagação sobre os limites do crescimento econômico e financeiro, das potencialidades do ecossistema terrestre e, sobretudo, dos limites da intervenção humana direta no grande celeiro dos recursos naturais e ambientais. Ainda não apareceu essa configuração holística interdisciplinar, cujo autor poderia muito bem enfeixar nas mãos mais de um Prêmio Nobel.

Em rigor, a economia deve limitar-se pela ecologia. Mas, já é aceito que, na prática, não há mais ciência livre e independente. Desde que se iniciou a Revolução Industrial, os conhecimentos e saberes tornaram-se, até certo ponto, mercadorias. Com efeito, no mundo dos valores financeiros existe até uma bolsa de tecnologia que se põe ao lado das bolsas de valores e bolsas mercantis e de futuro. De que lado podem estar os conhecimentos e saberes que concernem à sustentabilidade do Planeta e ao desenvolvimento harmônico dos países? Obviamente, a resposta não é fácil. Para onde vão os capitais econômicos e os financeiros? São fachos de luz ou, antes, tempestades de areia nos olhos?

Mas, ao falar de instituições financeiras, Alexandre Raslan enxerga um aliado potencial, e poderoso, para as estratégias de sobrevivência. Eis uma visão que precisa ser ampliada e acurada mediante uma perspectiva de responsabilidade civil ambiental. Mas, esse caminho apenas começou, o traçado ainda é estreito e rudimentar. Em todo caso, já é um princípio auspicioso, como se depreende do presente trabalho.

É interessante ponderar que, nesse longo intervalo de tempo, o capital financeiro originou-se do capital natural; sem este, aquele não teria podido existir. Por mais alheio que pareça ao meio ambiente trabalhado pelo Homem em seus diferentes atributos – *Homo faber, homo mercator, homo praedator, homo consumens, homo vorax, homo constructor, homo destructor* –, o vínculo entre natureza explorada e riqueza acumulada é impressionante. Em toda a sua longa existência, a humanidade ambicionou ter e conheceu muitas e intensas vezes a tentação de adorar o bezerro de ouro. Por isso, o capital financeiro, mesmo cobiçado, é olhado com muita desconfiança por quem pensa em nosso destino. Ele pode parecer-se com a síntese da espoliação da Terra, mantendo sob seu controle, indecifrável e sem rosto, as dimensões econômicas, sociais, técnico-científicas, culturais e políticas. Qual o peso do financeiro no agravamento da Questão Ambiental? É difícil sabê-lo, muito mais difícil seria equacioná-lo e enquadrá-lo devidamente nos limites do desenvolvimento humano.

Em tal contexto, as instituições financeiras têm papel urgente e inalienável a cumprir: reorientar recursos para a sustentabilidade, incrementar políticas de socorro ao ecossistema terrestre, pensar que o próprio capital se anula ou se aniquila fora de um sólido esquema de sustentabilidade e sobrevivência globais.

Os "Princípios do Equador" representam um passo positivo, embora modesto, no reequacionamento das prioridades e estratégias ambientais. Esse passo deve avançar. No entanto, pesa mais a necessidade de um processo de interiorização (ou internalização) da responsabilidade e da consciência ambiental. É preciso, de certa forma, "internalizar as externalidades", não se apropriar dos lucros e socializar os prejuízos. Isso pode ser viabilizado pela visão holística do Meio Ambiente, pelo enfoque sistêmico do Planeta e pelo tratamento interdisciplinar da Questão Ambiental.

Nesse mundo complexo, o financiamento de projetos e empreendimentos merece um cuidado solícito por parte das instituições financeiras em perscrutar o economicamente viável, o socialmente justo e o ecologicamente prudente, como escreveu Ignacy Sachs. A concessão de um financiamento é altamente determinante dos rumos das ações. Qual o papel do financiamento? Ele funciona como causa ou instrumento? Nesse cuidado reside uma responsabilidade transcendental. Não quero dizer que aqui se aplica o dito de cunho aristotélico: *"Causa causae est causa causati"*, vale dizer, a causa da causa é também causa do efeito causado.

A meu ver, sob o ponto de vista estritamente filosófico, não haveria nexo direto de causalidade entre o financiamento e os resultados de um determinado projeto. A causalidade próxima residiria no empreendedor (público ou privado), a causalidade remota estaria nas políticas formuladas e adotadas – não no aporte financeiro de terceiros. Pode, sim, existir *nexo de concausalidade,* em que o agente financeiro como que encampa o projeto, tornando-se culpado por ter escolhido errado (*culpa in eligendo*) ou por negligenciar o que deveria ser corrigido previamente (*culpa in negligendo*). Acrescente-se, tais possíveis culpas não estariam imunes a sanções. Sem dúvida, aqui se configuraria um *nexo de cumplicidade.*

A exploração da Terra alarga os horizontes jurídicos do estudioso na sequência dos capítulos. Cabe lembrar a relevância da *responsabilidade civil*, um dos temas axiais do Direito do Ambiente, em particular numa sociedade de risco que é, precisamente, aquela em que vivemos.

Outros acenos há, neste trabalho, que têm a mais ampla significação, como o binômio *solidariedade-equidade* social, a "parcela de terras e de bens em estado nativo", o contraste entre o Estado liberal e o Estado social. Efetivamente, não só o corpo jurídico mas, sobretudo, o Estado e a sociedade deviam ser revisitados à luz da problemática moderna da sustentabilidade.

Ponderações pessoais à parte, devo afirmar que estou diante de uma obra de inestimável valor acadêmico e pragmático. A pesquisa prévia, o processo de assimilação das fontes estudadas, a linha de pensamento personalizada do Autor são dignos de encômios. O mesmo posso referir sobre a clareza, a fluência e a correção do texto que conduzem o leitor de maneira tranquila através dos possíveis escolhos do tema, que, de per si, pode parecer árido e distante dos embates ambientais cotidianos.

Em síntese, trata-se de um trabalho exemplar que trará contribuição de peso ao Direito do Ambiente e à gestão ambiental num País que, atordoado, desperta para o seu futuro em um mundo já globalizado.

É o que bem desejo, com reconhecimento e admiração.

*Édis Milaré*

# Sumário

**Apresentação** – *Annelise Monteiro Steigleder*............15
**Introdução**............17
**1. Propriedade e natureza**............23
  1.1. Gênese sacra da propriedade............23
  1.2. Ideário liberal de John Locke e a propriedade............31
    1.2.1. Propriedade privada e trabalho............32
    1.2.2. Propriedade privada e função............37
    1.2.3. Propriedade privada, dinheiro e mercado............39
  1.3. Panorama geral da propriedade............43
  1.4. Código Civil francês de 1804: paradigma............49
  1.5. Apropriação da natureza............60
**2. Função social: propriedade e produção**............65
  2.1. Função social e dignidade humana: implicação............65
  2.2. Função social da empresa, do controlador e dos bens de produção............86
  2.3. Função social do incentivo e do financiamento: dimensão ambiental............90
    2.3.1. Incentivo governamental............92
    2.3.2. Financiamento público ou privado............93
**3. Economia e direito ambiental**............99
  3.1. Economia: necessidade, desejo e escassez............99
  3.2. Obstáculos epistemológicos............104
    3.2.1. Bens: livres e econômicos............106
    3.2.2. *Res nullius* e *res communes*............109
    3.2.3. *Res derelictae*............110
  3.3. Externalidades............112
  3.4. Princípio do poluidor-pagador............120
    3.4.1. Síntese histórica............121
    3.4.2. Experiência brasileira............125
    3.4.3. Reflexão Acerca do "Poluidor"............134
    3.4.4. Crítica ao Usuário-Pagador............135
**4. Financiamento e meio ambiente**............139
  4.1. Relação direta............139
  4.2. Crédito e meio ambiente............140
  4.3. Iniciativas internacionais............142

4.3.1. Comprehensive Environmental Response Compensation and
Liability Act (CERCLA).................................................................................142
4.3.2. UNEP Finance Initiative (UNEP-FI).....................................................143
4.3.3. Dow Jones Sustainability World Index (DJSI World)............................144
4.3.4. International Finance Corporation (IFC)..............................................145
4.3.5. Equator principles................................................................................145
4.4. Iniciativas nacionais..........................................................................................147
4.4.1. Plano governamental: protocolo verde.................................................147
4.4.2. Plano não governamental.....................................................................150
    4.4.2.1. Conselho Empresarial Brasileiro para o Desenvolvimento
    Sustentável (CEBDS)..............................................................................150
    4.4.2.2. Índice de Sustentabilidade Empresarial (ISE) da Bolsa de
    Valores de São Paulo (BOVESPA)........................................................151
4.4.3. Iniciativas de instituições financeiras no Brasil....................................152
4.4.4. Plano normativo....................................................................................153
    4.4.4.1. Artigo 12 e parágrafo único da Lei nº 6.938/1981......................154
    4.4.4.2. Artigo 2º, § 4º, da Lei nº 11.105/2005.........................................158
    4.4.4.3. Decreto nº 6.961/2009 (Zoneamento Agroecológico da
    Cana-de-Açúcar)....................................................................................160
    4.4.4.4. Resoluções do Conselho Monetário Nacional............................163
    4.4.4.5. Artigo 8º da Lei nº 12.187/2009..................................................173
    4.4.4.6. Artigos 16 e 18 da Lei nº 12.305/2010........................................174
4.5. Políticas públicas: meio ambiente e financiamento......................................176
4.6. Justiças distributiva e corretiva: prevenção e reparação...............................179

**5. Responsabilidade civil e meio ambiente**.............................................................183
5.1. Desafio da responsabilidade jurídica..............................................................183
5.2. Apontamentos históricos, religiosos e filosóficos da responsabilidade jurídica....184
5.3. Responsabilidade civil objetiva.......................................................................194
    5.3.1. Teorias do risco....................................................................................198
    5.3.2. Teorias da causa...................................................................................202
    5.3.3. Adoção das teorias do risco integral e da equivalência das condições.......203

**6. Financiamento e responsabilidade civil ambiental**............................................211
6.1. Responsabilidade civil ambiental das instituições financeiras......................211
    6.1.1. Financiador: poluidor indireto.............................................................213
    6.1.2. Instituições financeiras: públicas, privadas, nacionais, estrangeiras e
    internacionais................................................................................................217
    6.1.3. Solidariedade passiva e as instituições financeiras..............................222
    6.1.4. Financiamento e nexo de causalidade..................................................227
        6.1.4.1. Contrato de financiamento: forma e prova................................227
        6.1.4.2. Sigilo bancário e o registro público............................................232
    6.1.5. Função social do contrato de financiamento.......................................236
    6.1.6. Contrato de financiamento: momentos...............................................240
        6.1.6.1. Antes da contratação: pressupostos instantâneos......................242

  6.1.6.2. Após a contratação: pressupostos instantâneos de efeitos permanentes.................................................................247
  6.1.6.3. Após a quitação ou rescisão: imputação de resultados tardios.....249
 6.2. Limites da responsabilidade civil do financiador.......................................251
  6.2.1. Limitação objetiva...................................................................252
  6.2.2. Limitação subjetiva..................................................................255
   6.2.2.1. Licitude da atividade.....................................................256
   6.2.2.2. Excludentes de responsabilidade civil............................258
 6.3. Limitação temporal: prescrição...................................................................262
 6.4. Casos concretos............................................................................................266
  6.4.1. Recurso de Apelação Cível nº 25.408 do Tribunal de Justiça do Mato Grosso..................................................................267
  6.4.2. Agravo de Instrumento nº 2002.01.00.036329-1, do Tribunal Regional Federal da 1ª Região............................................269

**Considerações finais**.................................................................................................271

**Referências**.................................................................................................................279

# Apresentação

Os estudiosos da responsabilidade civil ambiental sabem que, para o enfrentamento dos problemas atinentes à prevenção e à reparação do dano ambiental, é imprescindível a compreensão de suas causas, a fim de que se possa agir sobre elas, para o efeito de alterar o *modus operandi* que está na origem dos danos.

Nesta perspectiva, tenho a honra de apresentar o livro intitulado *Responsabilidade Civil Ambiental do Financiador*, de autoria do Dr. Alexandre Lima Raslan, combativo colega de Ministério Público, com atuação na Promotoria de Defesa do Meio Ambiente de Campo Grande, que se dedica a analisar as diversas perspectivas sobre a imputação da responsabilidade civil das instituições financeiras por danos ambientais praticados pelas atividades financiadas.

Com efeito, quando se busca atuar sobre as causas dos danos, é imprescindível a identificação de todos os elos da cadeia produtiva que dão sustentação à conduta lesiva ao meio ambiente, com isso inibindo-se os ilícitos e impedindo-se a perpetração de novas degradações. Certamente, as instituições financeiras podem constituir um dos elos desta cadeia, ostentando adequação causal para a perpetração de danos ambientais, eis que, sem os recursos financeiros necessários, a atividade poluidora não se sustenta.

A obra é inovadora, pois amplia a concepção de nexo de causalidade e de solidariedade na responsabilização civil, exercendo, ainda uma função extremamente importante de esclarecer os agentes financeiros sobre os cuidados a serem adotados no momento da concessão de crédito, a fim de que sua própria atividade também contribua para o desenvolvimento sustentável.

Aproveito, ainda, para parabenizar a Livraria do Advogado pela publicação deste brilhante trabalho acadêmico, com o que contribui significativamente para o aperfeiçoamento do Direito Ambiental brasileiro.

Porto Alegre, outubro de 2011.

*Annelise Monteiro Steigleder*

# Introdução

O interesse despertado pelo tema deste estudo tem raiz na ideia de se alcançar maior efetividade na defesa do meio ambiente, notadamente na eliminação de riscos, na cessação de ameaças e na reparação de danos, atribuindo ao crédito disponibilizado e empregado em projetos que impactem os recursos naturais e ambientais a esperada eficácia como um dos instrumentos econômicos do artigo 9°, inciso XIII, da Lei n° 6.938/1981 (Lei da Política Nacional do Meio Ambiente).

Em reforço a esse interesse vem a experiência na atuação na defesa do meio ambiente como Membro do Ministério Público de Mato Grosso do Sul que, desde 1995, vem presenciando, apesar da resistência, a desconsideração e a banalização, por exemplo, do licenciamento ambiental previsto no artigo 9°, inciso IV, da Lei n° 6.938/1981 (Lei da Política Nacional do Meio Ambiente), fraqueando à degradação o Pantanal Mato-Grossense, considerado patrimônio nacional, segundo o artigo 225, § 4°, da Constituição Federal de 1988, sem prejuízo da devastação da biodiversidade do Cerrado pelas monoculturas, a exemplo da pecuária extensiva, da soja, do milho e, mais recentemente, da cana-de-açúcar e das florestas plantadas. E tudo isto, sublinhe-se, fomentado por meio de incentivos governamentais e financiamentos em geral.

Mas, uma vez lançado ao desafio, algumas dificuldades assaltam o desafiante do tema. A primeira delas é a incipiente consciência geral a respeito da implicação entre o financiamento e a defesa do meio ambiente, o que causa inicialmente alguma perplexidade que vai sendo superada na medida em que a hipótese é exposta em seus fundamentos. A segunda é a escassez de material bibliográfico específico disponível à pesquisa, quando comparado a outros temas relacionados ao Direito Ambiental, o que exige emprego de esforço adicional na busca de material, na interpretação e na concatenação de institutos jurídicos já conhecidos. Para tanto, a metodologia adotada é a da pesquisa bibliográfica dos temas jurídicos, precisamente da doutrina, sem prejuízo de outros saberes e ciências correlatas, a exemplo da filosofia, da história e da economia.

O enfrentamento da questão da responsabilidade civil ambiental de instituições financeiras, nos termos do artigo 12 e parágrafo único da Lei nº 6.938/1981 (Lei da Política Nacional do Meio Ambiente), nas hipóteses de financiamento de projetos que se enquadrem, por exemplo, na tipologia do artigo 10 da citada Lei, exige abordagem em duas frentes intrinsecamente relacionadas, a saber: a preventiva e a repressiva. Assim, quanto mais evidente estiver a vertente preventiva (obrigação originária), maior o grau de efetividade que se poderá alcançar na seara repressiva (obrigação derivada). Nesta perspectiva, os capítulos reservados à repressão estão propositalmente posicionados no final do trabalho, revelando tal opção a finalidade de fortalecer os seus fundamentos ao se subsidiarem do anteriormente exposto.

Portanto, em razão daquelas dificuldades apontadas, este estudo, inicialmente, se ocupa fundamentalmente da análise do instituto da propriedade e a respectiva função social, uma vez que constata que o paradigma do direito de propriedade absoluto é tão pernóstico para a higidez do meio ambiente quanto àqueles obstáculos epistemológicos que conceberam a errante interpretação quanto à *res nullius*, à *res communes* e à *res derelictae*. Em outras palavras: a excessiva crença na natureza absoluta da propriedade é tão prejudicial ao meio ambiente quanto a crença na ausência de titularidade sobre alguns bens, a exemplo dos resíduos.

Evidentemente, não se resume o estudo ao instituto da propriedade e da função social correspondente, mas, sim, pretende chamar atenção para a submissão à função social de tudo quanto possa estar potencialmente apto à patrimonialidade, revelando-se, assim, mais adequada a referência a uma função social do patrimônio, pois, com mais evidência na atualidade, as atividades financeiras interessam à defesa do meio ambiente tanto quanto as demais atividades econômicas e o exercício do direito de propriedade imobiliária privada.

O primeiro capítulo deste estudo, portanto, dedica-se a analisar a propriedade e sua relação com a natureza. Para tanto, de início, procura-se demonstrar a propriedade sob o ângulo de sua mais primitiva origem, a saber: a crença religiosa, como precursora do caráter absoluto e ilimitado da propriedade.

O reconhecimento da importância da crença religiosa para o estudo da propriedade se justifica por ser a ordem religiosa uma ordem normativa assentada num sentido de transcendência, que ordena as condutas tendo em vista a posição do homem perante Deus, ainda que no curso da história tenha variado muito a influência da ordem religiosa sobre a ordem jurídica. Contudo, em todo caso, mesmo após a autonomização da ordem religiosa, esta sempre influenciou de algum modo a ordem social, concluindo-se que não há sociedade cuja ordem não reflita de alguma maneira este elemento, o que se pode conferir desde a transposição do ambiente doméstico para a convivência pública quando aqueles costumes religiosos migraram para a vida pública, conforme se constata na análise da propriedade nas histórias grega e romana, no cristianismo, na Revolução Francesa, no Código Civil francês de 1804 e, enfim, nas codificações modernas, o que contribuiu para a crise ecológica atual.

No segundo capítulo, destinado à análise da função social da propriedade, lança-se o estudo a avaliar a implicação da dignidade humana com a função social da propriedade, da empresa, do controlador e dos bens de produção, este último abrangendo o financiamento, o crédito, o dinheiro entre outros.

A análise do paradigma do Código Civil francês de 1804 que relacionava a dignidade humana com o exercício absoluto e ilimitado do direito de propriedade expõe a consolidação da concepção errante quanto à extensão das cláusulas de uso, gozo e disposição da propriedade, o que veio a ser contraposto por algumas Constituições, a exemplo da Constituição do México de 1917 e da Constituição Federal alemã de 1919, que refletiram mais tarde as exigências das sociedades por dignidade para além da propriedade, o que serviu de inspiração para a ordem constitucional brasileira, a exemplo das disposições acerca da propriedade e da correlata função social nas Constituições Federais do Brasil de 1946, de 1967, na Emenda Constitucional nº 1/1969 e, finalmente, na de 1988.

Com a compulsória submissão à função social da propriedade e dos bens de produção, onde se encontram abrangidos o financiamento, o crédito, o dinheiro entre outros, evidencia-se que o sistema financeiro desenhado no artigo 192 da Constituição Federal de 1988 exige também dos financiadores, públicos e privados, nacionais ou estrangeiros, que atuem no sistema de produção brasileiro nos estritos limites da ordem econômica vigente que, dentre outros, reclama o atendimento aos princípios da função social da propriedade e da defesa do meio ambiente, conforme o artigo 170, incisos III e VI, da Constituição Federal, revelando-se que uma das formas de atendimento a esta representação da força normativa da Constituição é o cumprimento por parte dos financiadores em geral do que dispõem os artigos 5º, 9º, inciso XIII, 10 e 12 e parágrafo único da Lei nº 6.938/1981 (Lei da Política Nacional do Meio Ambiente), que impõem às atividades empresariais o atendimento às diretrizes, aos princípios e aos instrumentos de defesa ambiental.

No terceiro capítulo, analisa-se a relação entre a Economia e o Direito Ambiental sob a perspectiva do atendimento de necessidades e desejos, vitais ou não, em contraponto com a escassez dos recursos naturais.

Assim, avaliam-se os obstáculos epistemológicos que contribuem para a crise ambiental atual, a exemplo da equivocada dicotomia entre bens livres e econômicos e da errônea concepção da *res nullius*, da *res communes* e da *res derelictae*, relacionando-as às externalidades econômicas e a sua compulsória internalização como forma de defesa do meio ambiente, revelando-se o artigo 12 e parágrafo único da Lei n° 6.938/1981 (Lei da Política Nacional do Meio Ambiente) uma modalidade típica de internalização das externalidades negativas ambientais. Nesta linha, cabe analisar o princípio do poluidor-pagador, revelando-se importante a abordagem de sua gênese na teoria econômica das externalidades e sua síntese histórica a partir do Direito Comunitário Europeu, ressaltando que a doutrina estrangeira majoritária mantém predileção por sua essência originariamente preventiva, valendo avaliar criticamente uma parte da doutrina nacional que o aproxima do princípio da responsabilização.

No quarto capítulo, focaliza-se a relação existente entre financiamento e meio ambiente, notadamente em razão da dependência direta que a ampliação do mercado de consumo, nacional ou internacional, mantém com a disponibilidade de crédito para a produção totalmente dependente da utilização de recursos naturais, regulando-a.

As iniciativas internacionais e nacionais se posicionam no sentido da destinação e da aplicação responsável do crédito disponível, refletindo objetivamente a preocupação da não degradação da qualidade ambiental subsidiada por financiamentos públicos ou privados, o que revela a implicação direta entre o financiamento e a defesa do meio ambiente, a exemplo do artigo 12 e parágrafo único da Lei n° 6.938/1981 (Lei de Política Nacional do Meio Ambiente), do artigo 2°, § 4°, da Lei n° 11.105/2005 (Lei da Política Nacional de Biossegurança), do Decreto n° 6.961/2009 (Zoneamento Agroecológico da Cana-de-Açúcar) e de normas expedidas pelo Conselho Monetário Nacional, a exemplo das Resoluções n° 3.545, de 29 de fevereiro de 2008, 3.803, de 28 de outubro de 2009, 3.804, de 28 de outubro de 2009, 3.813, de 26 de novembro de 2009, e 3.814, de 26, de novembro de 2009.

O quinto capítulo está reservado ao exame da responsabilidade jurídica e, em especial, da responsabilidade civil decorrente de danos ambientais fundada na teoria objetiva.

Neste tema, a análise é produzida sob perspectiva histórica, partindo do Direito Romano até a teoria objetiva, subsidiando-se também do impacto da religião, notadamente exercido pelo cristianismo na teoria subjetiva, e da filosofia, especialmente representada pela ética da responsabilidade fundada na solidariedade, proposta por Hans Jonas. Em seguida, são analisadas as teorias do risco integral e do risco criado e as teorias da causalidade adequada e da *conditio sine qua non* ou da equivalência das condições sob a perspectiva da defesa do meio ambiente.

No sexto capítulo, debruça-se exclusivamente sobre a responsabilidade civil ambiental das instituições financeiras por danos ambientais relacionados com o financiamento de projetos de obras ou atividades utilizadoras de recursos ambientais, considerados efetiva ou potencialmente poluidores, bem como os capazes, sob qualquer forma, de causar degradação ambiental, em razão do disposto no artigo 225 da Constituição Federal, e nos artigos 3º, inciso IV, 4º, inciso VII, 5º, parágrafo único, 10, 12 e parágrafo único, e 14, § 1º, da Lei nº 6.938/1981 (Lei da Política Nacional do Meio Ambiente).

A dissecação da responsabilidade civil ambiental das instituições financeiras relacionada ao crédito e aos financiamentos em geral é realizada sob a perspectiva do regime objetivo instaurado pelo artigo 225, § 3º, da Constituição Federal e pelos artigos 3º, inciso IV, 4º, inciso VII, e 14, § 1º, da Lei nº 6.938/1981 (Lei da Política Nacional do Meio Ambiente), sustentando-se, ainda, na função social do contrato de financiamento, expressa no artigo 421 do Código Civil de 2002 e no artigo 12 e parágrafo único da Lei nº 6.938/1981 (Lei da Política Nacional do Meio Ambiente).

Sob a perspectiva proposta, será examinada a posição das instituições financeiras no rol dos poluidores, tendo por parâmetro a definição legal prevista no artigo 3º, inciso IV, da Lei nº 6.938/1981 (Lei da Política Nacional do Meio Ambiente), bem como o tratamento dispensado para as instituições financeiras nacionais, públicas e privadas, estrangeiras e internacionais. Em seguida, será abordada a solidariedade passiva entre as instituições financeiras e os demais poluidores, diretos ou indiretos, pessoas físicas ou jurídicas, de direito público ou privado, consoante o artigo 225, § 3º, da Constituição Federal, e nos artigos 3º, inciso IV, 4º, inciso VII, e 14, § 1º, da Lei nº 6.938/1981 (Lei da Política Nacional do Meio Ambiente).

Será enfrentado, também, o tema da prova da existência do nexo de causalidade entre o financiamento e o dano ambiental, cuja forma de contratação do mútuo e a prova do negócio jurídico relacionado com a degradação da qualidade ambiental devem considerar tanto a imposição legal do sigilo bancário, na forma e extensão da Lei Complementar nº 105/2001 (Lei do Sigilo Bancário), quanto o princípio da publicidade dos registros públicos, nos termos da Lei nº 6.015/1973 (Lei dos Registros Públicos) e da Lei nº 8.935/1994 (Lei dos Notários e Registradores).

Por fim, serão analisados três momentos relacionados com a contratação do financiamento e a degradação da qualidade ambiental decorrente de obra ou atividade subsidiada, a saber: o primeiro que antecede a celebração do mútuo, o segundo que se protrai no tempo durante o período de vigência do pacto e o terceiro quando já quitado ou rescindido.

Sob o resultado obtido desta análise da responsabilidade civil ambiental das instituições financeiras por danos ambientais relacionados com o financiamento de projetos de obras ou atividades utilizadoras de recursos ambientais, considerados efetiva ou potencialmente poluidores, bem como os capazes, sob qualquer forma, de causar degradação ambiental, disseca-se a incidência de limitações objetivas, representadas pela restrição à quantidade, qualidade e valor da reparação, subjetivas, consubstanciadas na licitude da atividade e nas excludentes de ilicitude, e temporais, relacionadas com a prescrição.

Por fim, serão analisados os dois casos da jurisprudência brasileira em que os financiadores foram conclamados a partilhar a responsabilidade civil ambiental com os mutuários, de onde serão retiradas observações críticas relativas a cada uma das hipóteses concretas.

# 1. Propriedade e natureza

## 1.1. Gênese sacra da propriedade

A constatação do constante processo evolutivo dos ordenamentos jurídicos permite afirmar, com apoio em Fustel de Coulanges,[1] que a crença religiosa exerceu fundamental influência no pensamento e na ação do homem, balizando a constituição, o desenvolvimento e a extinção de relações intersubjetivas e transindividuais, especialmente quando se investiga o gérmen do direito de propriedade, a dignidade humana e o instituto da responsabilidade jurídica, tão caros para a elucidação da função do Direito ambiental na estrutura da sociedade atual.

É o que vem reafirmado por Michel Villey,[2] que relaciona os precedentes da antiguidade grega, romana e judaica à formação do pensamento jurídico moderno, referindo-se à crença religiosa como uma das origens da filosofia do Direito grego, tendo a maioria dos teólogos do cristianismo procurado confortavelmente inspiração em fontes profanas. No período arcaico, portanto, afirma o autor que "o senso de justiça exprime-se em primeiro lugar sob uma forma teológica, mitológica",[3] o que empresta ao Direito um caráter transcendental.

Jayme de Altavila,[4] ao discorrer sobre a historicidade dos direitos, anota que inicialmente os direitos foram impostos aos povos pelos dés-

---

[1] COULANGES, Fustel de. *A Cidade Antiga*. Fernando de Aguiar (Trad.) 4. ed. São Paulo: Martins Fontes, 1998, p. 179. "Assim, tanto em paz como em tempos de guerra, a religião intervinha sempre em todos os atos da vida do homem. Estava em toda a parte, e envolvia inteiramente o homem. A alma, o corpo, a vida privada, as refeições, as festas, as assembléias, os tribunais, os combates, tudo estava sob o jugo desta religião da cidade. A religião regulava as menores ações do homem, dispunha de todos os momentos da sua existência, determinava todos os seus hábitos. Governava o ser humano com autoridade tão absoluta que coisa alguma ficava fora do seu poder".

[2] VILLEY, Michel. *A Formação do Pensamento Jurídico Moderno*. Cláudia Berliner (Trad.). São Paulo: Martins Fontes, 2005, p. 16.

[3] VILLEY, Michel. *A Formação do Pensamento Jurídico Moderno*. 2005, p. 17.

[4] ALTAVILA, Jayme de. *Origem dos Direitos dos Povos*. 11. ed. São Paulo: Ícone, 2006, p. 10: "Cada floração, ao seu tempo, pareceu a melhor coisa que poderia ser outorgada a um escravo, bestializado

potas que legitimavam a própria autoridade, a autoridade da norma e a justeza das sanções em entidades religiosas ou divindades que os escolhiam.

Dentre as parcelas acumuladas ao longo da linha evolutiva da sociedade salta em importância aquela representada pelo produto da relação entre a crença religiosa e a ordem regente das relações interpessoais, tanto na vida privada, restrita ao âmbito familiar antes da formação das cidades, quanto na vida pública, quando em formação ou já constituída a instituição da *polis* ou da *urbis*.

Miguel Reale,[5] invocando a imprescindibilidade do estudo histórico como "fonte de inspiração de modéstia intelectual, de tolerância e de prudência, ao mesmo tempo que nos fortalece a convicção acerca da complexidade contraditória do homem", produz referência síntese sobre o Estado grego, ressaltando que "fundava-se sobre uma religião, constituindo-se como uma Igreja dotada de império absoluto sobre seus membros", ocasião em que:[6]

> Só se compreendia a plenitude da personalidade dentro do Estado e pelo Estado, a tal ponto que era apenas como parte componente de uma comunidade político-religiosa que o homem se revestia da qualidade de cidadão, com a qual se confundia a qualidade de ser livre. Afastado da zona de influência da *polis* ou da *urbis*, o cidadão via-se à mercê das maiores violências, sem as garantias que nascem do respeito devido ao homem enquanto homem.

Como exorta Fábio Konder Comparato,[7] para quem a religião estava "acima de tudo", é de importância fundamental que o exame das manifestações místicas faça parte da investigação para uma compreensão do mundo antigo e de como a religião "comandava a vida inteira das pessoas, do nascimento à morte", dominando a "vida familiar, assim como a vida da cidade, fora do lar doméstico", acrescentando que:[8]

> O mesmo caráter fundamentalmente religioso existia na família aristocrática alargada, à qual os romanos davam o nove de *gens* e dos gregos de *genos*, e que podia contar com vários milhares de membros. Cada uma delas tinha o seu culto próprio, e era pela participação nos sacrifícios em comum que se reconheciam os indivíduos que as constituíam. [...] Na cidade, igualmente, a religião tudo comandava.

---

pelos sofrimentos físicos e pelas torturas espirituais impostas pelos dogmas das religiões bárbaras. Inspirados, em sua maioria, pelos deuses, aos déspotas oniscientes e por eles mandados insculpir em dioritos, tal o Código de Hamurabi, ou gravar apressadamente em omoplatas de carneiro, tal as primeiras achegas do Alcoorão, – esses direitos odoravam as suas épocas e foram, a um tempo, herméticos e equitativos".

[5] REALE, Miguel. *Horizontes do Direito e da História*. 3. ed. São Paulo: Saraiva, 2000, p. 3.

[6] REALE, Miguel. *Horizontes do Direito e da História*. 2000, p. 7.

[7] COMPARATO, Fábio Konder. *Ética*: direito, moral e religião. São Paulo: Companhia das Letras, 2006, p. 50.

[8] COMPARATO, Fábio Konder. *Ética*: direito, moral e religião. 2006, p. 51.

Ao confirmar a potência da relação entre a crença religiosa, o Direito e a cidade,[9] Fustel de Coulanges alinha que tanto no que concerne à emancipação[10] da família quanto ao exílio[11] da cidade se tratavam de atos que, em síntese, desvinculavam os atingidos de toda e qualquer relação com as divindades originais, familiares ou da cidade, provocando consequências também de cunho patrimonial e, enfim, jurídicas.

Para Acácio Vaz de Lima Filho,[12] ao sintetizar as relações entre o poder e a religião, sobressai a importância do estudo das manifestações religiosas, especialmente no "seio da instituição familiar", iniciando-se pelo "culto doméstico", uma vez que o "Direito teve a sua origem na família, derivando das crenças religiosas" havidas na idade primitiva, germinado na religião doméstica, quando o poder se concentrava na figura do *pater familiae* e a adoração e o temor eram devidos aos antepassados.

Numa abordagem da relação entre a tradição e a modernidade no Direito, Cláudio De Cicco[13] se refere aos estudos de Fustel de Coulanges como importantes para se compreender a relevância "do culto dos antepassados na sociedade latina como helênica" nos seus primórdios, facilitando o entendimento acerca da propriedade, entre outros institutos.

José de Alencar, já se referindo aos romanos, afirma que "o Direito privativo dos Romanos era a *lex horrendi carminis*" referida por Tito Lívio como o "direito herdado dos lucumons etruscos pelos patrícios romanos, e de cujo symbolismo e formulismo mysteriosos a interpretação só cabia

---

[9] COMPARATO, Fábio Konder. *Ética*: direito, moral e religião. São Paulo: Companhia das Letras, 2006, p. 51. "Os antigos distinguiam a cidade, propriamente dita, da urbe. Aquela era uma associação religiosa e política, que reunia as famílias. Esta, o local de domicílio, de reunião, mas, sobretudo, o sítio onde se erguia o santuário. 'Não havia um único ato da vida pública', assinalou Fustel de Coulanges, 'em que não se fizesse intervir os deuses.'"

[10] COULANGES, Fustel de. *A Cidade Antiga*. 1998, p. 52, 78-79.

[11] COULANGES, Fustel de. *A Cidade Antiga*. 1998, p. 216: "O principal efeito da emancipação estava na renúncia ao culto da família em que se tivesse nascido. Os romanos designavam este ato pelo nome muito significativo de *sacrorum detestatio*. O filho emancipado, futuramente, jamais seria considerado membro da família tanto em face da religião como em face do direito. [...] O filho excluído do culto paterno pela emancipação ficava igualmente afastado da herança. [...] A posse da pátria devia ser muito preciosa, porque os antigos não imaginavam castigo mais cruel que privar um homem dela. A punição ordinária, pelos grandes crimes, era o exílio. O exílio não compreendia só a interdição de residência na urbe e o afastamento do solo da pátria; representava, ao mesmo tempo, a interdição do culto; continha aquilo que no mundo moderno é conhecido por excomunhão. [...] O exilado, ao abandonar a pátria, ali deixava também os seus deuses. [...] Ora, na religião estava a fonte de onde emanavam os seus direitos civis e políticos. O exilado, perdendo a religião da pátria, perdia, ao mesmo tempo, tudo isso. [...] Não tinha mais o direito de propriedade. [...] Os jurisconsultos romanos designavam-no mesmo de pena capital".

[12] LIMA FILHO, Acácio Vaz de. *O Poder na Antiguidade*: aspectos históricos e jurídicos. São Paulo: Ícone, 1999, p. 19.

[13] DE CICCO, Cláudio. *Direito*: tradição e modernidade. São Paulo: Ícone, 1993, p. 21-22.

ao sanctuario".[14] Esta asserção, sem dúvida, deixa transparecer historicamente que tanto no direito material quanto na forma de exercício a religião mantinha especial ascendência.

E é Fustel de Coulanges que reforça a importância desta consideração histórica, afirmando que a família e a cidade possuem como fonte de suas instituições sociais, culturais e jurídicas a crença religiosa fundante naquela era socialmente embrionária:[15]

> O confronto entre crenças e leis mostra-nos como esta religião primitiva constituiu as famílias grega e romana, estabeleceu o casamento e a autoridade paterna, fixou os graus de parentesco, consagrou o direito de propriedade e o direito sucessório. Esta mesma religião, depois de haver espalhado e aumentado a família, estabeleceu uma associação maior, a cidade, e governou-a na mesma disciplina que a da família. Da família provieram, portanto, todas as instituições, assim como todo o direito privado dos antigos. Da família tirou a cidade os seus princípios, as suas regras, os seus usos, a sua magistratura. Mas, com o tempo, estas velhas crenças modificaram-se, ou extinguiram-se, e o direito privado e as instituições políticas modificaram-se juntamente com elas. Desenrolou-se então toda uma série de revoluções, e as transformações sociais continuaram seguindo regularmente as evoluções da inteligência.

Autorizado afirmar, então, que foi a família quem compartilhou com a cidade as suas instituições e, por consequência, suas leis. E isso numa simbiose que admite concluir uma transposição do sistema familiar (vida privada) para a cidade (vida pública). Assim, não há como deixar de considerar que o direito de propriedade, entre outros, mantém ainda hoje com o tempero racional da evolução social uma ligação com a crença religiosa vigente naqueles tempos primitivos, a exemplo da inviolabilidade de domicílio[16] (art. 5º, XI, da CF)[17] e do sobrevivente traço do ideário sacralizador que o acompanha (art. 5º, XXII e XXX, da CF; arts. 1.228 e 1.231 do Código Civil).

Para demonstrar de modo mínimo e suficiente a importância da religião para a formação de algumas instituições jurídicas é interessante

---

[14] ASCENSÃO, José de Oliveira. *O Direito:* introdução e teoria geral. 2008, p. VIII.

[15] COULANGES, Fustel de. *A Cidade Antiga*. 1998, p. 4.

[16] COULANGES, Fustel de. *A Cidade Antiga*. 1998, p. 60-61. "A casa estava sempre situada no recinto sagrado. Entre os gregos dividia-se em duas partes o quadrado formando este recinto: na primeira parte estava o pátio; a casa ocupava a segunda. O lar, colocado no meio do recinto total, encontrava-se assim ao fundo do pátio e junto da entrada da casa. Em Roma a disposição era diferente, mas tinha a mesma origem. O lar ficava no meio do recinto, mas os compartimentos levantavam-se em sua volta, pelos quatro lados, de modo a encerrá-lo no centro de um pequeno pátio. [...] Ao penetrar nessa casa com más intenções, comete-se sacrilégio. O domicílio era inviolável. Segundo a tradição romana, o deus doméstico repelia o ladrão e afastava o inimigo. [...] Como em tudo isso se manifesta o caráter da propriedade! [...] O solo onde repousam os mortos converte-se em propriedade inalienável e imprescritível".

[17] GROTTI, Dinorá Adelaide Musetti. *Inviolabilidade do Domicílio na Constituição*. São Paulo: Malheiros, 1993, p. 13-19.

que se descreva brevemente o cenário que a família primitiva integrava, subsidiando-nos no clássico A Cidade Antiga, de Fustel de Coulanges, para quem "não foram as leis, mas a religião, aquilo que primeiramente garantiu o direito de propriedade".[18]

De início, faz-se importante anotar que o homem daquela época acreditava que a morte era apenas uma mudança e não o fim de uma vida, tanto que com o sepultamento havia a crença de que se enterrava "algo vivo",[19] precedido de rituais indispensáveis a outorgar ao morto paz e tranquilidade sob a terra. A confirmar isto, basta dizer que acompanhavam os mortos alguns alimentos, bens, escravos entre outros, periodicamente depositados para a satisfação das necessidades do sepultado.[20]

Na falta de sepultura e dos rituais apropriados e obrigatórios a "alma se tornaria malfazeja", fazendo assolar sobre os negligentes toda a sorte de "doenças, devastando-lhes as searas, atormentando-os com aparições lúgubres, para deste modo os advertir de que tanto o seu corpo como ela própria queriam sepultura".[21]

Sobre este aspecto e no mesmo sentido Fábio Konder Comparato[22] afirma que o respeito aos mortos sempre constituiu a parcela mais relevante do culto aos antepassados, tanto para os gregos quanto para os latinos, sendo que "para os antigos a morte não só não extinguia a personalidade, como de certo modo divinizava a pessoa falecida", sendo que a "pior forma de impiedade sempre foi, para eles, deixar de sepultar os mortos, ou não lhes oferecer as refeições fúnebres prescritas pelo culto religioso", concluindo que:[23]

> A crença generalizada na vida depois da morte e no caráter sagrado da pessoa do morto foi um dos traços da civilização antiga que perdurou até os tempos modernos. Daí a grande dificuldade, ainda no século XVI, em se admitir a autópsia e a dissecação de cadáveres.

Somente depois de cumpridas todas as obrigações ritualístico-religiosas estariam garantidas a paz, a fartura e a proteção para os vivos, o que obviamente também atenderia a uma crença destes para com o poder daqueles.

Havia, portanto, um temor por detrás desta reverência, qual seja, o de que os antepassados mortos promoveriam a desgraça dos vivos aca-

---

[18] COULANGES, Fustel de. *A Cidade Antiga*. 1998, p. 64.
[19] COULANGES, Fustel de. *A Cidade Antiga*. 1998, p. 8.
[20] COULANGES, Fustel de. *A Cidade Antiga*. 1998, p. 12.
[21] COULANGES, Fustel de. *A Cidade Antiga*. 1998, p. 10.
[22] COMPARATO, Fábio Konder. *Ética:* direito, moral e religião. 2006, p. 51.
[23] COMPARATO, Fábio Konder. *Ética:* direito, moral e religião. 2006, p. 52.

so não fossem prestigiados conforme os rituais religiosos particulares de cada família.

A crença em torno da vida dos antepassados mortos que incluía rituais, oferendas e sacrifícios periódicos e frequentes, representava uma adoração religiosa, pois, "cada morto era um deus",[24] resultava na produção de normas de conduta de respeito e cumprimento obrigatórios, que dominaram até o triunfo do cristianismo, conforme Fustel de Coulanges.

Ressalte-se que apenas com o cristianismo o homem passa a adorar um Deus ao invés de temê-lo, enquanto que em época anterior toda atenção dispensada aos mortos tinha o objetivo de evitar a desgraça e a ira divina que poderiam abater sobre todos, eternamente.

Há também o aspecto de que, havendo em cada família os próprios deuses representados pelos antepassados, todos os rituais eram secretos,[25] não devendo ser profanados de qualquer forma ou sob qualquer argumento, especialmente sendo presenciados por quem não pertencesse àquela família, sob pena da desgraça dos incautos.[26] É que nesta religião primitiva cada um dos deuses não podia ser conhecido e adorado por mais de uma família, caracterizando-a como puramente doméstica.[27]

Diante disso, pode ser afirmada uma antiga tradição: a de serem sepultados os mortos no interior ou nas adjacências das casas de habitação, denominando estes antepassados, estes deuses, de "lares" ou "heróis".[28] Este costume, de cunho eminentemente protetivo para a família, sacralizou a propriedade e a tornou inviolável para aqueles estranhos ao núcleo familiar, assim se resumindo:[29]

> Cada família tinha seu túmulo, onde os seus mortos repousavam juntos, um após o outro. Todos os do mesmo sangue deviam ser enterrados ali, com exclusão de toda e qualquer pessoa de outra família. Ali se celebravam as cerimônias e se festejavam os aniversários. Cada família julgava ter ali os seus sagrados antepassados. Em tempos muitos antigos, o túmulo estava no próprio seio da família, no centro da casa, não longe da porta, "a fim de que", dita um antigo, "os filhos, tanto ao entrar como ao sair de sua casa, encontrem sem-

---

[24] COULANGES, Fustel de. *A Cidade Antiga*. 1998, p. 14.

[25] Já quando constituídas as cidades o atributo de secreto é transmitido para o culto do lar ou deus público, permanecendo interditado ao estrangeiro, pois, o mero olhar do estrangeiro maculava o ato. A similitude da família cada cidade tinha seu deus que a ela pertencia com exclusividade. A cidade não permitia que a sua divindade protegesse nem fosse adorada por estrangeiros, sendo que o acesso aos templos era permitido somente aos cidadãos.

[26] COULANGES, Fustel de. *A Cidade Antiga*. 1998, p. 29.

[27] COULANGES, Fustel de. *A Cidade Antiga*. 1998, p. 28.

[28] COULANGES, Fustel de. *A Cidade Antiga*. 1998, p. 27.

[29] COULANGES, Fustel de. *A Cidade Antiga*. 1998, p. 30-32.

pre a seus pais, e, de que cada vez que o façam, lhes dirijam uma invocação". [...] Toda essa religião se limita ao interior de cada casa. O culto não era público.

Não se pretende comparar, equiparar ou admitir a propriedade privada entre os viventes de épocas primitivas com aquela regulada pelo homem moderno. Mas, o que não se pode negar é que "há três coisas que, desde os tempos mais antigos, se encontram fundadas e estabelecidas solidamente pelas sociedades gregas e itálicas: a religião doméstica, a família e o direito de propriedade; três coisas mostrando originariamente manifesta relação entre si e que parece terem mesmo andado inseparáveis".[30]

A este respeito vale transcrever literalmente Fustel de Coulanges,[31] que assenta nesta tríade uma relação de autoimplicação muito útil para a compreensão da ideia de propriedade como direito absoluto, ilimitado e sagrado que vigorou na antiguidade, inspirou codificações jurídicas e que ainda sobrevive de certa maneira:

> A idéia de propriedade privada estava na própria religião. Cada família tinha o seu lar e os seus antepassados. Esses deuses só podiam ser adorados pela família, só à família protegiam; eram propriedade sua. Encontraram os antigos misteriosa relação entre estes deuses e o solo. Vejamos, primeiramente, o lar: este altar é o símbolo da vida sedentária; o seu próprio nome o indica. Deve estar assente no solo; uma vez ali colocado nunca mais deve mudar de lugar. O deus da família quer ter morada fixa; materialmente, a pedra sobre a qual ele brilha, torna-se de difícil transporte; religiosamente, isso parece-lhe ainda mais difícil, só sendo permitido ao homem quando dura necessidade o obriga, o inimigo o expulsa ou a terra não pode alimentá-lo. Ao assentar-se o lar, fazem-no com o pensamento e a esperança de que ficará sempre no mesmo lugar. O deus instala-se nele, não para um dia, nem mesmo só para a precária vida de um homem, mas para todos os tempos, enquanto esta família existir e dela restar alguém a conservar a sua chama em sacrifício. Assim o lar toma posse do solo; apossa-se desta parte da terra que fica sendo, assim, sua propriedade.[...] A idéia de domicílio surge espontaneamente.[...] O lugar pertence-lhe: é sua propriedade, propriedade não de um só homem, mas de uma família, cujos diferentes membros devem vir, um após o outro, nascer e morrer ali.

O raciocínio dos antigos não era ilógico para os padrões da crença religiosa então professada. A proteção do altar, dos deuses lares e do culto exigia cautelas adequadas visando promover e manter o isolamento do lar, "nitidamente separado de tudo quanto não lhe pertença", impondo que "o estranho não se aproxime do lar no momento em que se realizam as cerimônias do culto", mesmo que fosse para apenas vê-lo. E para garantir o segredo da religião, instituía-se "uma vedação em torno do lar, a certa distância", que bem poderia ser uma "paliçada, por sebe ou muro de pedra", indicando um limite, uma separação, entre o "domínio de um

---
[30] COULANGES, Fustel de. *A Cidade Antiga*. 1998, p. 58.
[31] COULANGES, Fustel de. *A Cidade Antiga*. 1998, p. 58-59.

lar de outro domínio pertencente a outro lar". Sacralizado o perímetro, cometia-se impiedade ao desrespeitá-lo. E justamente esta interdição que, fundada na religião e por ela defendida, veio "afirmar-se como o atributo mais verdadeiro, o sinal irrecusável do direito de propriedade".[32]

Afirma a transcendência temporal das crenças religiosas e das regras jurídicas produzidas sobre aqueles alicerces a observação de Jayme de Altavila[33] quando, analisando a legislação mosaica e asseverando se tratar o Deuteronômio uma consolidação das leis antigas, ressalta que "já se vê que um direito se projeta para além das fronteiras do mundo antigo, só mesmo vazado em profundas convicções religiosas e jurídicas, capazes de assimilação e seguimento",[34] além do que "no cotejo dessa constituição político-religiosa do Velho Testamento, encontramos normas jurídicas que influíram não somente no direito que a sucedeu, como no direito moderno".[35]

Enfim, ao direito de propriedade inicialmente se vinculou uma inexpugnabilidade de cunho sagrado e que se pretendeu absoluta, porém, a transição para a racionalidade emprestou à propriedade uma relativização experimentada com maior intensidade na medida em que se reafirma a substância do direito de propriedade como instrumento de dominação política, econômica, tecnológica entre outros, sem se descurar do recente reconhecimento da função social que deve prestar o proprietário no respectivo uso, gozo e fruição.

A crença no caráter absoluto da propriedade foi legada à posteridade pelos romanos, notadamente a propriedade quiritária, que inspirou o legislador do Código Civil francês de 1804 e, daí em diante, mereceu replicação em ordenamentos jurídicos mundo a fora. Note-se, contudo, que tanto no Direito romano quanto no Código de Napoleão, o "código da propriedade", havia previsão de limites à propriedade, porém, tais limitações não conquistaram eficácia.

E é justamente fundada nesta desviada ideia de absoluto que contaminou todo o ideário sobre o qual se construiu o direito de propriedade ao longo da história da humanidade, recebendo contribuição preponderante do pensamento liberal, uma vez que a pertença sobre bens permaneceu enclausurada entre a propriedade pública e privada até meados do século XX.

---

[32] COULANGES, Fustel de. *A Cidade Antiga*. 1998, p. 59.

[33] ALTAVILA, Jayme de. *Origem dos Direitos dos Povos*. 2006, p. 24.

[34] ALTAVILA, Jayme de. *Origem dos Direitos dos Povos*. 2006, p. 21

[35] ALTAVILA, Jayme de. *Origem dos Direitos dos Povos*. 2006, p. 25.

Orbita, portanto, ao redor desta corrompida concepção do direito de propriedade como absoluto todo um conjunto de interesses que, fundados na vetusta dicotomia entre o público e o privado, desguarneceram os interesses, direitos e bens que não se fundam nestes extremos, sem prejuízo da inadequada compreensão epistemológica dos demais bens, a saber: *res nullius* (coisa de ninguém) e *res derelictae* (coisa abandonada) e a desconsideração da existência da *res omnium* (coisa comum ou pertencente a todos).

## 1.2. Ideário liberal de John Locke e a propriedade

Se a compreensão dos ideais liberais da Revolução Francesa e de suas Declarações de Direitos é imprescindível ao adequado entendimento do instituto da propriedade privada no Código Civil francês de 1804, o que aproveita a todos os ordenamentos jurídicos influenciados, as ideias do filósofo inglês John Locke[36] são de pano de fundo para elucidação das razões pelas quais os revolucionários gauleses fixaram na propriedade privada suas atenções e intenções, entre outras.

Relevante, portanto, a análise do pensamento de John Locke a respeito das relações entre propriedade privada e o trabalho, propriedade privada e função, além do surgimento do dinheiro e do mercado como fortalecedores do instituto da propriedade individual.

Segundo Giorgio Del Vecchio,[37] John Locke representa em essência a democracia e o liberalismo em contraposição a Thomas Hobbes,[38] sendo precursor da doutrina do estado de natureza e do contrato social, havendo influenciado o filósofo francês Jean-Jacques Rousseau que, com pensamento análogo, anuncia e anima a Revolução Francesa. O próprio Rousseau reconhece expressamente que Locke havia tratado do contrato

---

[36] MORRIS, Clarence (org.). *Os Grandes Filósofos do Direito*. Reinaldo Guarany (Trad.). Ver. da tradução Silvana Vieira e Claudia Berliner. Revisão técnica Sérgio Sérvulo da Cunha. São Paulo: Martins Fontes, 2002, p. 130-133 (Coleção Justiça e Direito). John Locke (1632-1704) nasceu em Wrington, sudoeste da Inglaterra, vivendo na zona rural. Sei pai, John Senior, era agente imobiliário e advogado, além de religioso puritano e tenaz defensor das liberdades políticas. Locke foi educado na Westminster School e se bacharelou na Universidade de Oxford, na Inglaterra. Exerceu cargos públicos e lecionou em Oxford. Puritano, tolerante e amável, revelou-se apaixonado pela humanidade.

[37] DEL VECCHIO, Giorgio. *História da Filosofia do Direito*. João Baptista da Silva (Trad.). Belo Horizonte: Líder, 2006, p. 84-89.

[38] DEL VECCHIO, Giorgio. *História da Filosofia do Direito*. 2006, p. 85. "Locke difere de Hobbes no espírito e nas conclusões. Se Hobbes tinha-se valido das hipóteses do estado de natureza e do conseqüente pacto social, para fundamentar o absolutismo do Príncipe, Locke vale-se das mesmas hipóteses para demonstrar os limites jurídicos do poder soberano".

social de uma forma particular e conforme seus próprios princípios, consistindo no seu maior precursor.

### 1.2.1. Propriedade privada e trabalho

John Locke foi o primeiro a organizar coerentemente as ideias fundamentais da democracia constitucional, influenciando com suas posições os ideais da Declaração de Independência dos Estados Unidos da América, de julho de 1776. Em razão disto, seu pensamento também serviu de paradigma para a filosofia da Revolução Francesa, especialmente por acreditar que o homem possuía direitos naturais, dentre eles, a liberdade pessoal e o direito de ser proprietário, sendo função primordial do Estado a proteção da pessoa e da propriedade privada:[39]

> Locke acreditava firmemente que todo ser humano tinha direitos naturais, que incluíam, além da vida, liberdade pessoal e direito de manter propriedades. A finalidade principal do governo, afirmava, era proteger as pessoas e as propriedades dos cidadãos, ponto de vista que já foi denominado 'a teoria do governo guarda-noturno'. [...] Apesar de acreditar firmemente no princípio do governo pela maioria, jamais explicitou o fato de o governo não ter poderes ilimitados. A maioria não pode violar os direitos naturais dos homens e nem ter liberdade para abolir seus direitos de propriedade. O governo só poderia tirar legalmente a propriedade pelo consentimento dos governados. Percebe-se pelo exposto que Locke virtualmente expressou as principais idéias da Revolução Americana, quase um século antes de sua eclosão. Sua influência sobre Thomas Jefferson é particularmente marcante e suas idéias penetraram também o continente europeu – em especial a França, onde constituíram fato indireto que levou à Revolução Francesa e à versão local da Declaração dos Direitos do Homem.

Segundo Danilo Marcondes,[40] para John Locke, a "sociedade resulta de uma reunião de indivíduos visando garantir suas vidas, sua liberdade e sua propriedade, ou seja, aquilo que pertence a cada um", sobressaindo um discurso eminentemente individualista que defende ser "em nome dos direitos naturais do homem que o contrato social entre os indivíduos que cria a sociedade é realizado, e o governo deve portanto comprometer-se com a preservação destes direitos".[41]

Os ideais de Locke mantinham no horizonte o objetivo de repudiar o feudalismo por meio da exaltada defesa dos direitos naturais, estando a propriedade privada entre as suas principais preocupações.

---

[39] HART, Michael H. *As 100 Maiores Personalidades da História:* uma classificação das pessoas que mais influenciaram a história. Antônio Canavarro Pereira (Trad.). Rio de Janeiro: DIFEL, 2001, p. 279-280.

[40] DANILO Marcondes. *Iniciação à História da Filosofia*: dos pré-socráticos a Wittgenstein. 2. ed. Rio de Janeiro: Jorge Zahar Editor, 1998, p. 199.

[41] DANILO Marcondes. *Iniciação à História da Filosofia*. 1998, p. 199.

Por isso as ideias de John Locke devem ser contextualizadas, pois, conforme assevera Fábio Konder Comparato,[42] ressaltando que a doutrina dos direitos individuais guarda estreita conexão com a natureza humana, há de se conferir ao pensador inglês reconhecimento como um dos "fundadores da teoria dos direitos humanos", sendo que "a defesa por ele desenvolvida do direito de apropriação privada tornou-o um dos pais fundadores da civilização burguesa e um dos santos patronos do sistema capitalista".

O contexto socioeconômico em que as ideias de Locke se desenvolveram se situa no confronto de "duas grandes forças formadoras da civilização" iluminadas pelo embate da "reordenação da propriedade fundiária na Inglaterra", que mantinha uma estrutura feudal caracterizada pela predominância absoluta do senhor feudal sobre os pequenos agricultores autônomos *yeomen*. Dentre estes, havia alguns proprietários *freeholders*, que se dividiam em arrendatários detentores de títulos que se transmitiam hereditariamente *copyholders* ou arrendatários vitalícios *leaseholders for life*.[43]

As terras lavradas por estes agricultores autônomos não formavam, em sua maioria, uma extensão contínua, sendo permeadas por lotes de outros agricultores. Realizava-se, assim, a cultura agrícola alicerçada na colaboração ou na solidariedade, ocupando-se a totalidade da terra cultivada de modo comum durante a metade do ano *open or common fields*. Até mesmo as terras comuns (campos, lagos e pântanos) que eram usufruídas por todos estavam sob autorização do senhor feudal, inclusive para o apascentamento dos animais de criação, corte de árvores, pesca entre outros.[44]

A partir do século XVI a estrutura agrária feudal começa a sofrer uma transformação: substitui-se pela forma capitalista de exploração da terra, caracterizada pelo cercamento *enclosure* das terras comuns *open or common fields* e o envolver daquelas cultivadas pelos pequenos agricultores em uma extensa faixa contínua de terra, sob o domínio de um único proprietário. Com a criação de latifúndios houve a migração da agricultura de subsistência para a criação extensiva de animais, especialmente ovinos que forneciam lã empregada na indústria têxtil local e destinada à exportação. Esta nova forma de exploração da terra, eminentemente capitalista, "atraiu, desde logo, inúmeros burgueses e não poucos nobres".[45]

---

[42] COMPARATO, Fábio Konder. *Ética*: direito, moral e religião no mundo moderno. São Paulo: Companhia das Letras, 2006, p. 220-221.

[43] COMPARATO, Fábio Konder. *Ética*. 2006, p. 221.

[44] COMPARATO, Fábio Konder. *Ética*. 2006, p. 221-222.

[45] COMPARATO, Fábio Konder. *Ética*. 2006, p. 222.

Então, na segunda metade do século XVIII, em plena Revolução Industrial inglesa, os ideais deste novo regime agrário já granjeavam uma maioria de adeptos e defensores, sendo que "em estreito vínculo com essa questão de reforma agrária capitalista devem ser lidas e compreendidas as considerações que Locke expõe no capítulo V do seu *Segundo Tratado do Governo*, consagrado à propriedade".[46]

Mas quando John Locke defende a apropriação privada de terras também trata de conciliar um aspecto que seu puritanismo[47] religioso precisa acomodar: há uma passagem bíblica em que o rei David anuncia que Deus criou a Terra e a disponibilizou para a humanidade tê-la em comum,[48] indistintamente, o que dificulta a admissão de que algumas frações ou parcelas de terra ou de bens em geral possam ser destacados deste condomínio universal e reservados para determinado indivíduo, com exclusão de todos os outros:[49]

> Supondo-se isso, porém, parece ser da maior dificuldade, para alguns, entender como pode alguém chegar a ter a *propriedade* de alguma coisa. [...] Contudo, esforçar-me-ei por mostrar de que maneira os homens podem vir a ter uma *propriedade* em diversas partes daquilo que Deus deu em comum à humanidade, e isso sem nenhum pacto expresso por parte de todos os membros da comunidade.

Para justificar a apropriação privada de "alguma coisa", John Locke assenta seu discurso na razão outorgada por Deus aos homens, cuja finalidade é extrair do mundo recebido tudo aquilo que proporcione "o maior benefício e a conveniência da vida", pois, "a Terra, e tudo quanto nela há, é dada aos homens para o sustento e o conforto de sua existência".[50]

---

[46] COMPARATO, Fábio Konder. *Ética*. 2006, p. 223.

[47] AZEVEDO, Antonio Carlos do Amaral. *Dicionários de Nomes, Termos e Conceitos Históricos*. 2. ed. Rio de Janeiro: Nova Fronteira, 1997, p. 341. "Nome dado aos integrantes do movimento de reforma religiosa que não obedeciam às normas do anglicanismo, reivindicando que a Igreja fosse purificada – o que originou o termo – de todos os ritos e cerimônias que lembrassem o papismo. Posteriormente, o termo foi aplicado a todos que praticavam, com rigor, o repouso dominical e rígidos hábitos de vida. Os puritanos, que defendiam as idéias calvinistas formavam duas facções: a dos presbiterianos e a dos congregacionalistas. Foi na *gentry* e nas classes mercantis urbanas que o puritanismo encontrou maior receptividade e sua penetração nesses dois segmentos sociais revestiu-se de extraordinária importância, dado que esses grupos tinham sido os mais atingidos pelas grandes transformações da Inglaterra no século XVI. Os presbiterianos reivindicavam uma Igreja desligada do Estado, enquanto os congregacioalistas, também chamados de 'independentes', proclamavam a autonomia de cada adepto e sua liberdade para pregar a religião. O ardor e a convicção das idéias fizeram dos puritanos um dos grupos religiosos mais significativos na Inglaterra no século XVII".

[48] SYSWERDA, Jean. E. *Bíblia Jovem*. Valdemar Kroker (Trad.). 2.ed. São Paulo: Vida, 2001, p. 949. Salmo 115, versículo 16. Os céus são do Senhor, mas a terra ele a deu aos filhos dos homens.

[49] LOCKE, John. *Dois Tratados Sobre O Governo*. Júlio Fischer (Trad.). Revisão técnica Renato Janine Ribeiro. Revisão da tradução Eunice Ostrensky. 2. ed. São Paulo: Martins Fontes, 2005, p. 406 (Clássicos).

[50] LOCKE, John. *Dois Tratados sobre o Governo*. 2005, p. 407.

Enfim, reconhece que todas as coisas e os frutos que naturalmente estão disponíveis na natureza pertencem à humanidade em comum, não sendo admitido que alguém se aproprie deles individualmente, excluindo-se os demais. Porém, admite como razoável que se aos homens são reservados e destinados os bens da Terra, há um meio para que a apropriação particular se concretize fundamentadamente: e este meio é o trabalho, pois, "embora a Terra e todas as criaturas inferiores sejam comuns a todos os homens, cada um tem uma 'propriedade' em sua própria 'pessoa'. A esta ninguém tem direito algum além dele mesmo. O 'trabalho' do seu corpo e a 'obra' de suas mãos, pode-se dizer, são propriamente dele".[51]

Giorgio Del Vecchio,[52] chamando a atenção para a opção de John Locke pelos direitos naturais, afirma que "no estado de natureza, qual concebido por Locke, o homem tem já certos direitos, por exemplo, o direito à liberdade pessoal e o direito ao trabalho, consequentemente à propriedade (que para Locke funda-se, precisamente, no trabalho)".

Para fundamentar a propriedade privada John Locke trata de produzir racionalmente a seguinte conclusão: o trabalho é o fator que imprime diferença entre os bens disponíveis na natureza e aqueles afetados pela ação humana do labor. É que o trabalho agrega aos bens encontrados no estado de natureza um algo mais que acrescenta parcela não presente naquele estado original, o que transforma o bem objeto desta ação humana em propriedade particular:[53]

> Portanto, sem supor nenhum domínio particular ou propriedade de Adão sobre todo o mundo, à exclusão de todos os demais homens, o que de modo algum pode ser provado nem pode fundar a propriedade de pessoa alguma, mas supondo-se que o *mundo* foi dado aos filhos dos homens *em comum*, vemos como o *trabalho* podia conferir aos homens títulos a diversas partes dele para seus usos particulares; do que não poderia haver dúvida alguma quanto ao direito, nem ocasião para disputas. Tampouco é estranho, como talvez possa parecer antes de se considerar o assunto, que a *propriedade do trabalho* seja capaz de superar a comunidade da terra, pois é o *trabalho*, com efeito, que estabelece a *diferença de valor* de cada coisa.

Assim, impregnado por este pensamento atomizador da existência humana, justifica-se a apropriação privada de bens disponíveis na natureza por meio do trabalho, pessoal ou não, não agindo erroneamente o homem que se apropriasse de quanto pudesse afetar com o trabalho, sem limites *a priori*.

---

[51] LOCKE, John. *Dois Tratados sobre o Governo*. 2005, p. 407.
[52] DEL VECCHIO, Giorgio. *História da Filosofia do Direito*. 2006, p. 86.
[53] LOCKE, John. *Dois Tratados sobre o Governo*. 2005, p. 421.

Há como concluir que John Locke entendia que a apropriação individual por meio do trabalho, com a extração do máximo potencial dos bens dispostos em comum no estado de natureza, ao mesmo tempo em que legitimava a propriedade privada conferia ao comportamento uma benemerência em favor de toda humanidade, pois, a produção destinada ao sustento da vida humana extraída de uma porção de terra cercada e cultivada seria mais útil do que esta mesma parcela de terra em comum ou inculta:[54]

> Ao que eu gostaria de acrescentar que aquele que se apropria de terra mediante o seu próprio trabalho não diminui, mas aumenta as reservas comuns da humanidade, pois as provisões que servem ao sustento da vida humana produzidas por um acre de terra cercada e cultivada são (para falar moderadamente) dez vezes maiores quer as que rende um acre de terra em comum inculta de igual riqueza. Portanto, pode-se dizer verdadeiramente, daquele que cerca terra e tem mais abundância das conveniências da vida em dez acres do que teria em cem deixados à natureza, que dá noventa acres à humanidade, pois seu trabalho fornece-lhe agora, de dez acres, as provisões que antes eram produto de cem acres em comum. Avaliei, porém, a produção da terra melhorada muito por baixo, em apenas dez para um, quando é mais aproximadamente de cem para um. Pergunto-me se nas florestas selvagens e nas vastidões incultas da América deixadas à natureza, sem nenhuma melhoria, lavoura ou cultivo, mil acres rendem aos habitantes necessitados e miseráveis tanto quanto dez acres de terra igualmente fértil em Devonshire, onde são bem cultivadas.

O liberalismo germinado no ambiente dos ideais lockeanos produziu a delimitação de um perímetro em que o Estado não deveria estar presente ou sequer influenciar, deixando o homem inteiramente livre para agir ou não agir na transformação de tudo o que encontrasse em estado de natureza, uma vez que não havia horizonte claro e objetivo que funcionasse como limite quantitativo ou conformador de padrão qualitativo relacionado com a apropriação privada pelo trabalho.

Em verdade, o raciocínio liberal de John Locke refere a limites na obtenção da propriedade privada, ressalvando o dever de remanescer quantidade suficiente para apropriação pelo trabalho dos demais homens. Com relação à qualidade, tanto da parcela já apropriada quanto daquela por vir a ser deveriam conservar este atributo, uma vez que "homem nenhum além dele pode ter direito àquilo que a esse *trabalho* foi agregado, pelo menos enquanto houver bastante e de igual qualidade deixada em comum para os demais".[55]

Analisando-se a conclusão de John Locke na defesa do trabalho como fonte geradora da propriedade privada, percebe-se que as preocupações predominantes naquela época da história inglesa e da Europa ocidental repousavam na reserva individual de áreas de terras proporcionais ao

---

[54] LOCKE, John. *Dois Tratados sobre o Governo*. 2005, p. 417-418.
[55] LOCKE, John. *Dois Tratados sobre o Governo*. 2005, p. 409.

trabalho desenvolvido, enquanto houvesse quantidade bastante para todos. A qualidade dos bens apropriados e daqueles deixados em estado de natureza também era objeto da certa preocupação lockeana, contendo-se nele uma fragrância incipiente da ideia de função social da propriedade, ainda que se possa averbar não ter sido exatamente este o objetivo do filósofo. Mas o mais provável é que diante do regime feudal que se pretendia dissipar, todo o esforço era concentrado na questão agrária e no trabalho livre, desembaraçado dos torniquetes privados (feudais) e públicos (exações).

Mas vale ressaltar a afirmação textual de John Locke de que "nada foi feito por Deus para que o homem estrague ou destrua".[56] Esta exortação aposta incondicionalmente pode ser admitida como traço da ideia de funcionalidade da propriedade em geral, muito embora o filósofo inglês pregue a extração do máximo proveito dos bens da natureza por meio do trabalho, como ação legitimadora da propriedade privada e benéfica para a humanidade.

### 1.2.2. Propriedade privada e função

A propriedade privada, fruto da apropriação dos bens naturalmente disponíveis, legitima-se pela transformação promovida pelo trabalho do homem.[57] Porém, John Locke não defendeu um comportamento sem limites. Ao contrário, consta expressamente na obra *Dois Tratados sobre o Governo* que ninguém poderia ter a totalidade dos bens ou promover dificuldade ou tornar impossível que outros homens se apropriassem igualmente de bens em estado de natureza por meio do trabalho:[58]

> Qualquer coisa que ele então retire do estado com que a natureza a proveu e deixou, mistura-a ele com o seu trabalho e junta-lhe algo que é seu, transformando-a em sua *propriedade*. Sendo por ele retirada do estado comum em que a natureza a deixou, a ele agregou, com esse trabalho, algo que a exclui do direito comum dos demais homens. Por ser esse *trabalho* propriedade inquestionável do trabalhador, homem nenhum além dele pode ter

---

[56] LOCKE, John. *Dois Tratados sobre o Governo*. 2005, p. 412.

[57] COMPARATO, Fábio Konder. *Ética*: direito, moral e religião no mundo moderno, p. 224. "A tese parece razoável, supondo-se que o trabalho, gerador de propriedade seja desenvolvido pessoalmente pelo futuro proprietário. Quer dizer, contudo, do trabalho feito não por ele, mas por alguém que lhe é subordinado, na condição de escravo ou assalariado? Por que, então, o verdadeiro trabalhador não adquire, jamais, a propriedade da terra por ele fecundada com o suor de seu rosto, como diz a Bíblia? Locke não responde direta e claramente à pergunta, mas deixa entrever, em rápida alusão, que é justa a aquisição de propriedade agrícola mediante a exploração do trabalho alheio. [...] A contradição entre essa justificação da propriedade individual e a teoria política, por ele exposta no mesmo tratado é evidente".

[58] LOCKE, John. *Dois Tratados sobre o Governo*. 2005, p. 409.

direito àquilo que a esse *trabalho* foi agregado, pelo menos enquanto houver bastante e de igual qualidade deixada em comum para os demais.

Mas isto não confere a John Locke a autoria consciente do instituto da função social ou mesmo a função ambiental da propriedade, sendo que para Guilherme José Purvin de Figueiredo,[59] com razão, "em contraste com o que hoje identificamos como a proteção da dimensão ambiental, vemos nesse autor a vibrante menção à dimensão *laboral* da função social da propriedade".[60]

E nem se poderia concluir de modo diverso, uma vez que naquelas circunstâncias sociais, políticas, econômicas e tecnológicas o valor conferido ao meio ambiente permanecia à sombra de outros valores momentaneamente mais caros e imediatamente reclamados pelo ascendente pensamento liberal em oposição ao decadente absolutismo.

Assim, considerando o contexto histórico e tudo o mais, não se pode exigir que o ideário lockeano acerca da propriedade privada já viesse aparelhado com as dimensões social e ambiental, o que somente viria a ser ocupado mais adiante, inicialmente por Augusto Comte, em 1851, e, posteriormente Leon Duguit, em 1912, segundo Geraldo Ferreira Lanfredi.[61]

Mas é interessante analisar como John Locke busca incentivar a produção ou a transformação de bens em estado de natureza em nível máximo e ao mesmo tempo exige vinculação a uma ideia de equilíbrio ou de proporcionalidade. A defesa do trabalho, segundo este pensador, não confere o direito de apropriação sem limites e que o patrimônio comum outorgado por Deus ao homem o foi para ser usufruído e não degradado, sendo que acaso adotada esta máxima não haveria razão para dissensões acerca da propriedade:[62]

> Talvez a isso se objete que, se o ato de colher uma bolota ou outros frutos da terra etc. dá direito a eles, qualquer um poderá 'açambarcar' tanto quanto queira. Ao que eu respondo que não. A mesma lei da natureza que por este meio nos concede a propriedade, também 'limita essa propriedade. Deus deu-nos de tudo em abundância' (1 Tim 6,17) é a voz da razão confirmada pela revelação. Mas até que pondo ele no-lo deu? 'Para usufruirmos'. Tanto quanto qualquer pessoa possa fazer uso de qualquer vantagem da vida antes que se estrague, disso pode, por seu trabalho, ficar a parte e pertence aos outros. Nada foi feito por Deus para que o homem estrague ou destrua. E assim, considerando-se a abundância de provisões naturais que por muito tempo houve no mundo e quão poucos havia para gastá-las, e a que pequena parte dessa provisão o esforço de um único homem poderia

---

[59] FIGUEIREDO, Guilherme José Purvin de. *A Propriedade no Direito Ambiental*. Rio de Janeiro: Esplanada, 2004, p. 60.

[60] FIGUEIREDO, Guilherme José Purvin de. *A Propriedade no Direito Ambiental*. 2004, p. 60.

[61] LANFREDI, Geraldo Ferreira. *Política Ambiental*: busca de efetividade de seus instrumentos. São Paulo: Revista dos Tribunais, 2002, p. 85.

[62] LOCKE, John. *Dois Tratados sobre o Governo*. 2005, p. 412.

estender-se e açambarcá-la para prejuízo dos demais, especialmente mantendo-se nos *limites* fixados pela razão do que poderia servir para seu *uso*, pouco espaço poderia haver para querelas ou contendas acerca da propriedade assim estabelecida.

Assim, sendo o mundo um condomínio universal partilhado pelos homens "para benefício deles e para a maior conveniência da vida que dele fossem capazes de extrair",[63] para o liberalismo lockeano as terras e as demais coisas havidas no estado de natureza não deveriam permanecer destinadas ao uso comum e incultas eternamente, mas, ao contrário, mereciam ser apropriadas e transformadas:[64]

> Deus deu o mundo aos homens em comum; mas uma vez que lhes deu o mundo para benefício deles e para a maior conveniência da vida que dele fossem capazes de extrair, não se pode supor que tivesse Ele a intenção de que permanecesse comum e inculto para sempre.

Contudo, este desejado gozo dos recursos naturais já apropriados ou ainda por apropriar pelo trabalho não deveria ser objeto da sanha desmedida e irracional dos homens, pois, ao se referir ao mundo, John Locke afirma que Deus "deu-o para o uso dos diligentes e racionais (e o 'trabalho' haveria de ser o seu 'título' de propriedade), e não para a fantasia e a cobiça dos rixentos e litigiosos".[65]

### 1.2.3. Propriedade privada, dinheiro e mercado

Percebe-se nesta análise que John Locke buscava uma situação em que a cada homem e seu trabalho correspondesse àquela parcela destacável do condomínio universal dos bens em estado de natureza, isso para cumprir a determinação de Deus no sentido de que o homem trabalhasse para suplantar a penúria. Assim, justificava-se a dominação da Terra e a transformação da natureza em benefício da vida do homem trabalhador.

Há no discurso liberal de John Locke uma preocupação em estabelecer restrições à apropriação individual, que vem acomodada em fundamento adventício[66] ao referir que tudo que Deus disponibilizou ao homem não deve ser degradado,[67] concluindo-se que o limite para a transforma-

---

[63] LOCKE, John. *Dois Tratados sobre o Governo*. 2005, p. 414.
[64] LOCKE, John. *Dois Tratados sobre o Governo*. 2005, p. 414.
[65] LOCKE, John. *Dois Tratados sobre o Governo*. 2005, p. 414.
[66] LOCKE, John. *Dois Tratados sobre o Governo*. 2005, p. 412. 1 Timóteo, capítulo 6, versículo 17. Exorta aos ricos desta época a que não sejam orgulhosos, nem coloquem a sua confiança na instabilidade da riqueza, mas em Deus, que tudo providencia de forma abundante para nossa satisfação.
[67] LOCKE, John. *Dois Tratados sobre o Governo*. 2005, p. 412.

ção e a apropriação da natureza é a utilidade da propriedade privada, tanto para o proprietário quanto para os demais:[68]

> Tampouco seria essa "apropriação" de qualquer parcela da "terra", mediante a melhoria desta, prejudicial a qualquer outro homem, uma vez que restaria ainda bastante e de boa qualidade, e mais do que poderiam usar os que ainda não possuíam um lote. De modo que, na verdade, nunca houve menos para os outros pelo fato de ter ele delimitado parte para si, pois aquele que deixa para outro tanto quanto este possa usar faz como se não houvesse tomado absolutamente nada. Ninguém poderia julgar-se prejudicado pelo fato de outro homem beber, mesmo que tenha tomado um bom gole, se houvesse todo um rio da mesma água sobrando para saciar sua sede. E o caso da terra e da água, quando há bastante de ambos, é perfeitamente o mesmo.

Há, portanto, uma desejada proporcionalidade entre a necessidade ou utilidade do homem na apropriação individual e o respectivo trabalho empregado na transformação do bem originariamente encontrado no estado de natureza. Desta relação de equilíbrio ou de proporcionalidade sobressai a ideia aristotélica de justiça distributiva, porquanto garante aos demais homens o acesso aos bens comuns nas mesmas quantidade e qualidade relativas a qualquer parcela do condomínio universal antes de se tornar propriedade de um só homem.

E é justamente na relação entre a propriedade privada e a utilidade que se insere a "invenção do dinheiro" que, para John Locke, afetou a equação formada pelas variáveis do trabalho, da apropriação individual e da propriedade privada, uma vez que, alterado o valor intrínseco das coisas naturais transformadas pelo trabalho adveio o desejo de ter mais do que o necessário ou útil:[69]

> É certo que, no princípio, antes que o desejo de ter mais que o necessário houvesse alterado o valor intrínseco das coisas, que depende apenas da utilidade destas para a vida do homem, ou antes que os [homens] houvessem 'acordado que um pedacinho de metal amarelo' que se conserva sem se perder ou apodrecer valeria um pedaço grande de carne ou todo um monte de grãos, embora os homens tivessem o direito de apropriar-se, mediante o seu trabalho e cada uma para si, de tantas coisas da natureza quantas pudessem usar, isso não poderia ser muito, nem em detrimento de outros, se restasse ainda a mesma abundância para aqueles que usassem do mesmo esforço.

Consumada a propriedade privada de parcela de terra e dos bens em estado natural a deterioração do apropriado individualmente não deveria ser tolerada, pois, colhidos ou caçados mais bens do que necessários ou úteis à conveniência do trabalhador, estariam sendo violadas as leis naturais, ensejando aplicação de sanção:[70]

---

[68] LOCKE, John. *Dois Tratados sobre o Governo*. 2005, p. 413-414.

[69] LOCKE, John. *Dois Tratados sobre o Governo*. 2005, p. 417.

[70] LOCKE, John. *Dois Tratados sobre o Governo*. 2005, p. 418-419.

> Porém, se eles perecessem na posse dele sem serem devidamente usados; se os frutos ou a caça apodrecessem antes que pudesse consumi-los, ele estaria ofendendo as leis comuns da natureza, e tornava-se passível de punição; teria usurpado a parte de seu vizinho, pois não tinha 'nenhum direito, além daqueles ditados por seu uso', a qualquer deles, para que pudessem proporcionar-lhe as conveniências da vida. [...] As mesmas 'medidas' regiam também a 'posse da terra': o que quer que ele plantasse, colhesse, armazenasse e usasse antes que se estragasse era de seu direito particular; o gado e os produtos do que quer que ele cercasse e pudesse se alimentar e usar também era dele. Mas se a relva dentro de seu cercado apodrecesse no solo, ou se o fruto de seu plantio perecesse sem ser colhido e armazenado, esse pedaço da terra, não obstante sua cercadura, seria ainda visto como abandonado, e poderia ser a posse de qualquer outro.

O perecimento dos bens apropriados consistia, portanto, em extrema ofensa para com toda a humanidade, uma vez que da mesma forma que o trabalho desenvolvido em extensa área de terra "aumenta as reservas comuns da humanidade",[71] a degradação da terra e de outros bens arrecadados mereciam cuidados "para que não se estragassem antes que as usasse, do contrário teria colhido mais que a sua parte e roubado a parte alheia",[72] sendo "uma tolice, bem como uma desonestidade, acumular mais que o que se era capaz de usar".[73] Mas ocorre que a troca por dinheiro de bens transformados pelo trabalho, atribuindo-se valor econômico às coisas apropriadas, relativizou a relação entre a propriedade privada e a utilidade:[74]

> Mais uma vez, se trocasse suas nozes por um pedaço de metal cuja cor lhe agradasse, ou sua lenha por uma pedra brilhante ou um diamante, e as guardasse consigo por toda a vida, não estaria invadindo o direito alheio e poderia acumular tantas dessas coisas duráveis quanto lhe aprouvesse; o exagero 'nos limites de sua justa propriedade' não residia na extensão de suas posses, mas no perecimento inútil de qualquer parte delas.

O dinheiro substituindo a utilidade direta dos bens apropriados abre para o homem a oportunidade de manter consigo, individual e indefinidamente, a propriedade exclusiva de fração de bens superior às suas necessidades ordinárias, o que faz desaparecer o risco de perecimento dos meios de provimento de suas conveniências vitais. Dissipa-se, deste modo, a preocupação ou a obrigação de guardar sem estragar aqueles bens arrecadados em excesso e diretamente úteis ao sustento da vida.

Fábio Konder Comparato[75] conclui a abordagem acerca do pensamento de John Locke relacionando o dinheiro como parâmetro de valor econômico para as coisas e sua utilidade para os homens: quanto mais

---

[71] LOCKE, John. *Dois Tratados sobre o Governo*. 2005, p. 418.
[72] LOCKE, John. *Dois Tratados sobre o Governo*. 2005, p. 418.
[73] LOCKE, John. *Dois Tratados sobre o Governo*. 2005, p. 418.
[74] LOCKE, John. *Dois Tratados sobre o Governo*. 2005, p. 426.
[75] COMPARATO, Fábio Konder. *Ética*: direito, moral e religião. 2006, p. 225.

útil ou necessário ou escasso maior o valor do bem. Isto fundamentou a reforma do sistema agrário inglês de feudal para capitalista, cuja finalidade era produzir para o mercado e não simplesmente para a subsistência do trabalhador. Enfim, com a mesma razão com que se afirma que somente o trabalho gera riqueza se pode reconhecer que a moeda ou o sistema monetário ou financeiro propiciaram ao homem aumentar ilimitadamente seu patrimônio.

Como visto, a análise das ideias de John Locke, um dos fundadores do liberalismo econômico, é imprescindível para a compreensão da propriedade privada e da essência do sistema capitalista, uma vez que esta vertente do pensamento mantém potente influência na sociedade atual, sendo sua obra "Dois Tratados sobre o Governo", de 1690, a primeira e mais completa formulação do Estado liberal.

Sobre esta influência sobrevivente na atualidade, Vladimir da Rocha França afirma que John Locke influenciou ser o signo propriedade a designação de "todos os direitos naturais, com um conteúdo valorativo neutro ou intrinsecamente bom, indicando os requisitos indispensáveis para uma existência digna",[76] pois, naquelas circunstâncias históricas a propriedade conferia liberdade e autodeterminação, tanto pessoal quanto nacional. Portanto, a propriedade e a personalidade mantinham relação de dependência e implicação, pois, "o homem valia pelo que possuísse".[77]

Transcorridos mais de três séculos desde a concepção e o início da disseminação das ideias liberais, o direito natural à propriedade privada por meio do trabalho dedicado à apropriação dos bens em estado de natureza sofreu descaracterização provocada pelas transformações das relações sociais havidas desde então: opera-se migração da propriedade privada legitimada pelo trabalho destinado à subsistência, limitada pela utilidade dos bens vitais, para um modelo em que o dinheiro, o mercado, enfim, a atividade especulativa liberta o homem de quaisquer limites espontaneamente instaurados.

Enfim, inicialmente, a propriedade privada conferia liberdade em uma relação diretamente proporcional: ser proprietário conferia dignidade humana. Atualmente, a dignidade humana não se satisfaz com a propriedade, mas, especialmente, deve ser garantida para todos, independentemente do *status*.

---

[76] FRANÇA, Vladimir da Rocha. Um Estudo Sobre a Relação Entre o Estado e a Propriedade Privada. *Revista de Direito Constitucional e Internacional*. São Paulo: Revista dos Tribunais, n° 37, out./dez., 2001, p. 248.

[77] FRANÇA, Vladimir da Rocha. Um Estudo Sobre a Relação Entre o Estado e a Propriedade Privada. *Revista de Direito Constitucional e Internacional*. 2001, p. 248.

A propriedade não ostenta mais a autossuficiência do liberalismo clássico, devendo estar submetida e condicionada às leis e aos princípios, o que afeta a vetusta ideia da não limitação e do não condicionamento, pois, "a agressão maior à propriedade vem justamente de quem se utiliza de modo irresponsável ou negligente, diante de sua função social, comprometendo a posse legítima de quem produz e constrói para si e para a sociedade".[78]

## 1.3. Panorama geral da propriedade

Neste momento cabe um esclarecimento: mesmo sendo útil a análise detalhada da história do instituto da propriedade os objetivos deste trabalho reclamam opção diversa. Por isso, os modestos espaço e profundidade reservados ao exame da transformação do direito de propriedade ao longo da história não têm a pretensão de esgotar o tema, mas, sim, apenas objetivam demonstrar que nos séculos XX e XXI ainda sobrevivem traços daquele direito de propriedade absoluto, que vem ratificado pelo exercício recalcitrante quanto aos limites, colocando em risco a qualidade ambiental.

A razão deste panorama geral acerca da evolução da propriedade se funda na utilidade da constituição de um cenário abrangente do instituto da propriedade, revelando aspectos marcantes de cada uma das chamadas fases, possibilitando que se proceda ao destaque da contribuição mais relevante legada à modernidade: o Código Civil francês de 1804.

A detenção, aquisição e a transmissão da propriedade em geral são fenômenos jurídicos que mantiveram originariamente estreita relação com aspectos místicos da vida primitiva, tomando emprestado o caráter sagrado e inviolável e, por isso, absoluto.

Mas esta umbilical relação transcendental entre propriedade e religião vai sendo afetada gradualmente pelas seguidas transformações sociais, tanto das famílias em clãs quanto da dinâmica socioeconômica, que passam a exigir adaptação constante das normas de regência da vida comunitária, como acentua José Carlos Moreira Alves quando trata da problemática conceitual da propriedade:[79]

> Ainda hoje os juristas se defrontam com o problema da conceituação do direito de propriedade. Ele reside, com relação ao direito vigente em cada país, na dificuldade de se resumirem, numa definição, os múltiplos poderes do proprietário. [...] Para que se possa avaliar

---

[78] FRANÇA, Vladimir da Rocha. Um Estudo Sobre a Relação Entre o Estado e a Propriedade Privada. *Revista de Direito Constitucional e Internacional*. 2001, p. 252.

[79] ALVES, José Carlos Moreira. *Direito Romano*. 14. ed. Rio de Janeiro: Forense, 2007, p. 293.

a intensidade dessas modificações, basta atentar para o fato de que, em épocas relativamente próximas, o conteúdo do direito de propriedade se reduz ou se alarga em face não só do regime político, mas também das exigências econômico-sociais.

E este revolver econômico-social impacta inicialmente na admissão da propriedade mobiliária para, em seguida, conformar a imobiliária.

Em preciosa síntese, expõe John Gilissen[80] que, na medida em que a família foi se tornando uma instituição mais numerosa e complexa, surgiu necessidade da preservação dos interesses econômicos dos sobreviventes, o que deu início às primeiras formas de sucessão de bens, a princípio abrangendo a propriedade mobiliária.

A propriedade imobiliária, animada essencialmente pela divinização do solo, também passa a ser objeto de sucessão, uma vez que se acreditava que os deuses deveriam ter um guardião responsável pelos rituais, tradições e costumes. Porém, isso não implicava a existência de propriedade individual ou privada, mantendo-se a posse comunitária que retornava para a comunidade em caso de falecimento do "chefe da terra", impedindo a aquisição por prescrição aquisitiva.[81]

As formas como as famílias e os clãs se organizavam para buscar a sobrevivência também influiu na constituição da propriedade privada.

As famílias nômades acabaram por instituir e fortalecer a propriedade comum tanto de seus rebanhos quanto dos territórios ocupados temporariamente, gravando-os com a interdição aos estranhos. Nestas hipóteses, empresta-se ênfase aos poços de água e às pastagens, que depois de se esgotarem pelo uso eram abandonados. Já com relação às famílias sedentárias, a propriedade comum se torna permanente e se desenvolve a agricultura em substituição à colheita dos frutos disponíveis naturalmente, formando-se uma comunidade aldeã, mas, preservando-se, também, a comunidade clânica. Nesta transição para o sedentarismo, transportam-se os costumes e as tradições da família para clã.[82]

O sedentarismo promove a fixação das famílias e dos clãs em determinados territórios, reservando-se a cada família uma porção da propriedade[83] e assim originando a "distinção entre terras comuns cujo uso pertence à comunidade clânica ou étnica (florestas, pastos, charnecas,

---

[80] GILISSEN, John. *Introdução Histórica ao Direito*. 2. ed. A. M. Hespanha e L. M. Macaísta Malheiros (Trad.). Lisboa: Fundação Calouste Gulbenkian, 1995, p. 44.

[81] GILISSEN, John. *Introdução Histórica ao Direito*. 1995, p. 45.

[82] GILISSEN, John. *Introdução Histórica ao Direito*. 1995, p. 45.

[83] GILISSEN, John. *Introdução Histórica ao Direito*. 1995, p. 637-638. "Ao lado da apropriação comum pelo grupo social (clã, aldeia) aparece a apropriação privada, pelas famílias, do solo no qual está construída a cabana, e mesmo do solo que a rodeia, bem como daquele em que estão enterrados os antepassados. Esta terra não é objeto de uma apropriação individual, sendo a família quem a detém e não podendo o chefe de família dispor dela a seu alvedrio".

etc.) e às parcelas cultivadas pelas famílias. Assim, aparece a noção de propriedade familiar, depois individual do solo, e ao mesmo tempo a de sucessão imobiliária e de alienabilidade dos imóveis".[84]

A apropriação de parcela do solo por cada uma das famílias produz uma consequência: originam-se as desigualdades socioeconômicas. De início, o modo de vida do clã se caracterizava pela igualdade e pela não designação individual de riqueza, sendo que a "fixação ao solo provoca desigualdades de riqueza devidas nomeadamente às partilhas sucessórias, às diferenças de fertilidade, a acidentes meteorológicos, enfim, ao entusiasmo no trabalho", proporcionando a John Gilissen[85] afirmar que nesta transformação do modo de vida surgem as "classes sociais" e se desenvolve a servidão ou "escravatura econômica".[86]

A proliferação destas estruturas sociais e de poder[87] não encontrou limites espaciais, diferençando-se apenas no aspecto temporal, o que germinou o surgimento de uma nova classe, a burguesia, formada por comerciantes, que, impulsionada pelas novas necessidades econômicas surgidas com o desenvolvimento da economia de troca, procurou se fixar em locais (rotas de viagens, portos etc.) que proporcionassem benefícios de toda ordem (segurança, vendas constantes etc.).[88]

Em seguida a este fenômeno surgem as cidades, que vieram primordialmente formadas pela nova classe social dos comerciantes, que "não tardam a entrar em conflito com os elementos da hierarquia feudal, sobretudo fundiária",[89] sendo que aquela solidariedade étnica ou clânica se

---

[84] GILISSEN, John. *Introdução Histórica ao Direito*. 1995, p. 45.

[85] GILISSEN, John. *Introdução Histórica ao Direito*. 1995, p. 46.

[86] GILISSEN, John. *Introdução Histórica ao Direito*. 1995, p. 46: "Estas desigualdades económicas levam a diferenças mais ou menos consideráveis de produção de um clã para outro, duma família para outra. Segue-se o aparecimento de ricos e pobres e, por conseqüência, de classes sociais. Estas classes vão diferenciar-se fortemente à medida que os ricos se tornam mais ricos e os pobres mais pobres; porque muito frequentemente o pobre, obrigado a procurar meios de sobrevivência, deverá pedir emprestado ao rico e pôr os seus bens e a sua pessoa em penhor, o que terá conseqüências graves no caso de não execução do contrato. Encontrar-nos-emos, desde então, em face de um novo tipo de servidão, – a distinguir da servidão dos prisioneiros de guerra, – a escravatura econômica, nascida da não execução de um contrato de empréstimo. Assim aparecem classes sociais cada vez mais distintas e uma hierarquização da sociedade, hierarquização que vai se complicando à medida que aparecem novas classes entre a dos livres e a dos não livres. Chega-se assim a uma sociedade fortemente estruturada, geralmente do tipo feudal, piramidal, tendo à sua cabeça um chefe, abaixo os servos e os escravos. Há numerosos exemplos de sociedades de tipo feudal, nomeadamente no centro da África negra e na Indonésia, e também na história da antiguidade pré-helénica, na da Índia, da China e do Japão (no século XVIII) e, enfim, na Europa do século X ao século XII".

[87] GILISSEN, John. *Introdução Histórica ao Direito*. 1995, p. 634. "A terra é então a única fonte de riqueza e, ao mesmo tempo, de poder político".

[88] GILISSEN, John. *Introdução Histórica ao Direito*. 1995, p. 46. John Gilissen se refere aos comerciantes como sendo classe social.

[89] GILISSEN, John. *Introdução Histórica ao Direito*. 1995, p. 46.

dilui nas cidades, juntamente com a nobreza feudal, provocando a valorização dos bens móveis em detrimentos dos imóveis, em razão do parcelamento da propriedade imobiliária.[90]

Como se percebe, a evolução social da propriedade e a respectiva adaptação das regras de Direito seguem em ritmo concatenado, aquela sempre à frente destas, variando conforme o tempo e o espaço. Mas, é útil ressaltar que as aludidas evolução e adaptação não seguem tracejados retilíneos nem se contêm em compartimentos estanques, e muito menos inicia-se uma nova fase da propriedade imediatamente ao final da anterior.

Há, enfim, uma multiplicidade simultânea de formas de propriedade, tais como a privada, a familiar, a coletiva, a comunitária, a pública e a estatal, que coexistem em determinada situação espacial e circunstância temporal, o que dificulta a definição de propriedade.

Mais adequado, portanto, é adotar uma tipologia das formas de propriedade tomando por fundamento a história, como faz John Gilissen ao relacionar quatro tipos, a saber: a propriedade comunitária, bens pertencendo à família, clã, aldeia, cidade entre outras; a propriedade dividida, como no feudalismo; a propriedade individualista, aquela do direito romano clássico ou do Código Civil francês de 1804 e que se caracteriza por ser a mais absoluta; e a propriedade coletivista, pertencendo à coletividade, ao Estado, como nos regimes comunistas.[91]

A coexistência entre tipologias distintas pode ser vista quando se examinam os Direitos germânico,[92] romano, da monarquia franca,[93] do

---

[90] GILISSEN, John. *Introdução Histórica ao Direito*. 1995, p. 47.

[91] GILISSEN, John. *Introdução Histórica ao Direito*. 1995, p. 636: "Ter-se-ía tendência para traçar a evolução como levando necessariamente de um tipo ao outro; por exemplo, da comunidade primitiva para o sistema de propriedade dividida, depois desta para a propriedade individualista, para chegar, finalmente, à propriedade colectivista, estatal. Foi, aproximadamente, o que foi feito por muitos historiadores e, sobretudo, por pensadores políticos ou por economistas. Mas a realidade é bem diferente. Encontram-se quase sempre os quatro tipos simultaneamente; quando muito, há um tipo que predomina, sem excluir os outros. Por exemplo, na sociedade capitalista do séc. XIX, a maior parte da propriedade é individualista, mas permanecem sobrevivências das comunidades rurais dos séculos precedentes; e o Estado é, muitas vezes, o maior proprietário, possuindo tudo o que está no domínio público e mesmo no seu domínio privado (florestas dominiais, estradas, edifícios públicos, armas e munições, etc.). Na época feudal, a propriedade dividida domina, sob a forma de *tenures* (tenências precárias ou "propriedade beneficial"), sobretudo de feudos e censos; mas há propriedades alodiais cujo dono faz quase o que quer; continuam a existir também muitas propriedades comunitárias, notadamente de aldeia. No regime socialista da U.R.S.S., se as propriedades colectivas são de longe as mais importantes, persistem propriedades "pessoais", umas pertencentes à comunidade familiar, outras estritamente individuais. Nas sociedades em que predomina a propriedade comunitária, como por exemplo na Germânia e também noutras zonas de África e da Ásia em certos períodos, a propriedade individual existe pelo menos para certos objectos pessoais ou certas parcelas do solo".

[92] GILISSEN, John. *Introdução Histórica ao Direito*, 1995, p. 637-638. Como a maioria dos povos arcaicos a propriedade imobiliária emerge primeiro, sendo que a imobiliária aparece em seguida. Para esses povos havia uma simultaneidade de tipologias de propriedade, a saber: a do clã, que com a sedentarização dá ensejo à propriedade comum aldeã, e a propriedade da família. Esta tipologia de proprie-

feudalismo até o Antigo Regime,[94] da Revolução Francesa e do Código Civil francês de 1804 e, por fim, do comunismo.[95] Interessando mais prontamente a este estudo, o exame do direito de propriedade exige uma maior detenção diante do Direito romano e daquele coetâneo à Revolução Francesa e ao Código Civil francês de 1804, isso em razão da impregnação dos ideais e valores respectivos a cada era, comuns quanto à fragrância individualista.

Os romanos conheciam quatro modalidades de propriedade, a saber: a quiritária, a bonitária ou pretoriana,[96] a provincial[97] e a peregrina,[98] conforme José Carlos Moreira Alves. Para este estudo, interessa especialmente a propriedade quiritária.

Para os romanos havia historicamente uma noção absoluta de propriedade, a propriedade quiritária,[99] quando se garantia ao proprietário

---

dade comum do solo por um grupo social vigorou em parte até o séc. XX (art. 542 do Código Civil francês, e arts. 87 a 102 do Código Florestal francês). O sistema de propriedade familiar sobreviveu durante a Idade Média e a também na época moderna, gravando a propriedade com a inalienabilidade. Na época franca houve modificação, quando se autorizava a alienação acaso houvesse a aquiescência de todos os membros da família, exigência esta que se manteve até os sécs. X a XII, quando os imóveis podem ser alienados sem intervenção do grupo familiar.

[93] GILISSEN, John. *Introdução Histórica ao Direito*. 1995, p. 640. Constata-se uma interpenetração dos sistemas romano e germânico da propriedade, sobrevivendo de forma predominante o sistema romano.

[94] GILISSEN, John. *Introdução Histórica ao Direito*. 1995, p. 641. Do séc. X até o séc. XVIII subsistiram reunidos os elementos essenciais dos bens imobiliários, com o desmembramento do direito de propriedade entre domínio direto e domínio útil.

[95] GILISSEN, John. *Introdução Histórica ao Direito*. 1995, p. 647-648. Nesta hipótese, inicialmente em 1917 se anulam os direitos à propriedade latifundiária para em 1918 haver declaração de que a terra é de propriedade do Estado, bem como as fábricas, os bancos entre outros.

[96] ALVES, José Carlos Moreira. *Direito Romano*. 2007, p. 295. A propriedade bonitária ou pretoriana surge quando o pretor passou a proteger a pessoa que comprava uma *res mancipi* do vendedor por meio da tradição, sendo que esta não transferia ao comprador o domínio quiritário sobre a coisa, permitindo-lhe reivindicá-la do comprador, o que gerava uma situação iníqua para o adquirente. Diante disso, o pretor passa a proteger o comprador mediante a exceção da coisa vendida e entregue (*exceptio rei uenditae et traditae*).

[97] ALVES, José Carlos Moreira. *Direito Romano*. 2007, p. 296. A propriedade provincial somente atingia os imóveis situados nas províncias que não estavam sob a égide do *ius italicum* (quiritária). Nestas províncias o solo era do povo romano e os particulares em geral somente poderiam ter a posse mediante o pagamento do *stimpendium* em favor do povo romano ou do *tributum* em favor do príncipe.

[98] GILISSEN, John. *Introdução Histórica ao Direito*. 1995, p. 296. A propriedade peregrina servia aos peregrinos que não possuíam o *ius commercii* e estavam excluídos da quiritária, porém, acaso adquirissem alguns bens submetidos ao *ius quiritium* o pretor peregrino e os governadores concediam ações reais para que o peregrino fosse tratado como cidadão romano (ficção).

[99] GILISSEN, John. *Introdução Histórica ao Direito*. 1995, p. 295. O titular da propriedade quiritária era cidadão romano, latino ou peregrino que possuísse o *ius commercii*, abrangendo coisas móveis e imóveis. Em se tratando de imóveis somente estavam sob as regras quiritárias a propriedade situada na Itália ou nas províncias aonde se estendera o *ius italicum*. Os móveis ou imóveis de propriedade do povo romano ou do imperador não eram apropriáveis quiritariamente. Os bens suscetíveis de aquisição quiritária o eram mediante a *mancipatio* (*res mancipi*), a *traditio* (*res nec mancipi*) e a *in iure cessio* (ambas). A proteção judicial da propriedade quiritária se obtida com a *res uindicatio*, principalmente.

a utilização livre, o desfrute e o recebimento de frutos integrais e a disposição incondicional, tudo exclusivamente condicionada à vontade do proprietário. Mas, ao contrário do que se proclama alhures, havia limites para este poder entre os romanos, especialmente no que concernia aos imóveis nas relações com os vizinhos e com a coletividade. Porém, foi a configuração individualista e gravada com absolutismo que se fixou gravemente no entendimento acerca da propriedade, segundo John Gilissen.[100]

A raiz histórica do conhecido direito de propriedade se vincula ao Direito romano, transparecendo, inicialmente, essencialmente absoluto e individualista, atendendo às necessidades místicas e políticas daquele tempo, sendo atestado por Silvio de Salvo Venosa[101] que, elaborada nos anos 551-449 a.C., "a Lei das XII Tábuas projeta, na verdade, a noção jurídica do *ius utendi, fruendi et abutendi*", como forma de domínio absoluto sobre a propriedade imobiliária, perdurando até a época clássica, no século III d.C., quando se admite a ocorrência do abuso no direito de propriedade e são previstas sanções.

Silvio Rodrigues[102] anota que a ideia de submissão da coisa ao poder do proprietário envolve o direito de usar, usufruir e dispor do bem objeto do domínio, não significando, nem mesmo no Direito romano, a admissão do uso antissocial. Mas, ocorre que o entendimento sobre o caráter absoluto, exclusivo e perpétuo do direito de propriedade permaneceu acompanhando a evolução do instituto, possibilitando que o proprietário exerça "o mais amplo poder jurídico, usando e desfrutando a coisa da maneira que lhe aprouver".[103]

No século XVIII eclode a Revolução Francesa e há o rompimento com o feudalismo, restabelecendo-se a propriedade plena, livre e individual que o Direito romano havia outorgado, passando o solo a estar definitivamente livre de todos os variados e complexos encargos medievais,

---

[100] GILISSEN, John. *Introdução Histórica ao Direito*. 1995, p. 639-640: "[...] a concepção individualista da propriedade quiritária aquela que se estendeu a todo o Império romano e a que os juristas da Baixa Idade Média e, sobretudo, dos sécs. XVII e XVIII encontrarão nos textos de direito romano para sobre eles construírem a teoria moderna da propriedade individualista. Se, no plano do direito, se verificou uma real unificação da noção de propriedade durante o Baixo Império, no plano dos factos a evolução económica e social dos sécs. IV e V faz aparecer novos direitos reais, como o direito de superfície e a enfiteuse, que anunciam o desmembramento da propriedade. [...] Assim, no fim do Império romano, a propriedade é, do ponto de vista jurídico muito individualista; mas, no plano dos factos, um desmembramento da propriedade a favor dos detentores de direitos reais perpétuos anuncia a evolução medieval da instituição".

[101] VENOSA, Silvio de Salvo. *Direito Civil*: direitos reais. 3. ed. São Paulo: Atlas, 2003, V. 5, p. 152.

[102] RODRIGUES, Silvio. *Direito Civil*: direito das coisas. 20. ed. São Paulo: Saraiva, 1993, V. 5, p. 76-77.

[103] RODRIGUES, Silvio. *Direito Civil*: direito das coisas. 1993, p. 77.

merecendo destaque a contribuição da queda do Antigo Regime para o direito de propriedade:[104]

> A Revolução exerceu uma influência decisiva na evolução para o individualismo agrário, determinando a partilha dos bens comuns e permitindo a sua transmissão hereditária. [...] A propriedade, considerada como um 'direito natural', 'um direito inviolável e sagrado', pela Declaração dos Direitos do Homem de 1789, é um direito absoluto, exclusivo, quase ilimitado; o proprietário dispõe livremente dos seus bens.

Em seguida à queda da Bastilha vem o Código Civil francês de 1804, ou Código de Napoleão, que inicia transformação que ainda produz reflexos na atualidade, especialmente em razão da interpretação extraída do artigo 544°, que define a propriedade como sendo "o direito de gozar e de dispor das coisas da forma mais absoluta, desde que delas não se faça um uso proibido pelas leis ou pelos regulamentos".[105] Mas, da simples leitura deste artigo se extrai que o direito de propriedade se mostra menos absoluto do que a ideia onipotente que ajudou a construir, notadamente quando se constata na própria definição limitações ao seu exercício.

A modificação da propriedade idealizada pela Revolução Francesa aboliu privilégios e a perpetuidade, cabendo ao Código Civil francês de 1804, ou "código da propriedade", outorgar prestígio à propriedade imobiliária, fazendo-a representação de fonte de riqueza, fundamento de poder, ícone de estabilidade econômica. E a pretexto de exercitar este direito absoluto e ilimitado, avança o homem desmedidamente sobre os recursos naturais.

### 1.4. Código Civil francês de 1804: paradigma

Historicamente, como visto, a apropriação de bens sempre tendeu a um fim, desde o místico-protetivo até o racional-econômico, não se conhecendo configuração que tenha a propriedade como suficiente em si mesma, sem uma finalidade para a família, o clã, o indivíduo, a sociedade e o Estado. Vê-se, então, que ser proprietário não é algo gratuito, desarrazoado, mas, ao contrário, é situação garantidora de determinadas vantagens. Estas almejadas vantagens conformam a propriedade e o direito de propriedade aos valores correspondentes a determinadas sociedades e

---

[104] GILISSEN, John. *Introdução Histórica ao Direito*. 1995, p. 645-646. "A deslocação da propriedade do senhor para o tenente já estava consumada antes da Revolução Francesa; é um erro afirmar (como se faz freqüentemente na esteira de certos historiadores do séc. XIX) que a Revolução foi, 'essencialmente, uma transferência da propriedade'. Esta transferência já estava realizada antes de 1789; mas a Revolução libertou apenas a terra das rendas que a oneravam".

[105] GILISSEN, John. *Introdução Histórica ao Direito*. 1995, p. 635.

quadras da história, tudo influenciado por fatores sociais variados, como circunstâncias religiosas, políticas, econômicas, ambientais etc.

Inicialmente, o fim da propriedade era a proteção da família em face do acreditado humor dos próprios antepassados, o que se transportou para a cidade na instituição de deuses respectivos, na descrição de Fustel de Coulanges.[106] Mais adiante, no Direito germânico, a propriedade se destinava a satisfazer a necessidade de sobrevivência do grupo ou clã, sendo que no Direito romano o *status* de proprietário refletia poder absoluto sobre a coisa, na lembrança de José Carlos Moreira Alves.[107] Já no Direito medieval a propriedade era reclamada em razão da oferta de segurança e defesa, sem prejuízo da consequente concentração de riqueza e poder no senhor feudal, o que vai sofrendo diminuição até que alcança termo nos séculos XVII e XVIII, com a Revolução Francesa, conforme John Gilissen.[108]

Na Revolução Francesa a propriedade foi definitivamente sedimentada como direito natural gravado do caráter absoluto e inviolável, consoante o artigo 17 da Declaração dos Direitos do Homem e do Cidadão de 04 de agosto de 1789, que reverbera:[109] "sendo a propriedade um direito inviolável e sagrado, ninguém pode ser dela privado, a não ser quando a necessidade pública, legalmente verificada, o exigir de modo evidente, e sob a condição de uma justa e prévia indenização".

Mas a respeito da Declaração dos Direitos do Homem e do Cidadão de 1789 é oportuno transcrever a análise de E. J. Hobsbawm,[110] que a tem a serviço da ideologia burguesa contra os privilégios da nobreza e pouco comprometida com a democracia e a igualdade, ocupando o direito natural à propriedade situação de destaque na conformação do novo regime, não sendo despropositada a coincidência com os interesses da classe liberal burguesa, essencialmente proprietária:

> Mais especificamente, as exigências do *burguês* foram delineadas na famosa Declaração dos Direitos do Homem e do Cidadão, de 1789. Este documento é um manifesto contra a sociedade hierárquica de privilégios da nobreza, mas não um manifesto a favor de uma sociedade democrática e igualitária. 'Os homens nascem e vivem livres e iguais perante as leis', dizia seu primeiro artigo; mas ela também prevê a existência de distinções sociais, ainda que 'somente no terreno da utilidade comum'. A propriedade privada era um direito natural, sagrado, inalienável e inviolável. Os homens eram iguais perante a lei e as pro-

---

[106] COULANGES, Fustel de. *A Cidade Antiga*. 1998, p. 127-251.

[107] ALVES, José Carlos Moreira. *Direito Romano*. 2007, p. 293-334.

[108] GILISSEN, John. *Introdução Histórica ao Direito*. 1995, p. 641-645.

[109] COMPARATO, Fábio Konder. *A Afirmação Histórica dos Direitos Humanos*. 2. ed. São Paulo: Saraiva, 2001, p. 153.

[110] HOBSBAWM, E. J. *A Revolução Francesa*. Maria Tereza Lopes Teixeira e Marcos Penchel (Trad.). Rio de Janeiro: Paz e Terra, 1996 (Coleção Leitura), p. 19-20.

fissões estavam igualmente abertas ao talento; mas, se a corrida começava sem empecilhos, pressupunha-se como fato consumado que os corredores não terminariam juntos. [...] Uma monarquia constitucional baseada em uma oligarquia possuidora de terras era mais adequada à maioria dos liberais burgueses do que a república democrática que poderia parecer uma expressão mais lógica de suas aspirações teóricas, embora alguns também advogassem esta causa. Mas, de modo geral, o burguês liberal clássico de 1789 (e o liberal de 1789-1848) não era um democrata mas sim um devoto do constitucionalismo, de um Estado secular com liberdades civis e garantias para a empresa privada e de um governo de contribuintes e proprietários.

Na mesma senda, Paulo Bonavides afirma que a Revolução Francesa de 1789, de essencial caráter de revolta burguesa, promove a consumação de uma nova ordem social gravando nas Declarações de Direitos o indelével "triunfo total do liberalismo. Do liberalismo, apenas, e não da democracia, nem sequer da democracia política".[111]

De se ver que entre a Declaração dos Direitos do Homem e do Cidadão de 1789 e o Código Civil francês de 17 de janeiro de 1804 houve outras Declarações de Direitos – e deveres –, todas reforçando a propriedade privada e refletindo os interesses da burguesia.

A Declaração dos Direitos do Homem e do Cidadão de 1789 atendeu, basicamente, duas reclamações da burguesia: a primeira era a garantia da propriedade privada em face das investidas estatais por meio de expropriações abusivas, no artigo 17, e a segunda exigia a instituição da estrita legalidade para a criação e cobrança de exações, nos artigos 13[112] e 14.[113]

A Declaração de Direitos na Constituição de 1791, aprovada em 03 de setembro de 1791, tratou de recrudescer o ideário antiaristocrático e antifeudal, ratificando o rompimento total com o Antigo Regime e almejando a criação de algo novo, estabelecendo que "a Constituição garante a inviolabilidade das propriedades, ou a justa e prévia indenização daqueles cujo sacrifício seja exigido pela necessidade pública, legalmente verificada".[114]

A Declaração de Direitos na Constituição de 1793, segundo Fábio Konder Comparato,[115] resolveu um dissenso entre girondinos e jacobinos.

---

[111] BONAVIDES, Paulo. *Do Estado Liberal ao Estado Social*. 7. ed. São Paulo: Malheiros, 2004, p. 43.

[112] COMPARATO, Fábio Konder. *A Afirmação Histórica dos Direitos Humanos*. 2001, p. 153. Artigo 13: Para a manutenção da força publica e para as despesas da administração, é indispensável uma contribuição comum; ela deve ser igualmente repartida entre todos os cidadãos, na medida de seus recursos.

[113] COMPARATO, Fábio Konder. *A Afirmação Histórica dos Direitos Humanos*. 2001, p. 153. Artigo 14: Todos os cidadãos têm o direito de verificar, pessoalmente ou por meio de representantes, a necessidade da contribuição pública, bem como de consenti-la livremente, de fiscalizar o seu emprego e de determinar-lhe a alíquota, a base de cálculo, a cobrança e a duração.

[114] COMPARATO, Fábio Konder. *A Afirmação Histórica dos Direitos Humanos*. 2001, p. 154.

[115] COMPARATO, Fábio Konder. *A Afirmação Histórica dos Direitos Humanos*. 2001, p. 147-148.

Aqueles defendiam que os direitos individuais deveriam predominar sobre os direitos sociais, defendendo a não alteração da Declaração dos Direitos do Homem e do Cidadão de 1789, salvo em aspectos periféricos. Estes já propugnavam pelo reconhecimento e preponderância dos direitos sociais, preferindo que se declarasse "a propriedade privada um direito ordinário, portanto livremente modificável pela lei".[116]

Ao final das discussões foram mantidos os espíritos da Declaração dos Direitos do Homem e do Cidadão de 1789 e da Declaração de Direitos da Constituição de 1791, demonstrando a potência do apelo em favor da propriedade privada e a força da burguesia na defesa intransigente deste direito natural e dos meios de produção, como garantia do rompimento definitivo com o Antigo Regime.

E desta Declaração de Direitos de 1793 merecem destaque o artigo 1º que estabelece que "a finalidade da sociedade é a felicidade comum. O governo é instituído para garantir ao homem a fruição de seus direitos naturais e imprescritíveis",[117] sendo que o artigo 2º elenca os direitos naturais e imprescritíveis como sendo "a igualdade, a liberdade, a segurança, a propriedade".[118] Enfim, o artigo 16 se refere à propriedade como direito que "pertence a todo cidadão, para a fruição e disposição, como ele bem entender, de seus bens, de suas rendas, do fruto de seu trabalho e de sua indústria",[119] arrematando o artigo 17 que "nenhum gênero de trabalho, de cultura, de comércio pode ser proibido à indústria dos cidadãos".[120]

A Declaração de Direitos e Deveres do Homem e do Cidadão da Constituição de 1795, prosseguindo na reafirmação da burguesia e da defesa da propriedade privada, reparte suas disposições em duas seções, uma de direitos e outra de deveres. Quanto aos direitos, ratifica no artigo 1º que "os direitos do homem em sociedade são a liberdade, a igualdade, a segurança, a propriedade",[121] vindo o artigo 5º exortar que "a propriedade é o direito de gozar e dispor de seus bens, de suas rendas, do fruto de seu trabalho e de sua indústria".[122] Já com relação aos deveres, o artigo 8º estabelece que "é sobre a manutenção das propriedades que repousam a cultura das terras agrícolas, todas as produções, todos os meios de trabalho e toda a ordem social".[123]

---

[116] COMPARATO, Fábio Konder. *A Afirmação Histórica dos Direitos Humanos*. 2001, p. 148.

[117] COMPARATO, Fábio Konder. *A Afirmação Histórica dos Direitos Humanos*. 2001, p. 155.

[118] COMPARATO, Fábio Konder. *A Afirmação Histórica dos Direitos Humanos*. 2001, p. 152.

[119] COMPARATO, Fábio Konder. *A Afirmação Histórica dos Direitos Humanos*. 2001, p. 156.

[120] COMPARATO, Fábio Konder. *A Afirmação Histórica dos Direitos Humanos*. 2001, p. 156.

[121] COMPARATO, Fábio Konder. *A Afirmação Histórica dos Direitos Humanos*. 2001, p. 158.

[122] COMPARATO, Fábio Konder. *A Afirmação Histórica dos Direitos Humanos*. 2001, p. 158.

[123] COMPARATO, Fábio Konder. *A Afirmação Histórica dos Direitos Humanos*. 2001, p. 160.

Nota-se, pois, que as Declarações de Direitos vinculam a conquista e a manutenção efetivas de direitos naturais, a exemplo do da propriedade, como condição para a felicidade. Produz-se, assim, pretexto suficiente para que o *status* de proprietário cinda e afaste interesses numa mesma e determinada sociedade afetando os que são e os que não são proprietários, submetendo estes àqueles.

A respeito da Revolução Francesa, as Declarações de Direitos e a transformação provocada no regime da propriedade medieval para atendimento das exigências do capitalismo industrial do final século XVIII, Guilherme José Purvin de Figueiredo,[124] ressaltando a influência do pensamento de John Locke e da ideologia liberal, aponta:

> A Revolução Francesa reagiu às formas imprecisas do direito de propriedade medieval, inadequadas às exigências do capitalismo industrial do final do Século XVIII, desfragmentando a propriedade e restaurando o *dominium* do Direito Romano, com o restabelecimento de uma clara distinção entre direitos reais e direitos pessoais. O conceito da *plena re in potestas* advindo da concepção do instituto romanístico do direito de propriedade trará ao proprietário um poder geral e quase absoluto sobre seus bens. A complexa estrutura feudal de múltiplos direitos reais sobre a terra é substituída por uma organização territorial simplificada. O novo conceito de propriedade estará claramente impregnado dos valores da ideologia liberal, que busca legitimá-la a partir de fundamentos jusnaturalistas, em especial pela doutrina de John Locke, como será visto.

A consolidação da burguesia promovida pela Revolução Francesa, considerando seus desdobramentos aqui pontuados exemplificativamente nas referidas Declarações de Direitos, tratou de consagrar o lema *liberdade, igualdade* e *fraternidade* como ícone da autonomia individual. A este respeito conclui Fábio Konder Comparato[125] que a igualdade era o cerne do movimento revolucionário e que a liberdade se restringia à eliminação de todas as peias sociais ligadas à existência de estamentos ou corporações de ofício, satisfazendo a fraternidade, como "virtude cívica", a supressão absoluta de privilégios:[126]

> A Revolução, ao suprimir a dominação social fundada na propriedade da terra, ao destruir os estamentos e abolir as corporações, acabou por reduzir a sociedade civil a uma coleção de indivíduos abstratos, perfeitamente isolados em seu egoísmo. [...] O regime da autonomia individual, próprio da civilização burguesa, tem seus limites fixados pela lei, assim com a divisa entre dois terrenos é fixada por cercas ou muros. [...] O ideal burguês, que ele [Benjamin Constant] denominou 'liberdade moderna', é, ao contrário, o de uma liberdade inteiramente privada, com o repúdio a toda interferência estatal na vida de família ou na vida profissional.

---

[124] FIGUEIREDO, Guilherme José Purvin de. *A Propriedade no Direito Ambiental*. 2004, p. 52.
[125] COMPARATO, Fábio Konder. *A Afirmação Histórica dos Direitos Humanos*. 2001, p. 130.
[126] COMPARATO, Fábio Konder. *A Afirmação Histórica dos Direitos Humanos*. 2001, p. 140-142.

Não por acaso, quinze anos depois, o Código Civil francês de 1804 assentou no artigo 544 que "a propriedade é o direito de gozar e dispor de uma coisa da maneira mais absoluta, sempre que não se faça dela um uso proibido pelas leis ou pelos regulamentos".[127] Consolida-se, a partir de então, uma concepção de propriedade privada como direito subjetivo e natural de caráter inabalável e inatacável diante de outros interesses, públicos ou privados, que não fossem coincidentes com os do respectivo titular do domínio.

Mas como o liberalismo instaurado pela Revolução Francesa se funda na liberdade individual, na abstenção estatal e na separação dos poderes, a cláusula limitadora do exercício do direito de propriedade, traduzida no vocativo "sempre que não se faça dela um uso proibido pelas leis ou pelos regulamentos", soa vazia, pois, segundo Paulo Bonavides,[128] "quanto menos palpável a presença do Estado nos atos da vida humana, mais larga e generosa a esfera de liberdade outorgada ao indivíduo", cabendo ao indivíduo "fazer ou deixar de fazer o que lhe aprouvesse".

Conferiu-se à propriedade o caráter individualista, sacro e inviolável. Outorgou-se unicamente ao proprietário o direito de decidir egoisticamente como deveria usá-la, libertando-o de limites quanto ao gozo e elegendo-o detentor do poder de decidir em única instância acerca de sua exploração ou abandono, conservação ou deterioração.

José Guilherme Purvin de Figueiredo faz interessante observação da relação entre o liberalismo, a Revolução Francesa, a propriedade de recursos naturais florestais privados e públicos e a modernização da agricultura, ressaltando que os fundamentos da liberdade individual em fazer ou deixar de fazer o que bem aprouvesse ao homem e da postura abstencionista do Estado promoveram o início da degradação ambiental, valendo-se da lição de Osny Duarte Pereira.[129]

---

[127] BEVILAQUA. Clóvis. *Código Civil dos Estados Unidos do Brasil Comentado*. 7. ed. Rio de Janeiro: Francisco Alvez, 1945, V. 3, p. 56. Artigo 544: "La propriété est le droit de jouir et disposer des choses, de la manière la plus absolue, pourvue qu'on n'en fasse pas un usage prohibé par les lois ou par les règlements".

[128] BONAVIDES, Paulo. *Do Estado Liberal ao Estado Social*. 2004, p. 52.

[129] FIGUEIREDO, Guilherme José Purvin de. *A Propriedade no Direito Ambiental*. 2004 apud PEREIRA, Osny Duarte. *Direito Florestal Brasileiro*. Rio de Janeiro: Borsoi, 1950, p. 18: "As leis florestais inspiradas na doutrina liberal da Revolução Francesa orientam-se no sentido da ausência absoluta de intervenção do Estado na atividade particular. 'Os proprietários das matas têm o inteiro arbítrio sobre a forma de exploração das mesmas. Podem utilizá-las, como melhor lhes aprouver, sem que o Poder Público tenha o direito de intervenção, uma vez que o direito de propriedade é total e insuscetível de qualquer limitação, por qualquer pessoa fora do respectivo dono. A lei conceituava o *regime florestal* apenas para as matas e bosques de propriedade pública'. Essa permissividade na área da exploração florestal era em grande parte conseqüência de premissas da escola fisiocrática, que dava relevo à propriedade rural e ao papel da agricultura na economia. Ora, se o direito de propriedade de um imóvel rural 'implica, para o titular, na obrigação de manter a terra em estado de cultura e assegurar a repartição dos produtos obtidos de forma a melhor atender ao interesse geral', restringir o exercício

E da mesma forma que os ideais da Revolução Francesa de 1789 transcenderam os limites territoriais franceses em razão do espírito universal que a animou, bem como toda profícua produção de Declarações de Direitos, o mesmo sucedeu com o Código Civil francês de 1804 que, conferindo especial proteção à propriedade privada, influenciou codificações e legislações mundo afora, como bem anota Caio Mário da Silva Pereira:[130]

> A Revolução Francesa pretendeu democratizar a propriedade, aboliu privilégios, cancelou direitos perpétuos. Desprezando a coisa móvel (*vilis mobilium possessio*), concentrou sua atenção na propriedade imobiliária, e o Código por ela gerado – Code Napoléon – que serviria de modelo a todo um movimento codificador no século XIX, tamanho prestígio deu ao instituto, que com razão recebeu o apelido de 'código da propriedade', fazendo ressaltar acima de tudo o prestígio do imóvel, fonte de riqueza e símbolo de estabilidade. Daí ter-se originado em substituição à aristocracia de linhagem, uma concepção nova de aristocracia econômica, que penetrou no século XX.

Sílvio de Salvo Venosa,[131] ao noticiar a história da propriedade, afirma que no século XVIII a definição jurídica de propriedade passa a ser exigida pela Escola do Direito Natural, o que se agrega à Revolução Francesa e ao anseio da ideia romana acerca da propriedade, resultando numa concepção "extremamente individualista" do instituto da propriedade nos moldes do artigo 544 do Código Civil francês de 1804, cujas ideias foram replicadas por todos os ordenamentos que se fiaram no gaulês.

Para além da segura inspiração das codificações ocidentais no Código de Civil francês de 1804 está o pensamento de filósofos da estirpe de John Locke, cujas ideias influenciaram o movimento revolucionário gaulês de 1789 replicados por seu maior representante, Jean-Jacques Rousseau, legando à propriedade privada a sobrevivência experimentada na atualidade, no apontamento de Denis Lerrer Rosenfield.[132]

---

da exploração florestal significava em última análise dificultar a tarefa de extrair com rapidez riquezas da terra. Ademais, é de se destacar que a modernização da agricultura não era entendida como fator de degradação ambiental".

[130] PEREIRA, Caio Mário da Silva. *Instituições de Direito Civil*. Rio de Janeiro: Forense, 1983, V. 4, p. 65-66.

[131] VENOSA, Silvio de Salvo. *Direito Civil*: direitos reais. 2003, V. 5. p. 153.

[132] ROSENFIELD, Denis Lerrer. *Reflexões sobre o Direito à Propriedade*. Rio de Janeiro: Elsevier, 2008, p. 165-176: "Rousseau é um personagem complexo, quase esquizofrênico do ponto de vista de suas posições. Tanto pode ele ser um crítico feroz da propriedade privada como seu defensor incontestе. No primeiro caso, deveria ser seguido seu 'Discurso sobre a origem da desigualdade humana', no segundo, o seu 'Discurso sobre a economia política', escrito três anos depois. Historicamente, terminou primando o igualitarista radical, antecedente direto de Proudhon, Marx e Engels, e não o liberal, discípulo de Locke. Pode também ser visto, do ponto de vista da moralidade, um precursor de Kant, quanto, do ponto de vista político, da democracia totalitária. [...] Contudo, há também o Rousseau 'liberal', mais especificamente 'social-democrata', embora este não tenha se imposto historicamente. O tom do 'Discurso sobre a economia política' é manifestamente diferente do do 'Discurso sobre a origem da desigualdade entre os homens'. [...] Entretanto, para o leitor do 'Discurso sobre a origem

A potência deste ideal individualista faz Leon Duguit[133] reconhecer que "as nossas leis e os nossos códigos inspiraram-se, na sua maior parte, nesta doutrina", sendo que confirma este pensamento uma pesquisa nas codificações civis de outros países, especialmente da América Latina, sem prejuízo da Europa e Ásia. Esta influência não escapa à conclusão, conforme acentua Rafael Egídio Leal e Silva:[134]

> Locke fundamentou a ideologia liberal, e suas idéias nos séculos seguintes foram as bases das legislações. O Código Civil de Napoleão (1804) tratou a propriedade como direito absoluto, o que, um século depois foi refletido no Código Civil Brasileiro. Podemos sentir a influência de Locke até mesmo na Constituição Federal de 1988, quando, no art. 5º definiu como 'invioláveis' os direitos à vida, à liberdade, à segurança e à propriedade.

Os exemplos a seguir confirmam a transcendência dos ideais liberais da Revolução Francesa no tempo e no espaço, resultando na sedimentação de um entendimento acerca da propriedade como direito natural absoluto e inviolável, de inegável inspiração na letra ou na teleologia do artigo 544 do Código Civil francês de 1804. Anote-se, contudo, que apesar da inspiração na propriedade absoluta e inviolável, os ordenamentos também acolheram a cláusula expressa que impõe limites à propriedade, ora se referindo às limitações legais ou regulamentares ora ao interesse coletivo ou social e, mais expressamente, à função social.

Exemplificando com os Estados Parte do Mercado Comum do Sul (MERCOSUL), a propriedade privada ratifica o conteúdo clássico, porém, também consignam expressamente a imposição de limites ou o cumprimento da função social.

Na Argentina,[135] o artigo 2.605 do Código Civil diz que "o domínio é o direito real em virtude do qual uma coisa se encontra submetida à

---

da desigualdade entre os homens', a surpresa não poderia ser maior quando confrontado ao problema do direito à propriedade, tal como colocado no 'Discurso sobre a economia política'. Com efeito, se no primeiro a propriedade é o pior de todos os males, no segundo, ela é algo sagrado, o verdadeiro fundamento da sociedade civil. Suas palavras, são claras: '[...] o direito de propriedade é o mais sagrado de todos os direitos dos cidadãos, e mais importante em vários aspectos que a própria liberdade'; '[...] a propriedade é o verdadeiro fundamento da sociedade civil, e a verdadeira garantia dos engajamentos dos cidadãos'. Os arroubos revolucionários não estão aqui minimamente presentes, quase como se fosse outra pessoa que tivesse escrito um desses *Discursos*. Em vez deles, temos a defesa da propriedade enquanto pilar mesmo da sociedade civil, sem o qual esta entraria em processo de desagregação. Rousseau reata com as formulações de Hobbes e Locke ao sustentar que o direito à propriedade é a condição mesma de uma sociedade livre, chegando a afirmar que o direito dos cidadãos se funda nesse direito à propriedade. A propriedade privada se torna a condição mesma da cidadania. Inversamente, não há cidadania sem propriedade privada".

[133] DUGUIT, Leon. *Fundamentos do Direito*. Campinas: Servanda, 2008, p. 13.

[134] SILVA, Rafael Egídio Leal e Silva. Função Social da Propriedade Rural. *Revista de Direito Constitucional e Internacional*. São Paulo: Revista dos Tribunais, nº 37, out./dez., 2001, p. 255.

[135] Artigo 2.506. "El dominio es el derecho real en virtud del cual una cosa se encuentra sometida a la voluntad y a la acción de una persona." Art. 2.513 do Código Civil argentino: "Es inherente a la propiedad el derecho de poseer la cosa, disponer o servirse de ella, usarla y gozarla conforme a un

vontade e à ação de uma pessoa". E o artigo 2.513 complementa dizendo que "é inerente à propriedade o direito de possuir a coisa, dispor ou se servir dela, usá-la e gozá-la conforme um exercício regular".[136] Na Bolívia,[137] o Código Civil trata da propriedade no artigo 105, entendendo que "a propriedade é um poder jurídico que permite usar, gozar e dispor de uma coisa e deve se exercer na forma compatível com o interesse coletivo, dentro dos limites e com as obrigações que estabelece o ordenamento jurídico".

No Paraguai, o artigo 1.954 do Código Civil diz que "lei garante ao proprietário o direito pleno e exclusivo de usar, gozar e dispor de seus bens, dentro dos limites e com a observância das obrigações estabelecidas neste Código, conforme a função social e econômica atribuída pela Constituição Nacional ao direito de propriedade", além de que o proprietário "também tem faculdade legítima de repelir a usurpação dos mesmos e recuperá-los do poder de quem os possua injustamente", concluindo ainda que o proprietário "pode abdicar sua propriedade e abandoná-la simplesmente, sem transmiti-la a outra pessoa".[138]

No Uruguai,[139] o Código Civil regula no artigo 486 a propriedade afirmando que "o domínio (que se chama também propriedade) é o direito de gozar e dispor de uma coisa arbitrariamente, não sendo contra a lei

---

ejercicio regular". ARGENTINA. Código Civil Argentino. *Legislação online*. Disponível em: <http://www.jusneuquen.gov.ar/share/legislacion/leyes/codigos/codigo_civil/CC_art2506a2610.htm>. Acesso em: 16 set. 2008.

[136] Artigo 2.513 do Código Civil Argentino: "Es inherente a la propiedad el derecho de poseer la cosa, disponer o servirse de ella, usarla y gozarla conforme a un ejercicio regular". ARGENTINA. Código Civil Argentino. *Legislação online*. Disponível em: <http://www.jusneuquen.gov.ar/share/legislacion/leyes/codigos/codigo_civil/CC_art2506a2610.htm>. Acesso em: 16 set. 2008.

[137] Artigo 105. "La propiedad es un poder jurídico que permite usar, gozar y disponer de una cosa y debe ejercerse en forma compatible con el interés colectivo, dentro de los límites y con las obligaciones que establece el ordenamiento jurídico". BOLIVIA. Código Civil Boliviano. *Legislação online*. Disponível em: <http://www.cajpe.org.pe/rij/bases/legisla/bolivia/ley11.HTM>. Acesso em: 16 set. 2008.

[138] PARAGUAI. *Código Civil Paraguaio*. Repertório El Foro Legislativo. Assunção: Libreria El Foro, 2009, p. 321. Artigo 1.954. "La ley garantiza al propietario el derecho pleno y exclusivo de usar, gozar y disponer de sus bienes, dentro de los limites y con la observancia de las obligaciones establecidas em este Código, conforme con la función social y económica atribuida por la Constitución Nacional al derecho de propiedad. También tiene facultad legítima de repeler la usurpación de los mismos y recuperarlos del poder de quien los posea injustamente. Em propietario tiene facultad de ejecutar respecto de la cosa todos los actos jurídicos de que ella es legalmente susceptible; arrendarla y enajenarla a título oneroso o gratuito, y si es inmueble, gravarla con servidumbres o hipotecas. Puede abdicar su propiedad y abandonar la cosa simplemente, sin transmitirla a otra persona".

[139] Artigo 486. "El dominio (que se llama también propiedad) es el derecho de gozar y disponer de una cosa arbitrariamente, no siendo contra la ley o contra derecho ajeno". URUGUAIO. Código Civil Uruguaio. *Legislação online*. Disponível em: <http://www.parlamento.gub.uy/htmlstat/pl/codigos/CodigoCivil/2002/L2t2.htm>. Acesso em: 26 mar.2009.

ou contra direito alheio". No caso da Venezuela,[140] Estado Parte em processo de adesão, o artigo 545 do Código Civil, reza que "a propriedade é o direito de usar, gozar e dispor de uma coisa de maneira exclusiva, com as restrições e obrigações estabelecidas em lei".

No Brasil, o Código Civil de 1916 rezava em seu artigo 524[141] que "a lei assegura ao proprietário o direito de usar, gozar e dispor de seus bens, e de reavê-los do poder de quem quer que injustamente os possua". O Código Civil de 2002 preceitua em seu artigo 1.228, *caput*, que "o proprietário tem a faculdade de usar, gozar e dispor da coisa, e o direito de reavê-la do poder de quem quer que injustamente a possua ou detenha".[142] Entretanto, impõe simultaneamente o cumprimento da função social quando, no § 1º do artigo 1.228, exige que "o direito de propriedade deve ser exercido em consonância com as suas finalidades econômicas e sociais e de modo que sejam preservados, de conformidade com o estabelecido em lei especial, a flora, a fauna, as belezas naturais, o equilíbrio ecológico e o patrimônio histórico e artístico, bem como evitada a poluição do ar e das águas".[143] O abuso de direito relativo à propriedade também é rechaçado no § 2º do artigo 1.228, afirmando que "são defesos os atos que não trazem ao proprietário qualquer comodidade, ou utilidade, e sejam animados pela intenção de prejudicar outrem".[144]

Enfim, abundam exemplos em outras codificações no mesmo sentido, podendo exemplificar algumas codificações latino-americanas como nos Códigos Civis do Chile,[145] da Colômbia,[146] de El Salvador,[147] do Equa-

---

[140] Artigo 545. "La propiedad es el derecho de usar, gozar y disponer de una cosa de manera exclusiva, con las restricciones y obligaciones establecidas por la Ley". VENEZUELA. Código Civil Venezuelano. *Legislação online*. Disponível em: <http://www.mintra.gov.ve/legal/codigos/civilvenezuela.html>. Acesso em: 16 set. 2008.

[141] DINIZ, Maria Helena. *Código Civil Anotado*. São Paulo: Saraiva, 1995, p. 398.

[142] PELUSO, Cezar (org.). *Código Civil Comentado*. Barueri: Manole, 2007, p. 1042.

[143] PELUSO, Cezar (org.). *Código Civil Comentado*. 2007, p. 1046.

[144] PELUSO, Cezar (org.). *Código Civil Comentado*. 2007, p. 1048.

[145] Artigo 582. "El dominio (que se llama también propiedad) es el derecho real en una cosa corporal, para gozar y disponer de ella arbitrariamente; no siendo contra la ley o contra derecho ajeno". CHILE. Código Civil Chileno. *Legislação online*. Disponível em: <http://www.cajpe.org.pe/rij/bases/legisla/chile/codcivch.htm>. Acesso em: 16 set. 2008.

[146] Artigo 669. "El dominio que se llama también propiedad es el derecho real en una cosa corporal, para gozar y disponer de ella arbitrariamente, no siendo contra ley o contra derecho ajeno". A expressão "arbitrariamente" foi declarada inexequível pela Corte Constitucional por meio da sentença C-595-99, de 18.08.1999. COLOMBIA. Código Civil Colombiano. *Legislação online*. Disponível em: <https://www.superservicios.gov.co/basedoc/docs/codigos/c_civil.html>. Acesso em: 16 set. 2008.

[147] Artigo 568. "Se llama dominio o propiedad el derecho de poseer exclusivamente una cosa y gozar y disponer de ella, sin más limitaciones que las establecidas por la ley o por la voluntad del propietario". EL SALVADOR. Código Civil Salvadoreño. *Legislação online*. Disponível em: <http://www.ssf.gob.sv/frm_marco/codigos/cdg_civil.doc>. Acesso em: 16 set. 2008.

dor,[148] da Guatemala,[149] de Honduras,[150] do México,[151] da Nicarágua[152] e do Peru.[153] Na Europa, servem de referência o Código Civil suíço,[154] o italiano,[155] o espanhol[156] e o português.[157]

Como consequência da adoção destas disposições acerca do direito de propriedade e seu exercício absoluto e ilimitado, as respectivas sociedades contribuíram, invariavelmente, para a ocupação do território e a utilização dos recursos naturais em dadas conformação e intensidade que serviram de paradigma fonte para a degradação da qualidade ambiental. Neste passo, catalisaram a degradação a atividade industrial, intensificada pelos avanços tecnológicos, o consumo, em razão da invenção de no-

---

[148] Artigo 618. "El dominio (que se llama también propiedad) es el derecho real en una cosa corporal, para gozar y disponer de élla, conforme a las disposiciones de las leyes y respetando el derecho ajeno, sea individual o social". EQUADOR. Código Civil Ecuatoriano. *Legislação online*. Disponível em: <http://www.dlh.lahora.com.ec/paginas/judicial/PAGINAS/Codcivil2.html#anchor717059>. Acesso em: 16 set. 2008.

[149] Artigo 464. "La propiedad es el derecho de gozar y disponer de los bienes dentro de los límites y con la observancia de las obligaciones que establecen las leyes". GUATEMALA. Código Civil Guatemalteco. *Legislação online*. Disponível em: <http://www.oj.gob.gt/es/QueEsOJ/EstructuraOJ/UnidadesAdministrativas/CentroAnalisisDocumentacionJudicial/cds/2004/PDFs/Codigos/CODIGO%20CIVIL.pdf>. Acesso em: 16 set. 2008.

[150] Artigo 613. "Se llama dominio o propiedad el derecho de poseer exclusivamente una cosa y gozar y disponer de ella, sin más limitaciones que las establecidas por la ley o por la voluntad del propietario". HONDURAS. Código Civil Hondurenho. *Legislação online*. Disponível em: <http://www.honduraslegal.com/legislacion/civil.htm>. Acesso em: 16 set. 2008.

[151] Artigo 830. "El propietario de una cosa puede gozar y disponer de ella con las limitaciones y modalidades que fijen las leyes". MEXICO. Código Civil Mexicano. *Legislação online*. Disponível em: <http://www.solon.org/Statutes/Mexico/Spanish/libro2/l2t4c1.html>. Acesso em: 16 set. 2008.

[152] Artigo 615. "La propiedad es el derecho de gozar y disponer de una cosa, sin más limitaciones que las establecidas por las leyes". NICARÁGUA. Código Civil Nicaraguense. *Legislação online*. Disponível em: <http://www.biblioteca.jus.gov.ar/CodigoNicaragua.PDF>. Acesso em: 16 set. 2008.

[153] Artigo 923. "La propiedad es el poder juridico que permite usar, disfrutar, disponer y reivindicar un bien. Debe ejercerse en armonia con el interes social y dentro de los limites de la ley". PERÚ. Código Civil Peruano. *Legislação online*. Disponível em: <http://www.cajpe.org.pe/rij/bases/legisla/peru/codciv.htm>. Acesso em: 16 set. 2008.

[154] Artigo 641. "Le propriétaire d'une chose a le droit d'en disposer librement, dans les limites de la loi". SUIÇA. Código Civil Suíço. *Legislação online*. Disponível em : <http://www.admin.ch/ch/f/rs/210/a641.html>. Acesso em : 16 set. 2008.

[155] Artigo 832. "Il proprietario ha diritto di godere e disporre delle cose in modo pieno ed esclusivo, entro i limiti e con l'osservanza degli obblighi stabiliti dall'ordinamento giuridico". ITÁLIA. Código Civil Italiano. *Legislação online*. Disponível em: <http://www.studiocelentano.it/codici/cc/lIIItII.htm>. Acesso em: 16 set. 2008.

[156] Artigo 348. "La propiedad es el derecho de gozar y disponer de una cosa, sin más limitaciones que las establecidas en las leyes". ESPANHA. Código Civil Espanhol. *Legislação online*. Disponível em: <http://www.ucm.es/info/civil/jgstorch/leyes/cc_0512.htm#TÍTULO%20II.%20De%20la%20propiedad>. Acesso em: 16 set. 2008.

[157] Artigo 1.305. "O proprietário goza de modo pleno e exclusivo dos direitos de uso, fruição e disposição das coisas que lhe pertencem, dentro dos limites da lei e com observância das restrições por ela impostas". PORTUGAL Código Civil Português. *Legislação online*. Disponível em: <http://www.stj.pt/nsrepo/geral/cptlp/Portugal/CodigoCivil.pdf>. Acesso em 16 set. 2008.

vas necessidades humanas, e a especulação, em especial a financeira, que tudo isso incentiva e justifica.

## 1.5. Apropriação da natureza

François Ost,[158] ao introduzir a obra "A Natureza à Margem da Lei", refere-se à defasagem do Direito com relação às transformações sociais, aludindo às disposições do Código de Napoleão sobre a propriedade como autêntica celebração de "uma instituição que permitirá, a partir de então, a plena apropriação dos recursos ambientais, a sua livre cessão e livre transformação sem qualquer entrave".

Segundo Eric J. Hobsbawm a Revolução Francesa edificou o fundamento de uma das mais representativas e importantes ocorrências até o século XIX, que foi a Revolução Industrial emoldurada no modelo britânico de ferrovias e fábricas, que "rompeu com as estruturas socioeconômicas tradicionais do mundo não-europeu",[159] impactando nas relações intersubjetivas e com os recursos naturais.

Não se pode olvidar da ressonância dos ideais da Revolução Francesa por todo o mundo ocidental, notadamente em razão do caráter universal que impregna a Declaração de Direitos do Homem e do Cidadão de 1789, anotando Manoel Gonçalves Ferreira Filho[160] que se tratou de modelo adotado pelo liberalismo:

> Sua primazia entre as declarações vem exatamente do fato de haver sido considerada como o modelo a ser seguido pelo constitucionalismo liberal. Daí a sua incontestável influência sobre as declarações que, seguindo essa orientação, se editaram pelo mundo afora até a Primeira Guerra Mundial.

Fábio Konder Comparato[161] acentua este caráter universal apontando que os revolucionários "julgavam-se apóstolos de um mundo novo, a ser anunciado a todos os povos e em todos os tempos vindouros", sendo que em razão deste "espírito de universalismo militante que Tocqueville considerou a Revolução Francesa mais próxima dos grandes movimentos religiosos do que das revoluções políticas", assentando-a como inspiração para o futuro dos ordenamentos jurídicos:[162]

---

[158] OST, François. *A Natureza à Margem da Lei*. Joana Chaves (Trad.). Lisboa: Instituto Piaget, 1995, p. 11.

[159] HOBSBAWM, E. J. *A Revolução Francesa*. 1996, p. 7.

[160] FERREIRA FILHO, Manoel Gonçalves. *Direitos Humanos Fundamentais*. 4. ed . São Paulo: Saraiva, 2000, p. 19-20.

[161] COMPARATO, Fábio Konder. *A Afirmação Histórica dos Direitos Humanos*. 2001, p. 128.

[162] COMPARATO, Fábio Konder. *A Afirmação Histórica dos Direitos Humanos*. 2001, p. 144-145.

Mas o caráter abstrato e geral das fórmulas empregadas, algumas delas lapidares, tornou a Declaração de 1789, daí em diante, uma espécie de carta geográfica fundamental para a navegação política nos mares do futuro, uma referência indispensável a todo projeto de constitucionalização dos povos. [...] Muito se discutiu a razão da dupla menção, ao homem e ao cidadão, no título da Declaração. A explicação mais razoável parece ser a de que os homens de 1789, como ficou dito acima, não se dirigiram apenas ao povo francês, mas a todos os povos, e concebiam portanto o documento em sua dupla dimensão, nacional e universal.

Sendo assim, a pretensão da universalidade encontrou concretização nos ordenamentos jurídicos nela inspirados, fazendo com que a compreensão acerca da propriedade retomasse a essência romana da propriedade quiritária e livre de qualquer restrição, com o que colaborou decisivamente o art. 17 da Declaração dos Direitos do Homem e do Cidadão de 1789 ao assentar: "sendo a propriedade um direito inviolável e sagrado, ninguém pode ser dela privado, a não ser quando a necessidade pública, legalmente verificada, o exigir de modo evidente, e sob a condição de uma justa e prévia indenização".[163]

Ainda que defasada e abandonada a ideia primitiva de propriedade assentada na religião doméstica, a Revolução Francesa tratou de reavivar a inviolabilidade e a sacralidade da propriedade, tratando-a como um direito natural, inalienável e sagrado do homem condicionador da "felicidade de todos", conforme grafa o preâmbulo. E essa ideia não se conteve objetivamente na propriedade imobiliária, refletindo-se na circulação de bens imóveis e divisas, atribuindo ao proprietário o poder de explorar e produzir incessantemente e sem que conhecesse limites no exercício deste direito, erigido em natural.

Desde então, e decorridos mais de dois séculos cravejados de transformações sociais, a ideia de poder absoluto e ilimitado sobre a propriedade sobrevive renitente, o que se confirma no plano racional, havendo cidades densa e insustentavelmente populosas, além de áreas rurais com paisagens completamente modificadas e ocupadas desordenadamente por atividades extrativistas, monocultura entre outros.

A propriedade é, por assim dizer, instituto que não se deve enclausurar em definições, sendo mais coerente compreendê-la como fenômeno social e jurídico, considerando a evolução histórica e cultural, o que fornece guia para o entendimento do presente e uma perspectiva futura para a propriedade e seu exercício.

Neste cenário, François Ost refere à "natureza apropriada" como representação não somente da detenção de parcela objetiva do solo, mas, sobretudo, daquela fração dos recursos ambientais transformados, que

---

[163] COMPARATO, Fábio Konder. *A Afirmação Histórica dos Direitos Humanos*. 2001, p. 153.

denomina de "propriedade-transformação", com o objetivo de obter riqueza individual, que prefere chamar de "propriedade-circulação", sendo esta a propriedade instituída pelo Código Civil de 1804 e que ainda encontra guarida nos ordenamentos jurídicos atuais, valendo a transcrição à guisa de conclusão parcial:[164]

> Com o estabelecimento, a partir do século XVII, de uma nova relação com o mundo portadora das marcas do individualismo possessivo, o homem, medida de todas as coisas, instala-se no centro do Universo, apropria-se dele e prepara-se para o transformar. [...] Veremos como, em alguns séculos, se passou da utilização em comum para a propriedade exclusiva. Irresistível ascensão da propriedade privada, que triunfa na noite de 4 de Agosto de 1789, e se vê solenemente consagrada no artigo 554º do Código Civil como direito 'mais absoluto'. No centro deste dispositivo novo: a livre disposição dos bens de que se é proprietário. 'Dispor de' torna-se modalidade essencial da nossa relação com as coisas; mais ainda do que a simples apropriação, que não se distingue, necessariamente, da detenção como simples utilização, a livre disposição é sinal de verdadeiro domínio. Ela consagra o direito de abusar da coisa, ao ponto de a deixar deteriorar ou mesmo de a destruir; mais racionalmente, ela permite a mobilização de bens em vista da sua exploração econômica mais rendível. A apropriação remete ainda para um mundo imóvel, o das formas imobiliárias decalcadas sobre uma ordem social estática; em contrapartida, a livre disposição remete para um mundo móvel, o do mercado, onde as fortunas se fazem e desfazem, consoante a habilidade dos operadores em tirar partido das suas oportunidades. A propriedade consagrada pelo Código Civil não é, assim, a propriedade-conservação, mas sim a propriedade-circulação (que pressupõe a compra, venda, locação, hipoteca [...]), e, dentro em breve, a propriedade-transformação. Porque convém lembrar desde logo, a verdadeira riqueza procede da transformação: exploração agrícola, fabricação industrial, e, dentro em breve, transformação do próprio ser vivo, para a qual se exigirão e obterão patentes consagrando um monopólio de exploração. É, pois, sobre o conjunto da natureza que se lança a rede da apropriação: às coisas corporais e concretas aplicar-se-á a propriedade privada; aos elementos abstractos, como uma nova variedade vegetal, adpatar-se-ão os mecanismos da propriedade intelectual; quanto às coisas não domáveis e não apropriáveis em bloco, como o ar e a água, por exemplo, serão objeto da soberania pública (que é para o direito público o que a propriedade é para o direito privado), permitindo, simultaneamente, a apropriação privada dos seus elementos constitutivos.

Na atualidade, a propriedade não deve ser compreendida sobre a perspectiva do proprietário, exclusivamente, mas, antes de tudo, trata-se de crê-la menos como um direito natural do homem individualmente considerado e mais verdadeiramente como uma condição para que haja titulares com aptidão para o acesso, à apreensão e o gozo dos demais direitos.

Enfim, de uma propriedade instituída sobre a ideia adventista e como defesa em face das desgraças atribuídas aos antepassados desatendidos, o que de há muito não mais tem adequação, constata-se atualmente que a propriedade é almejada, mantida e acumulada precipuamente

---

[164] OST, François. *A Natureza à Margem da Lei*. 1995, p. 53-54.

para satisfação de interesses privados ou corporativos. Mas, sobretudo, posta a serviço das atividades especulativas, cabendo especial atenção à financeira, que também está submetida ao cumprimento da função social.

## 2. Função social: propriedade e produção

### 2.1. Função social e dignidade humana: implicação

A identificação entre a teleologia da função social da propriedade, por exemplo, e a prevenção dos custos sociais decorrentes das atividades produtivas, como os ambientais, que são suportados por todos os integrantes da sociedade, também deve abranger a função social da empresa, da produção, dos bens de produção, do controlador entre outros, uma vez que será justamente no adequado emprego dos bens aptos à patrimonialidade que se revelará o atendimento do princípio da solidariedade.

A dignidade humana que a Revolução Francesa almejava outorgar aos cidadãos franceses e aos homens em geral veio positivada na Declaração dos Direitos do Homem e do Cidadão de 1789, precisamente no preâmbulo,[165] tendo como princípios axiológicos fundamentais dela decorrentes a conhecida tríade liberdade, igualdade e fraternidade.

Como já referido anteriormente a igualdade era o núcleo da revolução gaulesa e a liberdade estava satisfeita com a extinção dos estamentos e das corporações de ofício, sendo que a fraternidade era somente referida como uma "virtude cívica", isso tanto na Declaração de 1789 quanto na de 1791. A fraternidade, ressalte-se, somente veio ser expressamente reconhecida como princípio na Constituição Francesa de 1848, no item IV

---

[165] COMPARATO, Fábio Konder. *A Afirmação Histórica dos Direitos Humanos*. São Paulo: Saraiva, 2001, p. 151-152: "Os representantes do povo francês, constituídos em Assembléia nacional, considerando que a ignorância, o descuido ou o desprezo dos direitos humanos são as únicas causas das desgraças públicas e da corrupção dos governos, resolvem expor, numa declaração solene, os direitos naturais, inalienáveis e sagrados do homem, a fim de que esta declaração, constantemente presente a todos os membros do corpo social, possa lembrar-lhes sem cessar seus direitos e seus deveres; a fim de que os atos do poder legislativo e os do poder executivo, podendo ser a todo instante comparados com a finalidade de toda instituição política, sejam por isso mais respeitados; a fim de que as reclamações dos cidadãos, fundadas doravante em princípios simples e incontestáveis, redundem sempre na manutenção da Constituição e na felicidade de todos. – Em conseqüência, A Assembléia nacional reconhece e declara, em presença e sob os auspícios do Ser Supremo, os seguintes direitos do Homem e do Cidadão: [...]".

do Preâmbulo, que exortou que a República francesa "tem por princípio a liberdade, a igualdade e a fraternidade".[166]

Para os ideais liberais revolucionários, portanto, bastava que o homem gozasse liberdades pessoais e acessasse a propriedade para se ver atendido em seus caros direitos naturais, obtendo dignidade. A fraternidade ou a solidariedade não integrava o pensamento liberal clássico com a mesma potência da liberdade e da igualdade, circunstância esta que influiu na conformação do instituto da propriedade e em seu pleno exercício até a atualidade.

E é a partir da Revolução Francesa, como resultado de um processo histórico que alcançou seu ápice em 1789, que o direito de propriedade, enquanto direito natural posteriormente positivado no artigo 544 Código Civil francês de 1804, destaca para cada homem um poder absoluto que vai recrudescido pela conformação social outorgada pela Revolução Industrial quando, em razão da mecanização e do avanço tecnológico, acentuam-se tanto a exploração dos recursos naturais quanto o consumo de bens e serviços.

De outra parte, o direito humano fundamental ao meio ambiente também experimentou uma evolução histórica que, segundo Jorge Alberto de Oliveira Marum,[167] tem início na antiguidade, consolida-se com a formação dos Estados nacionais e na atualidade transcende fronteiras nacionais, tornando-se preocupação de toda a humanidade e que vem expresso em declarações e tratados internacionais.[168]

E a realidade brasileira não esteve imune à evolução, tanto do direito de propriedade, em busca de sua dimensão social e ambiental, quanto do

---

[166] COMPARATO, Fábio Konder. *A Afirmação Histórica dos Direitos Humanos*. 2001, p. 165.

[167] MARUM, Jorge Alberto de Oliveira. Meio Ambiente e Direitos Humanos. *Revista de Direito Ambiental*. São Paulo: Revista dos Tribunais, n° 28, out./dez., 2002, p. 128-129.

[168] GUIMARÃES JUNIOR, Renato. O Futuro do Ministério Público como Guardião do Meio Ambiente e a História do Direito Ecológico. *Revista Justitia*. São Paulo: Procuradoria-Geral de Justiça. Associação Paulista do Ministério Público, n° 113, abr./jun., 1981, p. 151-192. Em interessante estudo sobre a história do direito ambiental, lembra que documentos como o Código de Hamurabi, o Livro dos Mortos do antigo Egito e o hino persa de Zaratustra já demonstraram a preocupação dessas antigas civilizações com o respeito à natureza. A preservação do meio ambiente também foi uma preocupação da lei mosaica, quando determinava que, em caso de guerra, fosse *poupado o arvoredo*. A Magna Carta, outorgada por João Sem-Terra em 1215, também continha minuciosos dispositivos sobre a utilização das florestas. Renato Guimarães Jr. escreve que esse documento 'divide-se em verdade, depois, só depois, em dois diplomas: a Carta da Floresta, na época muito mais importante e polêmica, e a Carta das Liberdades, hoje tão reverenciada em todos os sistemas jurídicos". É que as florestas pertenciam ao rei, sendo proibidas aos súditos e caça e a exploração da madeira. Outros países europeus, como Portugal e Espanha, também tradicionalmente tiveram normas de proteção à natureza em seus ordenamentos jurídicos, como fazem exemplo a proibição do corte do carvalho e do sovereiro em Portugal e o crime de poluição das águas previstos nas Ordenações Filipinas. Essas normas, naturalmente, se irradiam para as colônias, embora, no caso de Portugal, os condenados por infrações ambientais fossem degredados para o Brasil.

direito humano ao meio ambiente, como condição da dignidade humana. Exemplos destes dois aspectos atualmente entendidos como interdependentes podem ser indicados no Código Civil de 1916, na Constituição Federal de 1946, na Reforma Constitucional de 1967 e na Emenda Constitucional n° 1 de 1969, cronologicamente.

O Código Civil de 1916 replicava a concepção napoleônica de propriedade afirmando-a no artigo 524 como "o direito de usar, gozar e dispor de seus bens, e de reavê-los do poder de quem quer que injustamente os possua".[169] Mas repudiava o "uso nocivo da propriedade" nas questões de direito de vizinhança, prevendo no artigo 554 que "o proprietário, ou inquilino de um prédio tem o direito de impedir que o mau uso da propriedade vizinha possa prejudicar a segurança, o sossego e a saúde dos que o habitam". E o artigo 555 complementava admitindo que "o proprietário tem direito a exigir do dono do prédio vizinho a demolição, ou reparação necessária, quando este ameace ruína, bem como que preste caução pelo dano iminente".[170]

A Constituição Federal de 1946 também previa o cumprimento de uma função por parte da propriedade, sendo que o artigo 147 imperativamente dispunha que "o uso da propriedade será condicionado ao bem-estar social [...]".[171] E o espírito desta cláusula também foi renovado com outra redação na Reforma Constitucional de 1967, aproximando-se o artigo 157 da redação atual: "A ordem econômica tem por fim realizar a justiça social, com base nos seguintes princípios: [...] III – função social da propriedade; [...]".[172] Em seguida, a Emenda Constitucional n° 1, de 17 de outubro de 1969, que, ao conservar a vinculação da propriedade com sua função social, acrescenta no artigo 160, que além da ordem econômica, a "social" também tem como princípio a função social da propriedade: "A ordem econômica e social tem por fim realizar o desenvolvimento nacional e a justiça social, com base nos seguintes princípios: [...] III – função social da propriedade; [...]".[173]

Síntese objetiva a respeito da permanência da função social da propriedade nas Constituições de 1946, de 1967, na Emenda Constitucional n° 1/1969 e de 1988 é produzida por Caio Mário da Silva Pereira ao expor

---

[169] DINIZ, Maria Helena. *Código Civil Anotado*. São Paulo : Saraiva, 1995, p. 398.

[170] DINIZ, Maria Helena. *Código Civil Anotado*. 1995, p. 427.

[171] BRASIL. Constituição Federal de 1946. *Legislação on line*. Disponível em: <http://www.planalto.gov.br/ccivil_03/Constituicao/Constituiçao46.htm>. Acesso em: 30 jun. 2009.

[172] BRASIL. Constituição Federal de 1967. *Legislação on line*. Disponível em: <http://www.planalto.gov.br/ccivil_03/Constituicao/Constituiçao67.htm>. Acesso em: 30 jun. 2009.

[173] BRASIL. Constituição Federal de 1967. Emenda Constitucional n° 1/1969. *Legislação on line*. Disponível em: <http://www.planalto.gov.br/ccivil_03/Constituicao/Emendas/Emc_anterior1988/emc01-69.htm>. Acesso em 30 jun. 2009.

o resultado alcançado com a evolução da propriedade na direção de uma função em favor da sociedade, sem desconstruir os aspectos clássicos da propriedade, afirmando que as restrições e limitações objetivam tanto manter a liberdade dos proprietários individualmente quanto garantir a dignidade dos demais, individual ou coletivamente:[174]

> A verdade é que a propriedade individual vigente em nossos dias, exprimindo-se embora em termos clássicos e usando a mesma terminologia, não conserva, todavia conteúdo idêntico ao de suas origens históricas. É certo que se reconhece ao *dominus* o poder sobre a coisa; é exato que o domínio enfeixa os mesmos atributos originários – *ius utendi, fruendi et abutendi*. Mas é inegável também que essas faculdades suportam evidentes restrições legais, tão freqüentes e severas, que se vislumbra a criação de novas noções. São restrições e limitações tendentes a coibir abusos e tendo em vista impedir que o exercício do direito de propriedade se transforme em instrumento de dominação.

Esta visão, segundo o citado autor, tem fundamento naquele pensamento que prefere a propriedade como instituto e não como direito, defendendo que os bens são disponibilizados à apropriação humana "não para que deles extraiam o máximo de benefícios e bem-estar com sacrifício dos demais, porém para que os utilizem na medida em que possam preencher a sua 'função social'",[175] ou seja, que o exercício do direito de propriedade sobreviva suportando limites e imposições, tanto negativos quanto positivos, para o "cumprimento de certos deveres e o desempenho de tal função".[176] Esta corrente de pensamento foi adotada pelo nosso ordenamento jurídico, nos termos do solidarismo de Augusto Comte e Leon Duguit.[177]

Segundo a avaliação de Guilherme José Purvin de Figueiredo, o pensamento de Leon Duguit tem o Direito como produto espontâneo das relações sociais a que se deve adicionar a voluntariedade da obra do legislador, o que promove a atualização das instituições jurídicas, ainda que as leis e os códigos permaneçam inalterados. E foi justamente a necessidade de superação do individualismo que fez com que se consagrasse a função social da propriedade:[178]

> Influenciado pelo positivismo de Augusto Comte, Leon Duguit chega à conclusão de que nem o homem nem a coletividade têm direitos, mas cada indivíduo tem uma certa função a cumprir em sociedade, uma determinada tarefa a executar. Este seria o fundamento da regra de Direito que se impõe a todos, inclusive ao Estado e, a rigor, constitui uma variante da tese contratualista de Rousseau, a despeito de ir além da teoria jusnaturalista. O conceito

---

[174] PEREIRA, Caio Mário da Silva. *Instituições de Direito Civil*. 6. ed. Rio de Janeiro: Forense, 1984, V. 4., p. 66-67.
[175] PEREIRA, Caio Mário da Silva. *Instituições de Direito Civil*. 1984, p. 67-68.
[176] PEREIRA, Caio Mário da Silva. *Instituições de Direito Civil*. 1984, p. 67-68.
[177] PEREIRA, Caio Mário da Silva. *Instituições de Direito Civil*. 1984, p. 68.
[178] FIGUEIREDO, José Guilherme Purvin de. *A Propriedade no Direito Ambiental*. 2004, p. 69-70.

de função social revolucionou a exegese jurídica de valores como a *liberdade* e *propriedade*. No sistema individualista, a liberdade é entendida como o direito de fazer tudo o que não prejudicar a outrem e, portanto, também o direito de não fazer nada. De acordo com a teoria da função social, todo indivíduo tem o dever social de desempenhar determinada atividade, de desenvolver da melhor forma possível sua individualidade física, intelectual e moral, para com isso cumprir sua função social da melhor maneira.

A transcendência da teoria da função social para o direito patrimonial impõe que a propriedade não conserve aquele primitivo caráter absoluto e intangível, devendo mesmo cumprir determinada função social, sob pena de não merecer proteção prevista legalmente ou até sofrer intervenção estatal no sentido de que seja cumprida. Trata-se de uma reação aos ideais da Revolução Francesa de 1789, tanto com relação à propriedade quanto ao perfil abstencionista do Estado, ambos já inadequados na transição do século XIX para o século XX.

E foi durante a transição entre os séculos XIX e XX que eclodiu a Revolução Mexicana de 1917 que guarda a importância histórica de haver sido a primeira a outorgar aos direitos dos trabalhadores a marca de direitos fundamentais, sendo que na Europa os direitos sociais somente passam a ser considerados direitos humanos no período posterior à Primeira Grande Guerra (1914-1918).

De igual forma, esta Constituição Mexicana extirpa da propriedade privada os aspectos de absoluta e sagrada, impondo incondicionalmente que o uso do bem deveria atender ao interesse de todo o povo, em autêntica afirmação das dimensões social e ambiental da propriedade, conforme o art. 27:[179]

> [...] A Nação terá, a todo tempo, o direito de impor à propriedade privada as determinações ditadas pelo interesse público, assim como o de regular, em benefício da sociedade, o aproveitamento de todos os elementos naturais suscetíveis de apropriação, com o fim de realizar uma distribuição eqüitativa da riqueza pública, cuidar de sua conservação, alcançar o desenvolvimento equilibrado do país e o melhoramento das condições de vida da popula-

---

[179] Artigo 27. [...] La nación tendrá en todo tiempo el derecho de imponer a la propiedad privada las modalidades que dicte el interés público, así como el de regular, en beneficio social, el aprovechamiento de los elementos naturales susceptibles de apropiación, con objeto de hacer una distribución equitativa de la riqueza pública, cuidar de su conservación, lograr el desarrollo equilibrado del país y el mejoramiento de lãs condiciones de vida de la población rural y urbana. En consecuencia, se dictarán las medidas necesarias para ordenar los asentamientos humanos y establecer adecuadas provisiones, usos, reservas y destinos de tierras, aguas y bosques, a efecto de ejecutar obras públicas y de planear y regular la fundación, conservación, mejoramiento y crecimiento de los centros de población; para preservar y restaurar el equilibrio ecológico; para el fraccionamiento de los latifundios; para disponer, en los términos de la ley reglamentaria, la organización y explotación colectiva de los ejidos y comunidades; para el desarrollo de la pequeña propiedad rural; para el fomento de la agricultura, de la ganadería, de la silvicultura y de lãs demás actividades económicas en el medio rural, y para evitar la destrucción de los elementos naturales y los daños que la propiedad pueda sufrir en perjuicio de la sociedad. [...]. MÉXICO. Constituição Federal Mexicana de 1917. *Legislação online*. Disponível em: <http://pdba.georgetown.edu/Constitutions/Mexico/mexico1917.html>. Acesso em: 30 jun. 2009.

ção rural e urbana. Em conseqüência serão ditadas as medidas necessárias para ordenar os assentamentos humanos e estabelecer adequadas provisões, usos, reservas e destinos das terras, águas e bosques, com fim de executar obras públicas e de planejar e regular a fundação, conservação, melhoramento e crescimento dos centros de habitados; para preservar e restaurar o equilíbrio ecológico; para o fracionamento dos latifúndios; para dispor, nos termos da lei regulamentar, a organização e exploração coletiva das terras comuns e comunidades; para o desenvolvimento da pequena propriedade rural; para o fomento da agricultura, da pecuária, da silvicultura e das demais atividades econômicas no meio rural, e para evitar a destruição dos elementos naturais e os danos que a propriedade possa sofrer em prejuízo da sociedade [...].

Com análoga importância para o instituto da propriedade, veio a Constituição alemã de Weimar de 1919, que influenciou todo o Ocidente na implantação da democracia social, que em termos gerais se alinharam com a Constituição mexicana de 1917, especialmente por haver acrescentado ao rol de direitos e garantias individuais clássicas alguns direitos essencialmente sociais. E é justamente na Carta Política de Weimar, que a ideia de função social da propriedade foi entronizada no direito positivo, na redação do artigo 153. Quanto à propriedade e sua função social, o artigo 153 exortava que "a propriedade obriga" e "seu uso deve, ao mesmo tempo, servir para o bem-estar geral". Na Constituição alemã de 1949, ainda vigente, esta cláusula consta do artigo 14, II, segundo Nuno Rogeiro.[180]

E a própria ordem econômica foi objeto de preocupação do constituinte alemão de 1919, impondo ao "mercado" um condicionamento para a liberdade econômica, a saber: deve haver respeito à dignidade humana, nos moldes do artigo 151, que anuncia que "a ordenação da vida econômica deve obedecer aos princípios da justiça, com o fim de assegurar a todos uma existência conforme a dignidade humana. Dentro desses limites, é garantida a liberdade econômica dos indivíduos".[181] E sobre a liberdade contratual e econômica, Konrad Hesse[182] afirma que a respectiva "garantía constitucional de la libertad contractual em el tráfico econômico 'de acordo com las leyes' (art. 152.1)" passou a adjetivar a propriedade, já garantida nas Constituições alemãs anteriores.

O reflexo desta influência no ordenamento jurídico brasileiro produziu adesão por parte do constituinte originário de 1988, que também teve a ordem econômica e financeira fundada na valorização do trabalho humano e na livre iniciativa, tendo por finalidade assegurar a todos, exis-

---

[180] ROGEIRO, Nuno. *A Lei Fundamental da República Federal da Alemanha*. Coimbra: Coimbra, 1996, p. 141.

[181] COMPARATO, Fábio Konder. *A Afirmação Histórica dos Direitos Humanos*. 2001, p. 204.

[182] HESSE, Konrad. *Derecho Constitucional y Derecho Privado*. Ignacio Gutiérrez Gutiérrez (Trad.). Madrid: Civitas Ediciones, 1995, p. 48.

tência digna, conforme os ditames da justiça social, atendendo-se, entre outros, os princípios da propriedade privada, da função social da propriedade e da defesa do meio ambiente, nos termos do artigo 170, incisos II, III e IV, da Constituição Federal.

A ordem econômica e financeira da República Federativa do Brasil ansiada pela Constituição Federal de 1988 instaurou uma relação de implicação entre a propriedade e seu exercício, a função social e a defesa do meio ambiente, tudo destinado a conferir dignidade humana. E quanto ao meio ambiente, irrenunciável é o prestígio e a força normativa, na lição de Konrad Hesse,[183] que se deve atribuir ao artigo 225 da Carta Política.

Esta afirmação constitucional não merece interpretação restritiva ou mesmo limitada, mas, sim, exige sempre ser avaliada compulsória e conjuntamente com os princípios e objetivos fundamentais gravados nos artigos 1º e 3º da Constituição Federal, sem prejuízo de outros valores constitucionalmente consagrados, tanto aqueles expressamente reconhecidos no artigo 170 quanto na cláusula aberta do § 2º do artigo 5º, uma vez que não se pode interpretar o Direito fracionadamente, sob pena de ser negada sua conformação sistêmica.

Mas, para além do caráter lógico-sistêmico do ordenamento jurídico brasileiro há que considerar, segundo Norberto Bobbio,[184] o componente histórico da evolução dos direitos humanos, uma vez que "nascidos de modo gradual, não todos de uma vez e nem de uma vez por todas", a doutrina estratifica esta progressão em "gerações", outorgando-se aqui especial atenção para aqueles de terceira geração, pois, "o mais importante deles é o reivindicado pelos movimentos ecológicos: o direito de viver num ambiente não poluído", uma vez que:

> Os direitos de terceira geração, como o de viver num ambiente não poluído, não poderiam ter sido sequer imaginados quando foram propostos os de segunda geração, do mesmo modo como estes últimos (por exemplo, o direito à instrução ou à assistência) não eram

---

[183] HESSE, Konrad *A Força Normativa da Constituição*. Porto Alegre: Sérgio Antonio Fabris Editor, 1991, p. 19-20. "Essa vontade de Constituição origina-se de três vertentes diversas. Baseia-se na compreensão da necessidade e do valor de uma ordem jurídica inquebrantável, que proteja o Estado contra o arbítrio desmedido e disforme. Reside, igualmente, na compreensão de que essa ordem constituída é mais do que uma ordem legitimada pelos fatos (e que, por isso necessita de estar em constante processo de legitimação). Assenta-se também na consciência de que, ao contrário do que se dá com uma lei do pensamento, essa ordem não logra ser eficaz sem o concurso da vontade humana. Essa ordem adquire e mantém sua vigência através de atos de vontade. Essa vontade tem conseqüência porque a vida do Estado, tal como a vida humana, não está abandonada à ação surda de forças aparentemente inelutáveis. Ao contrário, todos nós estamos permanentemente convocados a dar conformação à vida do Estado, assumindo e resolvendo as tarefas por ele colocadas. Não perceber esse aspecto da vida do Estado representaria um perigoso empobrecimento de nosso pensamento. Não abarcaríamos a totalidade desse fenômeno e sua integral e singular natureza. Essa natureza apresenta-se não apenas como problema decorrente dessas circunstâncias inelutáveis, mas também como problema de determinado ordenamento, isto é, como um problema normativo".

[184] BOBBIO, Norberto. *A Era dos Direitos*. Rio de Janeiro: Campus, 1992, p. 5-7.

sequer concebíveis quando foram promulgadas as primeiras Declarações setecentistas. Essas exigências nascem somente quando nascem determinados carecimentos.

A primeira geração se caracteriza pela oposição à opressão do Estado sobre as liberdades individuais: direito à vida, à liberdade, à propriedade, à segurança, incolumidade física e psíquica, ao julgamento justo, ao *habeas corpus*, direito de religião, além da garantia da isonomia, da vedação da prisão arbitrária, da liberdade de imprensa e de livre expressão etc. A segunda geração vem animada pela Revolução Industrial e a valorização do trabalhador e da família: são os direitos econômicos, sociais e culturais, tais como, o direito à seguridade social, à segurança no trabalho, ao emprego e ao amparo no desemprego, ao salário justo, à sindicalização, à proteção especial à maternidade e à infância, ao acesso à educação pública, à proteção dos direitos autorais e às patentes.

A terceira geração adota o paradigma da fraternidade ou da solidariedade entre povos, inclusive provocando nova análise do conceito de soberania, em favor das futuras gerações: são os direitos à paz nacional e internacional, ao desenvolvimento das nações, ao meio ambiente entre outros, como reconhece Antônio Augusto Cançado Trindade:[185]

> A proteção ambiental e a proteção dos direitos humanos situam-se hoje, e certamente continuarão a situar-se nos próximos anos, na vanguarda do direito internacional contemporâneo. Estes dois domínios de proteção, ao fazerem abstração de soluções jurisdicionais e especiais (territoriais) clássicas do direito internacional público, nos incitam a repensar as próprias bases e princípios deste último, contribuindo assim à sua revitalização.

A quarta geração prestigia o avanço da tecnologia e sua aplicação em benefício do homem: são direitos que envolvem, por exemplo, a biogenética, a manipulação das células-tronco, os transgênicos entre outros. E, com certeza, como já anotado, o desenvolvimento das relações sociais provocará a consagração de outros direitos fundamentais, o que acaba demonstrando ser um produto óbvio da evolução do homem em busca da existência feliz e digna.

Desta reafirmação histórica, lenta, gradual e progressiva, emolduram-se os direitos fundamentais que para Gilmar Ferreira Mendes[186] "são, a um só tempo, direitos subjetivos e elementos fundamentais da ordem constitucional objetiva":

> Enquanto direitos subjetivos, os direitos fundamentais outorgam aos titulares a possibilidade de impor os seus interesses em face dos órgãos obrigados. Na sua dimensão como elementos fundamentais da ordem constitucional objetiva, os direitos fundamentais – tanto

---

[185] TRINDADE, Antônio Augusto Cançado. *Direito Humanos e Meio Ambiente*: paralelo dos sistemas de proteção internacional. Porto Alegre: Sergio Antonio Fabris Editor, 1993, p. 199.

[186] MENDES, Gilmar Ferreira. *Direitos Fundamentais e Controle de Constitucionalidade*. Estudos de Direito Constitucional. 3. ed. São Paulo: Saraiva, 2004, p. 2.

aqueles que não asseguram, primariamente, um direito subjetivo quanto aqueloutros, concebidos como garantias individuais – formam a base do ordenamento jurídico de um Estado de Direito democrático.

Mas, para que o direito fundamental ao meio ambiente possa produzir resultados efetivos, impondo condutas ou abstenções e sancionando em caso de não atendimento, faz-se necessário que haja uma correspondente juridicidade, ou seja, uma positivação, consistente, como no caso brasileiro, de previsões constitucionais e infraconstitucionais acerca de determinadas obrigações (eliminar riscos, cessar ameaças, reparar os danos, defender o ambiente), pois, segundo Guido Fernandes Silva Soares:[187]

> O fato é que a proteção do meio ambiente, em definitivo, não é um subsistema de valores que se possa inferir, de maneira abstrata, de qualquer sistema jurídico. Na verdade, sem uma definição legal, ou sem uma declaração de ordem normativa, as normas de proteção ambiental inexistiriam, como inexistiam, nos séculos anteriores, seja nos ordenamentos internos dos Estados, seja no ordenamento internacional.

Por isso, a Declaração sobre o Meio Ambiente Humano, elaborada na Conferência de Estocolmo em 1972, a qual o Brasil aderiu sem reservas, prevê no Princípio 1 que "o homem tem o direito fundamental à liberdade, à igualdade e adequadas condições de vida num meio cuja qualidade permita uma vida de dignidade e bem-estar, e tem a solene responsabilidade de proteger e melhorar o meio ambiente, para as presentes e futuras gerações",[188] somente poderia ter efeito concreto com a positivação operada pelo legislador brasileiro, o que ocorreu com a edição da Lei nº 6.938/81 (Lei de Política Nacional do Meio Ambiente).

A este respeito, José Afonso da Silva[189] anota com simplicidade que a positivação nas Constituições daqueles direitos humanos reconhecidos nas declarações de direitos é a forma de proporcionar concretização:

> A questão técnica que se apresenta na evolução das declarações de direitos foi a de assegurar sua efetividade através de um conjunto de meios e recursos jurídicos, que genericamente passaram a chamar-se *garantias* constitucionais dos direitos fundamentais. Tal exigência técnica, no entanto, determinou que o reconhecimento desses direitos se fizesse segundo formulação jurídica mais caracterizadamente positiva, mediante sua inscrição no texto das constituições, visto que as declarações de direitos careciam de força e de mecanismos jurídicos que lhe imprimissem eficácia bastante.

---

[187] SOARES, Guido Fernandes Silva. Direitos Humanos e Meio Ambiente. In: JUNIOR, Alberto do Amaral; PERRONE-MOISÉS, Cláudia (orgs.). *O Cinqüentenário da Declaração Universal dos Direitos do Homem*. São Paulo: Universidade de São Paulo, 1999, p. 124.

[188] SOARES, Guido Fernandes Silva. Direitos Humanos e Meio Ambiente. 1999, p. 166.

[189] SILVA, José Afonso da. *Curso de Direito Constitucional Positivo*. 10. ed. São Paulo: Malheiros, 1995, p. 165.

A Conferência de Estocolmo em 1972, citada por Fábio Konder Comparato[190] como a Convenção Relativa à Proteção do Patrimônio Mundial, Cultural e Natural, é reverenciada como a precursora exortação oficial expressa acerca da importância do meio ambiente como condição para a vida na Terra, tratando-se "do primeiro documento normativo internacional que reconhece e proclama a existência de um 'direito da humanidade', tendo por objeto, por conseguinte, bens que pertencem a todo o gênero humano"[191] e, por isso, "não podem ser apropriados por ninguém em particular", referindo-se ao compromisso intergeracional dizendo:[192]

> Os Estados em que tais bens se encontram são considerados como meros administradores fiduciários, devendo informar e prestar contas, internacionalmente, sobre o estado em que se encontram esses bens e sobre as providências tomadas para protegê-lo contra o risco de degradação natural ou social a que estão submetidos.

Posteriormente, com a elaboração de uma nova ordem constitucional para o Brasil, logrou-se elevar o meio ambiente à categoria de direito fundamental expressamente reconhecido no artigo 225 da Constituição Federal de 1988, a exemplo da Constituição da República portuguesa de 1976, que operou a "constitucionalização de novos direitos fundamentais", como assentam José Joaquim Gomes Canotilho e Vital Moreira.[193]

Com a outorga de juridicidade e a positivação operada em órbita constitucional no artigo 225 da Carta Política brasileira, o meio ambiente foi consagrado como direito fundamental no ordenamento jurídico brasileiro, o que, segundo Antônio Herman Vasconcelos Benjamim,[194] outorgou ao equilíbrio ecológico os atributos da "irrenunciabilidade, inalienabilidade e imprescritibilidade".

Segundo este autor, a irrenunciabilidade vem denunciada pela impossibilidade da renúncia à obrigação de preservar, recuperar, restaurar e indenizar, não se admitindo que o infrator alegue direito de degradar por omissão ou até mesmo aceitação, expressa ou implícita, dos prejudicados ou de seus porta-vozes institucionais, como a administração pública, as organizações não governamentais, o Ministério Público entre outros.[195] Já

---

[190] COMPARATO, Fábio Konder. *A Afirmação Histórica dos Direitos Humanos*. 2001, p. 381.

[191] COMPARATO, Fábio Konder. *A Afirmação Histórica dos Direitos Humanos*. 2001, p. 381

[192] COMPARATO, Fábio Konder. *A Afirmação Histórica dos Direitos Humanos*. 2001, p. 381

[193] CANOTILHO, José Joaquim Gomes; MOREIRA, Vital. *Fundamentos da Constituição*. Coimbra: Coimbra, 1991, p. 37.

[194] BENJAMIM, Antônio Herman Vasconcelos. Direito Ambiental Constitucional Brasileiro. *In*: CANOTILHO, José Joaquim Gomes; LEITE, José Rubens Morato (orgs.). *Direito Constitucional Ambiental Brasileiro*. São Paulo: Saraiva, 2007, p. 98-100.

[195] BENJAMIM, Antônio Herman Vasconcelos. Direito Ambiental Constitucional Brasileiro. *In*: CANOTILHO, José Joaquim Gomes; LEITE, José Rubens Morato (orgs.). *Direito Constitucional Ambiental Brasileiro*. 2007, p. 99.

a inalienabilidade vem escorada na titularidade pulverizada, constitucionalmente universalizada, não se podendo aceitar a alienação individual ou coletiva diante da qualificação supraindividual do bem difuso constitucional.[196] A imprescritibilidade deriva do perfil intertemporal ou atemporal do direito fundamental ao meio ambiente, uma vez que entre os seus beneficiários estão, além desta, as futuras gerações, sendo um despropósito defender que aquilo que não pode ser ativamente alienado admita alienação passiva, em decorrência da inexorabilidade do tempo.[197]

Inegável, portanto, a inclusão da garantia ao meio ambiente equilibrado no rol dos direitos fundamentais, tanto no plano internacional quanto no nacional, especialmente neste, uma vez que a inviolabilidade do direito à vida, previsto no artigo 5º, *caput*, e a dignidade da pessoa humana, reclamada no artigo 1º, inciso III, apresentam-se como componentes imprescindíveis do núcleo do sistema de garantias constitucionais de um Estado de Direito Democrático.

O Supremo Tribunal Federal já assentou esse entendimento no Mandado de Segurança nº 22.164-0,[198] relatado pelo Ministro Celso de Mello.

Registre-se que na ordem internacional, desde a precursora Magna Carta de 1215, declarada por João Sem-Terra, até a Convenção Americana de Direitos Humanos de 1969, conhecida como Pacto de San José da Costa Rica, ao qual aderiu o Brasil em 1992,[199] com algumas restrições,[200] o matiz das questões ambientais não foi considerado como fator importante para o reforço e a evolução das garantias da liberdade e da igualdade, mesmo na visão individualista.

---

[196] BENJAMIM, Antônio Herman Vasconcelos. Direito Ambiental Constitucional Brasileiro. *In*: CANOTILHO, José Joaquim Gomes; LEITE, José Rubens Morato (orgs.). *Direito Constitucional Ambiental Brasileiro*. 2007, p. 99.

[197] BENJAMIM, Antônio Herman Vasconcelos. Direito Ambiental Constitucional Brasileiro. *In*: CANOTILHO, José Joaquim Gomes; LEITE, José Rubens Morato (orgs.). *Direito Constitucional Ambiental Brasileiro*. 2007, p. 100.

[198] BRASIL. Supremo Tribunal Federal. *Mandado de Segurança nº 22.164*. Tribunal Pleno, Brasília, DF, 30 de outubro de 1995. Diário Oficial da República Federativa do Brasil. Poder Executivo. Diário da Justiça, Poder Judiciário, Brasília, DF, 17 nov. 1995, p. 39206.

[199] COMPARATO, Fábio Konder. *A Afirmação Histórica dos Direitos Humanos*. 2001, p. 365. Promulgada pelo Decreto nº 678, de 06.11.1992. No Decreto Legislativo nº 89, de dezembro de 1998, o Congresso Nacional aprovou "a solicitação de reconhecimento da competência obrigatória da Corte Interamericana de Direitos Humanos para fatos ocorridos a partir do reconhecimento, de acordo com o previsto no parágrafo primeiro do art. 62 daquele instrumento internacional".

[200] COMPARATO, Fábio Konder. *A Afirmação Histórica dos Direitos Humanos*. 2001, p. 365. Adesão em 25.09.1992 com ressalvas à cláusula facultativa do art. 45, 1º, que trata da competência da Comissão Interamericana de Direitos Humanos para analisar queixas apresentadas por outros Estados sobre o descumprimento das obrigações impostas pela Convenção. Outra ressalva foi relativa à cláusula facultativa do art. 62, 1º, que trata da jurisdição obrigatória da Corte Interamericana de Direitos Humanos.

Contudo, com o crescente processo de industrialização e as consequências advindas da dinâmica das relações de trabalho, econômicas e internacionais, fatores embrionários da sociedade de risco, viu-se que não seria possível continuar mantendo as mesmas condições de habitabilidade e de desenvolvimento humano em um ambiente desfavorável, tanto pela iminente escassez de recursos naturais quanto pela diminuição da qualidade de vida humana diante das condições do ambiente artificial.

Este desenrolar de fatos históricos, a exemplo da Revolução Industrial, das duas grandes guerras mundiais e da corrida pelo poderio bélico nuclear, despertou a atenção para novos carecimentos e anseios do homem, daí surgindo reclames para além da liberdade e da igualdade, uma vez que estas típicas heranças do liberalismo já se mostram insuficientes em si para garantir a vida humana animada pela dignidade e pela solidariedade entre os homens e as nações.

Diante desta quadra internacional e sobre a influência de acontecimentos históricos, sociais e políticos internos, estes emoldurados pela reinstalação da democracia no Brasil, não se pode escapar da conclusão acerca da consagração do meio ambiente ecologicamente equilibrado como típico direito humano de terceira geração e um dos direitos fundamentais na ordem constitucional brasileira, sendo uma realidade que se impõe juridicamente por meio da positivação materializada na Constituição Federal de 1988 que, nesse aspecto, é exuberante, sem prejuízo da abrangente legislação infraconstitucional.

A Constituição Federal brasileira de 1988, portanto, como norma positiva de ascendência superior, institui o regime democrático como garantia das liberdades individuais, inclusive limitando-as em alguns casos para o benefício da coletividade, bem como contendo o Poder Estatal no exercício da administração dos interesses nacionais, visando preservar a liberdade individual e a igualdade.

Além das funções de garantir ações e impor abstenções, a Constituição Federal de 1988 exige que a sociedade e o Estado promovam conjuntamente a realização da cidadania e da dignidade da pessoa humana, animados pelos princípios da solidariedade e da responsabilidade, especialmente no sentido de concretizar o meio ambiente hígido e capaz de suprir as necessidades para a manutenção e desenvolvimento da vida em todas as suas formas.

A conformação do exercício do direito de propriedade às exigências de defesa do meio ambiente tem realização voltada para a "tutela de um decente teor de vida para todos", revelando-se "a função social no direito de propriedade privada como modo de fomentar a referida qualidade de vida",[201] conforme preceitua Rosa Maria de Andrade Nery:[202]

> Assim deve ser visto o direito de propriedade, que – como, aliás, todos os outros institutos jurídicos – não se compadece de uma consideração voltada, exclusivamente, para o atendimento e satisfação apenas dos interesses pessoais de um titular, mas cumpre um papel (uma função) dentro do regime jurídico posto, de atender também aos interesses sociais.

Insofismável, portanto, que a Constituição Federal de 1988 impõe os princípios da dignidade humana e da solidariedade, expressamente gravados nos artigos 1º, inciso III, e 3º, inciso I, de forma a receberem reforço de concretização aliando-os à função social da propriedade, nos termos dos artigos 5º, incisos XII e XXIII, e 170, incisos II e III, almejando efetivá-lo no plano racional e não somente como recurso retórico ou "virtude cívica", o que na dimensão ambiental vem plasmado no art. 225.

O direito fundamental à propriedade que a Constituição Federal de 1988 reconhece em seus artigos 5º, inciso XXII, e 170, inciso II, bem como sua especificação na legislação civil, a exemplo *caput* do artigo 1.228 do Código Civil de 2002, deve, para merecer proteção do sistema jurídico, balizar-se, em especial, em um dos objetivos fundamentais da República brasileira, a saber: o da construção de uma sociedade livre, justa e solidária, no molde do artigo 3º, inciso III. E a guia interpretativa reservada ao direito de propriedade para que o valor solidariedade seja materializado é a função social em todas as suas dimensões, simultaneamente, interessando aqui imediatamente a dimensão ambiental.

A relação entre a compreensão histórica do instituto da propriedade, a evolução do direito de propriedade na direção da função social e o valor da dignidade humana encontra convergência preponderante no trato das questões atinentes ao direito fundamental ao meio ambiente, pois, como reconhece Antônio Herman Vasconcelos Benjamin, "é indubitável a relação existente entre tutela ambiental e direito de propriedade",[203] especialmente por ser a inadequada utilização da propriedade a causa da degradação da qualidade ambiental:[204]

---

[201] NERY, Rosa Maria de Andrade. *Introdução ao Pensamento Jurídico e à Teoria Geral do Direito Privado*. São Paulo: Revista dos Tribunais, 2008, p. 251.

[202] NERY, Rosa Maria de Andrade. *Introdução ao Pensamento Jurídico e à Teoria Geral do Direito Privado*. 2008, p. 251.

[203] BENJAMIN, Antônio Herman Vasconcelos. Reflexões sobre a Hipertrofia do Direito de Propriedade na Tutela da Reserva Legal e das Áreas de Preservação Permanente. *Revista de Direito Ambiental*. São Paulo : Revista dos Tribunais, nº 4, out./dez., 1996, p. 44.

[204] BENJAMIN, Antônio Herman Vasconcelos. Reflexões sobre a Hipertrofia do Direito de Propriedade na Tutela da Reserva Legal e das Áreas de Preservação Permanente. *Revista de Direito Ambiental*. 1996, p. 44.

Inicialmente, vale recordar que os problemas ambientais de hoje são conseqüência, em grande medida, da utilização (ou má-utilização), no passado, do direito de propriedade, tendência essa que alcança patamares inimagináveis com a *comercialização* do próprio Direito. No âmbito do sistema jurídico, por conseguinte, observa-se uma irrefutável ligação umbilical entre o tratamento dado à propriedade, enquanto instituto de direito, e aquele que orienta a solução dos chamados conflitos ambientais. De fato, direito de propriedade e meio ambiente são institutos interligados, como que faces de uma mesma moeda; nesse sentido, não seria incorreto dizer-se que o Direito Ambiental é fruto de uma amálgama do Direito das Coisas com o Direito Público. Com isso queremos mostrar que qualquer tutela do meio ambiente implica sempre *interferência* (não necessariamente intervenção, como abaixo veremos) no direito de propriedade. Interferência essa que, no sistema jurídico brasileiro, mais do que meramente facultada ou tolerada, é, na origem constitucional, *imposta*, tanto para o Poder Público (trata-se de comportamento vinculado), como para o particular (é comportamento decorrente de *função*); eis o fundamento da *inafastabilidade* das obrigações ambientais.

A Constituição Federal de 1988 detém a conclusão da propriedade como função social quando se interpretam sistemática e teleologicamente as disposições do artigo 5°, incisos XXII e XXIII, do artigo 170, incisos II, III e VI, do artigo 182, § 2°, do artigo 186, incisos I, II, III e IV, dos artigos 216, 225 e 231. Assim, a defesa do meio ambiente constitucionalmente exigida não instaura confronto com o direito de propriedade, mas, sim e ao revés, entende-a como "parte da mesma relação sociedade-indivíduo que dá à propriedade todo o seu significado e amparo".[205]

A respeito desta implicação sistemática das regras e dos princípios da Constituição Federal e das normas infraconstitucionais que tratam de direitos privados fundamentais, Rosa Maria de Andrade Nery assenta que a eficácia dos direitos fundamentais está condicionada ao respeito à Constituição Federal como meio irrenunciável para a realização da solidariedade e da dignidade humana:[206]

> Quando se fala em *eficácia civil dos direitos fundamentais*, portanto, fala-se justamente desse fenômeno de as disciplinas do direito privado respeitarem os direitos fundamentais insculpidos na Constituição e todos os regramentos que ela adota, como maneira de realização do bem comum e de produção de efeitos jurídicos compatíveis com o respeito aos direitos fundamentais, essenciais à preservação da dignidade do ser humano.

Para Paulo Bonavides a relação entre o Direito Constitucional e o Direito Privado vai além da "inferioridade e sujeição" deste àquele, sendo mais relevante considerar que "verificou-se sensível declínio de certos institutos fundamentais de Direito Privado", a exemplo do direito de pro-

---

[205] BENJAMIN, Antônio Herman Vasconcelos. Reflexões sobre a Hipertrofia do Direito de Propriedade na Tutela da Reserva Legal e das Áreas de Preservação Permanente. *Revista de Direito Ambiental.* 1996, p. 44-45.

[206] NERY, Rosa Maria de Andrade. *Introdução ao Pensamento Jurídico e à Teoria Geral do Direito Privado.* 2008, p. 229.

priedade, "em proveito da influência crescente, se não avassaladora, que o Direito Constitucional começou, ali, a exercer", operando-se a partir do início do século XX, uma afetação social de interesses dantes reputados exclusivamente individuais e virtualmente intangíveis.[207]

E a propriedade é objeto de especial regulação constitucional inclinada ao atendimento de carecimentos sociais, dentre eles a defesa do meio ambiente, ocupando situação de destaque na ordem constitucional brasileira na dimensão econômica e social, notadamente em razão da função social da propriedade representar tanto um direito fundamental, com o artigo 5º, inciso XXIII, quanto um dos princípios da ordem econômica, no artigo 170, inciso III.

Enfim e acerca da imediata dominação dos direitos fundamentais sobre os direitos privados, encerra Claus Wilhelm-Canaris[208] afirmando que "os direitos fundamentais devem ser aplicados a leis de direito privado como direito imediatamente vigente", pois, "que não se permite reconhecer qualquer excepção para o legislador no campo do direito privado", uma vez que as normas de direito privado intervêm nos direitos fundamentais com a mesma potência que as de direito público, sendo esta vinculação imediata a única solução substancialmente adequada.

E é o que se contém no § 1º do artigo 5º da Constituição Federal, que impõe que "as normas definidoras dos direitos e garantias fundamentais têm aplicação imediata", o que encontra ressonância no pensamento de Konrad Hesse que, ao referir ao artigo 1º, item III,[209] da Lei Fundamental alemã de 1949, afirma que a primazia da Constituição dispõe que os direitos fundamentais são imediatamente aplicáveis, o que supera e afasta todas as anteriores diferenciações entre direitos fundamentais aplicáveis e princípios programáticos.[210]

O direito de propriedade, portanto, escapou de uma regulação exclusivamente privatista do Código Civil de 1916, quando sobreveio a Constituição Federal de 1988, transformando-se em um direito privado de interesse público, sendo que "este processo de publicização do direito de propriedade é fundamental para a implementação da legislação refe-

---

[207] BONAVIDES, Paulo. *Curso de Direito Constitucional*. 21. ed. São Paulo: Malheiros, 2007, p. 48.

[208] WILHELM-CANARIS, Claus. *Direitos Fundamentais e Direito Privado*. Ingo Wolfgang Sarlet e Paulo Mota Pinto (Trad.). Coimbra: Almedina, 2006, p. 129.

[209] ROGEIRO, Nuno. *A Lei Fundamental da República Federal da Alemanha*. 1995, p. 124. Artigo 1º, III, da Lei Fundamental da República Federal da Alemanha de 1949. "Os direitos fundamentais a seguir enunciados vinculam, como direito directamente aplicável, os poderes legislativo, executivo e judicial".

[210] HESSE, Konrad. *Derecho Constitucional y Derecho Privado*. 1995, p. 54.

rente à proteção do meio ambiente, que impõe limites ao exercício daquele direito", no dizer de Roxana Cardoso Brasileiro Borges.[211]

Mas não se pode admitir que a função social da propriedade seja entendida ou confundida como mera limitação ao exercício do direito de propriedade, cabendo razão a José Afonso da Silva ao afirmar que incumbe ao poder de polícia limitar direitos, o que está muito aquém da inserção de um novo princípio, no caso, o da função social, inserido na estrutura do próprio direito de propriedade:[212]

> Ora, se se introduziu princípio novo, além do poder de polícia já existente, é porque o constituinte desejou inserir na estrutura mesma da concepção e do conceito de propriedade um elemento de transformação positiva que a ponha a serviço do desenvolvimento social. A atual Constituição, como se verá no texto, é ainda mais enfática nesse sentido, de tal sorte que a propriedade não se concebe senão como função social. [...] A *função social da propriedade* não se confunde com os sistemas de limitação da propriedade. Estes dizem respeito ao exercício do direito, ao proprietário; aquela, à estrutura do direito mesmo, à propriedade.

Em resumo, a função social qualifica a propriedade interna e intrinsecamente, agregando-se à sua essência institucional e transformando o próprio regime da propriedade, restando às limitações, às obrigações e aos ônus a influência externa restrita a interferir no exercício do direito respectivo e não no instituto em si, conforme José Afonso da Silva citando Fiorella D'Angelo:[213]

> Com essa concepção é que o intérprete tem que compreender as normas constitucionais que fundamentam o regime jurídico da propriedade: sua garantia enquanto atende à sua função social, "implicando uma transformação destinada a incidir, seja sobre o fundamento mesmo da atribuição dos poderes ao proprietário, seja, mais concretamente, sobre o modo em que o conteúdo do direito vem positivamente determinado; assim é que a função social mesma acaba por posicionar-se como elemento qualificante da situação jurídica considerada, manifestando-se, conforme as hipóteses, seja como condição do exercício de faculdades atribuídas, seja como obrigação de exercitar determinadas faculdades de acordo com modalidades preestabelecidas". Enfim, a função social manifesta-se na própria configuração estrutural do direito de propriedade, pondo-se concretamente como elemento qualificante na predeterminação dos modos de aquisição, gozo e utilização dos bens.

Ainda que acordes José Afonso da Silva e Antonio Herman Vasconcelos Benjamin acerca da função social como "de natureza *intrínseca* e *contemporânea* à formação da relação de domínio", não se compadecendo este direito fundamental e princípio da ordem econômica numa singela restrição, este doutrinador utiliza didaticamente as expressões "limites

---

[211] BORGES, Roxana Cardoso Brasileiro. Função Ambiental da Propriedade. *Revista de Direito Ambiental*. São Paulo: Revista dos Tribunais, n° 9. jan./mar. 1998, p. 68-69.

[212] SILVA, José Afonso da. *Comentário Contextual à Constituição*. 4. ed. São Paulo: Malheiros, 2007, p. 118-121.

[213] SILVA, José Afonso da. *Comentário Contextual à Constituição*. 2007, p. 121.

internos" e "limites externos" para diferençar a função social daquelas meras limitações:[214]

> *6.1. Os limites internos.* São eles de natureza *intrínseca* e *contemporânea* à formação da relação de domínio; isto é, indissociáveis do próprio direito de propriedade, verdadeiros elementos de um todo, daí moldando-se como ônus inerentes à garantia. Na ausência deles, como se fossem ar e a água que propiciam a vida, não se consolida o direito de propriedade, não é ele reconhecido e protegido pela ordem jurídica, pelo menos em sua plenitude. [...] Aqui, advirta-se que os deveres conexos à função social da propriedade são ontologicamente apartados de certas técnicas jurídicas limitativas do exercício dos poderes do domínio – os limites externos. A função social é 'elemento essencial definidor do próprio direito subjetivo, caracterizando-se os deveres daí decorrentes "como encargos *ínsitos ao próprio direito*, orientando e predeterminando seu exercício, de modo positivo'. [...] No geral, a proteção do meio ambiente, no sistema constitucional brasileiro, não é uma incumbência imposta *sobre* o direito de propriedade, mas uma função inserida *no* direito de propriedade, dele sendo fragmento inseparável. [...] *6.2. Os limites externos.* Se os limites internos antecedem o direito de propriedade, os *limites externos*, diferentemente, lhe são *consecutivos*: pressupõem uma dominialidade que opera em sua plenitude, totalmente consolidada por respeitar os limites primordiais.

E ainda que se tenha experimentado a insuficiente ideia da função social como imperativo de "não fazer" dirigido ao proprietário, aquilo que melhor atende a defesa do meio ambiente e o reforço à dignidade humana é a conformação de condutas relacionadas à propriedade e seu exercício, fixando-se obrigações que exijam atuação positiva e negativa, conforme revela Eros Roberto Grau:[215]

> O que mais releva enfatizar, entretanto, é o fato de que o princípio da *função social da propriedade* impõe ao proprietário – ou a quem detém o poder de controle, na empresa – o dever de *exercê-lo* em benefício de outrem e não, apenas, de *não o exercer* em prejuízo de outrem. Isso significa que a *função social da propriedade* atua como fonte de imposição de comportamentos positivos – prestação de *fazer*, portanto, e não, meramente, de *não fazer* – ao detentor do poder que deflui da propriedade. Vinculação inteiramente distinta, pois, daquela que lhe é imposta mercê de concreção do *poder de polícia*.

A conformação ou a concretização do direito de propriedade se legitimará sempre que necessária, adequada e proporcional para a garantia da função social, o que impende analisar a afetação ou a conservação do núcleo essencial do direito de propriedade. É que a garantia constitucional da propriedade visa preservar esta reserva individual, ainda que possibilite ao legislador ordinário a promulgação de um plexo normativo que promova a funcionalidade concomitantemente com a utilização pri-

---

[214] BENJAMIN, Antônio Herman Vasconcelos. Reflexões sobre a Hipertrofia do Direito de Propriedade na Tutela da Reserva Legal e das Áreas de Preservação Permanente. *Revista de Direito Ambiental*. São Paulo: Revista dos Tribunais, n° 4, out./dez., 1996, p. 49-50.

[215] GRAU, Eros Roberto. *A Ordem Econômica na Constituição de 1988*. 11. ed. São Paulo: Malheiros, 2006, p. 245.

vada deste bem, pois, conforme anunciam Gilmar Ferreira Mendes, Inocêncio Mártires Coelho e Paulo Gustavo Gonet Branco:[216]

> Não existe, todavia, um conceito constitucional fixo, estático, de propriedade, afigurando-se fundamentalmente, legítimas não só as definições de conteúdo como a fixação de limites destinados a garantir a sua função social. É que embora não *aberto*, o conceito constitucional de propriedade há de ser necessariamente dinâmico. Nesse passo, deve-se reconhecer que a garantia constitucional da propriedade está submetida a um intenso processo de *relativização*, sendo interpretada, fundamentalmente, de acordo com parâmetros fixados pela legislação ordinária. As disposições legais relativas ao conteúdo têm, portanto, inconfundível *caráter constitutivo*. Isso não significa, porém, que o legislador possa afastar os limites constitucionalmente estabelecidos. A definição desse conteúdo pelo legislador há de preservar o direito de propriedade enquanto garantia institucional. Ademais, as *limitações* impostas ou as novas *conformações* emprestadas ao direito de propriedade hão de observar especialmente o princípio da proporcionalidade, que exige que as restrições legais sejam adequadas, necessárias e proporcionais.

A adequação, a necessidade e a proporcionalidade devem balizar a atuação do legislador ordinário na compatibilização da propriedade individual com o interesse da coletividade, alcançando o uso, o gozo e a disposição complementados pela função social. Tem-se, aqui, a compulsória produção de resultado ponderado decorrente da equação entre interesse individual do proprietário e interesse difuso ao meio ambiente hígido.

Este condicionamento absoluto entre o direito de propriedade e sua função social, o meio ambiente e a dignidade humana exigem que se concretize o valor da solidariedade com vistas à realização do bem comum, repreendendo o uso egoístico do patrimônio, cujo vezo milenar vem sobrevivendo renitente em todas as sociedades, apesar dos riscos de colapso ambiental. Assim, diante desta coincidência radical entre propriedade e função social, há necessidade de uma interpretação cada vez mais abrangente do conceito de propriedade, não se compadecendo a defesa do meio ambiente e a da dignidade da pessoa humana que apenas com a propriedade imobiliária.

Há necessidade de que o patrimônio seja conformado à função social, pois, conforme já dito por Pontes de Miranda, a propriedade equivale ao domínio ou qualquer direito patrimonial, o que transcende o direito das coisas e abrange o crédito:[217]

> Em sentido amplíssimo, propriedade é o domínio ou qualquer direito patrimonial. Tal conceito desborda o direito das coisas. O crédito é propriedade. Em sentido amplo, propriedade é todo direito irradiado em virtude de ter incidido regra de direito das coisas (cp. arts.

---

[216] MENDES, Gilmar Ferreira; COELHO, Inocêncio Mártires; BRANCO, Paulo Gustavo Gonet. *Curso de Direito Constitucional*. 2. ed. São Paulo: Saraiva, 2008, p. 439.

[217] MIRANDA, Francisco Cavalcante Pontes de. *Tratado de Direito Privado*. 4. ed. São Paulo: Revista dos Tribunais, 1983, Parte Especial, Tomo XI, p. 9.

485, 524 e 862). Em sentido quase coincidente, é todo direito sôbre as coisas corpóreas e a propriedade literária, científica, artística e industrial. Em sentido estritíssimo, é só o domínio.

E Pontes de Miranda, em seguida, afirma que o primeiro sentido, o amplíssimo, em que se insere o crédito, é o sentido de propriedade constitucionalmente conformado, referindo-se ao artigo 141, § 16°, da Constituição Federal de 1946.[218] Anote-se que o extinto artigo 147 já condicionava o uso da propriedade ao bem-estar social,[219] apenas a temática ambiental não estava consignada expressamente naquela ordem constitucional.

Atualmente, vê-se que o artigo 5° e os incisos XXII, XXIV e XXV da Constituição Federal de 1988 conservam e renovam as correspondentes disposições da Carta Política de 1946, o que sob o regime da função social da propriedade ou do patrimônio, como se deve preferir na análise específica do inciso XXIII, impõe que qualquer interesse submetido à patrimonialidade esteja a ela jungido.

Gilmar Ferreira Mendes, Inocêncio Mártires Coelho e Paulo Gustavo Gonet Branco, ombreando Pontes de Miranda por uma concepção constitucional ampla de propriedade, afirmam que a Constituição de Weimar em 1919 alargou a garantia do direito de propriedade para além dos bens móveis e imóveis, abarcando quaisquer "valores patrimoniais, incluídas aqui as diversas situações de índole patrimonial, decorrentes de relações de direito privado ou não", sendo que "essa mudança da função da propriedade foi fundamental para o abandono da ideia da necessária identificação entre o conceito civilístico e o conceito constitucional de propriedade", o que prestigia as hipotecas, penhores, depósitos bancários, pretensões salariais, ações, participações societárias, direito de patente e de marcas entre outros:[220]

---

[218] BRASIL. Constituição Federal de 1946. *Legislação online*. Disponível em: <http://www.planalto.gov.br/ccivil_03/Constituicao/Constituiçao46.htm>. Acesso em: 8 out. 2008. Artigo 141, § 16, da Constituição Federal de 1946. "Art 141 – A Constituição assegura aos brasileiros e aos estrangeiros residentes no País a inviolabilidade dos direitos concernentes à vida, à liberdade, a segurança individual e à propriedade, nos termos seguintes: [...] § 16 – É garantido o direito de propriedade, salvo o caso de desapropriação por necessidade ou utilidade pública, ou por interesse social, mediante prévia e justa indenização em dinheiro. Em caso de perigo iminente, como guerra ou comoção intestina, as autoridades competentes poderão usar da propriedade particular, se assim o exigir o bem público, ficando, todavia, assegurado o direito a indenização ulterior".

[219] BRASIL. Constituição Federal de 1946. *Legislação online*. Disponível em: <http://www.planalto.gov.br/ccivil_03/Constituicao/Constituiçao46.htm>. Acesso em: 8 out. 2008. Artigo 141, § 16, da Constituição Federal de 1946. Artigo 147 da Constituição Federal de 1946: "Art 147 – O uso da propriedade será condicionado ao bem-estar social. A lei poderá, com observância do disposto no art. 141, § 16, promover a justa distribuição da propriedade, com igual oportunidade para todos".

[220] MENDES, Gilmar Ferreira; COELHO, Inocêncio Mártires; BRANCO, Paulo Gustavo Gonet. *Curso de Direito Constitucional*. 2008, p. 424-425.

Ao revés, essencial para a definição e qualificação passa a ser a "utilidade privada" (*Privatnützigkeit*) do direito patrimonial para o indivíduo, isto é, a relação desse direito patrimonial com o titular. Vê-se, assim, que o conceito constitucional de proteção ao direito de propriedade transcende a concepção privatística estrita, abarcando valores de índole patrimonial, como as prestações salariais e as participações acionárias. [...] Essa orientação permite que se confira proteção constitucional não só à propriedade privada em sentido estrito, mas, fundamentalmente, às demais relações de índole patrimonial. Vê-se que esse conceito constitucional de propriedade contempla as hipotecas, penhores, depósitos bancários, pretensões salariais, ações, participações societárias, direito de patente e de marcas etc.

Nesta mesma senda, Celso Ribeiro Bastos e Ives Gandra da Silva Martins afirmam que o conceito constitucional de propriedade é mais amplo do que o adotado pela legislação ordinária civil, o que veio a atender uma exigência de ampliação da proteção de relações além daquelas entre o homem e a coisa corpórea, isto em razão da evolução socioeconômica que criou outras relações que exorbitam àquelas tradicionalmente envolventes de bens corpóreos.[221]

E a noção de propriedade constitucionalmente ofertada não se contenta com a apropriação física, sendo de Pontes de Miranda a asserção de que a "coisa objeto de propriedade, não é, hoje, sòmente a coisa corpórea",[222] e isso desde a Constituição Federal de 1946, permanecendo na Carta Política de 1988 como confirmação de que "o direito atendeu a que a noção de coisa não é naturalística, ou física; é econômico-social".[223]

Entendendo a propriedade constitucionalmente assegurada como aquela referida no artigo 5º, inciso XXII, em que se anuncia que "é garantido o direito de propriedade", sem previsão de exceções, não há como admitir que quaisquer das "propriedades" homenageadas pelo ordenamento jurídico escapem de carregar em sua essência a função social. E mais: reconhecendo a propriedade como integradora de interesses econômico-sociais, desvinculados do absolutismo individualista do pensamento liberal, estão submetidas à função social as propriedades privadas, a estatal e a coletiva, sem exceção.

Neste sentido abrangente vem Sílvio Luís Ferreira da Rocha, afirmando a submissão à função social da propriedade pública, dos bens de

---

[221] BASTOS, Celso Ribeiro; MARTINS, Ives Gandra da Silva. *Comentários à Constituição do Brasil*. São Paulo: Saraiva, 1989, vol. II, p. 118-119.

[222] MIRANDA, Francisco Cavalcante Pontes de. *Tratado de Direito Privado*. 1983, Parte Especial, Tomo XI, p. 15.

[223] MIRANDA, Francisco Cavalcante Pontes de. *Tratado de Direito Privado*. 1983, Parte Especial, Tomo XI, p. 15.

uso comum, dos bens de uso especial e dos bens dominicais, uma vez que não estão expressamente imunizados constitucionalmente:[224]

> O fim obrigatório que informa o domínio público não acarreta sua imunização aos efeitos emanados do princípio da função social da propriedade, de modo que o princípio da função social da propriedade incide sobre o domínio público, embora haja a necessidade de harmonizar o referido princípio com outros. O princípio da função social da propriedade incide sobre os bens de uso comum mediante paralisação da pretensão reintegratória do Poder Público, em razão de outros interesses juridicamente relevantes, sobretudo o princípio da dignidade da pessoa humana; incide também sobre os bens de uso comum mediante paralisação da pretensão reivindicatória do Poder Público com fundamento no art. 1.228, § 4º, do Código Civil. O princípio da função social incide, também, sobre os bens de uso especial mediante submissão dos referidos bens aos preceitos que disciplinam a função social dos bens urbanos, especialmente ao atendimento da função social das cidades. O princípio da função social incide, outrossim, sobre os bens dominicais conformando-os à função social das cidades e do campo e viabilizando a aquisição da propriedade dos referidos bens pela usucapião urbana, rural e coletiva.

Em sentido diverso, defendendo que a função social somente tem razão de ser na propriedade privada, vem Eros Roberto Grau, afirmando que a propriedade estatal em nada é qualitativamente inovada pela função social em razão de sua função pública, revelando-se um pleonasmo a propriedade coletiva em função social:[225]

> O primeiro ponto a salientar, no tratamento da matéria, respeita ao fato de que, embora isso passe despercebido da generalidade dos que cogitam da *função social da propriedade*, é seu pressuposto necessário a *propriedade privada*. Embora se possa referir da função social da empresas estatais, *v.g.* – quais as *funções sociais* por ela cumpridas como prestadoras de serviço público e como exploradoras de atividade econômica em sentido estrito? –, a idéia de *função social* como vínculo que atribui à propriedade conteúdo específico, de sorte a moldar-lhe um novo conceito, só tem sentido e razão de ser quando referida à *propriedade privada*. A alusão à função social da *propriedade estatal* qualitativamente nada inova, visto ser ela dinamizada no exercício de uma *função pública*. E a referência à função social da *propriedade coletiva*, como vínculo a tangê-la, consubstanciaria um pleonasmo. Não obstante, embora a afirmação da *função social da propriedade* compreenda, prévia – porém não declarada, explicitamente – afirmação da *propriedade privada*, umas tantas vezes a primeira afirmação foi e permanece sendo, tida como 'revolucionária'.

Assim, de qualquer forma, tanto num pensamento quanto no outro, não há dúvida, por exemplo, de que os financiamentos públicos ou privados e os incentivos governamentais estão vinculados essencialmente à função social do crédito ou do incentivo, conforme o caso, uma vez que tanto o recurso financeiro quanto o montante correspondente à renúncia fiscal devem ser outorgados exclusivamente àquelas atividades que ga-

---

[224] ROCHA, Sílvio Luís Ferreira da. *Função Social da Propriedade Pública*. São Paulo: Malheiros, 2005, p. 159-160.

[225] GRAU, Eros Roberto. *A Ordem Econômica na Constituição de 1988*. 2006, p. 232.

rantam à sociedade a conquista de vantagens de acesso irrestrito, como a valorização do trabalho humano, a existência digna, a redução das desigualdades regionais e sociais, a defesa do meio ambiente entre outros.

### 2.2. Função social da empresa, do controlador e dos bens de produção

A ordem constitucional vigente vem reforçando a submissão tanto da propriedade em geral quanto da atividade econômica (sentido amplo) ao cumprimento da função social, não se restringindo a exigir do proprietário, do titular do domínio. A confirmação disto vem dispersa na Constituição Federal de 1988, especialmente no artigo 5º, inciso XIII, exortando que "é livre o exercício de qualquer trabalho, ofício ou profissão, atendidas as qualificações profissionais que a lei estabelecer",[226] bem como no parágrafo único do artigo 170, onde se prevê que "é assegurado a todos o livre exercício de qualquer atividade econômica, independentemente de autorização de órgãos públicos, salvo nos casos previstos em lei".[227]

À primeira vista, transparecem ser previsões de garantia da livre iniciativa, o que se coaduna com o regime capitalista adotado pelo modelo econômico brasileiro. Contudo, detendo-se o olhar por mais alguns instantes, não há como escapar da conclusão de que todos aqueles que atuam na economia, sem qualquer distinção, devem fazê-lo em conformidade com a lei, que deve ser interpretada em sentido amplo, abrangendo também as disposições constitucionais, notadamente àquelas que impõem a função social.

E esta absoluta submissão à função social mantém sob seu espectro compulsório os proprietários e os possuidores, a qualquer título, bem como todos aqueles que, mesmo não sendo titulares do domínio ou detentores da posse, tenham relação direta ou indireta com a propriedade ou a atividade desenvolvida, aqui englobados os funcionários, os administradores, os controladores, os patrocinadores, as entidades de incentivo governamental, os financiadores públicos e privados, nacionais e internacionais.

A função social, portanto, não é reservada somente aos proprietários, mas, sim, trata-se de encargo que recai sobre todos aqueles que se inserem na atividade econômica, incluindo-se aqui, em última análise, o consumidor ou o usuário. A função social é parcela não destacável de

---

[226] BRASIL. Constituição Federal. *Coletânea de Legislação Ambiental, Constituição Federal*. Odete Medauar (org.). 8. ed. São Paulo: Revista dos Tribunais, 2009, p. 24.

[227] BRASIL. Constituição Federal. *Coletânea de Legislação Ambiental, Constituição Federal*. 2009, p. 119.

tudo aquilo que admite a ideia de patrimonialidade, acompanhando os bens e os interesses durante suas existências (recursos naturais, sintetizados etc.), transformações (agregação, resíduos etc.) e transmissões (alienações, abandono etc.).

Eros Roberto Grau faz uma diferenciação entre a propriedade função social e a propriedade função individual. Esta, prevista no artigo 5°, incisos XXII e XXIII, ao garantir a subsistência individual ou familiar, enfim, a própria dignidade humana, trata-se de direito individual e estaria excluída da conformação à função social. Aquela, assim referida no artigo 5°, incisos XXII e XXIII, e no artigo 170, incisos II e III, vem representada, entre outras, pela propriedade de valores mobiliários, literária, artística, industrial, a imobiliária (rural, urbana e subsolo). Estes, aqui compreendidos como bens de produção estão submetidos à dinâmica do capitalismo e do regime de empresa, o que autoriza concluir que há também em razão desta fase dinâmica da propriedade a função social da empresa.[228]

Sobre esta dicotomia entre função social e função individual da propriedade cabe uma indagação: a adoção desta polarização entre funções não expõe a risco a solidariedade fundamentadora do Estado social, uma vez que dá a entender que a propriedade individual ou familiar não estaria jungida à função social? Evidentemente que sim, por isso não se mostra adequada.

E sobre a função social da empresa, José Afonso da Silva sintetiza que a livre iniciativa econômica privada prevista no parágrafo único do artigo 170 é absolutamente condicionada ao sistema econômico conformado pela Constituição Federal de 1988, subordinando-a a função social incondicionalmente:[229]

> Essas considerações complementam algumas idéias já lançadas, segundo as quais a iniciativa econômica privada é amplamente condicionada no sistema da Constituição econômica brasileira. Se ela se implementa na atuação empresarial, e esta se subordina ao princípio da função social, para realizar ao mesmo tempo o desenvolvimento nacional, assegurada a existência digna de todos, conforme os ditames da justiça social, bem se vê que a liberdade de iniciativa só se legitima quando voltada à efetiva consecução desses fundamentos.

A própria Lei n° 6.404/1976 (Lei das Sociedades por Ações), recepcionada pela ordem constitucional de 1988, exalta a função social da empresa de forma absoluta e vincula o controlador ao seu cumprimento, conforme o parágrafo único do artigo 116:[230]

---

[228] GRAU, Eros Roberto. *A Ordem Econômica na Constituição de 1988*. 2006, p. 236-237.

[229] SILVA, José Afonso da. *Comentário Contextual à Constituição*. 2007, p. 713.

[230] BRASIL. *Constituição Federal. Código Civil. Código de Processo Civil. Código Comercial*. Yussef Said Cahali (org.). 9. ed. São Paulo: Revista dos Tribunais, 2007, p. 1048.

> Art. 116. Entende-se por acionista controlador a pessoa, natural ou jurídica, ou o grupo de pessoas vinculadas por acordo de voto, ou sob controle comum, que: [...]
>
> Parágrafo único. O acionista controlador deve usar o poder com o fim de fazer a companhia realizar o seu objeto e cumprir sua função social, e tem deveres e responsabilidades para com os demais acionistas da empresa, os que nela trabalham e para com a comunidade em que atua, cujos direitos e interesses deve lealmente respeitar e atender.

A respeito da implicação entre a empresa, o controlador e a função social respectiva, sintetiza Fábio Konder Comparato que mesmo que o poder de controle não se confunda sempre com a propriedade há um dever social a ser adimplido pela atividade empresarial e econômica, conforme dita o artigo 116 da Lei nº 6.404/1976 (Lei das Sociedades por Ações):[231]

> Quando os bens de produção acham-se incorporados a uma exploração empresarial, como vimos, a discutida função social já não é um poder-dever do proprietário, mas do controlador. Malgrado o caráter elementar da distinção, importa reafirmar aqui que poder de controle não se confunde com propriedade. Não é um direito real, portanto, de caráter absoluto, incidindo sobre uma coisa, mas um poder de organização e de direção, envolvendo pessoas e coisas. A causa dessa persistente confusão conceitual está, sem dúvida, no fato de que, em regime capitalista, o poder de controle empresarial funda-se na propriedade do capital ou dos títulos-valores representativos do capital da empresa.

Não será por ausência de coincidência entre a propriedade e o controle empresarial que a função social estará afastada, mas, do contrário, ainda que não se trate de uma sociedade por ações, aquele que possuir poder de organização e direção deve submeter suas atividades também aos interesses da coletividade.

E também é de Fábio Konder Comparato[232] a distinção entre bens de produção e bens de consumo, cuja importância vem revelada desde o início da "atividade de produção e distribuição de bens e de prestação de serviços em massa, conjugada ao consumo padronizado". Na categoria dos bens de consumo estão incluídos "tanto os bens cuja utilidade é obtida pela sua concomitante extinção, quanto aqueles que se destinam ao uso, sem destruição necessária", sendo exemplo destes últimos os recursos ambientais:[233]

> Observe-se que nessa ampla categoria dos bens de consumo, a apropriação é, algumas vezes, impossível e, outras vezes, obedece a um regime jurídico diverso do comum. As coisas de uso comum, cuja noção se amplia ultimamente com as ameaças concretas de destruição do equilíbrio ecológico, são, pela sua própria natureza, insuscetíveis de apro-

---

[231] COMPARATO, Fábio Konder. Função Social da Propriedade dos Bens de Produção. *Revista de Direito Mercantil, Industrial, Econômico e Financeiro*. São Paulo: Revista dos Tribunais, nº 63. ano XXV (Nova Série). jul./set., 1986, p. 77.

[232] COMPARATO, Fábio Konder. Função Social da Propriedade dos Bens de Produção. *Revista de Direito Mercantil, Industrial, Econômico e Financeiro*. 1986, p. 72.

[233] COMPARATO, Fábio Konder. Função Social da Propriedade dos Bens de Produção. *Revista de Direito Mercantil, Industrial, Econômico e Financeiro*. 1986, p. 72.

priação, pois esta significa, justamente, excluir o bem de uso comum. Por outro lado, as coisas cujo consumo consiste na destruição ao primeiro uso amoldam-se dificilmente ao regime ordinário da propriedade, levando-se em conta que a pretensão negativa universal, que constitui o núcleo dos direitos reais, supõe a permanência e a identificação da coisa em mãos de qualquer pessoa. A imediata destruição da coisa consumível afasta-a dessa proteção absoluta, característica do domínio.

Mas, interessa imediatamente a este estudo uma breve análise conceitual dos bens de produção, especialmente o dinheiro, a moeda, o crédito entre outros, que devidamente especificados acabam por se submeterem à função social, como princípio constitucional da ordem econômica e financeira da Carta Política de 1988. Esta submissão vincula as atividades relacionadas à produção, à concessão de incentivo e de crédito, pois, conforme justifica Fábio Konder Comparato, o capitalismo revelou a importância da riqueza mobiliária na formação da superestrutura do sistema de crédito que vem servindo de meio para a eclosão e fomento permanente do fenômeno da Revolução Industrial e, por conseguinte, da exploração de recursos ambientais:[234]

> O sistema capitalista, primariamente ligado ao comércio, à economia monetária e à vida urbana, reverteu essa posição de importância relativa entre as duas espécies de bens. A riqueza mobiliária, constituída pela propriedade de moedas e metais preciosos, serviu de base à instauração do sistema de crédito que, em pouco tempo, avassalou a economia rural e até mesmo o funcionamento da organização estatal incipiente. Fundos rurais de exploração decadente passaram à propriedade de capitalistas urbanos, por força das execuções hipotecárias. Inúmeras comunas e o próprio Estado central, em vários países, recorreram largamente aos empréstimos bancários, pela ineficiência do sistema tradicional de arrematação privada das rendas públicas. Ao mesmo tempo, a criação dos papéis comerciais, dos títulos-valores e dos diferentes sistemas de contas mercantis completou o instrumental à eclosão e ao desenvolvimento da revolução industrial.

Os bens de produção, portanto, podem ser tanto móveis quanto imóveis, indistintamente, a exemplo da terra, do dinheiro ou equivalente, tanto na forma de moeda quanto na de crédito, desde que direcionados ao processo produtivo.[235] Também se enquadram como bens de produção aqueles destinados ao comércio ou as mercadorias, uma vez que a atividade produtiva se perfaz não com a criação de coisas materiais, mas, sim, pela outorga de valor ao produzido:[236]

> Como se percebe, a classificação dos bens de produção em produtivos ou de consumo não se funda em sua natureza ou consistência, mas na destinação que se lhes dê. A função

---

[234] COMPARATO, Fábio Konder. Função Social da Propriedade dos Bens de Produção. *Revista de Direito Mercantil, Industrial, Econômico e Financeiro*. 1986, p. 72.

[235] COMPARATO, Fábio Konder. Função Social da Propriedade dos Bens de Produção. *Revista de Direito Mercantil, Industrial, Econômico e Financeiro*. 1986, p. 72.

[236] COMPARATO, Fábio Konder. Função Social da Propriedade dos Bens de Produção. *Revista de Direito Mercantil, Industrial, Econômico e Financeiro*. 1986, p. 73.

que as coisas exercem na vida social é independente da sua estrutura interna. [...] Importa, pois, distinguir a função econômica de uma coisa da função econômica da relação jurídica que tem essa coisa por objeto, ou a função econômica do negócio jurídico que estabelece essa relação.

Desta passagem cumpre ressaltar o seguinte, por ser importante aos objetivos deste estudo: a função econômica de um bem não se confunde com a função econômica da relação jurídica que o contém ou com a função econômica do negócio jurídico que rege a mesma relação.

Aplicando-se este raciocínio aos recursos financeiros empregados na produção de bens ou serviços que utilizem recursos ambientais, pode-se concluir que a função social em sua dimensão ambiental incidirá absolutamente em qualquer hipótese, a saber: a) recursos provenientes do capital privado do próprio empreendedor da obra ou atividade ou de terceiro igualmente privado, a exemplo do patrocinador; b) recursos reservados ou destinados a integrar programas de incentivos governamentais ou de financiamentos públicos ou privados, nacionais ou internacionais.

### 2.3. Função social do incentivo e do financiamento: dimensão ambiental

Sendo a destinação reservada a determinado bem o fator de discrímen para concebê-lo como de produção ou de consumo, faz-se oportuno discorrer sobe o incentivo governamental, o financiamento, público ou privado, e, enfim, o dinheiro ou o recurso financeiro, empregados no processo produtivo que, como repisado, encontra-se submetido à função social da propriedade prevista nos artigos 5º, inciso XXIII, e 170, inciso III, da Constituição Federal.

Merece atenção as hipóteses de incentivo governamental e de financiamento, público ou privado, destinados às atividades econômicas que, por exemplo, sejam "[...] utilizadoras de recursos ambientais, considerados efetiva ou potencialmente poluidores, bem como os capazes, sob qualquer forma, de causar degradação ambiental [...]", nos termos do artigo 10 da Lei nº 6.938/1981 (Lei da Política Nacional do Meio Ambiente).[237]

---

[237] BRASIL. Lei nº 6.938/1981. *Coletânea de Legislação Ambiental, Constituição Federal*. 2009, p. 847. Artigo 10. "A construção, instalação, ampliação e funcionamento de estabelecimentos e atividades utilizadoras de recursos ambientais, considerados efetiva e potencialmente poluidores, bem como os capazes, sob qualquer forma, de causar degradação ambiental, dependerão de prévio licenciamento de órgão estadual competente, integrante do Sistema Nacional do Meio Ambiente – SISNAMA, e do Instituto Brasileiro do Meio Ambiente e Recursos Naturais Renováveis – IBAMA, em caráter supletivo, sem prejuízo de outras licenças exigíveis".

Isto também em razão de que o parágrafo único do artigo 5º da Lei nº 6.938/1981 (Lei da Política Nacional do Meio Ambiente)[238] determina que "as atividades empresariais públicas ou privadas serão exercidas em consonância com as diretrizes da Política Nacional do Meio Ambiente", o que reforça o *caput* do mesmo artigo e vincula todos os entes federativos "no que se relaciona com a preservação da qualidade ambiental e manutenção do equilíbrio ecológico, observados os princípios estabelecidos no art. 2º desta Lei".[239]

A importância da análise do incentivo governamental e do financiamento, público ou privado, ressalta quando interessa à defesa do meio ambiente, tanto por se tratarem de instrumentos econômicos abrangidos pelo artigo 9º, inciso XIII, da Lei nº 6.938/1981 (Lei da Política Nacional do Meio Ambiente),[240] que inaugura o título "Dos Instrumentos da Política Nacional do Meio Ambiente", quanto pela imposição do artigo 12 e parágrafo único da mesma Lei, cuja transcrição aproveita a este estudo:[241]

> Art. 12. As entidades e órgãos de financiamento e incentivos governamentais condicionarão a aprovação de projetos habilitados a esses benefícios ao licenciamento, na forma desta Lei, e ao cumprimento das normas, dos critérios e dos padrões expedidos pelo CONAMA.
>
> Parágrafo único. As entidades e órgãos referidos no *caput* deste artigo deverão fazer constar dos projetos a realização de obras e aquisição de equipamentos destinados ao controle de degradação ambiental e a melhoria da qualidade do meio ambiente.

Outro exemplo da máxima consideração dos incentivos e dos financiamentos para cumprimento da função social vem estampado no artigo 12 e parágrafo único da Lei nº 6.803/1980 (Lei de Diretrizes Básicas para o Zoneamento Industrial nas Áreas Críticas de Poluição):[242]

> Art. 12. Os órgãos e entidades gestores de incentivos governamentais e os bancos oficiais condicionarão a concessão de incentivos e financiamentos às indústrias, inclusive para participação societária, à apresentação da licença de que trata esta Lei.

---

[238] BRASIL. Lei nº 6.938/1981. *Coletânea de Legislação Ambiental, Constituição Federal.* 2009, p. 844. Artigo 5º. "As diretrizes da Política Nacional do Meio Ambiente serão formuladas em normas e planos, destinados a orientar a ação dos Governos da União, dos Estados, do Distrito Federal, dos Territórios e dos Municípios no que se relaciona com a preservação da qualidade ambiental e manutenção do equilíbrio ecológico, observados os princípios estabelecidos no art. 2º desta Lei. Parágrafo único. As atividades empresariais públicas ou privadas serão exercidas em consonância com as diretrizes da Política Nacional do Meio Ambiente".

[239] BRASIL. Lei nº 6.938/1981. *Coletânea de Legislação Ambiental, Constituição Federal.* 2009, p. 844.

[240] BRASIL. Lei nº 6.938/1981. *Coletânea de Legislação Ambiental, Constituição Federal.* 2009, p. 847. Artigo 9º, inciso XIII. "São Instrumentos da Política Nacional do Meio Ambiente: [...] XIII – instrumentos econômicos, como concessão florestal, servidão ambiental, seguro ambiental e outros".

[241] BRASIL. Lei nº 6.938/1981. *Coletânea de Legislação Ambiental, Constituição Federal.* 2009, p. 847.

[242] BRASIL. Lei nº 6.803/1980. *Coletânea de Legislação Ambiental, Constituição Federal.* 2009, p. 1057.

Parágrafo único. Os projetos destinados à relocalização de indústrias e à redução da poluição ambiental, em especial aqueles em zonas saturadas, terão condições especiais de financiamento, a serem definidos pelos órgãos competentes.

Não se pode deixar de referir, ainda, às iniciativas mais recentes, como a previsão do artigo 2°, § 3°, da Lei n° 8.974/1995 (Lei de Biossegurança),[243] revogado pela Lei n° 11.105/2005 (Lei da Política Nacional de Biossegurança), que renovou a disposição no artigo 2°, § 4°, acrescentando a figura do patrocinador.[244]

### 2.3.1. Incentivo governamental

Ainda que o interesse especial deste estudo seja o financiamento, público ou privado, nacional ou internacional, há espaço para algumas breves linhas acerca do incentivo governamental, a pretexto de apenas referenciá-lo neste cenário de uma ainda incipiente política pública que não se satisfaça exclusivamente com o acalentado desenvolvimento econômico, no aumento quantitativo de postos de trabalho e no crescimento da receita com impostos decorrentes da produção e do consumo, mas, sim, na contrapartida destinada à defesa do meio ambiente.

Ao tratar da regulamentação do mercado Francisco Anuatti Neto[245] revela que os incentivos financeiros governamentais são instrumentos "associados a transferências de recursos por meio de impostos e subsídios". Mas é de Paulo Sandroni a definição de incentivo fiscal suficiente para o entendimento nos limites deste estudo:[246]

> Subsídio concedido pelo governo, na forma de renúncia de parte de sua receita com impostos, em troca do investimento em operações ou atividades por ele estimuladas. Os incenti-

---

[243] Artigo 2°, § 3°, da Lei n° 8.974/1995 (Lei de Biossegurança) (revogada): "Art. 2° [...] § 3°. As organizações públicas e privadas, nacionais, estrangeiras ou internacionais, financiadoras ou patrocinadoras de atividades ou de projetos referidos neste artigo, deverão certificar-se da idoneidade técnico-científica e da plena adesão dos entes financiados, patrocinados, conveniados ou contratados às normas e mecanismos de salvaguarda previstos nesta Lei, para o que deverão exigir a apresentação do Certificado de Qualidade em Biossegurança de que trata o art. 6°, inciso XIX, sob pena de se tornarem co-responsáveis pelos eventuais efeitos advindos de seu descumprimento". BRASIL. Lei n° 8.974/1995 (revogada). *Legislação on line*. Disponível em: <https://www.planalto.gov.br/ccivil_03/leis/l8974.htm>. Acesso em: 30 jun. 2009.

[244] Artigo 2º [...] § 4º As organizações públicas e privadas, nacionais, estrangeiras ou internacionais, financiadoras ou patrocinadoras de atividades ou de projetos referidos no *caput* deste artigo devem exigir a apresentação de Certificado de Qualidade em Biossegurança, emitido pela CTNBio, sob pena de se tornarem co-responsáveis pelos eventuais efeitos decorrentes do descumprimento desta Lei ou de sua regulamentação. BRASIL. Lei n° 11.105/2005. *Legislação online*. Disponível em: <https://www.planalto.gov.br/ccivil_03/_Ato2004-2006/2005/Lei/L11105.htm>. Acesso em: 30 jun. 2009.

[245] ANUATTI NETO, Francisco. Regulamentação dos mercados. *In*: PINHO, Diva Benevides; VASCONCELLOS, Marco Antonio Sandoval de. (Org.). *Manual de Economia*. 5. ed. São Paulo: Saraiva, 2006, p. 231.

[246] SANDRONI, Paulo. *Dicionário de Economia*. São Paulo: Best Seller, 1994, p. 168.

vos podem ser diretos ou indiretos. Quando concedidos na forma de isenção do pagamento de um imposto direto, como o imposto sobre a renda, beneficiam o contribuinte; no caso de um imposto indireto, tendem a diminuir o preço da mercadoria produzida pela empresa que recebe a isenção, beneficiando também o consumidor.

Por meio dos incentivos governamentais fiscais, portanto, o Estado renuncia a uma parcela ou à integralidade da receita proveniente de determinados impostos que ordinariamente receberia em razão da atividade econômica, visando fomentar o desenvolvimento de atividades produtivas, o incremento de empregos entre outros, o que também exige adimplemento da função social desta fração do patrimônio público (erário).

E o resultado da interpretação sistemática e teleológica que se extrai do artigo 12 e parágrafo único da Lei nº 6.938/1981 (Lei da Política Nacional do Meio Ambiente), sob as balizas mínimas dos artigos 1º, 3º, 5º, 37, 170 e 225 da Constituição Federal, é que os incentivos governamentais, no caso os fiscais, somente poderão ser concedidos para projetos de obras e atividades que, sendo utilizadoras de recursos ambientais, considerados efetiva ou potencialmente poluidores, bem como os capazes, sob qualquer forma, de causar degradação ambiental, obtenham o prévio licenciamento ambiental e cumpram as normas, os critérios e os padrões expedidos pelo Conselho Nacional do Meio Ambiente (CONAMA), no qual deverão constar dos projetos a realização de obras e aquisição de equipamentos destinados ao controle de degradação ambiental e a melhoria da qualidade do meio ambiente.

Conclusão em sentido diverso aponta para uma perplexidade insuperável, a saber: estar o patrimônio público facilitando, fomentando ou se associando à degradação do meio ambiente. Contudo, uma adequada verticalização acerca deste tema tão importante merece outra sede.

### 2.3.2. Financiamento público ou privado

Para os objetivos deste estudo é de especial interesse o financiamento, público ou privado, destinado às atividades econômicas que sejam utilizadoras de recursos ambientais, considerados efetiva ou potencialmente poluidores, bem como os capazes, sob qualquer forma, de causar degradação ambiental, na hipótese do artigo 10 da Lei nº 6.938/1981 (Lei da Política Nacional do Meio Ambiente), por exemplo.

Inicialmente, cumpre anotar que a Constituição Federal de 1988 denomina o Título VII como "Da Ordem Econômica e Financeira", sendo estruturado de forma que o Capítulo I é nomeado como "Dos Princípios

Gerais da Atividade Econômica", consoante os artigos 170 a 181, e o Capítulo IV trata "Do Sistema Financeiro Nacional", no artigo 192.

Topograficamente, portanto, as atividades relacionadas com o sistema financeiro brasileiro devem, sem exceção, promover a valorização do trabalho humano, a livre iniciativa, a garantia da existência digna e a justiça social, sempre informadas pelos princípios da propriedade privada, da função social da propriedade e da defesa do meio ambiente, nos termos do artigo 170, incisos II, III e VI, entre outros.

O artigo 192 da Constituição Federal de 1988 é uma inovação na tradição constitucional brasileira, cuja inspiração, segundo Pinto Ferreira,[247] veio da Lei Fundamental da República Federal da Alemanha de 1949, cujo Título X é dedicado ao "Regime Financeiro" (*Das Finanzwesen*) e da Constituição da República Portuguesa de 1976, que trata no Título V do "Sistema Financeiro e Fiscal".

Retrocedendo historicamente, Edvaldo Brito[248] se refere à Constituição Mexicana de 1917, à Declaração dos Direitos do Povo Trabalhador e Explorado Russa de 1918 e à Constituição Alemã de Weimar de 1919, como representações de Constituições do mundo moderno que não se limitaram a tratar de direitos políticos ou direitos civis, mas, também, de direitos sociais e direitos econômicos. E o sistema financeiro, uma vez relacionado diretamente com a ordem econômica, vem sendo tratado nas Constituições de Estados intervencionistas em contraponto ao ideal liberal de forma a exigir que promova o bem-estar e a dignidade humana, como é o caso do Brasil na Constituição Federal de 1988.

Segundo José Afonso da Silva,[249] a Constituição Federal prevê dois sistemas financeiros: o denominado de público, que se ocupa das finanças e dos orçamentos públicos, regulados pelos artigos 163 a 169; e o parapúblico ou sistema financeiro nacional, que vela e regula as atividades das instituições financeiras creditícias, tanto públicas quanto privadas, de seguro, previdência privada e capitalização. E o artigo 192 instaura o estrito controle do Poder Público sobre todas estas atividades, cabendo ao Banco Central posição de ligação entre os referidos sistemas.

Mas é o artigo 192 da Constituição Federal de 1988[250] que reforça o vínculo, sem exceção, de todas as atividades financeiras à função social da propriedade e dos bens de produção, o que salta luminoso da própria literalidade:

---

[247] FERREIRA, Pinto. *Comentário à Constituição Brasileira*. São Paulo: Saraiva, 1994, v. 6, p. 530.

[248] BRITO, Edvaldo. *A Constituição Federal Brasileira 1988*: interpretações. Rio de Janeiro: Forense Universitária. Fundação Dom Cabral. Academia Internacional de Direito e Economia, 1988, p. 394-395.

[249] SILVA, José Afonso da. *Curso de Direito Constitucional Positivo*. 1995, p. 755.

[250] BRASIL. Constituição Federal. *Coletânea de Legislação Ambiental, Constituição Federal*. 2009, p. 124.

> [...] o sistema financeiro nacional, estruturado de forma a promover o desenvolvimento equilibrado do País e a servir aos interesses da coletividade, em todas as partes que o compõem, abrangendo as cooperativas de crédito, será regulado por leis complementares que disporão, inclusive, sobre a participação do capital estrangeiro nas instituições que o integram.

A função social ativa do sistema financeiro nacional vem estampada na expressão "estruturado de forma a promover o desenvolvimento equilibrado do País e a servir aos interesses da coletividade"[251] como instrumento de concretização da cidadania, da dignidade humana, da solidariedade e, enfim, do bem de todos, reverenciando os caríssimos fundamentos e objetivos da República Federativa do Brasil gravados nos artigos 1º, incisos II e III, e 3º, incisos I e IV, da Carta Política de 1988.

Neste sentido, vem José Afonso da Silva,[252] acompanhado de Edvaldo Brito[253] e de Pinto Ferreira,[254] reafirmando a imperiosa ascendência da função social sobre as atividades desenvolvidas pelo sistema financeiro, expondo que o sentido e o objetivo expressos no artigo 192 vinculam a todos os atores financeiros:

> Mas são importantes o sentido e os objetivos que a Constituição imputou ao sistema financeiro nacional, ao estabelecer que ele será *estruturado de forma a promover o desenvolvimento equilibrado do País e a servir aos interesses da coletividade*, de sorte que as instituição financeiras privadas ficam assim também e de modo muito preciso vinculadas ao cumprimento de função social bem caracterizada.

Não obstante as disposições constitucionais, na própria Lei nº 4.595/1964 (Lei da Política e as Instituições Monetárias, Bancárias e Creditícias), cuja recepção pela Constituição Federal de 1988 não encontra contrariedade, é possível conferir referências explícitas à função social, como, por exemplo, quando no artigo 2º é criado o "Conselho Monetário Nacional, com a finalidade de formular a política da moeda e do crédito como previsto nesta lei, objetivando o progresso econômico e social do País":[255]

> Art. 2º Fica extinto o Conselho da atual Superintendência da Moeda e do Crédito, e criado em substituição, o Conselho Monetário Nacional, com a finalidade de formular a política da moeda e do crédito como previsto nesta lei, objetivando o progresso econômico e social do País.

---

[251] BRASIL. Constituição Federal. *Coletânea de Legislação Ambiental, Constituição Federal*. 2009, p. 124.

[252] SILVA, José Afonso da. *Curso de Direito Constitucional Positivo*. 1995, p. 755.

[253] BRITO, Edvaldo. *A Constituição Federal Brasileira 1988*: interpretações. 1988, p. 400.

[254] FERREIRA, Pinto. *Comentário à Constituição Brasileira*. 1994, vol. 6, p. 532.

[255] BRASIL. Lei nº 4.594/1964. *Legislação Bancária*. Marcos Rolim Fernandes e Ivo Waisberg (orgs.). São Paulo: Quartier Latin, 2006, p. 16.

Em seguida, consta no artigo 3°, inciso IV, que a política do Conselho Monetário Nacional objetivará "orientar a aplicação dos recursos das instituições financeiras, quer públicas, quer privadas; tendo em vista propiciar, nas diferentes regiões do País, condições favoráveis ao desenvolvimento harmônico da economia nacional":[256]

> Art. 3º A política do Conselho Monetário Nacional objetivará: [...]
>
> IV – Orientar a aplicação dos recursos das instituições financeiras, quer públicas, quer privadas; tendo em vista propiciar, nas diferentes regiões do País, condições favoráveis ao desenvolvimento harmônico da economia nacional; [...].

Enfim, vê-se claramente que a atividade financeira deve estar a serviço do desenvolvimento equilibrado do País e dos interesses da coletividade, perseguido o progresso econômico e social, configurando-se em atividade-meio destinada a proporcionar condições objetivas para as demais atividades econômicas, conforme conclui Sidnei Turczyn:[257]

> Por outro lado, pode-se dizer que, no regime capitalista, enquanto a atividade econômica em geral se constitui em atividade-fim, a financeira, embora indispensável, se constitui em atividade-meio, isto é, facilitadora do exercício das demais modalidades de atividades econômicas, o que, também, contribui para que a ela se reconheça um caráter especial.

Mas aqui cabe uma distinção entre a atividade financeira pública e a privada.

Na atividade financeira pública há estreita relação entre a emissão de moeda e o estabelecimento de uma política monetária, que não pode ignorar as demais políticas públicas,[258] a exemplo da política de defesa ambiental. E esta interação entre as políticas públicas se relaciona com as condições de governabilidade e do adimplemento por parte do Estado de todas as suas funções institucionais, como aquela prevista no artigo 225 da Constituição Federal.[259]

Na atividade financeira privada avulta o aspecto de autêntica modalidade de atividade econômica exercida com o objetivo de obtenção de lucro, caracterizando-se por ser atividade-meio ou de intermediação e que mantém relação de submissão às políticas públicas em razão da fiscalização e da regulação estatal, conforme a Lei nº 4.595/1964 (Lei da Política e as Instituições Monetárias, Bancárias e Creditícias). Nesta hipótese, submetem-se as instituições financeiras privadas às políticas públicas de defesa do meio ambiente, tanto em razão das cláusulas genéricas acerca

---

[256] BRASIL. Lei nº 4.594/1964. *Legislação Bancária*. 2006, p. 16.

[257] TURCZYN, Sidnei. *O Sistema Financeiro Nacional e a Regulação Bancária*. São Paulo: Saraiva, 2005, p. 34.

[258] TURCZYN, Sidnei. *O Sistema Financeiro Nacional e a Regulação Bancária*. 2005, p. 35.

[259] TURCZYN, Sidnei. *O Sistema Financeiro Nacional e a Regulação Bancária*. 2005, p. 38.

da promoção do "progresso econômico e social do País" e "do desenvolvimento harmônico da economia nacional" quanto nas hipóteses específicas do art. 12 e parágrafo único da Lei nº 6.938/1981 (Lei da Política Nacional do Meio Ambiente), entre outras.

Assim, não importando se tratar de atividade financeira pública ou privada, nem mesmo de ser o financiamento público ou privado, há obrigação de o agente que atua no mercado financeiro (sentido amplo) perseguir os objetivos impostos pelo artigo 192 da Constituição Federal, realizando a função social.

Neste sentido e acerca da função social dos bens de produção, Fábio Konder Comparato sentencia que "se a propriedade está inscrita entre os direitos fundamentais, ela deve submeter-se ao regime jurídico que lhes é comum",[260] salvo se se pretender pregar "o absurdo de que os direitos fundamentais inscritos na Constituição Federal são imediatamente eficazes para os órgãos do Estado, mas não para os particulares".[261]

Especificamente no caso da defesa do meio ambiente, portanto, as atividades de financiamento são submetidas e devem observância e cumprimento irrestrito às regras e aos princípios constitucionais e infraconstitucionais pertinentes, a exemplo do licenciamento ambiental prévio estabelecido no artigo 225, § 1º, inciso IV, da Constituição Federal, e dos artigos 10 e 12 da Lei nº 6.938/1981 (Lei da Política Nacional do Meio Ambiente), sendo este último explicitamente dirigido aos financiamentos.

José Afonso da Silva afiança este entendimento quando afirma que o artigo 192 da Constituição Federal trata das relações entre as instituições integrantes do Sistema Financeiro e o Estado, "embora o controle do Poder Público sobre as instituições financeiras possa também amparar interesses dos usuários, isso não interfere diretamente com as relações destes com aqueles, que se regem por outras normas [...]",[262] como nos casos dos direitos do consumidor e da defesa do meio ambiente, cujas relações negociais fonte destes direitos são regidas pela legislação própria. Assim, submetem-se as instituições financeiras ao regime de responsabilidade civil objetiva que rege a eliminação de riscos, a cessação de ameaças e a reparação de danos relativos ao meio ambiente, nos termos dos artigos 3º, inciso IV, 4º, inciso VII, e 14, § 1º, da Lei nº 6.938/1981 (Lei da Política Nacional do Meio Ambiente).

---

[260] COMPARATO, Fábio Konder. Função Social da Propriedade dos Bens de Produção. *Revista de Direito Mercantil, Industrial, Econômico e Financeiro.* 1986, p. 76.

[261] COMPARATO, Fábio Konder. Função Social da Propriedade dos Bens de Produção. *Revista de Direito Mercantil, Industrial, Econômico e Financeiro.* 1986, p. 76.

[262] SILVA, José Afonso da. *Comentário Contextual à Constituição.* 2007, p. 754.

A ideia de função se traduz no poder de imprimir à propriedade ou ao patrimônio um fim determinado, promovendo-o e mantendo-o estritamente ligado a um especial objetivo, como o da defesa do meio ambiente. A potência da expressão social, que adjetiva a função, vincula aquele fim especial ao interesse coletivo e não se contenta com o atendimento exclusivo do titular do domínio, devendo procurar a conciliação dos interesses, sob pena de sancionamento previsto pela ordem jurídica.

Enfim, neste universo das atividades econômicas, tanto o Estado na formulação de políticas públicas monetárias, ambientais entre outros, quanto o ator privado na persecução do lucro, somente receberão a tutela constitucional dos artigos 5°, inciso XXII, e 170, inciso II, a proteger o direito de propriedade dos bens de produção, a exemplo dos recursos financeiros e dos créditos, acaso haja concomitante atendimento à função social, exigida pelos mesmos artigos 5°, inciso XXIII, e 170, incisos III e VI, com especial atenção para este que impõe a defesa do meio ambiente.

# 3. Economia e direito ambiental

## 3.1. Economia: necessidade, desejo e escassez

As indagações lançadas nas considerações gerais deste estudo que abrangem a relação entre produção e consumo, recursos naturais e ambientais exigem respostas que, no mínimo, indiquem as causas, analisem os efeitos e possibilitem a tomada de posição diante da falaciosa crise entre o desenvolvimento e a higidez ambiental, apontada por Ignacy Sachs.[263]

Para além das causas fundadas em paradigmas místicos e teocráticos, superados conscientemente na maior parte do mundo ocidental em razão da dessacralização do pensamento, a compreensão das causas e efeitos deve, obrigatoriamente, considerar as conquistas, as obras e os resultados alcançados pelo homem na busca do pleno atendimento de suas carências. Estas, inicialmente, restringiam-se ao suficiente para a sobrevivência individual ou familiar, mirando na coincidência entre necessidade

---

[263] SACHS, Ignacy. *Rumo à ecossocioeconomia*: teoria e prática do desenvolvimento. Paulo Freire Vieira (org.). São Paulo: Cortez, 2007, p. 77-78. "Um falso debate: crescimento ou qualidade do meio ambiente. Sob o efeito da publicidade dada às previsões apocalípticas do Clube de Roma a respeito do esgotamento de alguns recursos e da catástrofe ecológica – pretensamente iminentes –, o debate enveredou por um caminho errado. A parti daí, os 'zeristas' (partidários da taxa zero de crescimento) atrelaram-se a uma falsa alternativa: crescimento ou qualidade do meio ambiente. Além disso, confundiram dois problemas muito diferentes: a taxa de crescimento (a taxa zero não tendo por si mesma nenhuma virtude estabilizadora) e a taxa de exploração da natureza. Com efeito, uma estratégia de desenvolvimento socioeconômico a longo prazo e ecologicamente consciente deve aspirar à minimização das retiradas sobre os estoques de recursos naturais não renováveis, afinal de contas limitados, procurando não colocar em risco os equilíbrios térmicos do planeta mediante o uso excessivo de energia fóssil ou nuclear. No entanto, ela pode e deve tirar o máximo proveito possível do fluxo de energia solar e de recursos naturais renováveis, obtidos por meio da bioconversão desta energia, atentando sempre para o desencadeamento normal dos ciclos ecológicos, que precisamente asseguram a renovação desses recursos. É o caráter selvagem do crescimento que deve ser questionado. Desde logo, é possível conceber-se de maneira diametralmente oposta, por um lado, estilos de desenvolvimento caracterizados ao mesmo tempo por uma elevada taxa de expansão, pela gestão dos recursos naturais e do meio e por uma utilização social eqüitativa do produto e, por outro, um não-crescimento que, nem por isso, deixa de desperdiçar recursos afetados a produções socialmente não prioritárias e de saquear a natureza e o ambiente".

e utilidade. Em um segundo momento esta coincidência é gradativamente desfeita, tanto pela deformação do conceito de utilidade quanto pela corrupção das necessidades, conformando a sociedade em consumo.

Primitivamente o homem mantinha uma relação mística com a natureza, entendendo-a hostil contra si em razão das catástrofes naturais que o assombravam ou assolavam (eclipses, tempestades, maremotos, terremotos, secas, enchentes, pestes, pragas, entre outros). Era o homem impotente e em estado de resignação diante do poder incontrastável e da incompreensão que detinha acerca dos fenômenos naturais, que no mais das vezes eram encarados com temor e como sinais da insatisfação dos deuses, conforme noticia Wayne Morrison.[264]

Partindo rumo ao período de eclosão da Revolução Industrial, ainda em andamento segundo Chantal Beauchamp,[265] constata-se que o homem foi gradativamente acumulando conhecimentos técnicos e científicos suficientes para iniciar uma revisão de sua compreensão da natureza, abandonando aos poucos a relação entre a crença religiosa e os fenômenos naturais. Iniciou-se com o progresso do pensamento humano uma rudimentar tentativa de dominação da natureza, o que resultou adiante na submissão de parcela dos recursos naturais ao serviço da satisfação das necessidades humanas.[266]

---

[264] MORRISON, Wayne. *Filosofia do Direito*: dos gregos ao pós-modernismo. Jefferson Luiz Camargo (Trad.). São Paulo: Martins Fontes, 2006, p. 33. "Certamente houve um tempo (e talvez veja-se um risco de afirmar que tal tempo já não está mais conosco) em que a natureza se impunha de modo tão imperioso à humanidade que praticamente a controlava. A chamada humanidade primitiva compartilhava a vida natural e era iniciada em sua rotina por meio de rituais e cerimônias que lhe permitissem participar da estrutura dessa vida – e, desse modo, conservar-se dentro da esfera da graça da natureza. O natural – concebido como o numinoso e o sagrado – impunha respeito, e tornou-se a fonte de normas para o comportamento humano. A vida implicava normas e práticas, rituais e cerimônias voltados para a agricultura, a pesca, a caça, o acasalamento, o nascimento, a transição da infância para a vida adulta, o enfrentamento da doença, da morte e do sepultamento. Os mesmos imperativos naturais que, acreditava-se, operavam em toda a natureza – o clima, a terra (montanhas, rios, o mar, o deserto, a floresta), o Sol e a Lua – mantinham a humanidade unida".

[265] BEAUCHAMP, Chantal. *Revolução Industrial e Crescimento Econômico no Século XIX*. Carlos Alberto Aboim de Brito (Trad.). Lisboa: Edições 70, 1998, p. 45. "A visão de uma revolução industrial nascida exclusivamente de algumas descobertas de inventores geniais, que transformam subitamente, e de alto a baixo, as estruturas econômicas e sociais, sacrificando a um apetite de lucros desmesurado gerações de trabalhadores – esta visão, dramatizada ao extremo e focalizada no acontecimento-ruptura que é a máquina a vapor, descurava demasiado as medidas minuciosas e os matizes do processo de industrialização. *A contrário*, negar a especificidade das mudanças e das inovações técnicas inglesas no século XVIII, fazer delas apenas uma etapa de um movimento contínuo de modernização iniciado no final do século XV, é passar ao lado da mutação decisiva que cria – mesmo que não seja para a eternidade – a civilização industrial, a civilização do crescimento auto-sustentado".

[266] BEAUCHAMP, Chantal. *Revolução Industrial e Crescimento Econômico no Século XIX*. Carlos Alberto Aboim de Brito (Trad.). Lisboa: Edições 70, 1998, p. 33-34. "Porém, se o homem primitivo talvez se sentisse sem poder diante da natureza, ou apenas um poder menor entre tantos outros, ele também se via como parte do mundo natural; ao contrário, o homem moderno compreende a natureza como lugar onde pode exercer suas atividades – uma arena onde pode impor sua vontade por meio da tecnologia. Para o indivíduo *moderno*, o direito natural não mais pode ser percebido como algo que

Surge, assim, o "predador homem", crente da inesgotabilidade dos recursos naturais, inebriado pela abundante disposição na natureza de recursos renováveis e não renováveis. Mas, transcorridos os séculos, vê-se que o resultado experimentado atualmente é o encontro com a escassez, a produção de raridades e a ameaça do esgotamento de recursos naturais. Tudo isto representa uma dinâmica viciosa que se principia com a extração desmedida e descuidada de matérias-primas, passa pelo desenfreado consumo animado por necessidades criadas sem utilidade vital e desemboca no despejo no ambiente dos resíduos da produção e do consumo.

Mas na análise desta dinâmica viciosa deve ser desfeita uma ideia aparentemente verdadeira: a de que o homem desta quadra da história é o principal artífice da degradação ambiental. E esta imagem se desfaz não retirando o homem de cena, mas, sim, considerando que o homem vem contribuindo gradativa e decisivamente para o acúmulo da degradação ambiental experimentada hoje. Em verdade, o diferencial é a progressão geométrica dos índices populacionais, como já anunciava Thomas Robert Malthus,[267] o que recebe incremento do intenso ritmo de consumo de bens e serviços.

É como reconhece Fábio Nusdeo depois de afirmar que as necessidades humanas devem ser reconhecidas como ilimitadas, ainda que isso possa ser reprovado ou condenado, e que haverá, como sempre tem havido, incessante busca por bens e serviços aptos a saciar desejos, estando

---

simplesmente "ali está", uma vez que ele já não se pode dizer sobre a natureza. O indivíduo moderno entende que uma concepção do direito natural como ação humana em obediência aos ditames da natureza minimiza o aspecto da vontade coletiva e individual do ser humano; o indivíduo moderno quer afirmar seus "direitos" e vê o mundo como um espaço para interagir e construir, para desenvolver projetos de vida individuais. Inversamente, o direito natural clássico não implicava direitos naturais; ao contrário, implicava funções, fins e deveres naturais. O direito natural criava uma rede de relações que posicionava o eu e lhe conferia um sentido fora do qual havia apenas a morte existencial".

[267] ABBAGNANO, Nicola. *Dicionário de Filosofia*. Alfredo Bosi e Ivone Castilho Benedetti (Trad.). 5. ed. São Paulo: Martins Fontes, 2007, p. 738-739. Economista e clérigo inglês, tornou-se um dos principais nomes da escola clássica. Era filho de um culto proprietário de terras, amigo de Hume e Rousseau. Graduou-se em Cambridge e tornou-se pastor anglicano em 1797. Em 1798 publicou sua célebre obra, Ensaio sobre o Princípio da População (*An Essay on the Principle of Population*), onde conclui que a produção de alimentos cresce em progressão aritmética, enquanto a população tenderia a aumentar em progressão geométrica, o que acarretaria pobreza e fome generalizadas. Assim, quando a desproporção chega a extremos, as pestes, epidemias e mesmo as guerras encarregam-se de reequilibrar (temporariamente) a situação. A defesa contra essas catástrofes seria negar toda e qualquer assistência às populações pobres e aconselhar-lhes a abstinência sexual, visando diminuir a natalidade. Esta tese foi objeto de contestação por Fourier e Marx, entre outros, por ignorar a estrutura social da economia e as possibilidades criadas pela tecnologia agrícola. Mas, revisitada para o estudo da evolução das populações de insetos e outras espécies animais, forneceu subsídios decisivos para a teoria da seleção natural de Darwin e Wallace.

o diferencial apenas no ritmo com que as necessidades são reclamadas, perseguidas e atendidas.[268]

Assim, não há que se exigir das ciências, seja a econômica seja a jurídica, a fixação de limites à disseminação das crescentes necessidades humanas ou mesmo a assunção de um momento final a cercear o impulso e aplacar a compulsão pelo consumo de bens e serviços. É da natureza humana desejar e buscar saciar o desejo. Mas um vaticínio é possível arriscar, à guisa de termo para as necessidades, acorde com Fábio Nusdeo:[269]

> Caso algum dia se chegue a ele, não será por ter-se estancado espontaneamente a tendência acima descrita, mas por imposição de algum fato novo, externo a ela, como, por exemplo, um possível esgotamento dos recursos do planeta, tornando inviável, fisicamente, o atendimento a muitas das atuais necessidades.

O esgotamento dos recursos naturais preenche espaço fundamental na relação entre as necessidades humanas e o meio ambiente, sendo a escassez ora uma condição, ora uma consequência que afeta a produção e o consumo, o que, em última análise, influi decisivamente na atividade econômica.

Para Paulo Sandroni, "em termos econômicos, a escassez surge do pressuposto de que as necessidades humanas são infinitas, ao passo que os bens ou os meios de satisfazê-las são sempre finitos",[270] o que interfere na produção de bens e serviços considerados úteis ao atendimento dos reclames do mercado de consumo:[271]

> De acordo com as teorias econômicas neoclássicas, o homem pode produzir o suficiente de qualquer bem econômico para satisfazer completamente determinada necessidade, mas jamais poderá produzir o suficiente de todos os bens para atender simultaneamente a todas as necessidades. De acordo com essa definição, as ciências econômicas serviriam exatamente para gerir a escassez. Por outro lado, os bens econômicos são escassos porque normalmente se dispõe apenas de quantidades limitadas de recursos produtivos necessários para criar os bens em questão, recursos estes que compreendem basicamente o trabalho, a terra e o capital. Mas o total dos bens econômicos que se podem produzir com tais recursos é bastante influenciado pela técnica e pelo grau de especialização, isso sem falar das complexas determinantes políticas que freqüentemente afetam a produção e a distribuição dos bens. Assim, os economistas estudam também os processos produtivos pelos quais a escassez pode ser reduzida, empregando plenamente e de forma mais eficiente os recursos disponíveis, agilizando as formas de produção e distribuição dos bens em questão.

---

[268] NUSDEO, Fábio. *Curso de Economia*: introdução ao Direito econômico. 5. ed. São Paulo: Revista dos Tribunais, 2008, p. 23-24.

[269] NUSDEO, Fábio. *Curso de Economia*: introdução ao Direito econômico. 2008, p. 24-25.

[270] SANDRONI, Paulo. *Novíssimo Dicionário de Economia*. São Paulo: Best Seller, 1999, p. 211.

[271] SANDRONI, Paulo. *Novíssimo Dicionário de Economia*. 1999, p. 211

A escassez, portanto, mantém a atividade econômica sob regência, pois, segundo Juarez Alexandre Baldini Rizzieri,[272] "em Economia tudo se resume a uma restrição quase física – a lei da escassez, isto é, produzir o máximo de bens e serviços com os recursos escassos disponíveis a cada sociedade".

Neste passo, Fábio Nusdeo qualifica lei da escassez, com absoluta razão, como sendo "uma lei férrea e incontornável, tendo submetido os homens ao seu jugo desde sempre, levando-os a se organizarem e a estabelecerem entre si relações específicas a fim de enfrentá-la ou, melhor falando, conviver com ela, atenuando-lhe o quanto possível a severidade".[273]

A desconsideração da lei da escassez produz um cenário que não se sustenta, a saber: o de que é possível a produção de uma quantidade ilimitada de bens para atender às infinitas necessidades humanas, fiando-se na utopia de recursos naturais inesgotáveis e em bens franqueados ao livre acesso, à apropriação, à transformação, ao despojo, à rejeição, entre outros.

A crença na ausência de escassez ou na inesgotabilidade dos recursos naturais dispensa a preocupação com o uso, gozo e fruição de bens essenciais à vida humana digna, provocando a admissão de todos como bens livres, sem exceção. Contudo, a realidade demonstra que há esgotabilidade dos recursos disponíveis na natureza, o que induz à escassez diante das necessidades humanas, conformando-os mais propriamente em bens econômicos.

Por fim, há um aspecto relevante para a compreensão básica do pensamento da Ciência Econômica, a saber: o conteúdo e a razão que fundamentam determinada opção para a satisfação de necessidades não é objeto de preocupação, *a priori*, da Economia enquanto Ciência, mesmo que as necessidades sejam consideradas pela sociedade como deletérias, degradantes entre outros, segundo Paulo Sandroni:[274]

> Ciência que estuda a atividade produtiva. Focaliza estritamente os problemas referentes ao uso mais eficiente de recursos materiais escassos para a produção de bens; estuda as variações e combinações na alocação dos fatores de produção (terra, capital, trabalho, tecnologia), na distribuição de renda, na oferta e procura e nos preços das mercadorias. Sua preocupação fundamental refere-se aos aspectos mensuráveis da atividade produtiva, recorrendo para isso aos conhecimentos matemáticos, estatísticos e econométricos. De forma geral, esse estudo pode ter por objeto a unidade de produção (empresa), a unidade

---

[272] RIZZIERI, Juarez Alexandre Baldini. Introdução à Economia. *In*: PINHO, Diva Benevides; VASCONCELLOS, Marco Antonio S. de. *Manual de Economia*. 5. ed. São Paulo: Saraiva, 2006, p. 10.

[273] NUSDEO, Fábio. *Curso de Economia*: introdução ao Direito econômico. 2008, p. 25.

[274] SANDRONI, Paulo. *Novíssimo Dicionário de Economia*. 1999, p. 189.

de consumo (família) ou então a atividade econômica de toda a sociedade. No primeiro caso, os estudos pertencem à microeconomia e, no segundo, à macroeconomia. A palavra 'economia', na Grécia Antiga, servia para indicar a administração da casa, do patrimônio particular, enquanto a administração da *polis* (cidade-estado) era indicada pela expressão 'economia política'. A última expressão caiu em desuso e só voltou a ser empregada, na época do mercantilismo, pelo economista francês Antoine Montchrestien (1615); os economistas clássicos utilizavam-na para caracterizar os estudos sobre a produção social de bens visando à satisfação de necessidades humanas no capitalismo. Foi somente com o surgimento da escola marginalista, na segunda metade do século XIX, que a expressão 'economia política' foi abandonada, sendo substituída apenas por 'economia'. Desde então, é a denominação dominante nos meios acadêmicos, enquanto o termo 'economia política' ficou restrito ao pensamento marxista. Modernamente, de acordo com os objetivos teóricos ou práticos, a economia se divide em várias áreas: economia privada, pura, social, coletiva, livre, nacional, internacional, estatal, mista, agrícola, industrial etc. Ao mesmo tempo, o estudo da economia abrange numerosas escolas que se apóiam em proposições metodológicas comumente conflitantes entre si. Isso porque, ao contrário das ciências exatas, a economia não é desligada da concepção de mundo do investigador, cujos interesses e valores interferem, conscientemente ou não, em seu trabalho científico. Em decorrência disso, a economia não apresenta unidade nem mesmo quanto a seu objeto de trabalho, pois este depende da visão que o economista tem do processo produtivo.

Portanto, para provocar interesse econômico-científico é suficiente que se perceba a movimentação de recursos usados para suprir carências, segundo Fábio Nusdeo[275] e Juarez Alexandre Baldini Rizzieri,[276] revelando-se irrelevante para a Economia a motivação, a finalidade, a moralidade, a licitude entre outros.

### 3.2. Obstáculos epistemológicos

A epistemologia pode ser traduzida etimologicamente como o "discurso sobre a ciência", empregando-se na atualidade para designar o estudo crítico das ciências naturais e da matemática, propondo o estudo segundo o conteúdo, a matéria ou o objeto da ciência, ou a forma, a estrutura racional que confere o caráter científico. E é o estudo da forma das ciências que se ocupa a epistemologia.[277]

A expressão "obstáculos epistemológicos" tem seu significado sintetizado como sendo aquela reservada para designar o conjunto de crenças populares, filosóficas, científicas, religiosas entre outras, que "bloqueiam

---

[275] NUSDEO, Fábio. *Curso de Economia:* introdução ao Direito econômico. 2008, p. 31-32.

[276] RIZZIERI, Juarez Alexandre Baldini. Introdução à Economia. *In:* PINHO, Diva Benevides; VASCONCELLOS, Marco Antonio S. de. *Manual de Economia.* 5. ed. São Paulo: Saraiva, 2006, p. 10-11.

[277] CABRAL, Roque; CAEIRO, Francisco da Gama; FREITAS, Manoel da Costa; MORUJÃO, Alexandre Fradique; BACELAR e OLIVEIRA, José do Patrocínio; PAIM, António (Dir.). [*et. all*]. *Logos:* enciclopédia luso-brasileira de filosofia. Lisboa/São Paulo: Verbo, 1990, p. 116. Vol. II.

o caminho do saber, obstando à exploração de novos continentes científicos", conforme Nicola Abbagnano.[278]

A significação dos "obstáculos epistemológicos" vem evidente na explicação de seu introdutor, o filósofo francês Gaston Bachelard, que, criticando a adoção do senso comum e da primeira evidência como alicerces das ciências, afirma que o progresso da ciência deve ser encarado em termos de obstáculos edificados internamente no próprio ato do conhecimento, onde causam estagnação e regressão:[279]

> Quando se procuram as condições psicológicas do progresso da ciência, logo se chega à convicção de que *é em termos de obstáculos que o problema do conhecimento científico deve ser colocado*. E não se trata de considerar obstáculos externos, como a complexidade e a fugacidade dos fenômenos, nem de incriminar a fragilidade dos sentidos e do espírito humano: é no âmago do próprio ato de conhecer que aparecem, por uma espécie de imperativo funcional, lentidões e conflitos. É ai que mostraremos causas de estagnação e até de regressão, detectaremos causas de inércia às quais daremos o nome de obstáculos epistemológicos. O conhecimento do real é luz que sempre projeta algumas sombras. Nunca é imediato e pleno. As revelações do real são recorrentes. O real nunca é 'o que se poderia achar' mas é sempre o que se deveria ter pensado. O pensamento empírico torna-se claro *depois*, quando o conjunto de argumentos fica estabelecido. Ao retomar um passado cheio de erros, encontra-se a verdade num autêntico arrependimento intelectual. No fundo, o ato de conhecer dá-se *contra* um conhecimento anterior, destruindo conhecimentos mal estabelecidos, superando o que, no próprio espírito, é obstáculo à espiritualização.

Assim, pode ser afirmado que a crença na inesgotabilidade dos recursos naturais, decorrente da postura adventista e secular de dominação humana sobre a natureza e da desconsideração para com as presentes e futuras gerações, representa importante contribuição na edificação de "obstáculos epistemológicos" que permeiam tanto a Economia quanto o Direito, levando Maria Alexandra de Sousa Aragão a afirmar que estas Ciências avançaram no ato de conhecer sem enfrentar tais óbices, o que afetou o estudo científico da natureza:[280]

> É habitual imputar a responsabilidade pelo estado de degradação de ambiente, a que actualmente se chegou, à actividade económica em geral e à indústria em particular. Porém, também não é despropositado imputar uma fatia da responsabilidade às próprias Ciências, tanto a Economia como o Direito, por erro nos pressupostos filosóficos em que se basearam. [...] Com efeito, antes dos grandes acidentes ecológicos dos anos 60 e 70, os dados empíricos e do senso comum induziam o observador mais incauto em erro quanto à natureza e correspondente qualificação dos bens ambientais.

---

[278] ABBAGNANO, Nicola. *Dicionário de Filosofia*. Alfredo Bosi e Ivone Castilho Benedetti (Trad.). 5. ed. . São Paulo: Martins Fontes, 2007, p. 394.

[279] BACHELARD, Gaston. *A Formação do Espírito Científico*. Estela dos Santos Abreu (Trad.). Rio de Janeiro: Contraponto, 1996, p. 17.

[280] ARAGÃO, Maria Alexandra de Sousa. *O Princípio do Poluidor Pagador*. Coimbra: Coimbra Editora, 1997, p. 21-22.

Identificados alguns destes "obstáculos epistemológicos", a exemplo da inadequada distinção dos bens em livres e econômicos, além das concepções equivocadas acerca da *res nullius*, da *res communes* e da *res derelictae*, cabe enfrentá-los diretamente na intenção de alcançar um entendimento mais apurado e adequado sobre a temática da utilização dos recursos naturais.

### 3.2.1. Bens: livres e econômicos

O primeiro dos obstáculos epistemológicos referidos advém da clássica distinção entre bens livres e bens econômicos.[281] Inicialmente, cumpre revelar o que se entende por bem.

Na visão econômica o bem pode ser entendido como sendo "tudo o que tem utilidade, podendo satisfazer uma necessidade ou suprir uma carência", conforme Paulo Sandroni.[282] Numa visão explicitamente antropocêntrica e por isso restrita, Juarez Alexandre Baldini Rizzieri[283] entende como bem "tudo aquilo capaz de atender uma necessidade humana".

Para De Plácido e Silva[284] o bem pode ser considerado juridicamente como sendo uma coisa, direito ou obrigação, enfim, uma utilidade mate-

---

[281] SANDRONI, Paulo. *Novíssimo Dicionário de Economia*. 1999, p. 51-52. "BENS. Tudo o que tem utilidade, podendo satisfazer uma necessidade ou suprir uma carência. Os bens econômicos são aqueles relativamente escassos ou que demandam trabalho humano. Assim, o ar é um bem livre, mas o minério de ferro é um bem econômico. Existem vários tipos de bens econômicos, podendo-se distingui-los por sua natureza, por sua função na produção, por suas relações com outros bens, por suas peculiaridades no que se refere à comercialização etc. Entre as principais distinções feitas pelos economistas estão: os bens de consumo (um alimento, um par de sapatos), os bens de capital ou de produção (máquinas, equipamentos), os bens duráveis (uma casa), os bens não-duráveis (uma fruta), os bens mistos (um automóvel é bem de capital para um motorista de táxi e bem de consumo para a pessoa que o usa por prazer), os bens necessários (alimentos, roupas), os bens supérfluos (uma jóia), os bens complementares (pneu e volante de automóvel) e os bens sucedâneos (margarina, em relação à manteiga). [...] BENS LIVRES. Bens que satisfazem necessidades e suprem carências, mas são tão abundantes na natureza que não podem ser monopolizados nem exigem trabalho algum para ser produzidos, não tendo, portanto, preço; por exemplo, o ar ou a luz do sol".

[282] SANDRONI, Paulo. *Novíssimo Dicionário de Economia*. 1999, p. 51.

[283] RIZZIERI, Juarez Alexandre Baldini. Introdução à Economia. *In:* PINHO, Diva Benevides; VASCONCELLOS, Marco Antonio S. de. *Manual de Economia*. 2006, p. 10.

[284] SILVA, De Plácido e. *Vocabulário Jurídico*. Rio de Janeiro: Forense, 1993, v. 1, p. 301. "De *bem*, do latim *bene*, é empregado na acepção de *utilidade, riqueza, prosperidade*. Na terminologia jurídica é, geralmente, tomado no sentido de coisa, correspondendo à *res* dos romanos. No entanto, nem sempre *bens* e *coisas* podem ser tidos em sentido equivalente, porquanto há *bens* que não se entendem *coisas*, e há coisas que não se entendem como *bens*. Na compreensão jurídica, somente como bens podem ser compreendidas as *coisas* que tenham dono, isto é, as coisas apropriadas. Escapam, pois, ao sentido de *bens*, as coisas sem dono (*nes nullius*). Desse modo, toda *coisa*, todo *direito*, toda *obrigação*, enfim, qualquer *elemento material ou imaterial*, representando uma utilidade ou uma riqueza, integrado ao patrimônio de alguém e passível de apreciação monetária, pode ser designada como *bens*. E não importa que estas coisas, reputadas como bens, se evidenciem corpóreas ou incorpóreas. Os *direitos* que

rial ou imaterial integrada ao patrimônio de alguém e passível de apreciação monetária.

Caio Mário da Silva Pereira[285] inclui na categoria de bem jurídico toda e qualquer "satisfação de nossas exigências e de nossos desejos, quando amparados pela ordem jurídica", fazendo também distinção entre coisa e bem: aquela abrange as coisas materiais ou concretas e estas as imateriais e abstratas.

Na crítica jurídica de Maria Alexandra de Sousa Aragão[286] os bens livres são aqueles úteis e que em muitos casos satisfazem necessidades vitais, possuindo como principal atributo a ideia de infinita abundância e capacidade de satisfazer necessidades sem qualquer restrição. Já os bens econômicos são os aptos a satisfazer necessidades humanas e que se caracterizam pela escassez, sendo suas três características essenciais: a utilidade, a escassez e a acessibilidade. De acordo com a oferta e a procura destes bens eles se tornam raros e caros, sendo o preço de mercado um fator condicionante do maior ou menor consumo. Acredita-se que a relação dos homens em torno dos bens livres não gera conflitos, uma vez que não há limites objetivos à sua utilização e podem ser consumidos à saciedade, sendo que quanto aos bens econômicos a apropriação gera conflitos de interesses em razão da escassez.

Para António José Avelãs Nunes[287] os bens livres são aqueles disponíveis na natureza em quantidade suficiente para a satisfação integral e permanente das necessidades humanas, estando o uso franqueado sem qualquer limitação, a exemplo do ar que se respira. Já os bens econômicos são aqueles que se caracterizam pela limitação com relação às necessidades que podem satisfazer, ou seja, são os bens escassos, como no caso do petróleo.

Mas este autor faz importante anotação que torna mais intrigante a relação entre os homens e suas necessidades: é a relativização da escassez, ou seja, uma necessidade pode ser suprida por mais de um bem e um bem pode atender mais de uma necessidade, o que impõe ao homem a um ato de escolha diante dos usos alternativos dos mesmos bens:[288]

---

incidem sobre coisas, embora corpóreas, entendem-se igualmente bens: são bens os direitos autorais, os direitos creditórios. [...]".

[285] PEREIRA, Caio Mário da Silva. *Instituições de Direito Civil*. 8. ed. Rio de Janeiro: Forense, 1985, v. 1, p. 271-272.

[286] ARAGÃO, Maria Alexandra de Sousa. *O Princípio do Poluidor Pagador*. 1997, p. 22.

[287] NUNES, António José Avelãs. *Uma Introdução à Economia Política*. São Paulo: Quartier Latin, 2007, p. 547.

[288] NUNES, António José Avelãs. *Uma Introdução à Economia Política*. 2007, p. 548.

Em regra, qualquer necessidade pode satisfazer-se utilizando mais que um bem, do mesmo modo que um qualquer bem pode normalmente ser usado para satisfazer mais que uma necessidade. Quer dizer: não existe apenas o problema da escassez dos bens económicos relativamente às necessidades; há também o problema de destinar um qualquer bem a uma *série determinada de usos alternativos* concorrentes entre si no que se refere à utilização do bem em causa. É neste contexto que surge o problema económico, que é, na sua essência, o problema da utilização dos bens escassos susceptíveis de usos alternativos na satisfação de necessidades (ou objectivos) de importância desigual e susceptíveis de ser escalonadas(os) segundo uma *escala de preferência*. O problema económico será sempre resolvido através de um acto de escolha (o acto económico por excelência). A escolha é sempre efectuada com base num critério de racionalidade económica que preside à conduta humana na luta contra a escassez: *o princípio económico*. Este é o *princípio da racionalidade económica* que orienta o *homo economicus* na luta contra a escassez, e que se traduz na *conduta económica*, i.é, "a conduta inteligente, preordenada a fins e logicamente adequada ao seu melhor conseguimento" (Teixeira Ribeiro). Esta conduta traduz-se, por sua vez, na observância de um *princípio do máximo resultado* (maximização do grau de realização do fim a alcançar mediante a utilização dos meios escassos disponíveis) e de um *princípio de economia de meios* (obtenção de um determinado grau de realização do fim proposto com o mínimo dispêndio dos meios disponíveis).

A relativização da escassez pode ser exemplificada, dentre tantos outros, na positivação levada a efeito pela Lei nº 9.433/1997 (Lei do Sistema Nacional de Recursos Hídricos), que, no artigo 1º, incisos II e III, reconheceu a água como recurso natural limitado e que o uso múltiplo da água deve ser garantido, respectivamente. A este respeito, Paulo Affonso Leme Machado informa que já se considerou no Brasil a água um recurso ilimitado.[289] Portanto, um bem livre. Contudo, o atendimento das múltiplas necessidades, não esgotáveis em textos legais, demonstra que a escolha do emprego deste recurso natural reafirma sua relativização, sobretudo quando no parágrafo único do artigo 13 da citada Lei consta expressamente que a outorga de uso dos recursos hídricos deverá preservar o uso múltiplo. Por isso tudo, aqui, a água é um bem econômico.

Vê-se, então, que a absoluta dicotomia entre bens livres e bens econômicos fundamentou cientificamente a utilização de recursos naturais, o que recebeu reforço da desconsideração da patente relativização com que os bens e as necessidades se conformam diante de usos alternativos ou múltiplos para determinados bens (águas, florestas, ar, paisagem etc.), ora sendo admitidos como livres, ora como econômicos, de acordo com a opção ou conveniência do beneficiário.

E é justamente na decisão racional sobre o emprego de um determinado bem diante de usos alternativos ou múltiplos que se pode conferir o fundamento da opção do ator da atividade econômica, que, segundo Fá-

---

[289] MACHADO, Paulo Affonso Leme. *Recursos Hídricos*: Direito brasileiro e internacional. São Paulo: Malheiros. 2002, p. 32.

bio Nusdeo,[290] pode ser compreendida como "aquela aplicada na escolha de recursos para o atendimento das necessidades humanas", ou seja, é a atividade humana dedicada à "administração da escassez".

### 3.2.2. Res nullius e res communes

O segundo dos obstáculos epistemológicos apontados por Maria Alexandra de Souza Aragão[291] vem assentado na concepção de que os recursos naturais são considerados economicamente como bens livres e juridicamente classificados como *res nullius*[292] ou *res communes*,[293] havendo uma característica comum: "são bens sobre os quais não existem direitos reais definidos [...] não pertencem a ninguém, e como qualquer indivíduo pode ter acesso a eles livremente, ninguém é responsabilizado por sua degradação":[294]

> Na realidade, embora muitos casos não existam direitos reais, em sentido clássico, sobre os bens ambientais, sobre eles existe uma *comunhão geral*, com vista à satisfação tanto de interesses colectivos como de interesses individuais. A qualificação correcta destes bens ambientais é a de *res omnium*. Os falsos conceitos de bens livres, de *res communes* e de *res nullius*, conduziram a um fenômeno conhecido como a *tragédia dos comuns*, referência aos efeitos sociais e economicamente perniciosos da acelerada e irresponsável delapidação dos recursos ambientais comuns.

A *res communes*, conforme Caio Mário da Silva Pereira,[295] é categoria daquelas coisas que não são objeto de relação jurídica ou ainda não foram

---

[290] NUSDEO, Fábio. *Curso de Economia:* introdução ao Direito econômico. 2008, p. 28.

[291] ARAGÃO, Maria Alexandra de Sousa. *O Princípio do Poluidor Pagador*. 1997, p. 25.

[292] DE PLÁCIDO e SILVA, *Vocabulário Jurídico*. 1993, v. 4, p. 112. "É a *coisa de ninguém* ou a *coisa sem dono*. A *res nullius*, entanto, traz sentido amplo, pois que tanto atinge as coisas *extra commercium* (fora do comércio), como as *res derelictae* (coisas abandonadas). Embora *sem dono*, há *res nullius* suscetíveis de apropriação. E há *res nullius* inapropriável, por ser *res publicae*".

[293] DE PLÁCIDO e SILVA, *Vocabulário Jurídico*. 1993, v. 4, p. 111. "É a *coisa comum*, ou a coisa que, em comum, pertence a várias pessoas, indicando, assim, o condomínio. A coisa comum, porém, quando se assinala como coisa ou coisas comuns a todos (*res communes omnium*), entendem-se as que não são suscetíveis de apropriação particular, sendo de *uso de todos*".

[294] ARAGÃO, Maria Alexandra de Sousa. *O Princípio do Poluidor Pagador*. 1997, p. 25-26. "São vários os sucessivos *actos* da *tragédia dos comuns*: Em primeiro lugar, não havendo limitação monetária da procura, não há qualquer estímulo para uma utilização parcimoniosa dos recursos naturais. Surge a economia de desperdício; Depois, não sendo as *res nullius* apropriáveis individualmente, não há alguém especificamente interessado, como seria o caso do proprietário, em limitar a utilização eventualmente abusiva destes bens; Por fim, como são bens aos quais o acesso é livre, inibem comportamentos de cooperação entre os utilizadores com vista a limitar o seu uso e, por maioria de razão, inibem a adopção de medidas ou procedimentos técnicos de renovação ou purificação dos recursos. Efectivamente, sendo livre o acesso aos bens, mesmo que um determinado utilizador não pudesse ou não quisesse cooperar, seria impossível excluí-lo dos benefícios do melhoramento do ambiente para que não contribuiu, diluindo-se os ganhos da cooperação pelos não cooperantes, ou 'free riders'".

[295] PEREIRA, Caio Mário da Silva. *Instituições de Direito Civil*. 1985, v. 1, p. 273-274.

apropriadas, podendo ser utilizadas por qualquer pessoa, exemplificando com o ar atmosférico, o mar e as águas correntes dos rios públicos. Porém, afirma que mesmo no "estado de coisas comuns" pode ser imposta limitação ou disciplina ao seu uso como forma de não embaraçar o gozo pelo demais pretendentes. Com relação à *res nullius* afirma o autor que se trata de coisa suscetível de dominação, mas que momentaneamente não está sob domínio por duas razões, a saber: nunca foram apropriadas ou foram abandonadas por seu titular. Exemplifica-as com a caça solta e o peixe na água, apropriados por quem os apanha primeiro.

Fundado nesta concepção e recordando a essência do pensamento liberal de John Locke, em que o trabalho legitima a apropriação dos recursos dispostos no estado de natureza, constata-se o esforço pessoal na mera coleta ou o emprego de avançada tecnologia possibilitam a apropriação e a transformação da *res nullius* em bens apreciados pelo mercado, permitindo a titularização individual.

E mais: como a apropriação passa a ocorrer desconectada da relação entre necessidades e utilidades vitais, destinando-se também ao atendimento dos ilimitados desejos da sociedade de consumo, não se consideram limites ou condições para a satisfação destes apelos, desafiando o esgotamento dos recursos naturais por meio tanto de uma superestimada exploração, quanto de uma subestimada descarga de resíduos no meio ambiente, decorrente da produção e do consumo.

### 3.2.3. Res derelictae

O terceiro obstáculo apontado por Maria Alexandra de Sousa Aragão[296] é o da concepção acerca da *res derelictae*, compreendida entre aqueles "bens de ninguém", porque foram abandonados pelo proprietário natural e porque ninguém quer vir a ocupá-los, pois não são considerados, pela generalidade dos indivíduos, bens aptos a satisfazer necessidades. É exemplo clássico os resíduos lançados na atmosfera e os esgotos dirigidos aos cursos d'água, enfim, da poluição em geral.

Para a *res derelictae*, que é uma espécie de *res nullius* ou *res communes*, a atenção dispensada pelo modelo clássico de produção apenas considerava a produção, a distribuição e o consumo, não se importando com a destinação dos resíduos produzidos durante todo o ciclo de produção. Vigorava, assim, a irresponsabilidade pela preservação, conservação e degradação, bem como pela emissão ou abandono:[297]

---

[296] ARAGÃO, Maria Alexandra de Sousa. *O Princípio do Poluidor Pagador*. 1997, p. 27.

[297] ARAGÃO, Maria Alexandra de Sousa. *O Princípio do Poluidor Pagador*. 1997, p. 27.

O ciclo econômico clássico abrangia só a produção, a distribuição, e consumo, sem se preocupar com o destino dos resíduos em cada fase do ciclo. Não podemos esquecer-nos de que a matéria não se destrói, e que o poder de reciclagem da natureza, por meio de procedimentos biológicos, tem limites. Como a *res derelictae* são também *res nullius*, gozam das características atribuídas a estes bens, nomeadamente a irresponsabilidade, aqui entendida já não, como irresponsabilidade pela degradação, mas irresponsabilidade pela emissão ou abandono.

Obviamente, essa concepção dicotômica entre bens econômicos e bens livres não mais se sustenta, principalmente quando se percebe a redução de oferta dos recursos naturais renováveis, que se regeneram com velocidade inferior a da progressão das necessidades humanas, sem se falar daqueles não renováveis.

Essa constatação de que a vida na Terra está caminhando na direção do esgotamento dos recursos naturais, renováveis ou não, foi o primeiro passo para a superação dos ultrapassados conceitos acerca dos bens econômicos e bens livres. Atualmente a tendência é de transição da acepção dos recursos naturais de *res nullius* ou *res communes* para *res omnium* (coisa comum), promovendo o despertar para a preservação das condições de vida humana em todas as suas formas, possibilitando que ocorra a perpetuação da vida e inaugurando a ideia da responsabilidade intergeracional[298] para que se preserve o bem de todos, propiciando o acesso universal:[299]

> Da idéia de patrimônio comum da Humanidade, podemos retirar duas conseqüências: primeiro, que sobre esses recursos existe uma espécie de comunhão geral, uma sobreposição e um paralelismo de direitos absolutos, cuja finalidade é a satisfação tanto de interesses colectivos como de individuais; segundo que as gerações actuais os detêm apenas a título fiduciário. A responsabilidade fiduciária das gerações presentes perante as futuras significa que os recursos devem ser deixados, às futuras gerações, tal como foram encontrados, preservando tanto a variedade, como a abundância como ainda a própria qualidade ou estado de conservação dos bens.

Surge, então, a concepção de que não somente a preservação dos recursos naturais é útil para o atendimento das necessidades humanas, mas, também, que a recuperação do que foi degradado é uma imposição para que tanto estas como as futuras gerações possam manter uma qualidade de vida com saúde e bem-estar.

Por tudo isto, não mais pode subsistir a gratuidade na utilização, na apropriação, na transformação e no consumo de bens e serviços utilizadores de recursos naturais e ambientais. Urge a adoção de medidas preventivas que eliminem riscos e cessem ameaças, além de garantir efetividade

---

[298] ARAGÃO, Maria Alexandra de Sousa. *O Princípio do Poluidor Pagador*. 1997, p. 30.

[299] ARAGÃO, Maria Alexandra de Sousa. *O Princípio do Poluidor Pagador*. 1997, p. 31.

na imputação pela degradação dos recursos naturais com a consequente imposição da obrigação de reparar (sentido amplo) e indenizar.

### 3.3. Externalidades

Reportando-se aos "obstáculos epistemológicos" e aos passos para a respectiva superação, Maria Alexandra de Sousa Aragão,[300] de modo otimista, afirma que a teoria econômica das externalidades permite efetivamente ultrapassar a concepção de recursos naturais como sendo *res derelictae*, último daqueles obstáculos:[301]

> Um contributo teórico que permitiu avançar significativamente na compreensão dos fenômenos de delapidação do ambiente, como a poluição, foi dado já em 1890, por Marshall, com o conceito de *externalidade* estudado em 1920 por Pigou, no contexto teórico da economia do bem estar e criticada mais tarde, em 1960, por Coase. Marshal constatou que o preço de mercado dos bens pode não reflectir fielmente os verdadeiros custos ou benefícios resultantes da sua produção ou do seu consumo. [...] Como já referimos, os efeitos sociais secundários da produção ou do consumo tanto podem ser positivos (favoráveis, representando ganhos para os terceiros), como negativos (desfavoráveis, importando perdas para os terceiros), mas têm, em qualquer caso, como característica essencial o facto de não serem espontaneamente considerados nem contabilizados nas decisões de produção ou de consumo de quem desenvolve a actividade que os gera. Nisto consistem os efeitos *externos ao mercado*, ou simplesmente as *externalidades* de uma dada actividade econômica.

As externalidades econômicas ou as economias externas podem ser identificadas tanto na promoção de benefícios quanto na geração de malefícios, revelando-se positivas ou negativas, economias ou deseconomias, respectivamente.

Em análise sobre os rumos do capitalismo no século XXI, Robert L. Heilbroner entende as externalidades como sendo os "efeitos que o mercado provoca todo o tempo, esteja ele funcionando silenciosamente e bem, ou ruidosamente e mal, efeitos de que às vezes temos uma aguda consciência, porém, com mais frequência, de que somos bem ignorantes",[302]

---

[300] ARAGÃO, Maria Alexandra de Sousa. *O Princípio do Poluidor Pagador*. 1997, p. 33.

[301] ARAGÃO, Maria Alexandra de Sousa. *O Princípio do Poluidor Pagador*. 1997, p. 30-32. O primeiro passo para a ultrapassagem do primeiro dos obstáculos epistemológicos (bens livres e bens econômicos) foi a percepção acerca da esgotabilidade ou escassez dos recursos naturais. O segundo passo no sentido da superação do segundo obstáculo (*nes nullius*, *res communes* e *res omnium*) se funda na concepção de que os recursos naturais são patrimônio da humanidade e na responsabilidade intergeracional.

[302] HEILBRONER, Robert L. *O Capitalismo do Século XXI*. Sergio Goes de Paula (Trad.). Rio de Janeiro: Jorge Zahar, 1994, p. 80.

sentenciando que "em geral, essas mudanças que o mercado provoca em nosso nível de bem-estar são chamadas de *externalidades*".[303]

Há externalidade positiva ou economia externa quando há "benefícios obtidos por empresas que se formam (ou já existentes) em decorrência da implantação de um serviço público (por exemplo, energia elétrica) ou de uma indústria, proporcionando à primeira vantagens antes inexistentes", segundo Paulo Sandroni.[304] Ilustra o exemplo a instalação e a operação de rodovia, de ferrovia, de porto, de aeroporto entre outros, a permitir aos produtores gozar de custos de transporte inferiores e de acesso eficiente aos mercados consumidores.

Por outro lado, está configurada a externalidade negativa ou a deseconomia externa quando "a instalação de certas atividades traz aumentos de custos para as empresas ou afugenta clientes ou, ainda, desestimula a demanda de certos produtos". O exemplo pode ser a instalação e operação de empreendimento que contamina o solo, os recursos hídricos, o ar atmosférico entre outros, fazendo com que os produtos desta região sofram diminuição na demanda, tanto em razão da contaminação, quanto pelo fato dos consumidores deixarem de adquiri-los por precaução.[305]

Para Vasco Rodrigues,[306] que realiza uma interessante análise econômica do Direito, a externalidade decorre dos "custos ou benefícios que as actividades de algum agente impõem a terceiros que não por via do sistema de preços", sendo negativa quando gera malefícios e positiva ao promover melhoria. Economicamente, portanto, as externalidades negativas são importantes porque demonstram que a defesa do interesse privado pode resultar em decisões que não são eficientes coletivamente, acumulando o agente econômico todos os benefícios e impondo à sociedade uma parte dos custos. Enfim, as externalidades negativas "geram uma tendência para que os agentes econômicos levem a cabo actividades que socialmente seria preferível que não concretizassem ou que só concretizassem em menor medida".[307]

---

[303] HEILBRONER, Robert L. *O Capitalismo do Século XXI*. 1994, p. 80.

[304] SANDRONI, Paulo. *Novíssimo Dicionário de Economia*. 1999, p. 193. "A existência de economias externas permite em geral uma redução de custos para as empresas e significa uma importante alavanca do desenvolvimento econômico. Muitas empresas, antes de tomar a decisão de se instalar em determinados locais, avaliam seu potencial presente e futuro de economias externas".

[305] SANDRONI, Paulo. *Novíssimo Dicionário de Economia*. 1999, p. 193.

[306] RODRIGUES, Vasco. *Análise Econômica do Direito*: uma introdução. Coimbra: Almedina, 2007, p. 41.

[307] RODRIGUES, Vasco. *Análise Econômica do Direito*: uma introdução. 2007, p. 41.

Analisando as falhas do mercado, Cláudia Alexandra Dias Soares[308] aponta que "devido à lei da conservação da matéria, o processo descentralizado e voluntário de troca gera, necessariamente, custos externos, isto é, que não são suportados por quem os causa, mas por toda a sociedade".[309] O mercado, segundo a autora, "é uma instituição de troca que serve a sociedade, organizando a actividade económica e coordenando as decisões económicas de uma forma mais eficiente"[310] e que para tanto se vale do preço dos bens e dos serviços que dispõe à sociedade de consumo, que são "instrumentos de comunicação e sinalização":[311]

> Este informa os consumidores de qual é o custo de produzir um determinado bem e os produtores de qual é o valor que os primeiros atribuem ao mesmo, possibilitando que decisões óptimas sob o ponto de vista privado, baseadas em transações mutuamente vantajosas, conduzam ao resultado que melhor serve aos interesses gerais da sociedade. O preço permite que os recursos sejam afectados aos indivíduos que lhe atribuem o maior valor.

Na hipótese de um mercado onde haja concorrência perfeita, os agentes econômicos fixam o nível de atividade em função da sua receita marginal, ou seja, o preço que conseguem obter na venda de uma unidade, e do seu custo marginal, que é o custo para produção de uma unidade adicional. Neste cenário, a produção se firma no nível em que o valor da receita marginal e do custo marginal coincidam, sendo esta a relação que resulta em máximo lucro e equilibra o mercado ao fornecer incentivo à conservação dos recursos pelos quais seja necessário pagar um preço, valendo consignar que "o poder de um mercado eficaz reside, pois, num processo descentralizado de tomada de decisão e de troca",[312] o que dispensa a intervenção estatal, por exemplo:[313]

> As empresas irão aumentar a sua produção até o ponto em que o preço que é recebido por uma nova unidade de produto deixe de cobrir o que foi pago pelos recursos utilizados para a sua obtenção. Sendo preço um indício de escassez e não sendo os recursos usados para além do ponto em que o seu custo iguala os benefícios que a sua utilização possibilita, não haverá uma exploração excessiva dos mesmos. Assim, quando o mercado funciona, os recursos aos quais esteja associado um preço são, em princípio, distribuídos eficientemente.

---

[308] SOARES, Cláudia Alexandra Dias. *O Imposto Ecológico:* contributo para o estudo dos instrumentos econômicos de defesa do ambiente. Coimbra: Coimbra Editora, 2001, p. 75.

[309] SOARES, Cláudia Alexandra Dias. *O Imposto Ecológico*. 2001, p. 75. "Só não seria assim se todos os recursos utilizados na produção de um bem constassem da sua composição, sendo depois, aquando do consumo deste, destruídos, ou se todos os recursos e utilidades de natureza ambiental fossem objeto de direitos de propriedade para os quais existisse um mercado de concorrência. Mas nenhuma destas condições encontra plena concretização na realidade".

[310] SOARES, Cláudia Alexandra Dias. *O Imposto Ecológico*. 2001, p. 75.

[311] SOARES, Cláudia Alexandra Dias. *O Imposto Ecológico*. 2001, p. 75-76.

[312] SOARES, Cláudia Alexandra Dias. *O Imposto Ecológico*. 2001, p. 77.

[313] SOARES, Cláudia Alexandra Dias. *O Imposto Ecológico*. 2001, p. 76-77.

Na hipótese de se tratar de mercado imperfeito e utilizador de bens ambientais, os preços dos produtos e serviços não refletem adequadamente o valor dos recursos naturais, possibilitando que "os agentes económicos vão utilizá-los até que não seja possível obter mais qualquer benefício do seu uso",[314] o que revela uma espécie de falha de mercado, qual seja, a externalidade negativa, que reclama intervenção de uma autoridade para tentar minimizar a imperfeição:[315]

> Já que o lucro obtido pelos agentes econômicos depende do preço em vigor no mercado para os bens que produzem, quando este não reflete a preferência da sociedade pela proteção do ambiente, isto é, quando o mercado não está a enviar um sinal correcto aos poluidores sobre o nível de controlo de emissões de poluentes que a sociedade pretende, como normalmente acontece, aqueles não vão dispor de qualquer incentivo económico a adoptá-lo. Uma vez que o seu lucro será maximizado quando aquele controlo for igual a zero.

Enfim, "verifica-se uma externalidade quando a actividade, de produção ou de consumo, de um sujeito afecta, positiva ou negativamente, a situação de um outro e, por isso, as condições necessárias à verificação do óptimo de Pareto",[316] segundo Cláudia Alexandra Dias Soares, que ressalta que "essa influência é exercida através do impacto que a actividade em causa provoca na utilidade ou no lucro desse outro indivíduo, e não através do preço em vigor no mercado":[317]

> As externalidades são um caso típico de mercados incompletos quando está em causa um recurso ambiental. Esta incompletude verifica-se na medida em que não existe uma instituição de troca onde o sujeito que afecta positivamente outros(s) receba uma compensação por isso ou o sujeito que afecta negativamente outro(s) suporte o respectivo custo. Quando um agente econômico ignora o impacto negativo que sua actividade causa no bem-estar social, por exemplo, devido às emissões poluentes que gera, continuará a poluir até que o benefício marginal que retira da poluição seja igual a zero. O mercado não terá, assim, conseguido realizar uma afectação eficiente dos recursos. Haverá um bem, a poluição, que estará a ser produzido numa quantidade superior à desejada pela sociedade, desviando recursos que esta preferia que fossem aplicados na obtenção de outros bens dos quais retirasse maior utilidade.

---

[314] SOARES, Cláudia Alexandra Dias. *O Imposto Ecológico*. 2001, p. 77.

[315] SOARES, Cláudia Alexandra Dias. *O Imposto Ecológico*. 2001, p. 77-78. São consideradas causas da falha de mercado: a incompletude, as externalidades, o consumo não exclusivo, o consumo não rival, a falta de convexidade e a assimetria de informação.

[316] SANDRONI, Paulo. *Dicionário de Economia*. 1994, p. 437. "Ótimo de Pareto. Situação em que os recursos de uma economia são alocados de tal maneira que nenhuma reordenação diferente possa melhorar a situação de qualquer pessoa (ou agente econômico) sem piorar a situação de qualquer outra. O conceito foi introduzido por Vilfredo Pareto (1848-1923), e a Economia do Bem-Estar em grande medida estuda as condições nas quais um Ótimo de Pareto possa ser alcançado".

[317] SOARES, Cláudia Alexandra Dias. *O Imposto Ecológico*. 2001, p. 80-81.

Com clareza e simplicidade Geraldo Müller[318] comenta as influências que a cadeia produtiva agrícola sofre das exigências de mercado, especialmente as de caráter ambiental, afirmando que "o tratamento dado aos efeitos do funcionamento do mercado sobre nossa vida recebe em economia a designação de externalidades". E recorre ao exemplo referenciado por Robert L. Heilbroner no caso da poluição atmosférica gerada da produção siderúrgica na cidade norte-americana de Pittsburgh, as contas de lavanderia e do tratamento de saúde da população (custos externos), antes que a poluição fosse controlada:[319]

> Esses custos são "externos" na medida em que, diferentemente dos custos "internos" de trabalho e de matéria-prima, pagos pelas siderúrgicas, os custos da poluição são impingidos a indivíduos externos ao processo de produção. Dessa forma, os produtores de aço não têm incentivo para reduzir a poluição, já que não pagam as contas de lavanderia e de serviços de saúde por ela provocados.

E completa Geraldo Müller[320] afirmando que "em princípio, não existe nenhum ato de produção que não tenha efeitos externos, positivos ou negativos". No caso, a internalização das externalidades por meio da adoção de tecnologias ou práticas limpas pode gerar custo total inferior àquele obtido com a utilização de métodos ambientalmente ineficientes somados com as contas da lavanderia e dos tratamentos de saúde da população, conforme assevera Robert L. Heilbroner:[321]

> Como resultado, o mecanismo de mercado não serve adequadamente a um dos propósitos a que se propõe – ou seja, apresentar à sociedade uma avaliação acurada dos custos relativos de produzir coisas. Suponhamos, por exemplo, que existam duas maneiras de produzir aço, uma delas muito limpa, mas cara, e a outra, suja, mas barata. A concorrência levará os produtores a escolher a maneira mais barata, e um observador sem sofisticação dirá que o mercado, assim, ajudou a sociedade a aumentar a eficiência de suas operações. No entanto, se as contas de lavanderia e de serviços de saúde fossem acrescentadas ao custo de produção, pode ser que o processo mais limpo fosse o mais barato Se assim fosse, as externalidades teriam impulsionado a sociedade na direção errada, para a escolha menos eficiente, e não a mais eficiente.

Admitindo-se o fato de que onde houver produção haverá externalidade e a externalidade negativa é suportada pela população em geral, é forçoso concluir que nessa dinâmica socioeconômica haverá uma permanente tensão entre o interesse privado e o interesse público, notadamente

---

[318] MÜLLER, Geraldo. Economia & Ecologia e Agricultura Sustentável. Rio Claro, jul. 1999. *Artigo online*. Disponível em: <http://www.rc.unesp.br/igce/planejamento/publicacoes/TextosPDF/GMuller02.pdf>. Acesso em: 17 jul. 2007.

[319] HEILBRONER, Robert L. *O Capitalismo do Século XXI*. 1994, p. 80.

[320] MÜLLER, Geraldo. Economia & Ecologia e Agricultura Sustentável. Rio Claro, jul. 1999. *Artigo online*. Disponível em: <http://www.rc.unesp.br/igce/planejamento/publicacoes/TextosPDF/GMuller02.pdf>. Acesso em: 17 jul. 2007, p. 2.

[321] HEILBRONER, Robert L. *O Capitalismo do Século XXI*. 1994, p. 80-81.

os primários, conforme Renato Alessi,[322] sendo de acrescentar os interesses difusos e coletivos:[323]

> Dessa forma, as externalidades solapam uma muito gabada função do mercado: orientar os recursos para usos mais racionais. Talvez o que elas revelem é que o critério de racionalidade não é a maximização do bem público, mas do lucro privado; e que esses dois não são, de maneira alguma, sempre iguais, ou mesmo parecidos, já que o mercado não consegue captar e incluir esses "efeitos colaterais" da produção que escapam a seu foco, centrado demais.

Em seguida Robert Heilbroner completa:[324]

> Desse ponto de vista, as externalidades transformam-se num bastião no qual se trava a guerra de fronteiras entre os reinos privado e público. Na medida em que a produção é, em grande parte, embora não inteiramente, realizada no primeiro reino, é aí que as externalidades tendem a se originar; e na medida em que seus custos se apresentam como custos impostos sobre os cidadãos, sua correção torna-se causa de ação para estes.

Facilmente, então, constata-se que o mercado em perfeito funcionamento e a ausência de externalidades são cenários excepcionais, para não dizer pouco prováveis quando se afetam recursos naturais ou ambientais empregados na produção e circulação de bens e serviços, levando a E. K. Hunt,[325] ao criticar a economia do bem-estar e as externalidades, afirmar que:

> O calcanhar-de-aquiles da economia do bem-estar é seu modo de tratar as externalidades [...] Uma crítica mais destrutiva ainda pode ser feita quando percebemos que as externalidades afetam tudo. [...] O fato é que a maioria dos milhões de atos de produção e consumo que praticamos todos os dias envolvem externalidades. [...] Uma economia de mercado, qualquer ATP de um indivíduo ou empresa que induza ao prazer ou à dor de qualquer outro indivíduo ou empresa e que não tenha preço num mercado constitui uma externalidade na economia neoclássica do bem-estar. [...] Além do mais, quase todas as nossas atividades produtivas têm influências mais generalizadas e decisivas ainda sobre muita gente que não está diretamente envolvida nelas. [...] Com reconhecimento da presença das externalidades em toda parte, a solução do tipo imposto-subsídio é claramente percebida como uma fantasia.

A regra, portanto, é a ocorrência de falhas de mercado com a geração de benefícios privados e prejuízos sociais. Mas, como entende Vasco Rodrigues,[326] sob a perspectiva econômica, a "função fundamental do direito é evitar que a existência de externalidades impeça a obtenção de

---

[322] ALESSI, Renato. *Sistema Istituzionale del Diritto Amministrativo Italiano*. 2. ed. Milão: Giuffrè, 1960, p. 197-198.

[323] HEILBRONER, Robert L. *O Capitalismo do Século XXI*. 1994, p. 81-82.

[324] HEILBRONER, Robert L. *O Capitalismo do Século XXI*. 1994, p. 84.

[325] HUNT, E. K. *História do Pensamento Econômico*: uma perspectiva crítica. José Ricardo Brandão Azevedo e Maria José Cyhlar Monteiro (Trad.). 2. ed. Rio de Janeiro: Elsevier, 2005, p. 373-374.

[326] RODRIGUES, Vasco. *Análise Econômica do Direito*: uma introdução. 2007, p. 42.

resultados socialmente eficientes", ou, em outras palavras, que não sejam incentivadas atividades geradoras de custos sociais que superem os benefícios correlatos.

A internalização das externalidades negativas se apresenta, portanto, como a mais adequada das providências para que os custos sociais não sejam arcados exclusivamente pela sociedade, consagrando a impunidade do poluidor e do usuário. Contudo, o enfrentamento dessa espécie de falha do mercado não está isenta de críticas, notadamente quando se restringe à utilização da técnica da internalização junto ao sistema de preços, o que pode ser entendido como insuficiente.

Crítica relevante sobre a internalização das externalidades negativas é produzida por Ignacy Sachs, que reconhece que "a regra do funcionamento da economia capitalista é a internalização do lucro pela empresa e a externalização, sempre que possível, dos custos",[327] além do que "enquanto couber à coletividade a responsabilidade pelas perdas e pela despoluição, nenhuma empresa se preocupará com isso",[328] animando o empreendedor "a desperdiçar recursos aos quais tenha livre acesso ou pelos quais pague um preço nominal, a exemplo do ar ou da água".[329]

A referida crítica se estende a um dos meios utilizados para a internalização, a saber: a modificação no sistema de preços, tecendo Ignacy Sachs considerações sobre as deficiências do princípio do poluidor-pagador, que tem a pretensão de impor à empresa a assunção dos custos da poluição:[330]

> A popularidade desfrutada por esse princípio durante algum tempo explica-se por uma conjunção de vários fatores. Aos olhos do público, ele faz apelo à noção de justiça. Além disso, sua aplicação é relativamente simples, já que recorre aos automatismos do mercado e não a uma burocracia especializada. Enfim, ele promete uma solução ótima e nisso se emparelha com o mito da racionalidade econômica. Trata-se, contudo, de um princípio marcado por inúmeras deficiências. [...] De fato, teoricamente, é possível modular os custos de cada solução de maneira a induzir o empresário a escolher a solução socialmente preferida. Para todos os efeitos práticos, entretanto, só se poderá obter esse resultado mediante o recurso a multas de dissuasão, cujo montante pouco tem a ver com a otimização econômica: chega-se, assim, a uma ação administrativa que precisamente o princípio do poluidor-pagador queria evitar.

Sem desprezar as considerações lançadas por Ignacy Sachs a respeito da internalização e do princípio do poluidor-pagador, notadamente voltadas contra o sistema de preços e as multas dissuasórias, convém

---

[327] SACHS, Ignacy. *Rumo à ecossocioeconomia*: teoria e prática do desenvolvimento. 2007, p. 83.
[328] SACHS, Ignacy. *Rumo à ecossocioeconomia*: teoria e prática do desenvolvimento. 2007, p. 83.
[329] SACHS, Ignacy. *Rumo à ecossocioeconomia*: teoria e prática do desenvolvimento. 2007, p. 83.
[330] SACHS, Ignacy. *Rumo à ecossocioeconomia*: teoria e prática do desenvolvimento. 2007, p. 84.

temperá-las com observações do próprio autor quanto às ações que se antecipam ao fato consumado da degradação ambiental, prevenindo-a.

Ignacy Sachs depois de indagar sobre o "pagador de que?" e "pagador de quanto?" consigna como resposta outras indagações: "do custo da despoluição, do dano causado ou da passagem a uma nova técnica não poluente?" e "como avaliar os custos da poluição?".[331] Aquelas duas primeiras hipóteses da resposta estão relacionadas diretamente com a já consumada ocorrência de degradação, o que o sistema de preços ou a aplicação de multas não têm potência para tratar adequadamente, uma vez que não se pode reduzir à avaliação dos custos da poluição e da despoluição a uma representação puramente econômica. Já a terceira das hipóteses lançadas na resposta, a da adoção de técnica não poluente, tem nítida aceitação por parte do autor quando averba que "a adoção de um equipamento não poluente constitui solução durável e, portanto, preferível".[332]

A análise das críticas do citado autor produz as seguintes conclusões, a saber: primeiro, a adoção exclusiva do sistema de preços torna o consumidor e a sociedade em geral os pagadores de fato da poluição, tanto por suportarem o aumento do custo quanto pela escassez de produtos no mercado; segundo, acaso consumado o dano, especialmente se irreversível, torna a internalização insuficiente e o princípio do poluidor-pagador deficiente, exigindo a utilização de técnicas repressivas fundadas no princípio da responsabilidade, visando à imputação da obrigação de recuperar (sentido amplo) e indenizar; terceiro, a adoção de técnicas não poluentes deve preponderar sobre qualquer outra, notadamente em razão de sua eminência preventiva.

Ignacy Sachs afirma não ser fácil internalizar o meio ambiente no nível do sistema de preços, sendo que "uma política ativa de proteção ambiental não pode dispensar medidas de intervenção administrativa",[333] o que expõe a essência eminentemente inibitória do princípio do poluidor-pagador diante das externalidades negativas ambientais e seus efeitos.

E é esta a postura inibitória ou preventiva do artigo 12 e parágrafo único da Lei nº 6.938/1981 (Lei da Política Nacional do Meio Ambiente), notadamente quando impõem às entidades e aos órgãos de financiamen-

---

[331] SACHS, Ignacy. *Rumo à ecossocioeconomia*: teoria e prática do desenvolvimento. 2007, p. 84. "De fato, teoricamente, é possível modular os custos de cada solução de maneira a induzir o empresário a escolher a solução socialmente preferida. Para todos os efeitos práticos, entretanto, só se poderá obter esse resultado mediante o recurso a multas de dissuasão, cujo montante pouco tem a ver com a otimização econômica: chega-se, assim, a uma ação administrativa que precisamente o princípio do poluidor-pagador queria evitar.

[332] SACHS, Ignacy. *Rumo à ecossocioeconomia*: teoria e prática do desenvolvimento. 2007, p. 84.

[333] SACHS, Ignacy. *Rumo à ecossocioeconomia*: teoria e prática do desenvolvimento. 2007, p. 85.

to obrigações cumulativas, a saber: a) condicionar a aprovação dos projetos ao prévio licenciamento ambiental; b) condicionar a aprovação dos projetos ao cumprimento das normas, dos critérios e dos padrões expedidos pelo Conselho Nacional do Meio Ambiente (CONAMA); c) exigir que nos projetos haja previsão de realização de obras e aquisição de equipamentos destinados ao controle da degradação ambiental e à melhoria da qualidade do meio ambiente.

A toda evidência, o enfrentamento das externalidades negativas ambientais tem no artigo 12 e parágrafo único da Lei nº 6.938/1981 (Lei da Política Nacional do Meio Ambiente) um de seus mais importantes instrumentos jurídicos destinados à inibição de riscos, cessação de ameaças e reparação de danos ambientais. Este dispositivo legal impõe a internalização dos custos sociais,[334] o que guarda estrita relação com o princípio do poluidor-pagador, valendo conferir as posições de Juliana Gerent,[335] Carlos da Costa e Silva Filho[336] e Cristiane Derani.[337]

### 3.4. Princípio do poluidor-pagador

No Direito Ambiental brasileiro o princípio do poluidor-pagador tem função de coordenação, uma vez que o sistema de proteção jurídica do meio ambiente orbita e depende de sua previsão objetiva, positivado expressamente ou não, além de sua aceitação subjetiva como comando ascendente, importando na submissão espontânea ou sancionada dos comportamentos à sua força normativa.

---

[334] CAFFERATTA, Néstor A. Princípio de Derecho Ambiental. *In*: *Régimen Jurídico Ambiental de La República del Paraguay*. Assunção: Instituto de Derecho y Economia Ambiental, 2007, p. 141. "Em relación al princípio 16 de La Declaración de Rio 1992, que promueve la internalización de los costos ambientales e el uso de instrumentos económicos, incluyendo la regla de quien contamina paga, em Professor de Relaciones Internacionales [Raúl A. Estrada Oyuela], pontualiza que "la idea de que el contaminador paga tiene mucha fuerza primaria porque combina sentimientos elementales de venganza con conceptos más evolucionados de reparación de perjuicios o indemnización de daños. Desde haci caso dos décadas está incorporado a la legislación de la Comunidad Europea con el sentido de que el "contaminador" tiene de incurrir en los gastos de evitar effluentes contaminantes o pagarle a la autoridad municipal para que limpie lo que ha ensuciado. Su limitación es que no puede convertirse en um mecanismo por el cual se adquiera el "derecho" a contaminar".

[335] GERENT, Juliana. Internalização das externalidades negativas ambientais: uma breve análise jurídico-econômica. *Revista de Direito Ambiental*. São Paulo: Revista dos Tribunais, nº 44, out./dez., 2002, p. 58/61.

[336] SILVA FILHO, Carlos da Costa e. O Princípio do Poluidor-Pagador: da eficiência econômica à realização da Justiça. *In*: MOTA, Maurício (Coord.). *Fundamentos Teóricos do Direito Ambiental*. Rio de Janeiro: Elsevier, 2008, p. 81-99

[337] DERANI, Cristiane. *Direito Ambiental Econômico*. 3. ed. São Paulo: Saraiva, 2008, p. 142-148.

Para Marcelo Abelha Rodrigues, o princípio do poluidor-pagador guarda relação com princípios orientadores atinentes aos aspectos econômicos internacionais das políticas ambientais, propondo entendimento no seguinte sentido:[338]

> O princípio a ser usado para alocar custos das medidas de prevenção e controle da poluição, para encorajar (estimular) o uso racional dos recursos ambientais escassos e para evitar distorções do comércio internacional e investimentos é denominado de princípio do poluidor pagador. Este princípio significa que o poluidor deve suportar os custos do implemento das medidas acima mencionadas, decididas pela autoridades públicas para assegurar que o ambiente possa ficar num nível aceitável. Em outros termos, o custo dessas medidas deveriam refletir-se no preço dos bens e serviços, cuja produção e consumo são causadores de poluição. Tais medidas não deveriam ser acompanhadas de subsídios, porque criariam distorções significativas ao comércio e investimentos internacionais.

Mas a compreensão e aplicação do princípio do poluidor-pagador na realidade brasileira reclamam análise histórica e evolutiva, notadamente ambientada na Europa desde a segunda metade do século XX, o que auxiliará na análise sistemática e teleológica do artigo 12 e parágrafo único da Lei nº 6.938/1981 (Lei da Política Nacional do Meio Ambiente).

### 3.4.1. Síntese histórica

A própria evolução do Direito Comunitário Europeu se relaciona com o princípio do poluidor-pagador. Inicialmente o Tratado de Roma carecia de referências à proteção ambiental, sendo que a partir do Ato Único Europeu se identificam três fases da política ambiental da Comunidade Europeia, a saber: a primeira, de 1957 até 1972, caracteriza-se pela nula ou tímida preocupação com o meio ambiente; a segunda, em 1972, alarga os valores caros à Comunidade Europeia para além dos econômicos; e, a terceira, em 1987, com a consagração do princípio do poluidor-pagador no Ato Único Europeu, conforme Ana Gouveia e Freitas Martins:[339]

> A primeira fase cobre o período de 1957 a 1972 e caracteriza-se por uma quase nula preocupação com o meio ambiente, prementes que eram os objectivos de superação da crise do pós-guerra. Ainda assim, já se detectam alguns elementos de protecção ambiental em directivas que tinham o seu fundamento legal no art. 100º do Tratado (mercado comum), de que é exemplo a directiva nº 67/548, de 27/6 respeitante às substâncias perigosas. A Cimeira de Paris, de 1972, inaugura a segunda fase da política ambiental com o reconhecimento de que a Comunidade assenta e confere relevância a outros valores que não os exclusivamente económicos, o que vem a desembocar na adopção do Primeiro Programa de Acção Ambiental, em 1973. Este programa marca a primeira, se bem que incipiente,

---

[338] RODRIGUES, Marcelo Abelha. *Elementos de Direito Ambiental*. 2. ed. São Paulo: Revista dos Tribunais, 2005, p. 191.

[339] GOUVEIA, Ana; MARTINS, Freitas. *O Princípio da Precaução no Direito do Ambiente*. Lisboa: Associação Acadêmica da Faculdade de Direito de Lisboa, 2002, p. 38-40.

manifestação de alguns elementos chave do princípio da precaução, na parte em que se afirmar que constituem princípios da política ambiental comunitária a ponderação dos efeitos ambientais na fase inicial dos procedimentos decisórios e a correcção da degradação ambiental na origem. Nos programas seguintes o objectivo preventivo daquela política é reforçado, embora só no Quinto Programa de Acção Ambiental de 1992, gizado em torno da idéia do desenvolvimento sustentado, o princípio da precaução surja, pela primeira vez, consagrado como princípio autônomo do princípio da prevenção. Neste período, a Comunidade adopta diversas medidas ambientais com fundamento nos artigos 100º e 235º do Tratado, detectando-se a utilização da expressão precaução em algumas directivas (*v.g.*, o art. 4º da directiva 84/360/CEE, de 28/06/84 onde se exige, a fim de combater a poluição atmosférica causada pela indústria, a adopção de todas as medidas de precaução que se revelem adequadas e proporcionadas). O Acto Único Europeu veio abrir a terceira fase da política ambiental comunitária, com a introdução no Tratado de um título VII, sob a epígrafe Meio Ambiente. O art. 130º R estabelece os grandes objectivos ambientais e determina que a acção da Comunidade se deve basear nos princípios da ação preventiva, da correcção, preferencialmente na fonte, e no princípio do poluidor pagador, tendo em conta os dados científicos disponíveis e os potenciais riscos e benefícios das acções ou da sua omissão.

Na cronologia sintetizada por Maria Alexandra de Sousa Aragão, o princípio do poluidor-pagador surge como palavra de ordem relacionada com movimentos estudantis em maio de 1968, na Europa.[340] Mas somente em maio de 1972 conquista oficialmente o *status* de princípio de política do ambiente por meio da Recomendação C (72) 128, de 26 de maio de 1972, da "Organization et Coopération et de Développement Economique (OCDE)", especificamente no ponto nº 4 do anexo denominado "Guiding Principles Concerning the International Economic Aspects of Environmental Policies".[341]

Isabel Marques da Silva[342] refere-se ao anexo da Recomendação C (72) 128, de 26 de maio de 1972, precisamente ao seu ponto nº 4, que traz a definição do princípio do poluidor-pagador, a saber: o princípio do poluidor-pagador significa que o poluidor deve suportar os custos do desenvolvimento das medidas de controle da poluição decididas pe-

---

[340] ARAGÃO, Maria Alexandra de Sousa. *O Princípio do Poluidor Pagador*. 1997, p. 51.

[341] OECD Instument. *Recommendation of the Council on Guiding Principles concerning International Economic Aspects of Environmental Policies*. 26 May 1972 – C(72)128. *Texto online*. Disponível em: <http://webdomino1.oecd.org/horizontal/oecdacts.nsf/linkto/C(72)128>. Acesso em: 9 dez. 2008. "[...] 4. The principle to be used for allocating costs of pollution prevention and control measures to encourage rational use of scarce environmental resources and to avoid distortions in international trade and investment is the so-called "Polluter-Pays Principle". This principle means that the polluter should bear the expenses of carrying out the above-mentioned measures decided by public authorities to ensure that the environment is in an acceptable state. In other words, the cost of these measures should be reflected in the cost of goods and services which cause pollution in production and/or consumption. Such measures should not be accompanied by subsidies that would create significant distortions in international trade and investment. [...]"

[342] SILVA, Isabel Marques da Silva. O Princípio do Poluidor-Pagador. *In*: ROCHA, Mário de Melo (coord.). *Estudos de Direito do Ambiente*: sessões do seminário de 2002 de Direito do Ambiente. Porto: Publicações Universidade Católica, 2003, p. 102-103.

las autoridades públicas para garantir que o ambiente esteja num estado aceitável, ou, em outras palavras, que os custos de tais medidas reflitam nos preços dos bens ou serviços que causam poluição na sua produção e no consumo.

Em seguida à manifestação da "Organization et Coopération et de Développement Economique (OCDE)" o Conselho da Europa acolhe uma Recomendação acerca do tema nos "Principles of National Environmental Policy", o que ratifica o princípio do poluidor-pagador.[343] Em novembro de 1973 o princípio do poluidor-pagador é adotado como "princípio base da acção comunitária em matéria de ambiente" no "Primeiro Programa de Acção das Comunidades Europeias", aprovado pelo Conselho (JO C 112, de 20 de dezembro de 1973).[344]

Contudo, a consagração constitucional do princípio do poluidor-pagador vem com o Ato Único Europeu, que outorga ao princípio especial relevância ao relacioná-lo com os princípios da "acção preventiva", da "correcção prioritariamente na fonte dos danos causados ao ambiente" e, mais tarde, com o princípio da "precaução",[345] conforme o Tratado da União Europeia em seu artigo 130º R/2,[346] posteriormente artigo 174º, correspondendo na atualidade ao artigo 191:[347]

> Artigo 191º (ex-artigo 174º TCE) 1. A política da União no domínio do ambiente contribuirá para a prossecução dos seguintes objectivos: – a preservação, a protecção e a melhoria da qualidade do ambiente, – a protecção da saúde das pessoas, – a utilização prudente e racional dos recursos naturais, – a promoção, no plano internacional, de medidas destinadas a enfrentar os problemas regionais ou mundiais do ambiente, e designadamente a combater as alterações climáticas. 2. A política da União no domínio do ambiente terá por objectivo atingir um nível de protecção elevado, tendo em conta a diversidade das situações existentes nas diferentes regiões da União. Basear-se-á nos princípios da precaução e da acção preventiva, da correcção, prioritariamente na fonte, dos danos causados ao ambiente e do poluidor-pagador. Neste contexto, as medidas de harmonização destinadas a satisfazer exigências em matéria de protecção do ambiente incluirão, nos casos adequados, uma cláusula de salvaguarda autorizando os Estados-Membros a tomar, por razões ambientais não económicas, medidas provisórias sujeitas a um processo de controlo da União. 3. Na elaboração da sua política no domínio do ambiente, a União terá em conta:

---

[343] ARAGÃO, Maria Alexandra de Sousa. *O Princípio do Poluidor Pagador*. 1997, p. 51-52.

[344] EUR-LEX. Tratado da União Européia. Jornal Oficial da Comunidade Européia nº C 112, de 20 de dezembro de 1973. *Texto online*. Disponível em: <http://eur-lex.europa.eu/LexUriServ/LexUriServ.do?uri=CELEX:41973X1220:PT:HTML>. Acesso em: 10 dez. 2008.

[345] ARAGÃO, Maria Alexandra de Sousa. *O Princípio do Poluidor Pagador*. 1997, p. 52.

[346] EUR-LEX. Tratado da União Européia, Jornal Oficial da União Européia nº C 191, de 29 de julho de 2002. *Texto online*. Disponível em: <http://eur-lex.europa.eu/pt/treaties/dat/11992M/htm/11992M.html#0001000001>. Acesso em: 10 dez.2008.

[347] EUR-LEX. Tratado da União Européia (versão consolidada), Jornal Oficial da União Européia nº C 115, de 09 de maio de 2008, p. 1-388. *Texto online*. Disponível em: <http://eur-lex.europa.eu/LexUriServ/LexUriServ.do?uri=OJ:C:2008:115:0001:01:PT:HTML>. Acesso em: 9 dez. 2008.

- os dados científicos e técnicos disponíveis, – as condições do ambiente nas diversas regiões da União, – as vantagens e os encargos que podem resultar da actuação ou da ausência de actuação, – o desenvolvimento económico e social da União no seu conjunto e o desenvolvimento equilibrado das suas regiões. 4. A União e os Estados-Membros cooperarão, no âmbito das respectivas atribuições, com os países terceiros e as organizações internacionais competentes. As formas de cooperação da União podem ser objecto de acordos entre esta e as partes terceiras interessadas. O disposto no parágrafo anterior não prejudica a capacidade dos Estados-Membros para negociar nas instâncias internacionais e celebrar acordos internacionais.

Maria Alexandra de Sousa Aragão finaliza sua síntese afirmando que a referência ao princípio do poluidor-pagador no Tratado da União Europeia guarda o mérito da originalidade e de haver consagrado neste Tratado a técnica de enunciação expressa de princípios, a exemplo dos relativos à política econômica e monetária:[348]

Até 1992, a grande originalidade da acção da Comunidade em matéria de ambiente consistiu precisamente na enunciação expressa, no art. 130º R § 2, de princípios gerais orientadores da acção comunitária num certo domínio – a protecção do ambiente –. Este facto não se verificava em relação a qualquer outra política ou acção da Comunidade, o que fazia deste um artigo único no contexto do Tratado e original mesmo em relação às constituições dos Estados-membros que não contêm qualquer disposição idêntica, e reflete a especial importância atribuída pela Comunidade à protecção do ambiente. Após a entrada em vigor do Tratado da União Européia, esta técnica da consagração expressa de princípios aplicáveis a uma política foi alargada à política econômica (art. 102º A *in fine*), ao Sistema Europeu de Bancos Centrais, no âmbito da política monetária (art. 105º, 1, *in fine*) e ainda à parte geral do Tratado pela introdução do novo e fundamental art. 3º A.

A atenção à evolução histórica do princípio do poluidor-pagador não encerra sua utilidade na demonstração de sua situação no ordenamento jurídico comunitário europeu e nos de outros países que o adotaram, como o Brasil, mas, sobretudo, serve para reafirmar sua essência eminentemente preventiva, sem se desprezar sua adequação para subsidiar o fundamento da responsabilidade civil e das consequências da imputação.

Para o fim de demonstrar a referida evolução Isabel Marques da Silva informa que no "Primeiro Programa de Acção", de dezembro de 1973, o princípio do poluidor-pagador é relacionado exclusivamente às despesas de prevenção e de eliminação de fatores nocivos ao ambiente (artigo 5º, Título II), o que se renova no segundo e no terceiro "Programa de Acção", em junho de 1977 e em fevereiro de 1983, respectivamente. Por sua vez, o Conselho elabora a Recomendação nº 75/436, de julho de 1975, relacionando o princípio do poluidor-pagador com as despesas das medidas contra a poluição (administrativas etc.) e às taxas. No quarto "Pro-

---

[348] ARAGÃO, Maria Alexandra de Sousa. *O Princípio do Poluidor Pagador*. 1997, p. 52.

grama de Acção" o princípio do poluidor-pagador já é relacionado com a imposição do poluidor aos custos de eliminação dos danos residuais. No quinto "Programa de Acção", em maio de 1993, alude-se ao princípio do poluidor-pagador nos domínios da responsabilidade civil e penal.[349]

O princípio do poluidor-pagador tem experimentado, portanto, um alargamento que o torna abrangente, servindo para afetar os custos diretos e os custos indiretos decorrentes da poluição,[350] mas isso não modifica sua gênese inibitória e preventiva, o que tanto a "Organization et Coopération et de Développement Economique (OCDE)" quanto a Comunidade Europeia têm apontado como "fins específicos os da prevenção e da equidade na redistribuição dos custos das medidas públicas de protecção do ambiente", deixando a reparação dos danos ou a punição dos poluidores para a responsabilidade civil e penal.[351]

### 3.4.2. Experiência brasileira

A doutrina jurídica nacional acolhe unanimemente e sem reservas o princípio do poluidor-pagador, reconhecendo como sua fonte as referenciadas disposições do Direito Comunitário europeu, razão pela qual o recurso à doutrina estrangeira se faz útil para subsidiar a experiência interpretativa brasileira. Mas esta aceitação não está isenta a ressalvas, havendo quem, como Alexandre Camanho de Assis,[352] entenda que o princípio do poluidor-pagador não está arrolado na Lei n° 6.938/1981 (Lei da Política Nacional do Meio Ambiente), sendo que "a doutrina tem feito uma leitura indulgente do texto legal, para conseguir divisar nele a

---

[349] SILVA, Isabel Marques da Silva. O Princípio do Poluidor-Pagador. *In*: ROCHA, Mário de Melo (coord.). *Estudos de Direito do Ambiente*: sessões do seminário de 2002 de Direito do Ambiente. 2003, p. 114.

[350] SILVA, Isabel Marques da Silva. O Princípio do Poluidor-Pagador. *In*: ROCHA, Mário de Melo (coord.). *Estudos de Direito do Ambiente*: sessões do seminário de 2002 de Direito do Ambiente. 2003 p. 114-115. "Os custos DIRECTOS são os custos das medidas de prevenção e precaução da poluição, directamente tomadas pelo poluidor, em cumprimento de normas jurídicas – p. ex. os custos que suporta para se conformar com exigências em matéria de prevenção de danos de actividades potencialmente perigosas. Os INDIRECTOS são aos custos administrativos inerentes ao desenvolvimento de políticas de ambiente e as despesas públicas de protecção desde, que o poluidor financia, através de contrapratidas financeiras ao Estado – p. ex. os custos de medidas públicas de reparação de danos ambientais, de investigação e desenvolvimento de novas tecnologias de combate à poluição ou de educação ambiental".

[351] SILVA, Isabel Marques da Silva. O Princípio do Poluidor-Pagador. *In*: ROCHA, Mário de Melo (coord.). *Estudos de Direito do Ambiente*: sessões do seminário de 2002 de Direito do Ambiente. 2003, p. 106.

[352] ASSIS, Alexandre Camanho de. O Princípio do Poluidor-Pagador: Presença Controvertida na Política Nacional do Meio Ambiente. *In*: ROCHA, João Carlos de Carvalho; HENRIQUES FILHO, Tarcísio Humberto Parreiras; CAZETTA, Ubiratan. (coord.). *Política Nacional do Meio Ambiente*: 25 anos da Lei n° 6.938/81. Belo Horizonte: Del Rey, 2007, p. 67-68.

enunciação do princípio, mas precisamente no artigo 4º, VII", donde se extrai se tratar de um "objetivo" e não de um princípio.

Acaso se partilhe deste entendimento será compulsório acreditar que nem mesmo a Constituição Federal de 1988 detém o princípio do poluidor-pagador, uma vez que no exame do capítulo reservado ao meio ambiente não se encontra menção nominal a este princípio, como desejam os críticos. E mais: exigir nos textos constitucionais ou legais qualquer referência expressa e nominal a um princípio é se inclinar na direção obtusa da literalidade, empobrecendo o discurso, mutilando a ciência e comprometendo a efetividade do Direito.

Para por fim nesta observação à crítica destacada, invoca-se Karl Engish[353] que, ao tratar da interpretação e compreensão das regras jurídicas, invoca Shakespeare, na obra *A Tempestade*, que, em um diálogo entre personagens, alerta para a necessidade da reflexão e da busca pelo sentido dos discursos, quando Gonzalo diz "vós haveis falado mais acertadamente do que estava em vossa intenção", enquanto Sebastian replica dizendo "e vós havei-lo entendido mais inteligentemente do que eu pensei". E, em seguida, refere a Goethe,[354] nos versos de *Zahmen Xenien*, para justificar que o ato de interpretar deve dar vida ao objeto, exortando "interpretai com frescura e vivacidade – se não tirarmos e libertarmos o sentido da letra, algo aí nos ficará oculto".[355] E é com esse espírito que deve ser procedida a análise de qualquer norma jurídica, nenhuma escapando como exceção.

Um exemplo daquela aceitação é a posição de Paulo Affonso Leme Machado,[356] que vê já no artigo 4º inciso VII da Lei nº 6.938/1981 (Lei da Política Nacional do Meio Ambiente) a fragrância explícita do princípio do poluidor-pagador, ao prescrever que "a Política Nacional do Meio Ambiente visará: [...] VII – à imposição, ao poluidor e ao predador, da obrigação de recuperar e/ou indenizar os danos causados e, ao usuário, da contribuição pela utilização de recursos ambientais com fins econômicos".[357]

Paulo Affonso Leme Machado defende o perfil preventivo do princípio do poluidor-pagador, propondo sua continência ao princípio do usuário-pagador, afirmando-o como não relacionado diretamente à ideia de punição, especialmente por dispensar ou ter como irrelevante a ilicitude da conduta do agente para provocar sua incidência. Neste passo, a

---

[353] ENGISH, Karl. *Introdução do Pensamento Jurídico*. J. Baptista Machado. (Trad.). 6. ed. Lisboa: Calouste Gulbekian, 1983, p. 166.

[354] ENGISH, Karl. *Introdução do Pensamento Jurídico*. 1983, p. 167.

[355] ENGISH, Karl. *Introdução do Pensamento Jurídico*. 1983, p. 167.

[356] MACHADO, Paulo Affonso Leme. *Direito Ambiental Brasileiro*. 15. ed. São Paulo: Malheiros, 2007, p. 61.

[357] BRASIL. Constituição Federal. *Coletânea de Legislação Ambiental, Constituição Federal*. 2009, p. 844.

utilização dos recursos naturais, poluindo-os ou não, sem contrapartida a ser suportada pelo usuário ou pelo poluidor, tanto na apropriação quanto na descarga de resíduos, promove "a invasão da propriedade privada de todos os que não poluem, confiscando o direito de propriedade alheia":[358]

> Assim, para tornar obrigatório o pagamento pelo uso do recurso ou pela sua poluição não há necessidade de ser provado que o usuário e o poluidor estão cometendo faltas ou infrações. O órgão que pretenda receber o pagamento deve provar o efetivo uso do recurso ambiental ou a sua poluição. A existência de autorização administrativa para poluir, segundo as normas de emissão regularmente fixadas, não isenta o poluidor de pagar pela poluição por ele efetuada. Temos que diferenciar dois momentos da aplicação do princípio "poluidor-pagador" ou "predador-pagador": um momento é o da fixação das tarifas ou preços e/ou da exigência de investimentos na prevenção do uso do recurso natural, e outro momento é o da responsabilização residual ou integral do poluidor. [...] O investimento efetuado para prevenir o dano ou o pagamento do tributo, da tarifa ou do preço público não isentam o poluidor ou predador de ter examinada e aferida sua responsabilidade residual para reparar o dano.

Na mesma senda, Édis Milaré aponta que "o princípio não objetiva, por certo, tolerar a poluição mediante um preço, nem se limita apenas a compensar os danos causados, mas sim, precisamente, evitar o dano ao ambiente".[359] Esta posição denuncia a eminência preventiva do princípio do poluidor-pagador ("polluter pays principles") e afirma existir o princípio do usuário-pagador, sendo ambos distintos, mas complementares, previstos no artigo 4º, inciso VII, da Lei nº 6.938/1981 (Lei da Política Nacional do Meio Ambiente).[360]

Édis Milaré ressalta que o princípio do poluidor-pagador está inscrito no artigo 225, § 3º, da Constituição Federal,[361] que diz que "as condutas e atividades consideradas lesivas ao meio ambiente sujeitarão os infratores, pessoas físicas ou jurídicas, a sanções penais e administrativas, independentemente da obrigação de reparar os danos causados", além de se encontrar igualmente previsto na Declaração do Rio sobre Meio Ambiente e Desenvolvimento, de 1992,[362] em seu Princípio 16:

---

[358] MACHADO, Paulo Affonso Leme. *Direito Ambiental Brasileiro*. 2007, p. 61-63. O autor entende possível o desdobramento do princípio do poluidor-pagador que está contido no do usuário-pagador, pois o simples uso gratuito dos recursos naturais configura locupletamento ilegítimo do usuário e onera a comunidade, privando-a total ou parcialmente do acesso ou da disponibilidade do recurso.

[359] MILARÉ, Édis. *Direito do Ambiente*: doutrina, jurisprudência, glossário. 5. ed. São Paulo: Revista dos Tribunais, 2007, p. 771.

[360] MILARÉ, Édis. *Direito do Ambiente*: doutrina, jurisprudência, glossário. 2007, p. 772-774.

[361] MILARÉ, Édis. *Direito do Ambiente*: doutrina, jurisprudência, glossário. 2007, p. 772.

[362] SOARES, Guido Fernando Silva. *A Proteção Internacional do Meio Ambiente*. Barueri: Manole, 2003, p. 195. (Entender o mundo). "Tendo em vista que o poluidor deve, em princípio, arcar com o custo decorrente da poluição, as autoridades nacionais devem procurar promover a internalização dos custos ambientais e o uso de instrumentos econômicos, levando na devida conta o interesse público, sem distorcer o comércio e os investimentos internacionais".

A *Declaração do Rio*, de 1992, agasalhou a matéria em seu Princípio 16, dispondo que "as autoridades nacionais devem procurar promover a internalização dos custos ambientais e o uso de instrumentos econômicos, tendo em vista a abordagem segundo a qual o poluidor deve, em princípio, arcar com o custo da poluição, com a devida atenção ao interesse público e sem provocar distorções no comércio e nos investimentos internacionais". Entre nós, a Lei da Política Nacional do Meio Ambiente, de 1981, acolheu o princípio do "poluidor-pagador", estabelecendo, com um de seus fins, "a imposição, ao poluidor e ao predador, da obrigação de recuperar e/ou indenizar os danos causados" (art. 4.º, VII, da Lei 6.938/1981). Em reforço a isso assentou a Constituição Federal que "as condutas e atividades consideradas lesivas ao meio ambiente sujeitarão os infratores, pessoas físicas ou jurídicas, a sanções penais e administrativas, independentemente da obrigação de reparar os danos causados" (art. 225, § 3.º).

A essência preventiva do princípio do poluidor-pagador também é acolhida por Celso Antônio Pacheco Fiorillo[363] afirmando poder ser identificadas neste princípio duas órbitas de alcance, a saber: a primeira, de caráter preventivo, busca evitar a ocorrência de danos ambientais; e, a segunda, de cunho repressivo, salienta que ocorrido o dano, visa a sua reparação. O fundamento jurídico deste princípio, segundo o autor, pode ser encontrado no Direito Comunitário europeu e no artigo 225, § 3º, da Constituição Federal, este sustentando a responsabilidade civil objetiva:[364]

Desse modo, num primeiro momento, impõe-se ao poluidor o dever de arcar com as despesas de prevenção dos danos ao meio ambiente que a sua atividade possa ocasionar. Cabe a ele um ônus de utilizar instrumentos necessários à prevenção dos danos. Numa segunda órbita de alcance, esclarece este princípio que, ocorrendo danos ao meio ambiente em razão da atividade desenvolvida, o poluidor será responsável pela sua reparação. [...] Vale observar que na órbita repressiva do princípio do poluidor-pagador há incidência da *responsabilidade civil*, porquanto o próprio pagamento resultante da poluição não possui caráter de pena, nem de sujeição à infração administrativa, o que, por evidente, não exclui a cumulatividade destas, como prevê a Constituição Federal no referido § 3º do art. 225.

Contraponto ao defendido por Celso Antônio Pacheco Fiorillo vem a doutrina lusa de Cláudia Maria Cruz Santos, José Eduardo de Oliveira Figueiredo Dias e Maria Alexandra de Sousa Aragão, em obra coordenada cientificamente por José Joaquim Gomes Canotilho, afirmando textualmente que "é uma idéia fundamentalmente errada pensar que o PPP tem uma natureza curativa e não preventiva, uma vocação para intervir *a posteriori* e não *a priori*":[365]

---

[363] FIORILLO, Celso Antônio Pacheco. *Curso de Direito Ambiental Brasileiro*. 8. ed. São Paulo: Saraiva, 2007, p. 33.

[364] FIORILLO, Celso Antônio Pacheco. *Curso de Direito Ambiental Brasileiro*. 2007, p. 32-33.

[365] SANTOS, Cláudia Maria Cruz; DIAS, José Eduardo de Oliveira Figueiredo; ARAGÃO, Maria Alexandra de Sousa. Princípios do Direito do Ambiente. CANOTILHO, José Joaquim Gomes (coord.).

É uma idéia fundamentalmente errada pensar que o PPP tem uma natureza curativa e não preventiva, uma vocação para intervir *a posteriori* e não *a priori*. Apesar da formulação do PPP poder recordar o princípio jurídico segundo o qual quem causa um dano é responsável devendo suportar a sua reparação, pensamos, com o apoio em grande parte da doutrina, que o PPP não se reconduz a um mero princípio de responsabilidade civil. Isto não significa que se negue que no Direito do Ambiente vigore o princípio da responsabilidade subjectiva ou objectiva por danos causados. Pensamos é que a identificação do PPP com o princípio da responsabilidade não corresponde ao sentido com que o PPP historicamente surgiu, há cerca de duas décadas, formulado primeiro pela OCDE e recebido, pouco mais tarde, pela Comunidade Européia.

E completam estes autores asseverando que "identificar-se o princípio da responsabilidade com o PPP constituiria, do ponto de vista doutrinal, uma perda de sentido útil de ambos, um verdadeiro desaproveitamento das potencialidades dos dois", melhor entendendo que os princípios devem se especializar para conferir grau elevado de eficácia:[366]

A prossecução dos fins de melhoria do ambiente e da qualidade de vida, com justiça social e ao menor custo econômico, será indubitavelmente mais eficaz se cada um dos princípios se "especializar" na realização dos fins para os quais está natural e originalmente mais vocacionado: o princípio da responsabilidade, para a reparação dos danos causados às vítimas; o princípio do poluidor pagador, para a precaução, prevenção e redistribuição dos custos da poluição.

Em verdade, como já defendido anteriormente, não há como fundir a prevenção e a repressão no princípio do poluidor-pagador, sob pena de elaborar composição que destoa e corrompe a essência original deste princípio, como pretendem José de Sousa Cunhal Sendim,[367] Toshio Mukai,[368] Patrícia Faga Iglesias Lemos,[369] Walter Polido,[370] Nelson de Freitas Porfírio

---

In: *Introdução do Direito do Ambiente*. Lisboa: Universidade Aberta, 1998, p. 51. No mesmo sentido: ARAGÃO, Maria Alexandra de Sousa. *Direito Comunitário do Ambiente*. Coimbra: Almedina, 2002, p. 22-25 (Cadernos Cedoua).

[366] SANTOS, Cláudia Maria Cruz; DIAS, José Eduardo de Oliveira Figueiredo; ARAGÃO, Maria Alexandra de Sousa. Princípios do Direito do Ambiente. CANOTILHO, José Joaquim Gomes (coord.). *In: Introdução do Direito do Ambiente*. Lisboa: Universidade Aberta, 1998, p. 51.

[367] SENDIM, José de Sousa Cunhal. *Responsabilidade Civil por Danos Ecológicos*. Coimbra: Almedina, 2002, p. 19-20 (Cadernos Cedoua).

[368] MUKAI, Toshio. *Direito Ambiental Sistematizado*. 4. ed. Rio de Janeiro: Forense Universitária, 2002, p. 38-39. Ao tratar dos princípios fundamentais de Direito Ambiental o autor abre um subitem denominado de "O princípio do poluidor-pagador ou da responsabilização", expressando a utilidade com relação à reparação do dano e indenização, nem sequer referindo à prevenção.

[369] LEMOS, Patrícia Faga Iglesias. *Responsabilidade Civil por Dano ao Meio Ambiente*. São Paulo: Juarez de Oliveira, 2003, p. 105. "O princípio do poluidor-pagador impõe ao poluidor o dever de arcar com as despesas de prevenção, reparação e repressão da poluição. Determinando que o causador da poluição e da degradação dos recursos naturais deve ser o responsável principal pelas conseqüências de sua ação ou omissão".

[370] POLIDO, Walter. *Seguro para Riscos Ambientais*. São Paulo: Revista dos Tribunais, 2003, p. 80. "f) Princípio da responsabilidade – quem viola o ordenamento posto deve sofrer a sanção cabível. G) Princípio do poluidor-pagador – aquele que poluir deve pagar pelo prejuízo causado. Neste prin-

Júnior,[371] Jeanne da Silva Machado,[372] Cristiane Derani,[373] e nem mesmo dissecá-lo em dois momentos ou fases, como sustentam Celso Antônio Pacheco Fiorillo,[374] Marcos Catalan,[375] Sergio Luis Mendonça Alves[376] e Wagner Antônio Alves.[377]

Perceba-se que tanto do ponto de vista histórico quanto do ponto de vista jurídico-conceitual, o princípio do poluidor-pagador é vocacionado para a inibição de riscos e de ameaças ao meio ambiente, não se caracterizando como fundamento de responsabilidade civil. Contudo, não há como negar que o princípio do poluidor-pagador pode ser invocado para subsidiar a responsabilização civil, reforçando o alicerce das medidas decorrentes da imputação, mas sem substituir ou rivalizar com o princípio da responsabilidade ou da responsabilização, de cunho eminentemente repressivo.

Sobre a divergência, Antonio Herman Vasconcelos Benjamin inicia acolhendo a possibilidade do princípio do poluidor-pagador abranger o ressarcimento e a repressão do dano,[378] mas conclui que "seu objetivo principal não é a reparação ou mesmo a repressão do dano ambiental" e que "deve ser uma alavanca efetiva de *prevenção* do dano ambiental".[379]

---

cípio não está implícita, é bom ressaltar, a idéia ou o entendimento de que a prestação pecuniária relativa ao dano ambiental causado se reverte em *licença* para poluir, o que seria impensável e inadmissível".

[371] PORFÍRIO JÚNIOR, Nelson de Freitas. *Responsabilidade do Estado em Face do Dano Ambiental*. São Paulo: Malheiros, 2002, p. 41-42. "Dentre as principais conseqüências deste importante princípio encontram-se a responsabilização *objetiva* do poluidor pelos danos causados ao meio ambiente e a abolição definitiva de antiga pretensão à aquisição de direito de poluir [...]"

[372] MACHADO, Jeanne da Silva. *A Solidariedade na Responsabilidade Ambiental*. Rio de Janeiro: Lumen Juris, 2006, p. 21. "Os princípios da reparação, do usuário pagador e do poluidor pagador dizem respeito à responsabilização de quem utiliza os recursos naturais obrigando o poluidor a "reparar os danos causados" [...]".

[373] DERANI, Cristiane. *Direito Ambiental Econômico*. 2008, p. 143. "De fato, o princípio do poluidor-pagador concretiza-se por meio da obrigação do poluidor de diminuir, evitar e reparar danos ambientais, com os instrumentos clássicos do direito, bem como por intermédio de novas normas de produção e consumo".

[374] FIORILLO, Celso Antônio Pacheco. *Curso de Direito Ambiental Brasileiro*. 2007, p. 32-33.

[375] CATALAN, Marcos. *Proteção Constitucional do Meio Ambiente e seus Mecanismos de Tutela*. São Paulo: Método, 2008, p. 82. O autor adota o entendimento que defende haver duas fases no princípio do poluidor-pagador, sendo a primeira preventiva e a segunda repressiva, citando Celso Antônio Pacheco Fiorillo.

[376] MENDONÇA, Sergio Luis Alves. *Estado Poluidor*. São Paulo: Juarez de Oliveira, 2003, p. 59.

[377] ALVES, Wagner Antônio. *Princípios da Precaução e da Prevenção do Direito Ambiental Brasileiro*. São Paulo: Juarez de Oliveira, 2005, p. 110-115. O autor nomeia o sub-item como "O Princípio do Poluidor-Pagador ou da Responsabilização".

[378] BENJAMIN, Antonio Herman Vasconcelos. O Princípio Poluidor-Pagador e a Reparação do Dano Ambiental. *In*: BENJAMIN, Antonio Herman Vasconcelos (coord.). *Dano Ambiental*: prevenção, reparação e repressão. São Paulo: Revista dos Tribunais, 1993, p. 228.

[379] BENJAMIN, Antonio Herman Vasconcelos. O Princípio Poluidor-Pagador e a Reparação do Dano Ambiental. 1993, p. 235.

Annelise Monteiro Steigleder propõe uma interpretação extensiva para o princípio do poluidor-pagador, mas adverte que tal exercício deve mirar "para enfatizar a sua vocação preventiva, rejeitando exegeses que procurem vislumbrar no poluidor-pagador uma autorização para poluir".[380] Reafirma, ainda, que o cerne deste princípio não é a reparação ou a repressão da degradação ambiental, mas, sim, a prevenção do dano, sem prejuízo de que, como *ultima ratio* empreste fundamento para a responsabilização.[381]

Ratificando a natureza preventiva do princípio do poluidor-pagador, mas desta vez no campo da tributação e afastando-o de qualquer conformação sancionadora, punitiva ou repressiva, Cláudia Dias Soares afirma que acaso os tributos ecológicos não objetivem punir a retirada desproporcional de recursos naturais do patrimônio comum não se estará diante de uma sanção, mas, sim, de "objectivos de direcionamento comportamental (incentivo) e de obtenção de receitas, isto é, fins fiscais e extrafiscais, aqueles que justificam os tributos em causa, e não objetivos sancionatórios".[382]

Enfim, discrepâncias a parte, o que se vê em comum nos doutrinadores é a defesa da internalização das externalidades ambientais negativas, posicionando o princípio do poluidor-pagador no momento limite que integra o processo de decisão acerca da exploração dos recursos naturais: precisamente no ato de escolha entre os usos alternativos para os mesmos bens.

Nesta vertente, vale a referência a José Rubens Morato Leite[383] e Patryck de Araújo Ayala,[384] que além de repudiar a fusão de prevenção e reparação no âmbito do princípio do poluidor-pagador, acentuam a sua relação com a precaução e a prevenção:[385]

> A sigla inglesa bem ilustra o equívoco ou certas imprecisões e dificuldades observadas ao se pretender conceituar o princípio na doutrina, indicando que seu conteúdo é essencialmente *cautelar* e *preventivo*, importando necessariamente na transferência dos custos e ônus geralmente suportados pela sociedade na forma de emissões de poluentes ou resíduos sólidos, para que seja suportado *primeiro* pelo produtor. E os custos de que trata-

---

[380] STEIGLEDER, Annelise Monteiro. *Responsabilidade Civil Ambiental*: as dimensões do dano ambiental no Direito brasileiro. Porto Alegre: Livraria do Advogado, 2004, p. 194.

[381] STEIGLEDER, Annelise Monteiro. *Responsabilidade Civil Ambiental*. 2004, p. 195.

[382] SOARES, Cláudia Dias. *O Imposto Fiscal*: Direito fiscal do ambiente. Coimbra: Almedina, 2002, p. 20 (Cadernos Cedoua).

[383] LEITE, José Rubens Morato. *Dano Ambiental*: do individual ao coletivo extrapatrimonial. 2. ed. São Paulo: Revista dos Tribunais, 2003, p. 59.

[384] LEITE, José Rubens Morato; AYALA, Patryck de Araújo. *Direito Ambiental na Sociedade de Risco*. 2. ed. Rio de Janeiro: Forense, 2004, p. 95-96.

[385] LEITE, José Rubens Morato; AYALA, Patryck de Araújo. 2004, p. 96-97.

mos *não objetivam originariamente* a reparação e o ressarcimento monetário, mediante a fórmula indenizatória e compensatória reproduzida pela legislação civilística, mas envolvem todos os custos relativos, principalmente, à implementação de medidas que objetivam evitar o dano, medidas de prevenção ou mitigação da possibilidade de danos, que devem ser suportadas primeiro pelo poluidor, em momento antecipado, prévio à possibilidade da ocorrência de qualquer dano ao ambiente, mediante procedimento econômico de largo uso na economia do ambiente, que consiste na internalização de todas as externalidades nos custos de produção da atividade pretensamente poluidora.

E se recorrendo à instituição-fonte do princípio do poluidor-pagador, a "Organization et Coopération et de Développement Economique (OCDE)", que o erigiu princípio na Recomendação C (72) 128, de 26 de maio de 1972, ponto n° 4 do anexo denominado "Guiding Principles Concerning the International Economic Aspects of Environmental Policies", vê-se que vinte anos depois a mesma organização confirma, conclui e ratifica a essência e a vocação preventiva do referido princípio, conforme o "OCDE/GD (92) 81, The Polluter-Pays Principle, OCDE Analyses and Recommendations, Environment Directorate",[386] Paris, em 1992, ao dizer, conforme Cláudia Dias Soares:[387]

> O Princípio do Poluidor-Pagador não é um princípio de equidade; ele não visa punir, mas introduzir no sistema econômico os sinais apropriados a que os custos ambientais sejam incorporados no processo de tomada de decisão e, assim, permitir que se chegue a um desenvolvimento sustentado. O objectivo é evitar o desperdício de recursos naturais e colocar um ponto final à utilização gratuita da capacidade assimilativa do ambiente.

Recorrendo à doutrina estrangeira, José Eduardo Figueiredo Dias afirma que a relação da teoria econômica das externalidades e do princípio do poluidor-pagador implica este com as ideias de prevenção ambiental e de correção na fonte como condutoras da formulação deste princípio jurídico,[388] no que é seguido por Maria Alexandra de Sousa Aragão quando aborda tema ainda timidamente estudado pela doutrina brasileira: o

---

[386] OCDE/GD (92) 81, The Polluter-Pays Principle, OCDE Analyses and Recommendations, Environment Directorate, Paris, 1992. *Texto online*. Disponível em: <http://www.ukma.kiev.ua/ua/faculties/fac_prn/ecology/homepage/ukr/pdf/poluter.pdf>. Acesso em 13 dez. 2008. "[...] 3. Conclusions. The Polluter-Pays Principle is not a principle of equity; it is designed not to punish polluters but to set appropriate signals in place in the economic system so that environmental costs are incorporated in the decision-making process and hence arrive at sustainable development that is environment-friendly. The aim is to avoid wasting natural resources and to put an end to the cost-free use of the environment as a receptacle for pollution. A degree of environmental pollution will certainly persist, and the consumer will bear the cost initially charged to the polluter. But use of the Polluter-Pays Principle will secure economic efficiency and will reduce distortions in international trade and investment to a minimum".

[387] SOARES, Cláudia Dias. *O Imposto Ambiental:* direito fiscal do ambiente. 2002, p. 20, nota n° 60.

[388] DIAS, José Eduardo Figueiredo. *Direito Constitucional e Administrativo do Ambiente*. 2. ed. Coimbra: Almedina, 2007, p. 22.

direito dos resíduos.[389] Em seguida, aquele autor afirma que ainda que o princípio do poluidor-pagador esteja ligado à ideia de responsabilização, não se pode deter a marcha do entendimento neste aspecto, mas, sim, promover sua articulação com o princípio da responsabilização:[390]

> Mas, repetimo-lo, o princípio do poluidor pagador não se esgota nessa idéia, em face da sua vocação para a *precaução e prevenção* da poluição (donde resulta a sua relação com os princípios respectivos) e ainda da conexão que mantém com a ideia de *resdistribuição* dos custos do combate à poluição.

Na doutrina a essencialidade preventiva do princípio do poluidor-pagador recebe reforço de Paulo de Bessa Antunes, que ressalta que "o elemento que diferencia o PPP da responsabilidade tradicional é que ele busca afastar o ônus do custo econômico das costas da coletividade e dirigi-lo diretamente ao utilizador dos recursos ambientais",[391] para em seguida afirmar que o princípio do poluidor-pagador "não está fundado no princípio da responsabilidade mas, isto sim, na solidariedade social e na prevenção mediante a imposição da carga pelos custos ambientais nos produtores e consumidores".[392]

Finalmente, ainda que possa haver divergência quanto ao espectro do princípio do poluidor-pagador não se deve ignorar sua precípua função inibitória de ocorrências degradantes ao meio ambiente, ombreando-se com os princípios da precaução e da prevenção, mas não se confundindo com o da responsabilidade por danos ambientais. Diga-se aqui, mesmo que brevemente, pois isso será abordado no próximo capítulo, que o princípio da responsabilidade tem a finalidade de reequilibrar as relações econômico-jurídicas afetadas enquanto o do poluidor-pagador visa impedir que os desequilíbrios ofendam as relações.

Nesta atuação inibitória é que o artigo 12 e parágrafo único da Lei nº 6.938/1981 (Lei da Política Nacional do Meio Ambiente) reverbera com adequação ímpar o princípio do poluidor-pagador, precisamente quando condiciona, *a priori*, os incentivos e os financiamentos ao prévio licenciamento ambiental, à realização de obras e equipamentos para a melhoria e

---

[389] ARAGÃO, Maria Alexandra de Sousa. *O Direito dos Resíduos*. Coimbra: Almedina, 2003, p. 13-14. "As tarifas de resíduos sólidos devem observar os princípios da adequação, do equilíbrio econômico e financeiro e do utilizador-pagador e respeitar a necessidade de induzir, nos utentes, comportamentos que se ajustem ao interesse público. [...] Desta forma, institui-se um regime de interiorização total dos custos de exploração de aterros, oq eu terá como consequência um aumento significativo dos custos de deposição dos resíduos, (sobretudo se considerarmos que o período legal de 30 anos para monitorização após o encerramento será, em média, francamente superior ao tempo de vida útil do aterro) incentivando, consequentemente, por via indirecta, a valorização, em detrimento da eliminação".

[390] DIAS, José Eduardo Figueiredo. *Direito Constitucional e Administrativo do Ambiente*. 2007, p. 23.

[391] ANTUNES, Paulo de Bessa. *Direito Ambiental*. 7. ed. Rio de Janeiro: Lumen Juris, 2004, p. 42.

[392] ANTUNES, Paulo de Bessa. *Direito Ambiental*. 2004, p. 42.

controle da qualidade ambiental, além de cumprimento das normas, dos critérios e dos padrões expedidos pelo Conselho Nacional do Meio Ambiente (CONAMA).

### 3.4.3. Reflexão Acerca do "Poluidor"

A palavra "poluidor" como integrante da consagrada expressão "poluidor-pagador" merece alguma reflexão, sem pretensão de crítica ou de revisão, mas, sim e exclusivamente, com o fim de reforçar a importância e o alcance do princípio analisado.

A definição de poluidor no direito positivo brasileiro vem ocupando o artigo 3º, inciso IV, da Lei nº 6.938/1981 (Lei da Política Nacional do Meio Ambiente), ao prever sê-lo "a pessoa física ou jurídica, de direito público ou privado, responsável, direta ou indiretamente, por atividade causadora de degradação ambiental",[393] da qual não se distancia a doutrina representada por Édis Milaré[394] e Celso Antonio Pacheco Fiorillo[395] entre outros.

A poluição, por sua vez, entendida como resultado da atividade do poluidor, também é definida na Lei nº 6.938/1981 (Lei da Política Nacional do Meio Ambiente), no artigo 3º, inciso III,[396] como sendo a degradação da qualidade ambiental resultante de atividades que direta ou indiretamente prejudiquem a saúde, a segurança e o bem-estar da população, criem condições adversas às atividades sociais e econômicas, afetem desfavoravelmente a biota, afetem as condições estéticas ou sanitárias do meio ambiente e lancem matérias ou energia em desacordo com os padrões ambientais estabelecidos, da qual a doutrina igualmente se mantém balizada, a exemplo de Paulo Affonso Leme Machado.[397]

Vê-se, portanto, que tanto na definição de "poluidor" quanto na de "poluição" se transmite, aparentemente, a ideia de evento danoso já ocorrido ou consumado, especialmente quando se apartam, respectivamente, as frações "atividade causadora de degradação ambiental" e "a degradação da qualidade ambiental resultante de atividade", do artigo 3º, inciso III, da Lei nº 6.938/1981 (Lei da Política Nacional do Meio Ambiente).[398] A toda evidência, acaso o intérprete se mantenha atrelado exclusivamente

---

[393] BRASIL. Constituição Federal. *Coletânea de Legislação Ambiental, Constituição Federal.* 2009, p. 844.

[394] MILARÉ, Édis. *Direito do Ambiente*: doutrina, jurisprudência, glossário. 2007, p. 1268.

[395] FIORILLO, Celso Antônio Pacheco. *Curso de Direito Ambiental Brasileiro.* 2007, p. 37.

[396] BRASIL. Constituição Federal. *Coletânea de Legislação Ambiental, Constituição Federal.* 2009, p. 844.

[397] MACHADO, Paulo Affonso Leme. *Direito Ambiental Brasileiro.* 2007, p. 531-533.

[398] BRASIL. Constituição Federal. *Coletânea de Legislação Ambiental, Constituição Federal.* 2009, p. 844.

à literalidade destas sentenças, o resultado da interpretação será incompatível com a conclusão adequada para o atendimento dos carecimentos da sociedade de risco.

Mas desta questão pode surgir uma problematização, a saber: se o poluidor é aquele responsável, direta ou indiretamente, por atividade que resulta em degradação ambiental, como admitir correto o emprego da expressão "poluidor" na composição do princípio do poluidor-pagador, já que a internalização das externalidades negativas ambientais deve ocorrer em momento anterior à instalação e operação da atividade, quando não há atividade instalada ou em operação, mas, mero projeto?

A solução desta possível problematização passa por uma importante constatação, fundada na mudança de paradigma, a saber: guiar-se pela ideia da inexorabilidade do dano ou da satisfação com a mera correção de comportamentos já consumados não se coaduna com o perfil do Estado social, sustentado também na prevenção de riscos com vistas ao atendimento do valor solidariedade. E mais: o plexo de informações disponíveis e o atual nível de desenvolvimento científico e tecnológico outorgam ao intérprete, tanto da Ciência do Direito quanto das demais ciências, a capacidade de pesquisar, conhecer e prever com antecedência muitos daqueles resultados de condutas, comissivas e omissivas, necessárias para a prática de atividades que sabidamente causam degradação, o que exonera a sociedade do indesejável jugo de suportar o dano e em seguida se aventurar à reparação.

Reservar a palavra "poluidor" apenas para aqueles atores sociais que já perpetraram ou consumaram a prática de condutas degradantes da qualidade ambiental, mesmo se sabendo de antemão que seus comportamentos seriam causa de poluição, é conservar, ainda que inconscientemente, o vezo do pensamento liberal em que a prevenção e a intervenção estatal reguladora por meio de políticas públicas eram providências interditadas ao Estado e não merecidas pela coletividade.

Assim, a adoção da expressão "poluidor-pagador" não encontra qualquer inadequação semântica, ou mesmo pragmática, uma vez que a significação e o alcance do princípio do poluidor-pagador, bem como de qualquer outro, não pode sofrer restrição de texto normativo. Ao contrário, os textos normativos é que devem ser interpretados numa perspectiva dos princípios, para que alcancem seu ponto ótimo de eficácia.

### 3.4.4. Crítica ao Usuário-Pagador

Alguns autores por vezes preferem cindir o princípio do poluidor-pagador para extrair o do usuário-pagador sem, no entanto, demonstrar cabalmente o acerto ou, no mínimo, a utilidade desta dissecação interpretativa.

Jeanne da Silva Machado funde os princípios da reparação, do usuário-pagador e do poluidor-pagador, referindo-os no artigo 4º, inciso VII, da Lei nº 6.938/1981 (Lei da Política Nacional do Meio Ambiente), e no artigo 225, § 3º, da Constituição Federal, simplesmente,[399] não havendo qualquer fundamentação que sustente a distinção entre usuário e poluidor. Nelson de Freitas Porfírio Júnior prefere a denominação usuário-pagador em razão da clareza que empresta à necessidade da instituição de instrumentos de cobrança pelo uso dos recursos ambientais, contudo, adota o poluidor-pagador por causa da doutrina.[400]

Paulo Affonso Leme Machado aponta que "princípio do usuário-pagador não é uma punição, pois mesmo não existindo qualquer ilicitude no comportamento do pagador ele pode ser implementado".[401] Mas este entendimento é inconsistente: o poluidor-pagador também não exige ilicitude para ser aplicado, o que compromete a diferenciação tornando-a vazia de sentido, uma vez que a ilicitude é irrelevante na responsabilidade civil ambiental no Direito brasileiro, conforme o artigo 225, § 3º, da Constituição Federal, e os artigos 3º, inciso IV, 4º, VII, e 14, § 1º, da Lei nº 6.938/1981 (Lei da Política Nacional do Meio Ambiente).

Édis Milaré anota que o princípio do usuário-pagador pretende "evitar que o 'custo zero' dos serviços e recursos ambientais acabe por conduzir o sistema de mercado à hiperexploração do meio ambiente",[402] afirmando que o artigo 4º, inciso VII, da Lei nº 6.938/1981 (Lei da Política Nacional do Meio Ambiente) refere que o usuário deve pagar contribuição pela utilização de recursos ambientais com fins econômicos, exemplificando com o pagamento do uso dos recursos hídricos. Reconhece o próprio autor que "o usuário-pagador parece inócuo ou perdido".[403] Este posicionamento, igualmente, não tem consistência, especialmente por se fundar naquele mesmo alicerce do poluidor-pagador: as externalidades negativas, custos externos ou sociais.

Antônio Herman Vasconcelos Benjamin prefere a denominação usuário-pagador ao invés de poluidor-pagador pela simples razão de que aquela não deixa transparecer, ainda que enganosamente, que se trata de

---

[399] MACHADO, Jeanne da Silva. *A Solidariedade na Responsabilidade Ambiental*. 2006, p. 21-22.

[400] PORFÍRIO JÚNIOR, Nelson de Freitas. *Responsabilidade do Estado em Face do Dano Ambiental*. 2002, p. 41.

[401] MACHADO, Paulo Affonso Leme. *Direito Ambiental Brasileiro*. 2007, p. 62.

[402] MILARÉ, Édis. *Direito do Ambiente*: doutrina, jurisprudência, glossário. 2007, p. 772.

[403] MILARÉ, Édis. *Direito do Ambiente*: doutrina, jurisprudência, glossário. 2007, p. 772-773.

uma equação econômica em que "se posso pagar posso poluir". Porém, resigna-se diante da tradição e adota o título poluidor-pagador.[404]

A este respeito vale a crítica de Maria Alexandra de Sousa Aragão:[405]

> Os defensores do Princípio do *Utilizador* Pagador e do Princípio do *Consumidor* Pagador, primeiro, constatam que há casos em que não é o poluidor directo que efectivamente paga; e depois vão um pouco mais longe ao aperceber-se de que quem paga não é totalmente estranho à poluição. Para patentear essa relação, subvertem um conceito clássico e consagrado e substituem-no por uma expressão equívoca, mas que parece salvar parcialmente a bondade jurídica do princípio. As expressões *utilizador* e *consumidor* são equívocas, primeiro porque, deixando de conter a palavra-chave definidora do campo de aplicação dos princípios, a palavra *poluição*, os transformam em princípios ambíguos; depois, em nossa opinião, não por serem simples utilizadores ou consumidores, mas porque eles próprios também são poluidores. Podem ser poluidores efectivos ou potenciais, directos ou indirectos, é certo, mas são sempre poluidores, na acepção que temos vindo a expor.

O usuário é fundamentalmente o próprio poluidor, direto ou indireto. Não se entendendo assim, haverá um princípio para cada caso, a saber: o consumidor-pagador, o patrocinador-pagador, o financiador-pagador entre outros. Ademais, carece de fundamento o desdobro de um princípio em razão do autor da conduta, uma vez que os princípios são normas finalísticas e cuja aplicação exige uma avaliação da correlação entre o estado de coisas a promover e os efeitos decorrentes da conduta necessária à sua promoção.[406]

---

[404] BENJAMIM, Antônio Herman Vasconcelos. Direito Ambiental Constitucional Brasileiro. *In*: CANOTILHO, José Joaquim Gomes; LEITE, José Rubens Morato (orgs.). *Direito Constitucional Ambiental Brasileiro*. São Paulo: Saraiva, 2007, p. 227.

[405] ARAGÃO, Maria Alexandra de Sousa. *O Princípio do Poluidor Pagador*. 1997, p. 193.

[406] ÁVILA, Humberto. *Teoria dos Princípios*: da definição à aplicação dos princípios jurídicos. 6. ed. São Paulo: Malheiros, 2006, p. 167.

## 4. Financiamento e meio ambiente

### 4.1. Relação direta

A ampliação do consumo no mercado interno e a intensificação das transações comerciais transfronteiriças e internacionais exigem crescentes aportes de recursos financeiros que são representados, em grande parte, pela disponibilidade e acesso ao crédito, que serve tanto para subsidiar a produção quanto para possibilitar o acesso a bens de consumo.

O crédito, portanto, detém a capacidade de regular o ritmo da atividade produtiva no aspecto quantitativo, o que afeta diretamente a pressão sobre os estoques de recursos naturais. De outra parte, a qualidade da produção também é influenciada pelo crédito ao possibilitar adoção de novas tecnologias produtivas e de máximo aproveitamento dos insumos e resíduos, o que necessita de permanente investimento na busca da máxima eficiência, representada aqui, por exemplo, no aumento da produção com menor quantidade de matéria-prima, energia entre outros.

Em razão disso, dentre tantas outras faces desta relação, é que, conforme Humberto Adami,[407] pode-se afirmar que "é pela atividade financeira que passa, necessariamente, o progresso de uma população e, portanto, o financiamento pode e deve ser utilizado como instrumento de controle ambiental". A esta assertiva se agrega a consideração de que "enquanto alguns lucram com a atividade que causa dano ambiental, bancos inclusive, todos são chamados a contribuir na hora da despoluição".[408]

---

[407] ADAMI, Humberto. Meio Ambiente e Bancos: 10 anos depois, a volta da questão da responsabilidade ambiental das instituições financeiras. Advocacia de combate e estratégias, colocando lado a lado movimento social e ministério público. In: WERNECK, Mário; SILVA, Bruno Campos; MOURÃO, Henrique A; MORAES, Marcus Vinicius Ferreira de; OLIVEIRA, Walter Soares (Coord.). *Direito Ambiental*: visto por nós advogados. Belo Horizonte: Del Rey, 2005, p. 745.

[408] ADAMI, Humberto. Meio Ambiente e Bancos: 10 anos depois, a volta da questão da responsabilidade ambiental das instituições financeiras. Advocacia de combate e estratégias, colocando lado a lado movimento social e ministério público. 2005, p. 746.

## 4.2. Crédito e meio ambiente

A perspectiva de incrementar o controle e a melhoria da qualidade ambiental simultaneamente ao desenvolvimento econômico por meio da interação entre recursos financeiros e recursos naturais não é preocupação original, nem recente. Contudo, a efetividade dos instrumentos econômicos postos a serviço da conservação carece, mesmo atualmente, de medidas de *enforcement* para que alcancem resultados concretos, como, por exemplo, a restrição ou exigências qualificadas para acessar o crédito para atividades produtivas rurais ou industriais.

A Conferência das Nações Unidas sobre o Meio Ambiente Humano, realizada em Estocolmo, Suécia, em 1972, foi a primeira manifestação organizada de reação da sociedade global na defesa do meio ambiente diante do desenvolvimento econômico, visando qualidade de vida e dignidade, podendo se constatar que uma das preocupações é a implicação entre recursos financeiros e proteção ambiental, consoante a Declaração de Estocolmo sobre Meio Ambiente[409] nos Princípios n°s 4,[410] 8,[411] 10,[412] 11,[413] 12[414] e 13.[415]

---

[409] SILVA, Geraldo Eulálio do Nascimento e. *Direito Ambiental Internacional*. 2. ed. Rio de Janeiro: Thex, 2002, p. 322-325.

[410] SILVA, Geraldo Eulálio do Nascimento e. *Direito Ambiental Internacional*. 2002, p. 322-323. Princípio n° 4 – "O homem tem a responsabilidade especial de preservar e administrar judiciosamente o patrimônio representado pela flora e fauna silvestre, bem assim o seu *habitat*, que se encontram atualmente em grave perigo, por uma combinação de fatores adversos. Em conseqüência, ao planificar o desenvolvimento econômico, deve ser atribuída importância à conservação da natureza, incluídas a flora e a fauna silvestres".

[411] SILVA, Geraldo Eulálio do Nascimento e. *Direito Ambiental Internacional*. 2002, p. 323. Princípio n° 8 – "O desenvolvimento econômico e social é indispensável para assegurar ao homem um ambiente de vida e trabalho favorável e criar, na Terra, as condições necessárias à melhoria da qualidade de vida".

[412] SILVA, Geraldo Eulálio do Nascimento e. *Direito Ambiental Internacional*. 2002, p. 323. Princípio n° 10 – "Para os países em desenvolvimento, a estabilidade de preços e pagamento adequado para comodidades primária e matérias-primas são essenciais à administração do meio ambiente, de vez que se deve levar em conta os fatores econômicos como os processo ecológicos".

[413] SILVA, Geraldo Eulálio do Nascimento e. *Direito Ambiental Internacional*. 2002, p. 323. Princípio n° 11 – "As políticas ambientais de todos os países deveriam melhorar e não afetar adversamente o potencial desenvolvimentista atual e futuro dos países em desenvolvimento, nem obstar o atendimento de melhores condições de vida para todos; os Estados e as organizações internacionais deveriam adotar providências apropriadas, visando chegar a um acordo, para fazer frente às possíveis conseqüências econômicas nacionais e internacionais resultantes da aplicação de medidas ambientais".

[414] SILVA, Geraldo Eulálio do Nascimento e. *Direito Ambiental Internacional*. 2002, p. 324. Princípio n° 12 – "Deveriam ser destinados recursos à preservação e melhoramentos do meio ambiente, tendo em conta as circunstâncias e as necessidades especiais dos países em desenvolvimento e quaisquer custos que possam emanar, para esses países, a inclusão de medidas de conservação do meio ambiente, em seus planos de desenvolvimento, assim como a necessidade de lhes ser prestada, quando solicitada, maior assistência técnica e financeira internacional para esse fim".

Neste sentido, vem Pedro Portugal Gaspar admitindo haver sido a Conferência de Estocolmo como "o marco de referência do início da política ambiental contemporânea", sem prejuízo de outras manifestações anteriores, sendo estas, contudo, desprovidas de coerência e estruturação para uma política global de defesa ambiental.[416] Para este autor, portanto, importa asseverar que "convém ter presente que a Conferência de Estocolmo originou um impulso e uma adesão de diversas Organizações Internacionais e de diversos Estados à temática ambiental, criando para tal, diversos programas de acção, bem como legislação específica para o efeito".[417]

A relação entre recursos financeiros, desenvolvimento e meio ambiente é reconhecida pela Declaração de Estocolmo e, posteriormente, reafirmada pela Declaração do Rio, de 1992, implicando na interpolação dos agentes financiadores, públicos ou privados, nacionais ou internacionais, na dinâmica que mira o acalentado desenvolvimento sustentável.

Há uma tendência mundial de preferência por empresas socialmente responsáveis, que adotem práticas sustentáveis e, além de tudo, sejam rentáveis, o que atrai investidores com preferência por aplicações nos denominados "investimentos socialmente responsáveis" (SRI). Esta preferência está relacionada com o fato dessas empresas estarem mais preparadas para enfrentar riscos econômicos, sociais e ambientais, o que vem sendo amplamente atendido por vários instrumentos financeiros no mercado internacional.

Paulo Affonso Leme Machado afirma que, no Brasil, o crédito para a produção e o consumo está atrelado à moralidade, à legalidade, à ética entre outras, não sendo aceitável que o financiamento, público ou privado, propicie a degradação ambiental, sobretudo em razão da exigência constitucional para o Sistema Financeiro Nacional servir aos interesses da coletividade, nos termos do artigo 192.[418]

Assim, tanto internacional quanto nacionalmente há iniciativas governamentais e setoriais privadas destinadas a inserir a variável ambiental nas relações entre os organismos de incentivos e financiamentos e os respectivos beneficiários, públicos ou privados.

---

[415] SILVA, Geraldo Eulálio do Nascimento e. *Direito Ambiental Internacional*. 2002, p. 324. Princípio nº 13 – "A fim de lograr um ordenamento mais racional dos recursos em assim, melhorar as condições ambientais, os Estados deveriam adotar um enfoque integrado e coordenado da planificação de seu desenvolvimento, de modo a que fique assegurada a compatibilidade do desenvolvimento, com a necessidade de proteger e melhorar o meio ambiente humano, em benefício de sua população".

[416] GASPAR, Pedro Portugal. *O Estado de Emergência Ambiental*. Coimbra: Almedina, 2005, p. 13.

[417] GASPAR, Pedro Portugal. *O Estado de Emergência Ambiental*. 2005, p. 16.

[418] MACHADO, Paulo Affonso Leme. *Recursos Hídricos*: Direito brasileiro e internacional. São Paulo: Malheiros. 2002, p. 332.

## 4.3. Iniciativas internacionais

A síntese que segue anseia abordagem horizontal do panorama estrangeiro relativo à responsabilidade civil dos financiadores por danos ao meio ambiente, não tendo a pretensão de esgotar todas as previsões e nem mesmo analisá-las verticalmente. Enfim, foram escolhidas algumas disposições legais e iniciativas institucionais que se apresentam proeminentes e úteis ao objeto deste estudo.

### 4.3.1. Comprehensive Environmental Response Compensation and Liability Act (CERCLA)

Nos Estados Unidos da América as normas ambientais também são de competência federal, sendo uma delas o "Comprehensive Environmental Response Compensation and Liability Act" (CERCLA),[419] aprovado em 11 de dezembro de 1980 pelo Congresso Americano e incorporado ao "Federal Code" em seu título n° 42, capítulo 103.[420]

A finalidade do "Comprehensive Environmental Response Compensation and Liability Act" (CERCLA) é impor aos poluidores o pagamento dos custos relacionados com a reparação da poluição relacionada com a atividade desenvolvida, consubstanciando-se no conhecido "superfund" em que a "Environmental Protection Agency" (EPA) financia a despoluição e, em seguida, cobra dos poluidores o reembolso dos custos da reparação.

Com relação aos financiadores, segundo Ana Luci Esteves Grizzi et al.,[421] a "Environmental Protection Agency" (EPA) editou em 1992 a "Lender Liability Rule", que os afasta de ser considerados responsáveis pelas provisões do "Comprehensive Environmental Response Compensation and Liability Act" (CERCLA), ainda que requeiram auditorias ambientais, exijam o cumprimento da legislação ambiental, concedam incentivos ou recebam as propriedades dos seus mutuários.

---

[419] COMP\ENVIR2\CERCLA. *Comprehensive Environmental Response, Compensation, and liability act of 1980*
"SUPERFUND". *Texto online*. Disponível em: <http://epw.senate.gov/cercla.pdf>. Acesso em: 17 dez. 2008.

[420] LAW SCHOOL. CORNELL UNIVERSITY. Federal Code. Code collection. *Legal Information*. Disponível em: <http://www4.law.cornell.edu/uscode/html/uscode42/usc_sup_01_42_10_103.html>. Acesso em: 17 dez. 2008.

[421] GRIZZI, Ana Luci Esteves et al. *Responsabilidade Civil Ambiental dos Financiadores*. Rio de Janeiro: Lumen Juris, 2003, p. 90.

Contudo, em 1996, o Congresso Americano editou o "Asset Conservation, Lender Liability and Deposit Protections Act",[422] que prevê que os financiadores não devem ser considerados como gerenciadores da atividade que degrada o ambiente e, por isso, não podem ser responsabilizados pelos custos ambientais, preventivos ou repressivos, desde que o financiador demonstre que não exerceu a gerência dos negócios do mutuário poluidor.[423]

De se ressaltar que o "Asset Conservation, Lender Liability and Deposit Protections Act", de 1996, não isenta os financiadores das ações judiciais propostas tendo por fundamento as leis e os regulamentos administrativos estaduais de proteção ambiental, além de não beneficiar aqueles que adquirem propriedades havidas pelos financiadores em razão dos mútuos.[424]

Finalmente, o "Asset Conservation, Lender Liability and Deposit Protections Act" limita a responsabilidade do financiador aos ativos que lhe foram concedidos em garantia do empréstimo, além do que os bens privados dos sócios da instituição financiadora estão livres de constrição em razão dos danos ambientais, o que afasta a teoria da desconsideração da personalidade jurídica ou "disregard of legal entity doctrine".[425]

### 4.3.2. UNEP Finance Initiative (UNEP-FI)

As Nações Unidas instituíram em 1992 uma iniciativa dentro do Programa das Nações Unidas para o Meio Ambiente (PNUMA) ou "United Nations Environment Programme" (UNEP), conhecida como "UNEP Finance Initiative" (UNEP-FI),[426] que objetiva "promover a integração de todas as recomendações sobre os aspectos ambientais para operações e serviços do setor financeiro, bem como orientar investimentos do setor privado para o desenvolvimento de tecnologias e serviços para a melho-

---

[422] UNITED STATES – ENVIROMENTAL PROTECTION AGENCY. Brownfields and Land Revitalization. Asset Conservation, Lender Liability, and Deposit Insurance Protection Act. *Texto online.* Disponível em: <http://www.epa.gov/brownfields/html-doc/lendliab.htm>. Acesso em: 17 dez. 2008.

[423] GRIZZI, Ana Luci Esteves et al. *Responsabilidade Civil Ambiental dos Financiadores.* Rio de Janeiro: Lumen Juris, 2003, p. 91.

[424] GRIZZI, Ana Luci Esteves et al. *Responsabilidade Civil Ambiental dos Financiadores.* 2003, p. 92-93.

[425] GRIZZI, Ana Luci Esteves et al. *Responsabilidade Civil Ambiental dos Financiadores.* 2003, p. 93.

[426] UNEP. UNITED NATIONS ENVIRONMENT PROGRAMME. Finance Initiative. Innovate financing for sustainability. About UNEP FI. *Texto online.* Disponível em: <http://www.unepfi.org/about/index.html>. Acesso em: 18 dez. 2008.

ria do meio ambiente", conforme anuncia Maria de Fátima Cavalcante Tosini.[427]

Em seguida ao advento desta iniciativa foi firmado ainda em 1992 um termo de compromisso entre o Programa das Nações Unidas para o Meio Ambiente (PNUMA) e os Bancos NarWest Bank, Deutsche Bank, Royale Bank of Canada, Hong Kong & Shanghai Banking Corporation e Westpac Banking Corporation, que ficou conhecido como "Statement by Financial Institutions on the Environment & Sustainable Development" ou Declaração Internacional dos Bancos para o Meio Ambiente e Desenvolvimento Sustentável.[428]

Em 1998 já haviam aderido a esta Declaração mais de 100 instituições financeiras, além de mais de 75 seguradoras que adotaram compromisso idêntico no "Insurance Industry Initiative on the Environment",[429] sendo que do Brasil estão comprometidos o Banco Nacional de Desenvolvimento Econômico e Social (BNDES) e o Banco Itaú Holding Financeira S.A.[430]

### 4.3.3. Dow Jones Sustainability World Index (DJSI World)

O mercado financeiro, segundo Paula Bagrichevsky de Souza,[431] mantém-se espontaneamente atento ao desenvolvimento sustentável, sendo uma destas demonstrações a iniciativa do Grupo Dow Jones, em 1999, com a criação do "Dow Jones Sustainability World Indexes" (DJSI World), que vem monitorando e aferindo o grau de sustentabilidade de empresas por meio do respectivo índice. Este índice é composto por "ações de empresas de reconhecida responsabilidade corporativa, capazes de criar valor para os acionistas no longo prazo, por conseguirem aproveitar oportunidade e gerenciar os riscos associados a fatores econômicos, ambientais e sociais".

A participação brasileira no "Dow Jones Sustainability World Indexes" (DJSI World) até o dia 30 de novembro de 2008 era representada

---

[427] TOSINI, Maria de Fátima Cavalcante. *Risco Ambiental para as Instituições Financeiras*. São Paulo: Annablume, 2006, p. 22.

[428] TOSINI, Maria de Fátima Cavalcante. *Risco Ambiental para as Instituições Financeiras*. 2006, p. 22.

[429] UNEP UNITED NATIONS ENVIRONMENT PROGRAMME. Finance Initiative. Innovative financing for sustainability. Declaração Internacional da Banca sobre Ambiente e Desenvolvimento Sustentável (Sustain-Ability). *Texto online* Disponível em: <http://www.unepfi.org/fileadmin/statements/fi/fi_statement_pt.pdf>. Acesso em: 18 dez. 2008.

[430] UNEP UNITED NATIONS ENVIRONMENT PROGRAMME. Our Signatories. *Texto online*. Disponível em: <http://www.unepfi.org/signatories/index.html>. Acesso em: 18 dez. 2008.

[431] SOUZA, Paula Bagrichevsky de. As Instituições Financeiras e a Proteção ao Meio Ambiente. *Revista do BNDES*. n° 23. vol. 12. jun. 2005. Rio de Janeiro: BNDES, 2005. Disponível em: <http://www.bndes.gov.br/conhecimento/revista/rev2312.pdf>. Acesso em: 17 dez. 2008, p. 271

por Aracruz Celulose S.A., Banco Bradesco S.A., Banco Itaú Holding Financeira S.A., Companhia Energética de Minas Gerais (CEMIG), Itausa-Investimentos Itaú S.A., Petróleo Brasileiro S.A., Usinas Siderúrgicas de Minas Gerais S.A. e Votorantim Celulose e Papel S.A.[432]

### 4.3.4. International Finance Corporation (IFC)

A "International Finance Corporation" (IFC) trata-se de organização criada em 1956 e que tem por objetivo a promoção do progresso dos países-membros, centrando seus esforços no desenvolvimento do setor privado, sendo integrante do Banco Internacional para a Reconstrução e o Desenvolvimento (BIRD ou Banco Mundial) juntamente com a Associação Internacional de Desenvolvimento (IDA) e a Agência Multilateral de Investimentos e Garantia (MIGA).[433]

Em 1998, segundo Maria de Fátima Cavalcante Tosini,[434] a "International Finance Corporation" (IFC) incrementou a estratégia de conceder prioridade para projetos centrados no meio ambiente e divulgou uma diretriz sobre políticas e procedimentos ambientais e sociais para projetos por ela financiados, propondo outorgar maior relevância as aspectos ambientais e sociais dos projetos financiados.

Em 30 de abril de 2006, a "International Finance Corporation" (IFC) editou nova versão de sua Política de Sustentabilidade Social e Ambiental,[435] onde na Seção 3 "Funções e Responsabilidades da IFC", item 10, consta que nas operações do IFC os clientes devem gerenciar os impactos e os riscos socioambientais dos respectivos projetos, avaliando-os e implementando medidas adequadas aos padrões desejáveis de desempenho.

### 4.3.5. Equator principles

Em uma iniciativa privada dos bancos privados ABN Amro, Barclays, Citigroup, Crédit Lyonnais, Crédit Suisse, Hypo Vereinsbank (HVB), Ra-

---

[432] DOW JONES SUSTAINABILITY INDEXES. Components – Djsi World And Djsi World Ex Us. *Texto online*. Disponível em: <http://www.sustainability-index.com/07_htmle/data/djsiworld.html>. Acesso em: 18 dez. 2008.

[433] IFC. CORPORAÇÃO FINANCEIRA INTERNACIONAL. Sobre o IFC. *Texto online*. Disponível em: <http://www.ifc.org/ifcext/portuguese.nsf/Content/Home>. Acesso em: 18 dez. 2008.

[434] TOSINI, Maria de Fátima Cavalcante. *Risco Ambiental para as Instituições Financeiras*. 2006, p. 23-24.

[435] IFC. CORPORAÇÃO FINANCEIRA INTERNACIONAL. Política de Sustentabilidade Social e Ambiental. 30 de abril de 2006. *Texto online*. Disponível em: <http://www.ifc.org/ifcext/sustainability.nsf/AttachmentsByTitle/pol_SocEnvSustainability2006_Portuguese/$FILE/SustainabilityPolicy_Portuguese.pdf>. Acesso em: 18 dez. 2008.

dobank, Royal Bank of Scotland, WestLB e Westpac, e com fundamento nos critérios sociais e ambientais adotados pelo "International Finance Corporation" (IFC), foram anunciados, em 2003, os "Equator Principles" ou os Princípios do Equador.

Os Princípios do Equador representam exigências sociais e ambientais mínimas a serem cumpridas pelos mutuários e configuram condições para a concessão de crédito por parte de instituições financeiras privadas, o que inicialmente afetaria projetos com custo total acima de U$ 50 milhões de dólares, conforme Paula Bagrichevsky de Souza,[436] sendo que desde 2006, quando foi elaborada uma nova versão destes Princípios, em Londres,[437] o custo total do projeto foi reduzido para U$ 10 milhões de dólares.[438]

Para projetos financiados com suporte nos Princípios do Equador, as instituições financeiras avaliam o risco e recomendam proporcionalmente que o mutuário adote medidas ou práticas inibitórias, preventivas, mitigadoras ou compensadoras dos impactos ambientais, o que permite que o desempenho ambiental das empresas seja aprimorado com uma estreita relação com os órgãos ambientais licenciadores e fiscalizadores. Além disso, aponta como fundamental que as instituições financeiras criem departamentos especializados em meio ambiente, devidamente estruturados, que se dediquem à análise dos aspectos ambientais dos projetos financiados.[439]

Atualmente, as instituições financeiras brasileiras que adotam os Princípios do Equador são o Banco do Brasil, o Banco Bradesco, o Banco Itaú e o Unibanco.[440]

---

[436] SOUZA, Paula Bagrichevsky de. As Instituições Financeiras e a Proteção ao Meio Ambiente. *Revista do BNDES*. n. 23. vol. 12. jun. 2005. Rio de Janeiro: BNDES, 2005. Disponível em: <http://www.bndes.gov.br/conhecimento/revista/rev2312.pdf>. Acesso em: 17 dez. 2008, p. 276.

[437] EQUADOR. Princípios do Equador. Um referencial do setor financeiro para identificação, avaliação e gestão de risco socioambiental no financiamento de projetos. Londres: Julho de 2006. *Texto online*. Disponível em: <http://www.equator-principles.com/documents/ep_translations/EP_Portuguese.pdf>. Acesso em: 18 dez. 2008. Tradução não oficial.

[438] EQUADOR. Princípios do Equador. Um referencial do setor financeiro para identificação, avaliação e gestão de risco socioambiental no financiamento de projetos. Londres: Julho de 2006. *Texto online*. Disponível em: <http://www.equator-principles.com/documents/ep_translations/EP_Portuguese.pdf>. Acesso em: 18 dez. 2008. Tradução não oficial. Disponível em: <http://www.equator-principles.com/documents/Equator_Principles.pdf>. Acesso em: 18 dez. 2008.

[439] SOUZA, Paula Bagrichevsky de. As Instituições Financeiras e a Proteção ao Meio Ambiente. *Revista do BNDES*. n. 23. vol. 12. jun. 2005. Disponível em: <http://www.bndes.gov.br/conhecimento/revista/rev2312.pdf>. Acesso em: 17 dez. 2008, p. 277.

[440] THE EQUATOR PRINCIPLES. A benchmark for the financial industr to manage social and environmental issues in project financing. *Texto online*. Disponível em: <http://www.equator-principles.com/index.shtml>. Acesso em: 18 dez. 2008.

## 4.4. Iniciativas nacionais

### 4.4.1. *Plano governamental: protocolo verde*

Uma importante iniciativa governamental promovida em 1995 se constituiu na reunião dos Ministérios do Meio Ambiente, dos Recursos Hídricos e da Amazônia Legal, da Fazenda, do Planejamento e Orçamento, da Agricultura, do Abastecimento e da Reforma Agrária, o Instituto Brasileiro do Meio Ambiente e dos Recursos Naturais Renováveis (IBAMA), o Banco Central do Brasil, o Banco do Brasil S.A., a Caixa Econômica Federal, o Banco do Nordeste do Brasil S.A., o Banco da Amazônia S.A. e o Banco Nacional de Desenvolvimento Econômico e Social em um Grupo de Trabalho que, segundo o artigo 1º do Decreto de 28 de abril de 1995,[441] teve como "objetivo de elaborar proposta de diretrizes, estratégias e mecanismos operacionais, para a incorporação da variável ambiental no processo de gestão e concessão de crédito oficial e benefícios fiscais às atividades produtivas".

Como resultado dos trabalhos deste Grupo, em 14 de novembro de 1995 foi editada a Carta de Princípios para o Desenvolvimento Sustentável, mais conhecida como Protocolo Verde, que representa uma política pública para o desenvolvimento sustentável objetivando induzir os bancos e órgãos públicos em geral a considerar efetivamente os aspectos ambientais no processo de análise de concessão de créditos e incentivos fiscais, priorizando a disponibilidade de recursos públicos para projetos que não provoquem danos ambientais e se apresentem efetivamente sustentáveis, segundo os seguintes princípios constantes do Anexo 1:[442]

> Os bancos abaixo assinados reconhecem que podem cumprir um papel indispensável na busca de um desenvolvimento sustentável que pressuponha uma contínua melhoria no bem estar da sociedade e da qualidade do meio ambiente. Para tanto, propõem-se a empreender políticas e práticas bancárias que estejam sempre e cada vez mais em harmonia com o objetivo de promover um desenvolvimento que não comprometa as necessidades das gerações futuras. Princípios Gerais do Desenvolvimento Sustentável:
>
> 1. A proteção ambiental é um dever de todos que desejam melhorar a qualidade de vida no planeta e extrapola qualquer tentativa de enquadramento espaço-temporal.

---

[441] BRASIL. Decreto de 28 de abril de 1995. *Legislação online*. Diponível em: <http://www.planalto.gov.br/ccivil_03/DNN/Anterior%20a%202000/1995/Dnn3103.htm>. O texto foi alterado pelo Decreto de 29 de maio de 1995. *Legislação online*. Disponível em: <http://www.planalto.gov.br/ccivil_03/DNN/Anterior%20a%202000/1995/Dnn3136.htm>. Acesso em: 29 dez. 2008.

[442] AMAZÔNIA. Protocolo Verde. *Arquivos online*. Disponível em: <http://www.amazonia.org.br/arquivos/168395.pdf>. Acesso em: 17 dez. 2008.

2. Um setor financeiro dinâmico e versátil é fundamental para o desenvolvimento sustentável.

3. O setor bancário deve privilegiar de forma crescente o financiamento de projetos que não sejam agressivos ao meio ambiente ou que apresentem características de sustentabilidade.

4. Os riscos ambientais devem ser considerados nas análises e nas condições de financiamento.

5. A gestão ambiental requer a adoção de práticas que antecipem e previnam degradações do meio ambiente.

6. A participação dos clientes é imprescindível na condução da política ambiental dos bancos.

7. As leis e regulamentações ambientais devem ser aplicadas e exigidas, cabendo aos bancos participar da sua divulgação.

8. A execução da política ambiental nos bancos requer a criação e treinamento de equipes específicas dentro dos seus quadros.

9. A eliminação de desperdícios, a eficiência energética e o uso de materiais reciclados são práticas que devem ser estimuladas em todos os níveis operacionais.

10. Os princípios aqui assumidos devem constituir compromisso de todas as instituições financeiras.

Recentemente, os mesmos signatários da versão do Protocolo Verde de 1995 reafirmaram os compromissos anteriormente assumidos, havendo sido editado um Protocolo de Intenções à guisa de atualização, constando expressamente como princípios a serem cumpridos:[443]

Constitui objeto do presente Termo o esforço comum entre os signatários no sentido de empreender políticas e práticas bancárias que sejam precursoras, multiplicadoras, demonstrativas ou exemplares em termos de responsabilidade socioambiental e que estejam em harmonia com o objetivo de promover um desenvolvimento que não comprometa as necessidades das gerações futuras a partir da atualização dos compromissos previstos no Protocolo Verde, firmado em 1995. [...]

Os bancos signatários se comprometem a implementar os seguintes princípios:

I – Financiar o desenvolvimento com sustentabilidade, por meio de linhas de crédito e programas que promovam a qualidade de vida da população, o uso sustentável dos recursos naturais e a proteção ambiental, observadas as seguintes diretrizes:

a) Aprimorar continuamente o portifólio de produtos e serviços bancários destinados ao financiamento de atividades e projetos com adicionalidades socioambientais;

b) Oferecer condições diferenciadas de financiamento (taxa, prazo, carência, critérios de elegibilidade, etc.) para projetos com adicionalidades socioambientais; e

c) Orientar o tomador de crédito de forma a induzir a adoção de práticas de produção e consumo sustentáveis.

---

[443] BNDES. BANCO NACIONAL DE DESENVOLVIMENTO. Protocolo Verde. *Texto online*. Disponível em: < http://www.bndes.gov.br/ProtocoloVerde.pdf>. Acesso em: 17 dez. 2008.

II – Considerar os impactos e custos socioambientais na gestão de ativos (próprios e de terceiros) e nas análises de risco de clientes e de projetos de investimento, tendo por base a Política Nacional de Meio Ambiente, observadas as seguintes diretrizes:

a) Condicionar o financiamento de empreendimentos e atividades, potencial ou efetivamente poluidores ou que utilizem recursos naturais no processo produtivo, ao Licenciamento Ambiental, conforme legislação ambiental vigente;

b) Incorporar critérios socioambientais ao processo de análise e concessão de crédito para projetos de investimentos, considerando a magnitude de seus impactos e riscos e a necessidade de medidas mitigadoras e compensatórias;

c) Efetuar a análise socioambiental de clientes cujas atividades exijam o licenciamento ambiental e/ou que representem significativos impactos sociais adversos;

d) Considerar nas análises de crédito as recomendações e restrições do zoneamento agroecológico ou, preferencialmente, do zoneamento ecológico-econômico, quando houver; e

e) Desenvolver e aplicar, compartilhadamente, padrões de desempenho socioambiental por setor produtivo para apoiar a avaliação de projetos de médio e alto impacto negativo.

III – Promover o consumo sustentável de recursos naturais, e de materiais deles derivados, nos processos internos, observadas as seguintes diretrizes:

a) Definir e contemplar critérios socioambientais nos processos de compras e contratação de serviços;

b) Racionalizar procedimentos operacionais visando promover a máxima eficiência no uso dos recursos naturais e de materiais deles derivados; e

c) Promover medidas de incentivo à redução, reutilização, reciclagem e destinação adequada dos resíduos, buscando minimizar os potenciais impactos ambientais negativos.

IV – Informar, sensibilizar e engajar continuamente as partes interessadas nas políticas e práticas de sustentabilidade da instituição, observadas as seguintes diretrizes:

a) Capacitar o público interno para desenvolver as competências necessárias à implementação dos princípios e diretrizes deste Protocolo;

b) Desenvolver mecanismos de consulta e diálogo com as partes interessadas; e

c) Comprometer-se a publicar anualmente os resultados da implementação dos princípios e diretrizes estabelecidos neste Protocolo.

V – Promover a harmonização de procedimentos, cooperação e integração de esforços entre as organizações signatárias na implementação destes Princípios, observadas as seguintes diretrizes.

a) Implementar mecanismo de governança envolvendo os signatários para compartilhar experiências, acompanhar a efetividade e propor melhorias no processo de implementação dos princípio e diretrizes deste Protocolo, bem como sua evolução; e

b) Desenvolver um modelo de abordagem padronizado para levantar informações socioambientais junto aos clientes; e

c) Realizar, a cada dois anos, a revisão dos princípios e diretrizes para o contínuo aperfeiçoamento deste Protocolo.

Segundo Ana Luci Esteves Grizzi *et al*[444]alguns obstáculos dificultam a adoção efetiva dos princípios do Protocolo Verde, a exemplo, inicialmente, dos custos internos envolvidos nos processos de reestruturação e reformulação operacional dos bancos públicos para o fim da incorporação da variável ambiental na análise da concessão de créditos e, em seguida, de dificuldades de adoção deste paradigma pelos atores da produção e consumo.

Como visto, são signatários do Protocolo Verde somente órgãos e bancos públicos, mas isso não significa que as instituições privadas estejam exoneradas de obediência e cumprimento das normas ambientais, notadamente em razão da dicção do artigo 192 da Constituição Federal que não os excepciona.

### 4.4.2. Plano não governamental

De nada adianta os órgãos e bancos públicos firmarem compromissos se os responsáveis diretos pela execução da produção e pelo fomento do consumo não aderirem ao novo paradigma, o que possibilita a congregação de interesses e esforços para uma nova realidade de produção, evidentemente sustentável, para um consumo responsável.

Neste sentido, o setor privado ensaia adotar medidas de inserção da variável ambiental em suas iniciativas.

#### 4.4.2.1. Conselho Empresarial Brasileiro para o Desenvolvimento Sustentável (CEBDS)

Uma das iniciativas neste sentido, segundo consta, é a fundação do Conselho Empresarial Brasileiro para o Desenvolvimento Sustentável (CEBDS), em 1997, representando uma "coalizão dos maiores e mais expressivos grupos empresariais do Brasil", com faturamento anual correspondente a 40% do PIB nacional, que está integrado, como representante, ao "World Business Council for Sustainable Development (WBCSD), do qual participam 185 grupos multinacionais, com faturamento anual de US$ 6 trilhões.[445]

Para este Conselho Empresarial as instituições financeiras têm papel fundamental na construção do desenvolvimento sustentável, não bas-

---

[444] GRIZZI, Ana Luci Esteves et al. *Responsabilidade Civil Ambiental dos Financiadores*. 2003, p. 74.

[445] CEBDS. CONSELHO EMPRESARIAL BRASILEIRO PARA O DESENVOLVIMENTO SUSTENTÁVEL. Quem somos. *Texto online*. Disponível em: <http://www.cebds.org.br/cebds/cebds-quem-somos.asp>. Acesso em: 17 dez. 2008.

tando mais que sejam exigidas pelos financiadores apenas comprovações formais do cumprimento da legislação ambiental, além do que a corresponsabilidade pelos danos ambientais é admitida.[446]

### 4.4.2.2. Índice de Sustentabilidade Empresarial (ISE) da Bolsa de Valores de São Paulo (BOVESPA)

No mercado financeiro brasileiro a preferência dos investidores por "investimentos socialmente responsáveis" (SRI) vem se consolidando gradativamente, havendo a Bolsa de Valores de São Paulo (BOVESPA) criado o Índice de Sustentabilidade Empresarial (ISE)[447] para servir de referencial para os investimentos socialmente responsáveis.

A criação do referido índice é resultado da parceria entre a Bolsa de Valores de São Paulo (BOVESPA) com a Associação Brasileira das Entidades Fechadas de Previdência Complementar (ABRAPP), a Associação Nacional dos Bancos de Investimento (ANBID), a Associação dos Analistas e Profissionais de Investimento do Mercado de Capitais (APIMEC), o Instituto Brasileiro de Governança Corporativa (IBGC), o "International Finance Corporation" (IFC), o Instituto ETHOS de Empresas e Responsabilidade Social e o Ministério do Meio Ambiente.

Para gerir o Índice de Sustentabilidade Empresarial (ISE) foi criado um Conselho Deliberativo presidido pela BOVESPA, que é o órgão responsável pelo desenvolvimento do referido índice, com seu cálculo e gestão técnica. Atualmente, o Conselho conta com o Programa das Nações Unidades para o Meio Ambiente (PNUMA) em sua composição.

O Índice de Sustentabilidade Empresarial (ISE) objetiva refletir o retorno de uma carteira composta por ações de empresas com reconheci-

---

[446] CEBDS. CONSELHO EMPRESARIAL BRASILEIRO PARA O DESENVOLVIEMENTO SUSTENTÁVEL. CTFIN. *Texto online*. Disponível em: <http://www.cebds.org.br/cebds/fi-ctfin.asp>. Acesso em: 17 dez. 2008: "As instituições financeiras têm papel fundamental na construção do desenvolvimento sustentável. No início dos anos 80, os bancos se limitavam a exigir a licença ambiental do empreendedor, para cumprir a determinação da lei da co-responsabilidade. O empreendedor apresentava a licença e estava tudo resolvido. Os tempos mudaram. Hoje, sabemos que apenas a licença não é o suficiente. Uma licença fraudada ou mal elaborada pode significar problemas no andamento do projeto com conseqüências imprevisíveis. E os bancos, seja pelo escopo legal, seja pelo escopo moral, vão ser afetados. O setor financeiro do Brasil destaca-se como um dos mais avançados no mundo no contexto da sustentabilidade, assumindo, de forma crescente e definitiva, uma posição pró-ativa na análise dos projetos de financiamento. Isso explica por que nosso país, comparado a outras nações emergentes, tem a maior representação entre as instituições que aderiram ao documento global "Princípios do Equador". Lançada oficialmente em meados de 2005, a Câmara Técnica de Finanças Sustentáveis é formada por grandes grupos do mercado financeiro do país e já consolidou sua posição como fonte indutora de um novo modelo de desenvolvimento".

[447] BOVESPA. ISE. Índice de Sustentabilidade Empresarial. *Texto online*. Disponível em: < http://www.bovespa.com.br/Pdf/Indices/ISE.pdf>. Acesso em: 29 dez. 2008.

do comprometimento com a responsabilidade social e a sustentabilidade empresarial, e também atuar como promotor das boas práticas no meio empresarial brasileiro.

Segundo a Carteira Teórica Anual válida para o período de dezembro de 2008 até novembro de 2009,[448] as instituições financeiras que integram o Índice de Sustentabilidade Empresarial (ISE) são os Bancos Bradesco, do Brasil, Itaú e Unibanco.

### 4.4.3. Iniciativas de instituições financeiras no Brasil

A adoção de metodologias e de práticas que vinculam a concessão de financiamentos à regularidade técnica e jurídica ambiental de projetos e de empreendimentos beneficiados com o crédito vem sendo implantada gradativamente por instituições creditícias públicas ou privadas, o que demonstra haver, no mínimo, preocupação com a vinculação da imagem do agente financiador com a obra ou atividade que recebe o aporte de recursos.

Este é o "risco de reputação" que, conforme aponta Maria de Fátima Cavalcante Tosini, vem sendo considerado pelos bancos em razão da pressão da sociedade em geral e das organizações não governamentais (ONGs), o que leva as instituições de crédito a adotar políticas próprias para financiamentos e investimentos, já que "a imagem dos bancos junto à sociedade é importante para o sucesso do conjunto de suas atividades e é considerada como parte de seu patrimônio".[449]

Mas há outros riscos, além do de reputação, que as instituições financeiras vinculam à adequação ambiental dos projetos submetidos à análise de crédito, a saber: o "risco financeiro" e o "risco de mercado".

O "risco financeiro" está relacionado com a exposição indireta das instituições financeiras ao risco ambiental a que estão expostos os mutuários, uma vez que as medidas de prevenção, reparação e repressão ao dano ambiental refletem sobre a situação econômico-financeira daquele que toma emprestado, comprometendo a capacidade de pagamento do financiamento, conforme aponta Maria de Fátima Cavalcante Tosini,[450] que conclui que "aquilo que é risco financeiro para o tomador de crédito torna-se também risco para o emprestador. Assim, o risco ambiental, ao

---

[448] ISE. INDICE DE SUSTENTABILIDADE EMPRESARIAL. *Índice online*. Disponível em: < http://www.bovespa.com.br/Mercado/RendaVariavel/Indices/FormConsultaCarteiraP.asp?Indice=ISE>. Acesso em 29 dez. 2008.

[449] TOSINI, Maria de Fátima Cavalcante. *Risco Ambiental para as Instituições Financeiras*. 2006, p. 37.

[450] TOSINI, Maria de Fátima Cavalcante. *Risco Ambiental para as Instituições Financeiras*. 2006, p. 38.

afetar a saúde financeira do tomador de crédito, consequentemente torna-se risco para a instituição financeira".

Com relação ao "risco de mercado", Maria de Fátima Cavalcante Tosini[451] assevera que estudos comprovam que o mercado de capitais reage positiva ou negativamente conforme a performance ambiental das empresas que o integram, impactando no preço das ações ou títulos que, consequentemente, refletem sobre os resultados das instituições financeiras, provocando ganhos ou perdas.

Por estas e outras razões, enfim, algumas instituições financeiras divulgam suas metodologias e práticas próprias quando se trata de financiamento de projetos que possam impactar o meio ambiente, valendo colecionar alguns exemplos, como o do Banco Nacional de Desenvolvimento Econômico e Social (BNDES), o do Banco do Brasil S.A., o do Banco Bradesco S.A. e o do Banco Itaú Unibanco S.A., entre outros.

### 4.4.4. Plano normativo

O Brasil, na esteira do movimento global de defesa ambiental, depois de nove anos da Conferência das Nações Unidas sobre o Meio Ambiente Humano, realizada em Estocolmo, Suécia, em 1972, edita a Lei nº 6.938/1981 (Lei da Política Nacional do Meio Ambiente), que está cravejada de dispositivos dedicados à compatibilização entre desenvolvimento socioeconômico e defesa do meio ambiente, a exemplo dos artigos 2º[452] e 4º, inciso I.[453]

Ressalte-se que desde o texto original da Lei nº 6.938/1981 (Lei da Política Nacional do Meio Ambiente) o artigo 12 e o seu parágrafo único se mantêm preservados, contudo, não se pode afirmar que esta incolumidade tenha garantido sua concretização rumo ao ponto ótimo de eficiência, a saber: que os incentivos e os financiamentos para as hipóteses do artigo 10 desta Lei sejam concretizados com a garantia de que haverá exigência de prévio licenciamento ambiental, além da condição de implantação de obras e utilização de equipamentos de controle e melhoria da qualidade ambiental, entre outros.

---

[451] TOSINI, Maria de Fátima Cavalcante. *Risco Ambiental para as Instituições Financeiras*. 2006, p. 38.

[452] BRASIL. Lei nº 6.938/1981. *Coletânea de Legislação Ambiental, Constituição Federal*. 2009, p. 843. "Art. 2º. A Política Nacional do Meio Ambiente tem por objetivo a preservação, melhoria e recuperação da qualidade ambiental propícia à vida, visando assegurar, no País, condições ao desenvolvimento socioeconômico, aos interesses da segurança nacional e à proteção da dignidade da vida humana, atendidos os seguintes princípios: [...]"

[453] BRASIL. Lei nº 6.938/1981. *Coletânea de Legislação Ambiental, Constituição Federal*. 2009, p. 844. "Art. 4º. A Política Nacional do Meio Ambiente visará: I – à compatibilização do desenvolvimento econômico-social com a preservação da qualidade do meio ambiente e do equilíbrio ecológico".

#### 4.4.4.1. Artigo 12 e parágrafo único da Lei nº 6.938/1981

Afastada a inadequada rigidez da dicotomia bens livres e bens econômicos e preponderando a adoção de um destes conceitos a depender do fundamento e da finalidade da decisão do responsável pela produção ou pelo consumo, encontra-se um momento em que os usos alternativos para uma mesma categoria de bem ou de recurso natural expõem a inadequação epistemológica da *res nullius*, da *res communes* e da *res derelictae*, o que não garante a correção voluntária rumo à adoção do conceito de *res omnium*.

Reside, portanto, no ato de escolha a ideia de função social que deve balizar a propriedade, os meios de produção, a empresa, o controlador, o patrocinador, o financiador entre outros. Evidentemente, todas estas pertenças devem se conformar com os princípios da ordem econômica e financeira, ditados pelo artigo 170 da Constituição Federal, especialmente com relação à defesa do meio ambiente prevista no inciso VI, além de atender aos objetivos da ordem social na consecução do bem-estar e da justiça social, atuando pela concretização da garantia ao meio ambiente ecologicamente equilibrado do artigo 225. E, revelando absoluta continência, o sistema financeiro deve se emoldurar ao cumprimento de sua função social expressamente inscrita no artigo 192 da Constituição Federal e que impõe o respeito à dimensão ambiental, isto como forma de promover o desenvolvimento equilibrado do País e a servir aos interesses da coletividade.

Ressalte-se que o dinheiro e o crédito não podem ser considerados bens livres, uma vez que não se encontram fraqueados de forma ilimitada e disponível a todos, nem mesmo pode dar satisfação a todas as necessidades. Por outro lado, o crédito, o recurso financeiro entre outros deve ser admitido como bem econômico diante de sua escassez patente, da utilidade indiscutível e da acessibilidade restrita e condicionada. Com relação à utilidade, dispensam-se maiores comentários, por óbvio. Quanto à escassez, estes bens são teoricamente manipuláveis em razão da concentração de poder prevista na Constituição Federal em favor da União para a emissão de moeda e do controle do crédito, nos termos dos artigos 21, inciso VII, 164, *caput*, e 22, inciso VII.

Diante disso, vale asseverar o seguinte: mesmo havendo disponibilidade de crédito sem exigências extraordinárias, o acesso aos recursos financeiros destinados às atividades coincidentes com a hipótese do artigo 10 da Lei nº 6.938/1981 (Lei da Política Nacional do Meio Ambiente) deve ser condicionado, por exemplo, na forma de seu artigo 12 e parágrafo único, independente de outra restrição ou condição. E isto por uma razão muito singela: não se pode permitir que o bem econômico promova a degradação do bem livre, ou seja, que o bem de acesso restrito possa tornar inacessível o bem de acesso irrestrito. Exemplificando: uma atividade industrial que se vale da combustão e da emissão de gases, energia entre outros não pode degradar a qualidade do ar atmosférico.

A função social dos bens de produção, a exemplo do crédito, do recurso financeiro, deve promover o cenário ansiado pelos artigos 1º, 3º, 5º, 170 e 225 da Constituição Federal, concretizando o artigo 192 da Carta Política por meio da efetividade dos artigos 2º e 3º da Lei nº 4.595/1964 (Lei da Política e as Instituições Monetárias, Bancárias e Creditícias), que incumbe ao Conselho Monetário Nacional a função de "formular a política da moeda e do crédito como previsto nesta lei, objetivando o progresso econômico e social do País",[454] além de "orientar a aplicação dos recursos das instituições financeiras, quer públicas, quer privadas; tendo em vista propiciar, nas diferentes regiões do País, condições favoráveis ao desenvolvimento harmônico da economia nacional".[455]

Exemplo atual da relação de implicação entre o crédito, as atividades econômicas e o meio ambiente pode ser revelado na edição da Resolução nº 3.545, de 29 de fevereiro de 2008,[456] do Conselho Monetário Nacional, que "altera o MCR 2-1 para estabelecer exigência de documentação comprobatória de regularidade ambiental e outras condicionantes, para fins de financiamento agropecuário no Bioma Amazônia".[457]

Mas não se pode olvidar que a dinâmica da produção e do consumo está diretamente relacionada com a disponibilidade de crédito e a respectiva facilidade de acesso, o que autoriza concluir que os recursos naturais são afetados com a escassez ou restrição de crédito. Mire-se tanto em situações ordinárias, como no caso da Resolução nº 3.545, de 29 de fevereiro de 2008, do Conselho Monetário Nacional, quanto, sobretudo, em cenários extraordinários, a exemplo da crise sistêmica que vem abalando as finanças e a economia mundial no ano de 2008, inicialmente.

E isto tem, no mínimo, duas consequências para o meio ambiente, uma positiva e outra negativa. A positiva é que com a desaceleração do consumo a produção diminui proporcionalmente o ritmo, o que implica a extração de quantidades inferiores de matéria-prima e a menor quantidade de descarga de resíduos. A negativa é que os investimentos na realização de obras ou instalação de equipamentos para controle e melhoria

---

[454] BRASIL. Lei nº 4.595/1964. *Legislação Bancária*. 2006, p. 16.

[455] BRASIL. Lei nº 4.595/1964. *Legislação Bancária*. 2006, p. 16.

[456] BANCO CENTRAL DO BRASIL. Resolução nº 3.545, de 29 de fevereiro de 2008, do Conselho Monetário Nacional. *Normativo online*. Disponível em: <https://www3.bcb.gov.br/normativo/detalharNormativo.do?N=108019002&method=detalharNormativo>. Acesso em: 24 nov. 2008.

[457] BANCO CENTRAL DO BRASIL. Manual de Crédito Rural do Banco Central do Brasil. *Normativo online*. Disponível em: <http://www4.bcb.gov.br/NXT/gateway.dll?f=templates&fn=default.htm&vid=nmsDenorMCR:idvDenorMCR>. Acesso em: 1 dez. 2008.

da qualidade ambiental são afetados, além do aumento do desemprego e da extinção de postos de trabalho que também afetam a dignidade da pessoa humana.

O ponto ótimo entre estas consequências é o desafio posto diante do homem desta quadra da história. É o desejo por um *homo efficiens*.

No trato da Economia Ambiental[458] ou da Economia Ecológica,[459] assim compreendido o ramo da Economia que estuda as relações entre as atividades econômicas de produção, de consumo e o meio ambiente, constata Roberto Guena de Oliveira que há um problema que acomete os bens comuns que "ocorre devido ao abuso do recurso pelo fato de ninguém ter sua posse e, portanto, o interesse em preservá-lo",[460] especificando que em razão do livre acesso ninguém arca com os custos relacionados com a poluição, terminando por apontar que, nestas condições, os múltiplos usos acabam por instaurar um ciclo degradador da qualidade do recurso natural:[461]

> Os custos de eficiência gerados pela poluição decorrem, em última instância, do fato de que há um recurso natural [...] ao qual todos têm livre acesso, isto é, por cujo uso ninguém paga. No caso da poluição, além de livre acesso, há conflito entre diferentes tipos de usos para o mesmo recurso: a água do lago pode ser empregada como veículo para dispersão de resíduos industriais ou como fonte de criação de peixe; mas o primeiro uso compromete o segundo. Pode haver, todavia, situações em que, apesar de não haver usos conflitantes para um recurso natural ao qual se tem livre acesso, esse recurso seja explorado de maneira ineficiente.

E para que os custos relacionados com a poluição possam ser suportados proporcionalmente tanto pelo produtor quanto pelo consumidor, rompendo, a princípio, com a acéfala responsabilidade pela prevenção ou pela reparação, é que instrumentos econômicos são instituídos, a exemplo do artigo 12 e seu parágrafo único da Lei nº 6.938/1981 (Lei da Política Nacional do Meio Ambiente). Mas, independentemente do cenário econômico, o que visa o artigo 12 e seu parágrafo único é a fixação de uma mediania entre a exploração e a conservação dos recursos ambientais, condicionando que nas hipóteses do artigo 10 da mesma Lei os incentivos governamentais ou financiamentos em geral reservados ou destinados a projetos desta natureza estejam condicionados tanto ao prévio licenciamento ambiental quanto à realização de obras ou aquisição de equipa-

---

[458] OLIVEIRA, Roberto Guena de. Economia do Meio Ambiente. In: PINHO, Diva Benevides; VASCONCELLOS, Marco Antonio Sandoval de. *Manual de Economia*. 5. ed. São Paulo: Saraiva, 2006, p. 529.

[459] MOURA, Luiz Antônio Abdalla de. *Economia Ambiental*: gestão de custos e investimentos. 3. ed. São Paulo: Juarez de Oliveira, 2006, p. 2.

[460] OLIVEIRA, Roberto Guena de. Economia do Meio Ambiente. In: PINHO, Diva Benevides; VASCONCELLOS, Marco Antonio Sandoval de. *Manual de Economia*. 2006, p. 529.

[461] OLIVEIRA, Roberto Guena de. Economia do Meio Ambiente. In: PINHO, Diva Benevides; VASCONCELLOS, Marco Antonio Sandoval de. *Manual de Economia*. 2006, p. 537.

mentos destinados ao controle da degradação ambiental e à melhoria da qualidade do meio ambiente.

As providências do artigo 12 e parágrafo único da Lei n° 6.938/1981 (Lei da Política Nacional do Meio Ambiente) ou outras com natureza e objetivos similares têm a potência de romper com a impune apropriação e degradação dos recursos naturais e ambientais, independentemente de serem considerados livres ou econômicos, *res nullius, res communes, res derelictae* ou *res omnium*.

Na legislação brasileira há, na esteira de outros anteriormente citados, um dispositivo que corrobora esta interpretação e o torna de especial atenção para este estudo: o artigo 9° da Lei n° 6.938/1981 (Lei da Política Nacional do Meio Ambiente), que trata dos "instrumentos" da citada Política, elencando no inciso XIII os "instrumentos econômicos, como a concessão florestal, servidão ambiental, seguro ambiental e outros", cuja disposição foi incluída pela Lei n° 11.284, de 2 de março de 2006.

Ainda que o inciso XIII do artigo 9° da Lei n° 6.938/1981 (Lei da Política Nacional do Meio Ambiente) recentemente tenha consignado expressamente a relação entre a defesa do meio ambiente e a economia, prevendo exemplificativamente instrumentos econômicos e financeiros aptos a influir no controle e na qualidade ambiental, é forçoso reconhecer que o artigo 12 e parágrafo único da citada Lei já vem prevendo especificamente, desde a edição desta Lei, que os incentivos governamentais e os financiamentos para projetos estão condicionados ao prévio licenciamento ambiental, na forma do artigo 10, bem como ao efetivo cumprimento das normas, dos critérios e dos padrões expedidos pelo Conselho Nacional de Meio Ambiente (CONAMA).

E mais: além do prévio licenciamento ambiental, sempre suscetível de se transformar numa mera formalidade, o parágrafo único do artigo 12 da Lei n° 6.938/1981 (Lei da Política Nacional do Meio Ambiente) impõe obrigações determinadas às entidades e aos órgãos referidos no *caput*, bem como ao próprio beneficiário, direto ou indireto, do incentivo ou do financiamento, como aquela de fazer constar dos projetos a realização de obras e a aquisição de equipamentos que tenham por finalidade tanto o controle da degradação ambiental quanto a melhoria da qualidade do meio ambiente.

Da análise do artigo 12 da Lei n° 6.938/1981 (Lei da Política Nacional do Meio Ambiente), portanto, sobressaltam as suas principais finalidades, a saber: a de cunho econômico é enfrentar as chamadas falhas de mercado, das quais os custos sociais ou as externalidades são espécies; a de natureza jurídica consiste em eliminar riscos e cessar ameaças por meio de atuação preventiva, sem prejuízo da imposição da reparação dos danos e da indenização.

A teleologia do artigo 12 da Lei nº 6.938/1981 (Lei da Política Nacional do Meio Ambiente) revela que o instrumental jurídico almeja afetar positivamente, integral ou parcialmente, o fato econômico que o sistema de proteção do meio ambiente não pode ignorar e que segundo Francisco Anuatti Neto[462] demonstra que "os mercados falham quando as transações num mercado produzem efeitos positivos ou negativos a terceiros, ou seja, causam externalidades".

Estes efeitos originam custos ou benefícios suportados por terceiros e que não estão internalizados nos custos de transação, o que gera exploração inadequada dos recursos, exigindo que haja uma atuação reguladora que promova a avaliação dos custos externos e a distribuição entre os agentes causadores, revelando-se a regulamentação do meio ambiente e a definição dos instrumentos para tornar os custos externos relacionados como parte dos custos privados de produção um dos grandes desafios enfrentados pelas sociedades modernas.[463]

Mas ainda que o Brasil tenha editado normas de proteção ambiental, a exemplo da Lei nº 4.771/1965 (Código Florestal) e da Lei nº 7.347/1985 (Lei da Ação Civil Pública), foi definitivamente com a Constituição Federal de 1988 que o desenvolvimento econômico e o meio ambiente consagraram implicação recíproca representada pelos artigos 170 e 225. Para o específico objeto deste estudo, revela-se especial a exigência de que os incentivos e os financiamentos concretizem a função social da promoção do desenvolvimento equilibrado do País e o servir aos interesses da coletividade, nos termos do artigo 192. E mais recentemente a Lei nº 6.938/1981 (Lei da Política Nacional do Meio Ambiente) recebeu reforço explícito ao já previsto no artigo 12 e parágrafo único: trata-se do acréscimo[464] do inciso XIII do artigo 9º dessa Lei, reconhecendo expressamente como instrumento da Política Nacional os "instrumentos econômicos", sem pretensão de exaustão.

### 4.4.4.2. Artigo 2º, § 4º, da Lei nº 11.105/2005

Reafirma a ideia de que os instrumentos econômicos devem ser utilizados como instrumentos de políticas públicas ambientais a Lei nº 11.105/2005 (Lei da Política Nacional de Biossegurança) que, no § 4º do

---

[462] ANUATTI NETO, Francisco. Regulamentação dos Mercados. In: PINHO, Diva Benevides; VASCONCELLOS, Marco Antonio Sandoval de. *Manual de Economia*. 5. ed. São Paulo: Saraiva, 2006, p. 240.

[463] ANUATTI NETO, Francisco. Regulamentação dos Mercados. In: PINHO, Diva Benevides; VASCONCELLOS, Marco Antonio Sandoval de. *Manual de Economia*. 2006, p. 241-242. Sistema Nacional de Meio Ambiente (SISNAMA), Conselho Nacional do Meio Ambiente (CONAMA), órgãos, fiscalização, estudos e licenças ambientais associados ao princípio do poluidor-pagador.

[464] BRASIL. Lei nº 6.938/1981. *Coletânea de Legislação Ambiental, Constituição Federal*. 2009, p. 847.

artigo 2º,[465] renova a responsabilidade civil do financiador ou patrocinador, o que já havia sido previsto na revogada Lei nº 8.974/1995 (Lei de Biossegurança), no § 3º do artigo 2º.[466]

Vê-se, então, que a relação entre o crédito e o meio ambiente não se contém apenas no âmbito da Política Nacional do Meio Ambiente e em sua vocação generalizante, como norma geral regulamentadora do artigo 225 da Constituição Federal. A referência expressa em leis que regem hipóteses específicas reflete adequação, contudo, as leis especiais não podem retroceder para aquém do mínimo exigido na Lei nº 6.938/1981 (Lei da Política Nacional do Meio Ambiente), por exemplo, dispensando o licenciamento ou outras providências de cunho equivalente, como é o caso da apresentação do Certificado de Qualidade em Biossegurança emitido pela CTNBio.

Atente-se aqui para duas ocorrências que confirmam esta regra, ambas previstas tanto na revogada Lei nº 8.974/1995 (Lei de Biossegurança) quanto na Lei nº 11.105/2005 (Lei da Política Nacional de Biossegurança) relativas a atividades ou projetos: a primeira diz respeito à referência expressa ao patrocinador, equiparando-o ao financiador, o que amplia o espectro para alcançar um conjunto mais extenso de eventuais responsáveis; a segunda somente esclarece a inclusão absoluta de tantos quanto financiem ou patrocinem, incluindo as organizações públicas e privadas, nacionais, estrangeiras ou internacionais. A escolha legislativa levada a efeito pelo artigo 2º, § 3º, da revogada Lei nº 8.974/1995 (Lei de Bios-

---

[465] BRASIL. Lei nº 11.105/2005. *Coletânea de Legislação Ambiental, Constituição Federal.* 2009, p. 752. "Art. 2º. As atividades e projetos que envolvam OGM e seus derivados, relacionados ao ensino com manipulação de organismos vivos, à pesquisa científica, ao desenvolvimento tecnológico e à produção industrial ficam restritos ao âmbito de entidades de direito público ou privado, que serão responsáveis pela obediência aos preceitos desta Lei e de sua regulamentação, bem como pelas eventuais conseqüências ou efeitos advindos de seu descumprimento. [...] § 4º As organizações públicas e privadas, nacionais, estrangeiras ou internacionais, financiadoras ou patrocinadoras de atividades ou de projetos referidos no *caput* deste artigo devem exigir a apresentação de Certificado de Qualidade em Biossegurança, emitido pela CTNBio, sob pena de se tornarem co-responsáveis pelos eventuais efeitos decorrentes do descumprimento desta Lei ou de sua regulamentação".

[466] BRASIL. Lei nº 8.974/1995. *Coletânea de Legislação Ambiental, Constituição Federal.* 2009, p. 599-600. "Art. 2º As atividades e projetos, inclusive os de ensino, pesquisa científica, desenvolvimento tecnológico e de produção industrial que envolvam OGM no território brasileiro, ficam restritos ao âmbito de entidades de direito público ou privado, que serão tidas como responsáveis pela obediência aos preceitos desta Lei e de sua regulamentação, bem como pelos eventuais efeitos ou conseqüências advindas de seu descumprimento. [...] § 3º As organizações públicas e privadas, nacionais, estrangeiras ou internacionais, financiadoras ou patrocinadoras de atividades ou de projetos referidos neste artigo, deverão certificar-se da idoneidade técnico-científica e da plena adesão dos entes financiados, patrocinados, conveniados ou contratados às normas e mecanismos de salvaguarda previstos nesta Lei, para o que deverão exigir a apresentação do Certificado de Qualidade em Biossegurança de que trata o art. 6º, inciso XIX, sob pena de se tornarem co-responsáveis pelos eventuais efeitos advindos de seu descumprimento".

segurança) refletiu, segundo Glênio Sabbad Guedes,[467] a harmonização desta previsão com o princípio do poluidor-pagador, além de atender adequadamente à interpretação teleológica dirigida à proteção do meio ambiente.

No mesmo sentido, mas comentando a Lei nº 11.105/2005 (Lei da Política Nacional de Biossegurança), vem Annelise Monteiro Steigleder[468] que, analisando o § 4º do artigo 2º, relaciona o crédito, proveniente de financiamento ou de patrocínio, às consequências ambientais das atividades e dos projetos que utilizem técnicas de engenharia genética e a liberação de organismos geneticamente modificados no meio ambiente, submetendo tais hipóteses à responsabilidade civil objetiva e à solidariedade que expressamente vêm previstas no artigo 20.[469]

### 4.4.4.3. Decreto nº 6.961/2009 (Zoneamento Agroecológico da Cana-de-Açúcar)

Iniciativa governamental no âmbito normativo que também merece destaque vem representada pelo Decreto nº 6.961/2009 (Zoneamento Agroecológico da Cana-de-Açúcar)[470] que aprova o "zoneamento agroecológico da cana-de-açúcar e determina ao Conselho Monetário Nacional o estabelecimento de normas para as operações de financiamento ao setor sucroalcooleiro, nos termos do zoneamento", além de conferir força normativa ao trabalho coordenado pelo Ministério da Agricultura, Pecuária e Abastecimento em parceria com o Ministério do Meio Ambiente.

O artigo 1º do Decreto nº 6.961/2009 (Zoneamento Agroecológico da Cana-de-Açúcar) aprova o referido zoneamento a partir da safra dos anos de 2009 e 2010, remetendo a um anexo que, entre outros fundamentos, afirma que o zoneamento tem como objetivo geral fornecer subsídios técnicos para a formulação de políticas públicas visando a expansão e produção sustentável de cana-de-açúcar no território brasileiro e que os principais indicadores utilizados na sua elaboração foram a vulnerabili-

---

[467] BANCO CENTRAL DO BRASIL. Da Responsabilidade Ambiental das Instituições Financeiras. *Doutrina online*. Disponível em: <http://www.bcb.gov.br/crsfn/doutrina/ResponsabilidadeAmbiental.htm>. Acesso em: 16 mar. 2008.

[468] STEIGLEDER, Annelise Monteiro. Responsabilidade civil das instituições financeiras por danos ambientais. *Revista Jurídica do Ministério Público do Estado do Mato Grosso*. Cuiabá: Entrelinhas, nº 2, jan./jul., 2007, p. 109-110.

[469] BRASIL. Lei nº 11.105/2005. *Coletânea de Legislação Ambiental, Constituição Federal*. 2009, p. 760. "Art. 20. Sem prejuízo da aplicação das penas previstas nesta Lei, os responsáveis pelos danos ao meio ambiente e a terceiros responderão, solidariamente, por indenização ou reparação integral, independentemente da existência de culpa".

[470] BRASIL. Decreto nº 6.961, de 17 de setembro de 2009. *Legislação on line*. Disponível em: <https://www.planalto.gov.br/ccivil_03/_ato2007-2010/2009/decreto/d6961.htm>. Acesso em 15 jan. 2010.

dade das terras, o risco climático, o potencial de produção agrícola sustentável e a legislação ambiental vigente.

Assim, com fundamento nestes indicadores, foram excluídas do objeto do zoneamento algumas áreas e regiões, saber: as terras com declividade superior a 12%, observando-se a premissa da colheita mecânica e sem queima para as áreas de expansão; as áreas com cobertura vegetal nativa; os biomas Amazônia e Pantanal e a Bacia do Alto Paraguai; as áreas de proteção ambiental; as terras indígenas; remanescentes florestais; dunas; mangues; escarpas e afloramentos de rocha; reflorestamentos e áreas urbanas e de mineração. Além disso, foram excluídas também aquelas áreas cultivadas com cana-de-açúcar no ano e safra de 2007 e 2008 nos Estados de Goiás, Minas Gerais, Mato Grosso, Mato Grosso do Sul, Paraná e São Paulo (região centro-sul).[471]

Importante destacar, ainda, que consta do anexo do Decreto nº 6.961/2009 (Zoneamento Agroecológico da Cana-de-Açúcar) haver, segundo os estudos e levantamentos que o subsidiaram, a disponibilidade de 63,48 milhões de hectares de áreas aptas para o cultivo da cana-de--açúcar no Brasil, classificadas em três níveis, a saber: alto, médio e baixo potencial produtivo. E o próprio anexo afirma que estas estimativas demonstram que o país não necessita incorporar áreas novas e com cobertura nativa ao processo produtivo, podendo expandir a área de cultivo com cana-de-açúcar sem afetar diretamente as terras utilizadas para a produção de alimentos.

Assim, o zoneamento agroecológico da cana-de-açúcar aprovado pelo Decreto nº 6.961/2009 (Zoneamento Agroecológico da Cana-de--Açúcar) se revela um dos fundamentos para o planejamento do uso sustentável das áreas aptas, especificamente, ao cultivo da cana-de-açúcar, implicando na obrigação da preservação e conservação da biodiversidade, além do respeito à legislação ambiental vigente, vinculando as decisões nos demais níveis federativos. Consta do mencionado anexo, também, que o referido zoneamento visa promover, entre outros, o ordenamento da produção evitando a expansão em área com cobertura vegetal nativa, a produção de biocombustíveis de forma sustentável e ecologicamente

---

[471] BRASIL. Decreto nº 6.961, de 17 de setembro de 2009. *Legislação on line*. Disponível em: <https://www.planalto.gov.br/ccivil_03/_ato2007-2010/2009/decreto/d6961.htm>. Acesso em 15 jan. 2010: "ANEXO [...] I – PARÂMETROS TÉCNICOS E METODOLOGIA PARA ELABORAÇÃO DO ZONEAMENTO AGROECOLÓGICO DA CANA-DE-AÇÚCAR [...] A área de estudo do ZAE Cana compreende todo o território nacional não abrangidos pelo Bioma Amazônia, Pantanal e da Bacia do Alto Paraguai. Assim, não foram incluídos na área de estudo os Estados do Acre, Amazonas, Rondônia, Roraima, Pará e Amapá por pertencerem ao Bioma Amazônia. Da mesma forma, parte do território dos Estados do Mato Grosso, Maranhão, Tocantins e de Goiás foram excluídos por estarem incluídos no Bioma Amazônia ou no Bioma Pantanal e Bacia do Alto Paraguai. Destaca-se que os limites da Amazônia Legal não são coincidentes com os limites do Bioma Amazônia".

limpa, a conservação do solo e da água, através de técnicas conservacionistas diminuindo a erosão dos solos cultivados e, com especial destaque, a sinergia entre as políticas agrícola e ambiental e a implantação do zoneamento utilizando mecanismos de indução e controle, através da definição de marcos regulatórios, mecanismos de fomento e negociação com a sociedade.[472]

Diante disso, o artigo 2º do Decreto nº 6.961/2009 (Zoneamento Agroecológico da Cana-de-Açúcar) determina que o "Conselho Monetário Nacional estabelecerá as condições, critérios e vedações para a concessão de crédito rural e agroindustrial à produção e industrialização de cana-de--açúcar, açúcar e biocombustíveis", o que se traduz no reconhecimento da implicação objetiva entre financiamento, exploração de recursos naturais e defesa do meio ambiente. Ademais, esta determinação tem fundamento no artigo 3º,[473] inciso IV, da Lei nº 4.595/1964 (Lei da Política e as Instituições Monetárias, Bancárias e Creditícias) que define a política do Conselho Monetário Nacional e determina que, entre outras, deverá "orientar a aplicação dos recursos das instituições financeiras, quer públicas, quer privadas; tendo em vista propiciar, nas diferentes regiões do País, condições favoráveis ao desenvolvimento harmônico da economia nacional". Além disso, vale ressaltar o artigo 4º,[474] inciso VI, mesma lei, que, ao elencar as competências do Conselho Monetário Nacional, assenta o dever de "disciplinar o crédito em todas as suas modalidades e as operações creditícias em todas as suas formas, inclusive aceites, avais e prestações de quaisquer garantias por parte das instituições financeiras".

Fica evidente pelo exame das disposições em destaque que não se pretende aplicar em determinadas regiões do território brasileiro, a partir das safras de 2009 e 2010, recursos financeiros relacionados com a modalidade do crédito rural e agroindustrial para as atividades de produção e industrialização de cana-de-açúcar, açúcar e biocombustíveis, revelando--se o instituto do mútuo e as mencionadas condições, critérios e vedações como modulador da produção e regulador da ocupação do território, já que, por outro lado, incentiva as mencionadas atividades nas demais regiões.

Para além da especificidade do Decreto nº 6.961/2009 (Zoneamento Agroecológico da Cana-de-Açúcar), abstrai-se do ordenamento jurídico brasileiro outras normas que se referem ao crédito rural, a exemplo do

---

[472] BRASIL. Decreto nº 6.961, de 17 de setembro de 2009. *Legislação on line*. Disponível em: <https://www.planalto.gov.br/ccivil_03/_ato2007-2010/2009/decreto/d6961.htm>. Acesso em 15 jan. 2010.

[473] BRASIL. Lei nº 4.595/1964. *Legislação Bancária*. 2006, p. 16.

[474] BRASIL. Lei nº 4.595/1964. *Legislação Bancária*. 2006, 17.

artigo 3º,[475] inciso IV, da Lei nº 4.829/1965 (Lei do Crédito Rural), que elege como um dos objetivos específicos do crédito rural o de "incentivar a introdução de métodos racionais de produção, visando ao aumento da produtividade e à melhoria do padrão de vida das populações rurais, e à adequada defesa do solo", o que vem harmonizado com o artigo 22[476] da Lei nº 8.171/1991 (Lei da Política Agrícola) que dispõe que "a prestação de serviços e aplicações de recursos pelo Poder Público em atividades agrícolas devem ter por premissa básica o uso tecnicamente indicado, o manejo racional dos recursos naturais e a preservação do meio ambiente".

Neste mesmo sentido e abrangendo todas as culturas, vem o artigo 48, inciso III, da Lei nº 8.171/1991 (Lei da Política Agrícola) que, depois de franquear a todas as instituições financeiras a concessão de crédito rural, expõe ser um dos objetivos do crédito rural "incentivar a produção de métodos racionais no sistema de produção, visando ao aumento da produtividade, à melhoria do padrão de vida das populações rurais e à adequada conservação do solo e preservação do meio ambiente",[477] revelando expressa relação condicional entre a atividade econômica rural e a defesa do meio ambiente.

Vê-se, portanto, que tanto a literalidade destas disposições normativas quanto o emprego dos métodos de interpretação sistemático e o teleológico possibilitam a outorga de um nível mais elevado de concretude aos artigos 170, incisos III e VI, 192 e 225 da Constituição Federal, especialmente quando se trata de promover a precaução e a prevenção.

### 4.4.4.4. Resoluções do Conselho Monetário Nacional

Para cumprir o artigo 3º do Decreto nº 6.961/2009 (Zoneamento Agroecológico da Cana-de-Açúcar), que determina ao Conselho Monetário Nacional o estabelecimento de condições, critérios e vedações para a concessão de crédito rural e agroindustrial destinados à industrialização da cana-de-açúcar, açúcar e biocombustíveis, o Conselho Monetário Nacional expediu resoluções específicas, a saber: as Resoluções nº 3.803 e 3.804, de 28 de outubro de 2009, revogadas expressamente pelas Resoluções nº 3.813 e 3.814, de 26 de novembro de 2009.

---

[475] BRASIL. Lei nº 4.829, de 5 de novembro de 2965. *Legislação on line*. Disponível em: <https://htps://www.planalto.gov.br/ccivil_03/leis/l4829.htm>. Acesso em 15 jan. 2010.

[476] BRASIL. Lei nº 8.171/1991. *Coletânea de Legislação Ambiental, Constituição Federal*. Odete Medauar (org.). 8. ed. São Paulo: Revista dos Tribunais, 2009, p. 833.

[477] BRASIL. Lei nº 8.171/1991. *Coletânea de Legislação Ambiental, Constituição Federal*. 2009, p. 837-838.

Contudo, antes de referir às resoluções específicas para o zoneamento agroecológico da cana-de-açúcar, deve ser destacada a Resolução nº 3.545,[478] de 29 de fevereiro de 2008, do Conselho Monetário Nacional, que "altera o MCR 2-1 para estabelecer exigência de documentação comprobatória de regularidade ambiental e outras condicionantes, para fins de financiamento agropecuário no Bioma Amazônia", nos seguintes termos:

> RESOLUCÃO Nº 3.545 (Altera o MCR 2-1 para estabelecer exigência de documentação comprobatória de regularidade ambiental e outras condicionantes, para fins de financiamento agropecuário no Bioma Amazônia).
>
> O BANCO CENTRAL DO BRASIL, na forma do art. 9º da Lei nº 4.595, de 31 de dezembro de 1964, torna público que o CONSELHO MONETÁRIO NACIONAL, em sessão realizada em 28 de fevereiro de 2008, tendo em vista as disposições dos arts. 4º, inciso VI, da referida Lei, 4º e 14 da Lei nº 4.829, de 5 de novembro de 1965,
>
> RESOLVEU:
>
> Art. 1º O MCR 2-1 passa a vigorar com as seguintes alterações e novos dispositivos:
>
> I – no item 1, adequação da alínea "g", nos termos abaixo:
>
> "g) observância das recomendações e restrições do zoneamento agroecológico e do Zoneamento Ecológico-Econômico – ZEE."
>
> II – inclusão de novos itens, com os seguintes dizeres:
>
> "12 – Obrigatoriamente a partir de 1º de julho de 2008, e facultativamente a partir de 1º de maio de 2008, a concessão de crédito rural ao amparo de recursos de qualquer fonte para atividades agropecuárias nos municípios que integram o Bioma Amazônia, ressalvado o contido nos itens 14 a 16 do MCR 2-1, ficará condicionada à:
>
> a) apresentação, pelos interessados, de:
>
> I – Certificado de Cadastro de Imóvel Rural – CCIR vigente; e
>
> II – declaração de que inexistem embargos vigentes de uso econômico de áreas desmatadas ilegalmente no imóvel; e
>
> III – licença, certificado, certidão ou documento similar comprobatório de regularidade ambiental, vigente, do imóvel onde será implantado o projeto a ser financiado, expedido pelo órgão estadual responsável; ou
>
> IV – na inexistência dos documentos citados no inciso anterior, atestado de recebimento da documentação exigível para fins de regularização ambiental do imóvel, emitido pelo órgão estadual responsável, ressalvado que, nos Estados onde não for disponibilizado em meio eletrônico, o atestado deverá ter validade de 12 (doze) meses;
>
> b) verificação, pelo agente financeiro, da veracidade e da vigência dos documentos referidos na alínea anterior, mediante conferência por meio eletrônico junto ao órgão emissor, dispensando-se a verificação pelo agente financeiro quando se tratar de atestado não disponibilizado em meio eletrônico; e

---

[478] BANCO CENTRAL DO BRASIL. Resolução nº 3.545, de 29 de fevereiro de 2008, do Conselho Monetário Nacional. *Normativo online*. Disponível em: <https://www3.bcb.gov.br/normativo/detalharNormativo.do?N=108019002&method=detalharNormativo>. Acesso em: 24 nov. 2008.

c) inclusão, nos instrumentos de crédito das novas operações de investimento, de cláusula prevendo que, em caso de embargo do uso econômico de áreas desmatadas ilegalmente no imóvel, posteriormente à contratação da operação, nos termos do § 11 do art. 2º do Decreto nº 3.179, de 21 de setembro de 1999, será suspensa a liberação de parcelas até a regularização ambiental do imóvel e, caso não seja efetivada a regularização no prazo de 12 (doze) meses a contar da data da autuação, o contrato será considerado vencido antecipadamente pelo agente financeiro.

13 – Aplica-se o disposto no item anterior também para financiamento a parceiros, meeiros e arrendatários.

14 – Quando se tratar de beneficiários enquadrados no Pronaf ou de produtores rurais que disponham, a qualquer título, de área não superior a 4 (quatro) módulos fiscais, a documentação referida no MCR 2-1-12-"a"-II e III/IV poderá ser substituída por declaração individual do interessado, atestando a existência física de reserva legal e área de preservação permanente, conforme previsto no Código Florestal, e a inexistência de embargos vigentes de uso econômico de áreas desmatadas ilegalmente no imóvel.

15 – Para os beneficiários do Programa Nacional de Reforma Agrária – PNRA enquadrados nos Grupos "A" e "A/C" do Pronaf, a documentação referida no MCR 2-1-12-"a" e MCR 2-1-14 poderá ser substituída por declaração, fornecida pelo Instituto Nacional de Colonização e Reforma Agrária – Incra, atestando que o Projeto de Assentamento – PA encontra-se em conformidade com a legislação ambiental e/ou que foi firmado Termo de Ajustamento de Conduta com essa finalidade, tendo como anexo da declaração a respectiva relação de beneficiários do PA.

16 – Os agricultores familiares enquadrados no Grupo "B" do Pronaf ficam dispensados das exigências previstas no MCR 2-1-12-"a" e "b" e MCR 2-1-14.

Art. 2º O MCR 2-2-11 passa a vigorar com a seguinte adequação de redação em sua alínea "c":

"c) o empreendimento será conduzido com observância das normas referentes ao zoneamento agroecológico e ao Zoneamento Ecológico-Econômico – ZEE".

Art. 3º Esta Resolução entra em vigor na data de sua publicação.

São Paulo, 29 de fevereiro de 2008. Henrique de Campos Meirelles, Presidente.[479]

A Resolução nº 3.545/2008 do Conselho Monetário Nacional, que altera o Manual de Crédito Rural, foi editada como uma das providências de iniciativa estatal para enfrentar o desmatamento no Bioma Amazônia, causado pela expansão de áreas para atividades agropecuárias, impondo condições para acessar o crédito.

Dentre as diversas condições podem ser destacadas "a observância das recomendações e restrições do zoneamento agroecológico e do Zoneamento Ecológico-Econômico – ZEE", que adéqua a alínea *g* do item 1 do MCR 2-1, a inclusão do nº 12 no item 2 do MCR 2-1 de novos itens relativos "a declaração de que inexistem embargos vigentes de uso econômico de áreas desmatadas ilegalmente no imóvel", nos termos do inciso II, "a comprovação da licença, certificado, certidão ou documento similar comprobatório de regularidade ambiental, vigente, do imóvel onde será

---

[479] BRASIL. Lei nº 8.171/1991. *Coletânea de Legislação Ambiental, Constituição Federal*. 2009, p. 837-838

implantado o projeto a ser financiado, expedido pelo órgão estadual responsável", conforme o inciso III.[480]

Há, ainda, duas importantes determinações dirigidas às instituições financeiras pela Resolução nº 3.545/2008 do Conselho Monetário Nacional, sendo uma delas aquela constante da alínea *b* do item 12 do MCR 2-1 que determina a "verificação, pelo agente financeiro, da veracidade e da vigência dos documentos referidos na alínea anterior, mediante conferência por meio eletrônico junto ao órgão emissor, dispensando-se a verificação pelo agente financeiro quando se tratar de atestado não disponibilizado em meio eletrônico".[481]

Com relação a esta determinação imposta às instituições financeiras cabe uma observação crítica, pois, apesar de apenas aclarar a responsabilidade do concedente do crédito, o que se conforma com a função social da empresa, nos termos do art. 116 da Lei nº 6.404/1976 (Lei das Sociedades por Ações), a última parte termina por criar por mera resolução situação exoneradora da obrigação acessória da conferência, o que amemaça a efetividade da obrigação inicial, revelando a flagrante ilegitimidade e ilegalidade da última parte da alínea *b* do item 12 do MCR 2-1, por contrariar do disposto no artigo 12 e parágrafo único da Lei nº 6.938/1981 (Lei da Política Nacional do Meio Ambiente), sem prejuízo da ofensa ao princípio da legalidade, inscrito no artigo 5º, inciso II, da Constituição Federal.

A outra das determinações relevantes está na alínea *c* do item 12 do MCR 2-1, quando impõe que a "inclusão, nos instrumentos de crédito das novas operações de investimento, de cláusula prevendo que, em caso de embargo do uso econômico de áreas desmatadas ilegalmente no imóvel, posteriormente à contratação da operação, nos termos do § 11 do art. 2º do Decreto nº 3.179, de 21 de setembro de 1999, [artigos 16 e 20, incisos IV e V, do Decreto nº 6.514/2008] será suspensa a liberação de parcelas até a regularização ambiental do imóvel e, caso não seja efetivada a regularização no prazo de 12 (doze) meses a contar da data da autuação, o contrato será considerado vencido antecipadamente pelo agente financeiro".[482]

A respeito desta determinação é importante ressaltar que há o pleno reconhecimento da implicação entre financiamento e recursos naturais, com especial atenção para os princípios do poluidor-pagador, da pre-

---

[480] BANCO CENTRAL DO BRASIL. Resolução nº 3.545, de 29 de fevereiro de 2008, do Conselho Monetário Nacional. *Normativo online*. Disponível em: <https://www3.bcb.gov.br/normativo/detalharNormativo.do?N=108019002&method=detalharNormativo>. Acesso em: 24 nov. 2008.

[481] BANCO CENTRAL DO BRASIL. Resolução nº 3.545, de 29 de fevereiro de 2008, do Conselho Monetário Nacional.

[482] BANCO CENTRAL DO BRASIL. Resolução nº 3.545, de 29 de fevereiro de 2008, do Conselho Monetário Nacional.

venção e da responsabilização, inscritos no artigo 225, § 3°, da Constituição Federal, e nos artigos 3°, inciso IV, 4°, inciso VII, e 14, § 1°, da Lei n° 6.938/1981 (Lei da Política Nacional do Meio Ambiente).

Com relação à hipótese específica de atender à determinação do artigo 3° do Decreto n° 6.961/2009 (Zoneamento Agroecológico da Cana-de-Açúcar), o Conselho Monetário Nacional editou as Resoluções n° 3.803 e 3.804, de 28 de outubro de 2009, revogadas expressamente pelas Resoluções n° 3.813 e 3.814, de 26 de novembro de 2009, que vêm estabelecer condições, critérios e vedações para a concessão de crédito rural e agroindustrial destinados à industrialização da cana-de-açúcar, açúcar e biocombustíveis.

A Resolução n° 3.803/2009[483] do Conselho Monetário Nacional, que dispunha sobre a concessão de financiamento para a produção ou industrialização da cana-de-açúcar, por meio de seu artigo 1° havia acrescido o item 19 na Seção I do Capítulo 9 do Manual de Crédito Rural, nos seguintes termos:

RESOLUÇÃO Nº 3.803

Dispõe sobre a concessão de financiamento para a produção ou industrialização de cana-de-açúcar.

O Banco Central do Brasil, na forma do art. 9º da Lei nº 4.595, de 31 de dezembro de 1964, torna público que o Conselho Monetário Nacional, em sessão realizada em 28 de outubro de 2009, tendo em vista as disposições dos arts. 4º, inciso VI, da Lei nº 4.595, de 1964, 3º, inciso IV, 4º, 8° e 14 da Lei nº 4.829, de 5 de novembro de 1965, 22 e 48, inciso III, da Lei nº 8.171, de 17 de janeiro de 1991, e 3º do Decreto nº 6.961, de 17 de setembro de 2009,

RESOLVEU:

Art. 1º A Seção 1 do Capítulo 2 do Manual de Crédito Rural (MCR) passa a vigorar acrescida do seguinte item 19:

19 – A concessão de crédito rural a produtores rurais e suas cooperativas, quando destinado ao financiamento da produção ou da industrialização de cana-de-açúcar para a produção de biocombustíveis ou açúcar, exceto açúcar mascavo:

a) fica restrita às áreas indicadas como aptas para aprodução, conforme disposto no Zoneamento Agroecológico da Cana-de-açúcar, instituído pelo Decreto nº 6.961, de 17 de setembro de 2009;

b) fica vedada, se o financiamento for destinado à produção nas áreas:

I – dos Biomas Amazônia e Pantanal e da Bacia do Alto Paraguai;

II – de terras indígenas;

III – com declividade superior a 12% (doze por cento), com cobertura de vegetação nativa, remanescentes florestais, reflorestamento ou de proteção ambiental, de dunas, de mangues, de escarpas e afloramentos de rocha, urbanas e de mineração.

---
[483] BANCO CENTRAL DO BRASIL. Resolução n° 3.803, de 28 de outubro de 2009, do Conselho Monetário Nacional. *Normativo online*. Disponível em: <https://www3.bcb.gov.br/normativo/detalharNormativo.do?N=109093035&method=detalharNormativo>. Acesso em: 19 jan. 2010.

Art. 2º Esta resolução entra em vigor na data de sua publicação. Brasília, 28 de outubro de 2009. Henrique de Campos Meirelles Presidente.

A Resolução nº 3.804/2009[484] do Conselho Monetário Nacional, que dispunha sobre a concessão de financiamento para a industrialização da cana-de-açúcar, tinha a seguinte redação:

RESOLUÇÃO Nº 3.804

Dispõe sobre a concessão de financiamento para a industrialização de cana-de-açúcar.

O Banco Central do Brasil, na forma do art. 9º da Lei nº 4.595, de 31 de dezembro de 1964, torna público que o Conselho Monetário Nacional, em sessão realizada em 28 de outubro de 2009, tendo em vista as disposições dos arts. 4º, inciso VI, da Lei nº 4.595, de 1964, e 3º do Decreto nº 6.961, de 17 de setembro de 2009,

RESOLVEU:

Art. 1º A concessão de crédito agroindustrial pelas instituições financeiras, quando destinado ao financiamento da industrialização da cana-de-açúcar para a produção de biocombustíveis ou açúcar, exceto açúcar mascavo:

I – fica restrita às áreas indicadas como aptas para a produção, conforme disposto no Zoneamento Agroecológico da cana-de-açúcar, instituído pelo Decreto nº 6.961, de 17 de setembro de 2009;

II – fica vedada, se o financiamento for destinado à produção nas áreas:

a) dos Biomas Amazônia e Pantanal e da Bacia do Alto Paraguai;

b) de terras indígenas;

c) com declividade superior a 12% (doze por cento), com cobertura de vegetação nativa, remanescentes florestais, reflorestamento ou de proteção ambiental, de dunas, de mangues, de escarpas e afloramentos de rocha, urbanas e de mineração.

Art. 2º Esta resolução entra em vigor na data de sua publicação. Brasília, 28 de outubro de 2009. Henrique de Campos Meirelles Presidente.

Mas ainda que revogadas expressamente interessa analisar as Resoluções nº 3.803/2009 e 3.804/2009 do Conselho Monetário Nacional para anotar suas especificidades, semelhanças e diferenças. A primeira se destinava à alteração do Manual de Crédito Rural, especificamente com relação aos produtores rurais e suas cooperativas, nos casos de financiamento para a produção e industrialização de cana-de-açúcar. A segunda, inovando normativamente no tema, dirigia-se ao crédito agroindustrial em geral destinado à industrialização da cana-de-açúcar. Contudo, as diferenças se restringem a estes aspectos, pois ambas vêm atender ao artigo 3º do Decreto nº 6.961/2009 (Zoneamento Agroecológico da Cana-de--Açúcar), impondo as mesmas restrições e vedações quando se tratar de produção ou industrialização da cana-de-açúcar para a produção de bio-

---

[484] BANCO CENTRAL DO BRASIL. Resolução nº 3.803, de 28 de outubro de 2009, do Conselho Monetário Nacional. *Normativo online*. Disponível em: <https://www3.bcb.gov.br/normativo/detalharNormativo.do?N=109093036&method=detalharNormativo>. Acesso em: 19 jan. 2010.

combustíveis ou açúcar, excepcionando expressa e taxativamente a produção de açúcar mascavo. Em seguida, o Conselho Monetário Nacional editou as Resoluções n° 3.813 e 3.814, de 26 de novembro de 2009, que, no mesmo sentido das referidas resoluções revogadas expressamente, vêm estabelecer condições, critérios e vedações para a concessão de crédito rural e agroindustrial destinados à industrialização da cana-de-açúcar, açúcar e biocombustíveis. Contudo, ambas preveem outras duas exceções além daquela já prevista para o açúcar mascavo, além de outras restrições e vedações.

A Resolução n° 3.813/2009[485] do Conselho Monetário Nacional, que "condiciona o crédito rural para expansão da produção e industrialização da cana-de-açúcar ao Zoneamento Agroecológico e veda o financiamento da expansão do plantio nos Biomas Amazônia e Pantanal e Bacia do Alto Paraguai, entre outras áreas", tem a seguinte redação:

RESOLUÇÃO Nº 3.813

Condiciona o crédito rural para expansão da produção e industrialização da cana-de-açúcar ao Zoneamento Agroecológico e veda o financiamento da expansão do plantio nos Biomas Amazônia e Pantanal e Bacia do Alto Paraguai, entre outras áreas.

O Banco Central do Brasil, na forma do art. 9º da Lei nº 4.595, de 31 de dezembro de 1964, torna público que o Conselho Monetário Nacional, em sessão realizada em 26 de novembro de 2009, tendo em vista as disposições dos arts. 4º, inciso VI, da Lei nº 4.595, de 1964, 4º e 14 da Lei nº 4.829, de 5 de novembro de 1965, e 3º do Decreto nº 6.961, de 17 de setembro de 2009,

RESOLVEU:

Art. 1º A Seção 1 do Capítulo 2 do Manual de Crédito Rural (MCR) passa a vigorar com nova redação no item 19 e acrescida do item 20, da seguinte forma:

"19. A concessão de crédito rural a produtores rurais e suas cooperativas para plantio, renovação ou custeio de lavouras ou industrialização de cana-de-açúcar destinada à produção de etanol, demais biocombustíveis derivados da cana-de-açúcar e açúcar, exceto açúcar mascavo, deverá observar o seguinte:

a) fica restrita às áreas indicadas como aptas para a expansão do plantio, conforme disposto no Zoneamento Agroecológico da Cana-de-açúcar, instituído pelo Decreto nº 6.961, de 17 de setembro de 2009, observadas as recomendações do zoneamento agrícola de risco climático dessa cultura;

b) fica vedada, se o financiamento for destinado a novas áreas de plantio ou à expansão das existentes em 28 de outubro de 2009, nas áreas:

I – dos Biomas Amazônia e Pantanal e da Bacia do Alto Paraguai;

II – de terras indígenas;

---

[485] BANCO CENTRAL DO BRASIL. Resolução n° 3.813, de 26 de novembro de 2009, do Conselho Monetário Nacional. *Normativo online*. Disponível em: <https://www3.bcb.gov.br/normativo/detalharNormativo.do?N=109102943&method=detalharNormativo>. Acesso em: 19 jan. 2010.

III – com declividade superior a 12% (doze por cento), ou ocupadas com cobertura de vegetação nativa ou de reflorestamento;

IV – de remanescentes florestais, em áreas de proteção ambiental, de dunas, de mangues, de escarpas e de afloramentos de rocha, urbanas e de mineração.

20. As disposições do item 19 não se aplicam à concessão de crédito rural para:

I – a produção de cana-de-açúcar em áreas ocupadas com essa cultura em 28 de outubro de 2009, observadas as disposições do zoneamento agrícola de risco climático;

II – o financiamento de projetos de ampliação da produção industrial já licenciados pelo órgão ambiental responsável.

Art. 2º Esta resolução entra em vigor na data de sua publicação.

Art. 3º Fica revogada a Resolução nº 3.803, de 28 de outubro de 2009. Brasília, 26 de novembro de 2009. Henrique de Campos Meirelles Presidente.[486]

A Resolução nº 3.814/2009[487] do Conselho Monetário Nacional, que "o crédito agroindustrial para expansão da produção e industrialização da cana-de-açúcar ao Zoneamento Agroecológico e veda o financiamento da expansão do plantio nos Biomas Amazônia e Pantanal e Bacia do Alto Paraguai, entre outras áreas", vem assim redigida:

RESOLUÇÃO Nº 3.814

Condiciona o crédito agroindustrial para expansão da produção e industrialização da cana-de-açúcar ao Zoneamento Agroecológico e veda o financiamento da expansão do plantio nos Biomas Amazônia e Pantanal e Bacia do Alto Paraguai, entre outras áreas.

O Banco Central do Brasil, na forma do art. 9º da Lei nº 4.595, de 31 de dezembro de 1964, torna público que o Conselho Monetário Nacional, em sessão realizada em 26 de novembro de 2009, tendo em vista as disposições dos arts. 4º, inciso VI, da Lei nº 4.595, de 1964, e 3º do Decreto nº 6.961, de 17 de setembro de 2009,

RESOLVEU:

Art. 1º A concessão de crédito agroindustrial pelas instituições financeiras, quando destinado à produção ou industrialização de cana-de-açúcar oriunda de novas áreas de plantio para a produção de etanol, demais biocombustíveis derivados da cana-de-açúcar e açúcar, exceto açúcar mascavo, deverá observar o seguinte:

I – fica restrita às áreas indicadas como aptas para a expansão do plantio, conforme disposto no Zoneamento Agroecológico da Cana-de-açúcar, instituído pelo Decreto nº 6.961, de 17 de setembro de 2009, observadas as disposições do zoneamento agrícola de risco climático dessa cultura;

II – fica vedada, se o financiamento for destinado a novas áreas de plantio ou à expansão das existentes em 28 de outubro de 2009 nas áreas:

a) dos Biomas Amazônia e Pantanal e da Bacia do Alto Paraguai;

---

[486] BANCO CENTRAL DO BRASIL. Resolução nº 3.813, de 26 de novembro de 2009, do Conselho Monetário Nacional. *Normativo online*. Disponível em: <https://www3.bcb.gov.br/normativo/detalharNormativo.do?N=109102943&method=detalharNormativo>. Acesso em: 19 jan. 2010.

[487] BANCO CENTRAL DO BRASIL. Resolução nº 3.813, de 26 de novembro de 2009, do Conselho Monetário Nacional.

b) de terras indígenas;

c) com declividade superior a 12% (doze por cento), ou ocupadas com cobertura de vegetação nativa ou de reflorestamento;

d) de remanescentes florestais, ou em áreas de proteção ambiental, de dunas, de mangues, de escarpas e de afloramentos de rocha, urbanas e de mineração.

Art. 2º As disposições do art. 1º não se aplicam à concessão de crédito agroindustrial para:

I – a produção de cana-de-açúcar em áreas ocupadas com essa cultura em 28 de outubro de 2009, observadas as disposições do zoneamento agrícola de risco climático;

II – o financiamento de projetos de ampliação da produção industrial já licenciados pelo órgão ambiental responsável.

Art. 3º Esta resolução entra em vigor na data de sua publicação.

Art. 4º Fica revogada a Resolução nº 3.804, de 28 de outubro de 2009. Henrique de Campos Meirelles Presidente.[488]

Analisando comparativamente as Resoluções nº 3.813/2009 e 3.814/2009 do Conselho Monetário Nacional, pode-se concluir que, a exemplo das resoluções já referidas e expressamente revogadas, a primeira se refere aos produtores rurais e suas cooperativas, alterando o Manual de Crédito Rural, e a segunda trata do financiamento agroindustrial em geral para a cana-de-açúcar.

Há, contudo, na Resolução nº 3.813/2009 do Conselho Monetário Nacional uma nova previsão expressa de que a concessão de crédito rural para produtores rurais e suas cooperativas está condicionada às restrições e vedações que prevê, abrangendo o plantio, a renovação ou custeio de lavouras ou industrialização do etanol, demais biocombustíveis derivados da cana-de-açúcar, nos termos da nova redação do item 19 do item 20 da Seção 1 do Capítulo 2 do Manual de Crédito Rural. De igual modo, há na Resolução nº 3.814/2009 do Conselho Monetário Nacional uma inovadora previsão no sentido de que a concessão de crédito agroindustrial para a produção ou industrialização da cana-de-açúcar oriundas de novas áreas de plantio para produção de etanol, demais biocombustíveis derivados da cana-de-açúcar, também está condicionada às restrições e vedações que prevê.

Aspectos comuns nas Resoluções nº 3.813/2009 e 3.814/2009 do Conselho Monetário Nacional são tanto a exceção no que se refere ao açúcar mascavo quanto as restrições, a saber: a) restrição de financiamento para as áreas indicadas como aptas para a expansão do plantio, conforme disposto no Zoneamento Agroecológico da Cana-de-açúcar, instituído pelo

---

[488] BANCO CENTRAL DO BRASIL. Resolução nº 3.813, de 26 de novembro de 2009, do Conselho Monetário Nacional. *Normativo online*. Disponível em: < https://www3.bcb.gov.br/normativo/detalharNormativo.do?N=109102944&method=detalharNormativo>. Acesso em: 19 jan. 2010

Decreto n° 6.961, de 17 de setembro de 2009, observadas as disposições do zoneamento agrícola de risco climático dessa cultura; b) vedação, se o financiamento for destinado a novas áreas de plantio ou à expansão das existentes em 28 de outubro de 2009 nas áreas, nos Biomas Amazônia e Pantanal e da Bacia do Alto Paraguai, em terras indígenas, em áreas com declividade superior a 12% (doze por cento), naquelas áreas ocupadas com cobertura de vegetação nativa ou de reflorestamento, nas áreas de remanescentes florestais ou, ainda, em áreas de proteção ambiental, de dunas, de mangues, de escarpas e de afloramentos de rocha, urbanas e de mineração.

Importante frisar ainda no que concerne aos aspectos comuns, que as Resoluções n° 3.813/2009 e 3.814/2009 do Conselho Monetário Nacional também excepcionam as restrições e vedações nos casos de produção de cana-de-açúcar em áreas ocupadas com essa cultura em 28 de outubro de 2009, observadas as disposições do zoneamento agrícola de risco climático, bem como o financiamento de projetos de ampliação da produção industrial já licenciados pelo órgão ambiental responsável.

As citadas resoluções do Conselho Monetário Nacional, além de regrar junto ao sistema financeiro nacional as relações entre as instituições financeiras e os mutuários, também resultam na outorga de um nível mais elevado de concretude e de efetividade à defesa do meio ambiente, uma vez que reconhecem que determinadas atividades econômicas a exemplo da agricultura e da pecuária, no Bioma Amazônia, e a produção e a industrialização da cana-de-açúcar implicam o recrudescimento da pressão sobre os recursos naturais de determinadas regiões brasileiras, conforme reconhece o Decreto n° 6.961/2009 (Zoneamento Agroecológico da Cana-de-Açúcar).

Deste modo, agregam-se estas resoluções ao plexo de normas que visa atender o anseio constitucional do exercício do direito de propriedade privada, de empresa ou de livre iniciativa e dos bens de produção vinculados à função social, notadamente na dimensão ambiental, especificamente com relação à pecuária, à agricultura e à produção e à industrialização de cana-de-açúcar, o que ratifica as disposições dos artigos 5°, incisos XXII e XXIII, 170, incisos II, III e VI, e 225 da Constituição Federal.

Além disso, as resoluções referidas também revelam e ratificam a teleologia do artigo 192 da Constituição Federal que determina que o sistema financeiro nacional deve ser e permanecer estruturado de forma a promover o desenvolvimento equilibrado do País e a servir aos interesses da coletividade, cuja interpretação sistemática com o artigo 3°, incisos II e III, revela que o desenvolvimento nacional e a erradicação da pobreza e a marginalização e redução das desigualdades sócias e regionais está implicada com a disponibilidade e o acesso ao crédito, sob determinadas condições, restrições e vedações.

Não obstante o regramento específico contido nas mencionadas resoluções do Conselho Monetário Nacional, há vinculação e obrigação direta da atividade econômica empreendida pelas instituições financeiras, sem exceção, e as demais atividades econômicas pretendentes ou dependentes de crédito para produção de bens e serviços na defesa do meio ambiente, não sendo inexistência ou o cumprimento de uma resolução que irá exonerar o mutuante ou o mutuário, se for o caso, da responsabilidade civil ambiental pela prevenção e pela reparação dos riscos, das ameaças e dos danos causados em meio ambiente.

Enfim, como sabido, a responsabilidade civil ambiental regrada pela Constituição Federal no artigo 225, § 3º, e pelas disposições da Lei nº 6.938/1981 (Lei da Política Nacional do Meio Ambiente) nos artigos 3º, inciso IV, 4º, inciso VII, parágrafo único do art. 5º e 14, § 1º, funda-se na teoria objetiva, na vertente do risco integral, que desconsidera aspectos subjetivos e ainda tem por irrelevante a licitude da conduta, não importando se houve cumprimento, por exemplo, das resoluções mencionadas para fins de instauração de nexo causal para fins de responsabilidade civil ambiental.

### 4.4.4.5. Artigo 8º da Lei nº 12.187/2009

A Lei nº 12.187/2009 (Lei da Política Nacional sobre Mudança do Clima) traz relevante aporte normativo no artigo 8º que, textualmente, impõe que as instituições financeiras oficiais disponiblização linhas de crédito e financiamento específicas para desenvolver ações e atividades que atendam aos objetivos desta Lei e voltadas para induzir a conduta dos agentes privados à observância e execução da PNMC, no âmbito de suas ações e responsabilidade sociais.[489]

Como facilmente se conclui o artigo 8º mencionado não se trata de uma faculdade do Poder Público ou de suas instituições financeiras. Em verdade, trata-se de uma imposição direta e incontornável. A imperatividade do vocábulo "disponibilizarão" dispensa maior esforço interpretativo, uma vez que esta ordem legal tem o seu escopo gravado na parte

---

[489] BRASIL. Lei nº 12.187/2009. *Coletânea de Legislação Ambiental, Constituição Federal*. Odete Medauar (org.). 10. ed. São Paulo: Revista dos Tribunais, 2010, p. 954. Artigo 8º. As instituições financeiras oficiais disponiblização linhas de crédito e financiamento específicas para desenvolver ações e atividades que atendam aos objetivos desta Lei e voltadas para induzir a conduta dos agentes privados à observância e execução da PNMC, no âmbito de suas ações e responsabilidade sociais.

final do referido artigo, a saber: induzir a conduta de agentes privados responsáveis por atividades econômicas, em decorência da garantia da livre iniciativa.

Não obstante a restrição literal da ordem às instituições financeiras oficiais, não há impedimento de que as demais instituições financeiras também possam disponibilizar crédito para os mesmos fins, o que dependerá do interesse e da demanda por esta modalidade de mútuo. É o que se extrai da interpretação sistemática dos artigos 3º, inciso I, e 6º, inciso VII, da Lei nº 12.187/2009 (Lei da Política Nacional sobre Mudança do Clima).

Com relação à indução dos agentes privados há que advertir que, nesta parte, não há razão para interditar o acesso aos agentes públicos às linhas de crédito e financiamento referidas. Os Estados, o Distrito Federal e os Municípios também devem ter acesso a esta modalidade de crédito, pois, se a finalidade é a observância e execução da Lei nº 12.187/2009 (Lei da Política Nacional sobre Mudança do Clima) não há razão discriminação, até mesmo porque os entes públicos em geral também tem âmbito de atuação determinável e possuem responsabilidades sociais a cumprir. Isso é indiscutível.

E é justamente por conta dos fins ansiados pelo artigo 8º da citada Lei que se pode relacioná-lo com o artigo 12 e parágrafo único da Lei nº 6.938/1981 (Lei de Política Nacional do Meio Ambiente), uma vez que tanto o controle da degradação quanto a melhoria da qualidade ambiental serão atingidos quando se procurar concretizar os objetivos e as diretrizes da Lei nº 12.187/2009 (Lei da Política Nacional sobre Mudança do Clima), expostas nos artigos 4º e 5º.

### 4.4.4.6. Artigos 16 e 18 da Lei nº 12.305/2010

A Lei nº 12.305/2010 (Lei da Política Nacional de Resíduos Sólidos) também traz importante exigência para acesso ao crédito por parte dos Estados, Distrito Federal e Municípios, consoante previsões dos artigos 16[490] e 18[491] que, respectivamente, tratam dos Planos Estaduais e Municipais de Resíduos Sólidos.

---

[490] BRASIL. Lei nº 12.187/2009. *Coletânea de Legislação Ambiental, Constituição Federal*. 2010, p. 961. Artigo 16. A elaboração de plano estadual de resíduos sólidos, nos termos previstos por esta Lei, é condição para os Estados terem acesso a recursos da União, ou por ela controlados, destinados a empreendimentos e serviços relacionados à gestão de resíduos sólidos, ou para serem beneficiados por incentivos ou financiamentos de entidades federais de crédito ou fomento para tal atividade.

[491] BRASIL. Lei nº 12.187/2009. *Coletânea de Legislação Ambiental, Constituição Federal*. 2010, p. 963. Artigo 18. A elaboração de plano municipal de gestão integrada de resíduos sólidos, nos termos previstos por esta Lei, é condição para o Distrito Federal e os Municípios terem acesso a recursos da União,

A clareza de tais disposições legais autoriza concluir que a existência, aprovação e vigência dos denominados Planos Estaduais e Municipais de Resíduos Sólidos são autênticos pressupostos para que haja acesso aos incentivos ou financiamentos para atividades relacionadas com a gestão dos resíduos sólidos.

Muito embora sejam os Estados, o Distrito Federal e os Municípios expressamente apontados nos artigos 16 e 18 citados, os concessionários ou permissionários de serviço público que atuem em qualquer das etapas ou modalidades das atividades relacionadas com os resíduos sólidos somente poderão ter acesso aos recursos sob exame acaso o poder concedente detenha previamente o pressuposto exigido, a saber: o plano de resíduos sólidos aprovado e vigente, sem prejuízo das revisões obrigatórias devidamente concluídas. Considere-se para reforço desta conclusão as diposições do artigo 26[492] da Lei nº 12.305/2010 (Lei da Política Nacional de Resíduos Sólidos), as previsões da Lei nº 8.987/1995 (Lei das Concessões) e a própria posição da jurisprudência acerca de solidariedade entre poder concedente e concessionário ou permissionário nos casos de danos ao meio ambiente.[493]

Esta vinculação entre o poder concedente e o concessionário ou permissionário não deve ser desconsiderada ou afastada, pois, de nada adiantará a exigência de um pressuposto se houver possibilidade de burla aos princípios o objetivos da Lei nº 12.305/2010 (Lei da Política Nacional de Resíduos Sólidos).

Conclusão em sentido contrário gera a recusa da implicação entre a Lei nº 12.305/2010 (Lei da Política Nacional de Resíduos Sólidos) a Lei nº 6.938/1981 (Lei de Política Nacional do Meio Ambiente), uma vez que não há como negar que o cumprimento do artigo 12 e parágrafo único desta Lei, especialmente quando almeja o controle da degradação e a melhoria da qualidade ambiental, tem vinculação finalística com a própria razão de ser daquela Lei.

---

ou por ela controlados, destinados a empreendimentos e serviços relacionados à limpeza urbana e ao manejo de resíduos sólidos, ou para serem beneficiados por incentivos ou financiamentos de entidades federais de crédito ou fomento para tal atividade.

[492] BRASIL. Lei nº 12.187/2009. *Coletânea de Legislação Ambiental, Constituição Federal*. 2010, p. 966-967. Artigo 26. O titular dos serviços públicos de limpeza urbana e de manejo de resíduos sólidos é responsável pela organização e perstação direta ou indireta desses serviços, observados o respectivo plano municipal de gestão integrada de resíduos sólidos, a Lei 11.445, de 2007, e as disposições desta Lei e seu regulamento.

[493] BRASIL. Superior Tribunal de Justiça. *Recurso Especial nº 28.222*. Segunda Turma, Brasília, DF, 15 fev. 2000. Diário Oficial da República Federativa do Brasil. Poder Executivo. Diário da Justiça, Poder Judiciário, Brasília, DF 15 out. 2001, p. 253.

## 4.5. Políticas públicas: meio ambiente e financiamento

Em seguida à descrição das iniciativas internacionais e nacionais referentes à relação entre meio ambiente e financiamento, cumpre analisar haver ou não uma política pública no Brasil que implique reciprocamente a defesa ambiental e o crédito ou, ao contrário, se o que há é um mero conjunto de normas legais ou de políticas de crédito peculiares a cada instituição financeira a reclamar uma sistematização, o que pode vir a conferir maior efetividade à defesa do meio ambiente e qualificar como sustentável o desenvolvimento econômico.

Diferentemente do abstencionismo do Estado liberal, caracterizado, dentre outras, pela não intervenção estatal na outorga de benefícios à coletividade para além da proteção da liberdade, da segurança e da propriedade privada, no qual as eventuais políticas públicas permanecem vinculadas e restritas à referida ideologia, no Estado social as políticas públicas estão aptas a desempenhar importante tarefa na tentativa de materialização de direitos individuais e transindividuais por meio de atuação estatal pró-ativa.

Neste mesmo sentido, vem pontuando Terence Dornelles Trennepohl ao asseverar que "o moderno Estado intervencionista não mais se restringe à edição das 'frias' normas de conduta, mas, também às chamadas 'normas-objetivo', que possuem finalidade determinada e servem de base jurídica para a implementação de políticas públicas governamentais",[494] definindo as políticas públicas como representações das ações governamentais na busca de objetivos gerais e específicos, sistematizadas com objetivos gerais e setoriais, numa articulação entre Estado, sociedade e mercado.[495]

As chamadas "políticas públicas", portanto, podem ser definidas juridicamente como "programas de ação governamental visando coordenar os meios à disposição do Estado e as atividades privadas, para a realização de objetivos socialmente relevantes e politicamente determinados", segundo Maria Paula Dallari Bucci,[496] apesar da afirmação de Carla Abrantkoski Rister[497] de que não há consenso na doutrina brasileira no que se refere à conceituação.

---

[494] TRENNEPOHL, Terence Dornelles. *Incentivos Fiscais no Direito Ambiental*. São Paulo: Saraiva, 2008, p. 78.

[495] TRENNEPOHL, Terence Dornelles. *Incentivos Fiscais no Direito Ambiental*. 2008, p. 77.

[496] BUCCI, Maria Paula Dallari. *Direito Administrativo e Políticas Públicas*. São Paulo: Saraiva, 2002, p. 241.

[497] RISTER, Carla Abrantkoski. *Direito ao Desenvolvimento*: antecedentes, significados e conseqüências. Rio de Janeiro: Renovar, 2007, p. 445.

No que concerne ao meio ambiente ecologicamente equilibrado, típico direito transindividual, não se pode renunciar à elaboração e à implantação efetiva de políticas públicas ambientais que posicionem o Estado e a sociedade em condições de concretizar a promessa constitucional inscrita no artigo 225 da Constituição Federal. De igual forma e com objetivo convergente, os princípios da ordem econômica e financeira, dentre eles o da defesa do meio ambiente, nos termos do artigo 170, inciso VI, da Constituição Federal, reclamam a idealização e a concretização de políticas públicas que imponham o equilíbrio entre desenvolvimento econômico e meio ambiente.

Sobre a política ambiental e o desenvolvimento econômico, vale a transcrição da ideia de Maria Cecília Junqueira Lustosa *et al*,[498] que bem aponta a complexa relação:

> A política ambiental é o conjunto de metas e instrumentos que visam reduzir os impactos negativos da ação antrópica – aquelas resultantes da ação humana – sobre o meio ambiente. Como toda política, possui justificativa para sua existência, fundamentação teórica, metas e instrumentos, e prevê penalidades para aqueles que não cumprem as normas estabelecidas. Interfere nas atividades dos agentes econômicos e, portanto, a maneira pela qual é estabelecida influencia as demais políticas públicas, inclusive as políticas industrial e de comércio exterior. Por outro lado, as políticas econômicas favorecem um tipo de composição da produção e do consumo que tem impactos importantes sobre o meio ambiente.

Já com relação à economia e à atividade financeira, vale o apontamento de Sidnei Turczyn[499] no sentido de que a economia dos povos pode ser dividida em três fases, a saber: a da economia natural de troca de bens por bens, o escambo; a da economia monetária, quando os bens permutados tinham o valor aferido pela moeda; e, a da economia creditória, em que as trocas ocorrem mediante o crédito e respectivos títulos. Esta última economia tem preponderado na atualidade, gerando uma "bancarização" da economia, na expressão de Françoise Dekeuwer-Défossez.

E a confirmar a influência decisiva da economia creditória, o que se faz sem esforço e com a mera observação, por exemplo, dos recentes eventos que afetam a economia mundial a partir de 2008, o artigo 192 da Constituição Federal prestigia o sistema financeiro nacional ao mesmo tempo em que impõe o dever de "promover o desenvolvimento equilibrado do País e a servir aos interesses da coletividade", relacionando-o com diversos objetivos, dentre eles o da defesa do meio ambiente.

Assim, aparecem o Estado e a sociedade, esta representada também pelos atores econômicos e os agentes financeiros, implicados de forma

---

[498] LUSTOSA, Maria Cecília Junqueira; CÁNEPA, Eugenio Miguel; YOUNG, Carlos Eduardo Frickmann. Política Ambiental. In: *Economia do Meio Ambiente*: teoria e prática. MAY, Peter H.; LUSTOSA, Maria Cecília Junqueira; DA VINHA, Valéria (Org.). Rio de Janeiro: Elsevier, 2003, p. 135.

[499] TURCZYN, Sidnei. *O Sistema Financeiro Nacional e a Regulação Bancária*. 2005, p. 39-41.

irrenunciável na promoção do bem-estar e da dignidade humana, que somente podem restar plenamente atendidos em um ambiente em que os recursos naturais e ambientais sejam considerados como elementos intrínsecos ao desenvolvimento econômico.

Adotando esta posição há coincidência com o defendido por Sidnei Turczyn,[500] que imputa ao Estado a elaboração e a execução de políticas públicas de cunho econômico, monetário entre outras, devendo haver uma interação com as demais políticas públicas que estejam em elaboração ou em execução sob o controle de outros organismos governamentais, a exemplo da política fiscal, da cambial entre outras. Acresça-se ao pensamento deste autor que a política ambiental e a política monetária carecem de um maior grau de interação recíproca, o que pode ser arranjado com o controle e a seleção do crédito, mediante controle do volume e da destinação do crédito, controle das taxas de juros e fixação de limites, prazos e condições de empréstimos, facilitando-os ou dificultando-os.

Como exemplos desta reclamada interação vêm o Conselho Monetário Nacional editando resoluções, a saber: Resoluções nº 3.545/2008, 3.803/2009 e 3.804/2009, revogadas expressamente pelas Resoluções nº 3.813/2009 e 3.814/2009, o que não representa por si só o reconhecimento da existência de uma política pública, já que, segundo Gilberto Bercovici,[501] para uma análise do desenvolvimento não se pode fragmentar a elaboração e a execução de medidas pontuais em detrimento de uma atuação mais abrangente.

E mesmo diante de todas as iniciativas internacionais e nacionais, governamentais ou não governamentais, no plano normativo ou nas políticas de crédito das instituições financeiras, não é possível afirmar que há efetivamente uma política pública que vincule o financiamento, público ou privado, enfim, o crédito em geral, à defesa do meio ambiente para fazer frente ao impacto que o financiamento provoca no meio ambiente, uma vez que a política pública não se esgota em um conjunto organizado de normas, mas, sim, imprescinde da necessária atuação estatal tendente à preservação e à conservação ambiental, como assevera Carla Abrantkoski Rister.[502]

Concluindo, é correto afirmar que uma política pública que ombreie o financiamento e a defesa do meio ambiente ainda carece de elaboração e execução por parte do Estado, não sendo suficiente para tanto a edição

---

[500] TURCZYN, Sidnei. *O Sistema Financeiro Nacional e a Regulação Bancária*. 2005, p. 41-44.

[501] BERCOVICI, Gilberto. *Constituição Econômica e Desenvolvimento:* uma leitura a partir da Constituição de 1988. São Paulo: Malheiros, 2005, p. 63.

[502] RISTER, Carla Abrantkoski. *Direito ao Desenvolvimento*: antecedentes, significados e conseqüências. 2007, p. 448.

de normas legais ou regulamentares e a adoção voluntária de políticas de crédito por parte dos financiadores. Certamente, uma política pública que atenda esta relação prestigiará a prevenção em face da sempre insuficiente repressão dos danos ambientais.

### 4.6. Justiças distributiva e corretiva: prevenção e reparação

O atendimento aos valores da cidadania e da dignidade da pessoa humana e o cumprimento dos objetivos de se construir uma sociedade livre, justa e solidária e de garantir do desenvolvimento nacional, ansiados nos artigos 1º e 3º da Constituição Federal necessitam de políticas públicas que garantam, dentre outras, a preservação e a conservação do meio ambiente ecologicamente equilibrado como acesso indistinto à sadia qualidade de vida, nos termos do artigo 225 da Constituição Federal.

A toda evidência, dispondo-se a cumprir os referidos desideratos, o princípio do poluidor-pagador e o artigo 12 e parágrafo único da Lei nº 6.938/1981 (Lei da Política Nacional do Meio Ambiente) miram a inibição dos custos externos de atividades potencialmente poluidoras, reclamando atitudes fundadas na precaução e na prevenção. Contudo, não se pode desconsiderar que nem sempre se consegue mitigar eficientemente as compulsórias externalidades ambientais negativas, havendo necessidade de se invocar o sistema jurídico visando à reparação (sentido amplo) por meio dos instrumentos e técnicas repressivas. Obviamente, a prevenção a danos ambientais deve preponderar como escolha mais adequada e a repressão permanecer como alternativa não menos relevante.

A preferência teórica pela prevenção à repressão não tem foros de novidade na história do pensamento humano, já tendo Aristóteles[503] se ocupado da análise deste ato de escolha relacionando-as com a justiça distributiva e a justiça corretiva, respectivamente, concluindo o filósofo que a injustiça é representada pela desproporção.

Nesta análise, a justiça distributiva se relaciona com a prevenção, pois, atende à preservação da proporção na distribuição do bem e da oportunidade do respectivo gozo. O justo é tanto a igualdade na distribuição das proporções entre os indivíduos quanto a mediania entre os extremos proporcionais. Em resumo: proporcional é uma mediania e o justo é proporcional, assim a mediania é a justiça.

O sentido de justo se liga àquilo que é proporcional e o injusto àquilo que transgride a proporção. O injusto está no excesso ou na deficiência,

---

[503] ARISTÓTELES. *Ética a Nicomaco*. Edson Bini (Trad.). 2. ed. Bauru: EDIPRO, 2007, p. 153 e segs.

pois, quando ocorre injustiça, aquele que a produz ou dela se beneficia detém excessivamente um bem e a vítima suporta excessiva falta do mesmo bem ou correlato. Portanto, faz-se justiça distributiva com a preservação da proporção, sendo a desproporção a negação da justiça distributiva.

Por outro lado, o filósofo entende a justiça corretiva relacionada à reparação, exigida quando já concretizada a desproporção na distribuição ou no acesso ao bem. Nesta hipótese o injusto é o desigual, cabendo ao julgador o dever de restabelecer a igualdade, ou seja, restaurar a mediania entre perda e ganho, lucro e prejuízo. Em outras palavras: quando ocorre um assassinato a representação do sofrer a perda de uma vida e do sofrer a sanção está dividida em partes desiguais, sendo tarefa do juiz igualar esta relação por meio da sanção, que pode ser desde a pena corporal, temporária ou perpétua, até a pena capital.

O sentido do justo aqui se afasta da proporção e se aproxima da igualdade, mas da igualdade entre ganho e perda, tanto que por mais grave que seja a sanção nunca se terá a mesma proporção havida antes do evento degradante.

Nas relações privadas marcadas pelo individualismo ou atomismo, como a do exemplo do assassínio, a reparação do dano tem consequências que podem até ser alcançadas e que, teoricamente, restabeleçam a igualdade, mas os benefícios permanecerão restritos e limitados àqueles diretamente envolvidos na relação jurídica. Nas relações jurídicas tipicamente transindividuais, como é o caso do meio ambiente, hipótese em que o bem vindicado é de uso comum (*res omnium*), a justiça corretiva apresentará sempre resultado insatisfatório, uma vez que não se consegue reparar o bem lesado de forma a tê-lo exatamente como antes: não será o mesmo bem, mas, sim, outro, não mais original.

Assim, para a tutela de interesses transindividuais a justiça distributiva é a que se deve buscar precipuamente, precisamente por almejar a conservação da proporção na distribuição e no acesso a determinado bem. Enfim, a teleologia da justiça distributiva pode ser representada da seguinte maneira: iniciada e desenvolvida a relação fática ou jurídica, as partes devem conservar ao final da citada relação a idêntica proporção do bem que detinham antes da relação se instaurar. Aqui, repare-se, não se exige como resultado uma igualdade, até porque podem as partes haver experimentado aumento ou diminuição em seus patrimônios, desde que isso tenha ocorrido proporcionalmente.

O princípio do poluidor-pagador e o artigo 12 e parágrafo único da Lei nº 6.938/1981 (Lei da Política Nacional do Meio Ambiente) se identificam com a essência teleológica da justiça distributiva, notadamente quando exigem do empreendedor a internalização das externalidades ambientais negativas com o fim de conservar a proporção na distribuição ou no acesso ao bem ambiental, garantindo concomitantemente a livre iniciativa e o direito de propriedade.

Frustrada internalização dos custos sociais e serôdia a prevenção do dano ambiental, urge o manejo, entre outros, do princípio da responsabilidade na tentativa de reparação (sentido amplo), sem olvidar dos subsídios que o princípio do poluidor-pagador oferece em reforço.

## 5. Responsabilidade civil e meio ambiente

### 5.1. Desafio da responsabilidade jurídica

Da mesma forma que se revela o instituto da propriedade no acúmulo de fatos históricos e culturais que vêm transcendendo os marcos adotados pela didática, a noção de responsabilidade jurídica de natureza civil ou penal também vem sendo construída e evoluindo sob os auspícios da experiência do homem diante das transformações sociais que afetam o sistema normativo. Consequentemente, esta afetação impulsiona a modificação e a adoção de novos paradigmas objetivando prover a sociedade com possibilidades de soluções para os conflitos que surgem na realidade hiperdinâmica da sociedade de risco, que é descrita por Arthur Kaufmann sob o elemento da incerteza sobre todas as consequências das ações humanas:[504]

> Nas sociedades pluralistas de risco do nosso tempo, o homem é chamado a intervir activamente no mundo sem que disponha sempre à partida de normas predefinidas ou dum conceito fixo de natureza que determina se o seu agir é correcto. Ou seja: o seu comportamento implica um risco. É certo que também em tempos mais remotos existiam situações complexas em que tinha que se tomar decisões arriscadas, mas elas não eram típicas da realidade de então.

Assim, não se pode tentar compreender satisfatoriamente o atual estágio da responsabilidade jurídica, no caso deste estudo a de natureza civil decorrente de riscos, ameaças e danos ambientais relacionados com o financiamento por meio das instituições financeiras em geral, renunciando a uma sintética abordagem histórica permeada por apontamentos religiosos e filosóficos. Um passeio pela linha evolutiva da responsabilidade civil proporciona aos mais conservadores o desafio de se resignarem diante da inexorabilidade evolutiva e ampliativa deste instituto e aos vanguardistas o sempre salutar reencontro com as limitações impostas pelo tempo que rege percurso do pensamento humano.

Enfim, importa afirmar que de nada adianta resistir ao avanço das necessidades humanas na busca pelo restabelecimento e conservação de

---
[504] KAUFMANN, Arthur. *Filosofia do Direito*. António Ulisses Cortês (Trad.). 2. ed. Lisboa: Calouste Gulbenkian, 2007, p. 454.

um equilíbrio econômico-jurídico que produza a sensação de justiça ou, ao revés, empregar ao compassado movimento evolutivo uma velocidade superior do que a compreensão vigente pode assimilar.

Mas há um consolo tanto para os reacionários quanto para revolucionários: é dessa convivência conflituosa que se nutre a ciência, especialmente a do Direito que, dialética por excelência, encarrega-se da função de edificar permanentemente um sistema de preservação de direitos e garantias individuais, como os da propriedade, da livre iniciativa entre outros, conquistados pelas gerações precedentes, sem que haja a esganadura dos direitos transindividuais especialmente vocacionados à satisfação de necessidades vitais destas e das futuras gerações, a exemplo do direito ao meio ambiente ecologicamente equilibrado.

Entretanto, isso não significa adotar a postura de mero espectador, sobretudo quando se trata de refletir e atuar imperativamente sobre fatos e esquemas sociais e econômicos que afetam o meio ambiente, expondo a riscos incomensuráveis as vidas das atuais e das futuras gerações. Reclama-se, ao contrário, intervenção eficaz.

Na atualidade, a toda evidência, não se pode negar a proeminência do mercado financeiro sobre o setor produtivo, havendo inegável dependência dos créditos decorrentes de financiamentos ou da concessão de incentivos governamentais para que a produção de bens e serviços alcance ou se mantenha em níveis tais que permita atender às necessidades vitais ou não da sociedade de consumo. E é esta posição de supremacia das instituições de crédito em geral e dos organismos concedentes de incentivos governamentais em face do setor produtivo que ilumina a relação entre crédito ou incentivos e produção e meio ambiente, situando o financiamento sob o interesse direto da responsabilidade jurídica, notadamente a de natureza civil ambiental.

Diante deste cenário, até aqui já promovida a análise da propriedade em geral e a respectiva função social, do meio ambiente como direito fundamental e da relação havida entre a Economia e o Direito, cumpre enfrentar o tema da responsabilidade civil ambiental não mais sob o ponto de vista preventivo, o que já foi abordado até onde se analisou a relação entre financiamento e meio ambiente, mas, sim, desta vez, acrescer ao estudo também a perspectiva repressiva.

### 5.2. Apontamentos históricos, religiosos e filosóficos da responsabilidade jurídica

De início, cumpre advertir que não se pode admitir ou emprestar ao instituto da responsabilidade jurídica a pretensão de tema definitivamente desvendado, imune às influências históricas, religiosas e filosóficas ou, ainda, exonerado de prover o atendimento das necessidades atuais. Enfim, estudar o tema é avaliar retrospectivamente para atuar prospectivamente.

Mas uma lembrança sobre o apanhado evolutivo da responsabilidade jurídica deve ser reavivada, a exemplo do que se fez neste estudo ao abordar a propriedade: a concatenação entre transformações sociais e as respectivas adaptações normativas não implica que tais fenômenos estejam guiados por tracejados retilíneos ou reservados em compartimentos herméticos, devendo ser afastada a ideia de que uma nova fase apenas eclode ao final da anterior. Em verdade, o que se testemunha é uma diversidade simultânea de regimes de responsabilidade jurídica que podem ou não coexistir consideradas as variáveis de espaço e tempo, o que empresta à responsabilidade civil o matiz de representação cultural em permanente transformação.

Neste sentido, Caio Mário da Silva Pereira,[505] ao comentar o impacto provocado pela responsabilidade civil objetiva e que serve para a compreensão da responsabilidade jurídica em geral, assevera que:

> Não se pode, porém, proclamar que sua penetração e aceitação se fizeram em um só momento e de uma só maneira, como se fosse Minerva que já nasceu armada da cabeça de Júpiter. Nem se dirá que seguiu rota uniforme ou gradativa até atingir o estado atual. Obedeceu à linha evolutiva dos acontecimentos naturais, que segundo a velha parêmia enuncia que *natura non facit saltus*. No enunciado destas etapas evolutivas não se pode estabelecer rigorosa ordem cronológica, senão apresentar os aspectos mais marcantes, que no seu conjunto ou na sua ordem seqüencial, chegaram a culminar no conceito atual. Nem se pode afirmar que seja este o marco derradeiro ou definitivo. Ao revés, sendo o princípio da responsabilidade a província civilista que maior desenvolvimento vem encontrando em nosso e alheio direito, é de se supor que mais amplos horizontes encontrará pela frente, a serem percorridos em tempo mais ou menos próximo.

A responsabilidade civil, portanto, é tema que vem recebendo impulsos sociais a reclamar, permanentemente, que sua evolução atenda aos carecimentos da sociedade tecnológica permeada por novos riscos que cumulativamente expõem a vida em todas as suas formas.

Importa conhecer, ainda que sucintamente, para uma adequada compreensão deste instituto jurídico, o desenvolvimento do tema da responsabilidade civil nas sociedades e nos ordenamentos precedentes, adotando os subsídios da clássica exposição de John Gilissen, que se inicia no Direito romano em direção ao Código Civil francês de 1804,[506] servindo

---

[505] PEREIRA, Caio Mário da Silva. *Responsabilidade civil*. 9. ed. Rio de Janeiro: Forense, 2001, p. 263.

[506] GILISSEN, John. *Introdução Histórica ao Direito*. 2001, p. 750-753.

este como referência paradigmática para os ordenamentos jurídicos de outros países.

No Direito romano se destacou a *Lex Aquilia* que, datando aproximadamente do século III a.C., sanciona como delito privado apenas determinados fatos reunidos sob a designação *damnum iniuria datum* ou dano causado ilicitamente, a exemplo da morte de escravo ou animal entre outros. Desta forma, a destruição ou deterioração de qualquer coisa, tanto pelo contato direto do corpo do agente (*corpore*) ou causado por instrumento (*corpori*) poderiam ser sancionados com multa devida ao lesado, calculando-se à razão do valor mais elevado atribuído à coisa afetada, no mês ou no ano precedente. Com o transcorrer dos séculos, a jurisprudência, atenta aos reclames sociais, foi alargando a regência da lei aquiliana para abranger qualquer dano causado por conduta contrária ao Direito (*in-juria*), conservando o caráter misto de pena e de reparação do dano. Finalmente, a doutrina romana clássica passou exigir que além do nexo de causalidade entre a conduta e o dano deveria haver culpa (negligência e imprudência), o que transcendeu séculos e sobrevive preponderando na concepção moderna da responsabilidade civil.[507]

Para Alvino Lima,[508] é compulsório partir do Direito romano para uma análise evolutiva da responsabilidade civil extracontratual, iniciando-se na fase do predomínio da vingança privada, efetivada pelas próprias mãos da vítima, método comum na origem de todos os povos, passando por sua legalização e regulação estatal em que o poder público intervinha para permitir ou vedar sua aplicação (Lei do Talião, Lei das XII Tábuas). Numa fase posterior, a composição voluntária entre ofensor e vítima, consubstanciada num resgate (*poena*) representado por valor pecuniário ou entrega de coisas, substitui a vingança. Mais adiante, surge a composição tarifada em que se fixavam em casos concretos os valores a serem pagos à vítima, o que provoca a abolição da vingança privada e impõe compulsoriamente a composição.

Destaca-se a *Lex Aquilia* como a mais importante contribuição do Direito romano para a designação da responsabilidade, compondo-se em três capítulos. No primeiro, previa os casos de morte de escravos ou dos rebanhos apascentáveis (quadrúpedes). No segundo, regulava o dano provocado por um credor acessório ao principal, abatendo-se da dívida o prejuízo daquele. No terceiro, tratava dos danos por ferimento causado aos escravos e animais referidos no primeiro capítulo, além da destruição e deterioração das coisas corpóreas em geral. Este terceiro e último capítulo, o *damnum injuria datum*, pode ser considerado o mais relevante

---
[507] GILISSEN, John. *Introdução Histórica ao Direito*. 2001, p. 750.
[508] LIMA, Alvino. *Culpa e Risco*. 2. ed. São Paulo: Revista dos Tribunais, 1999, p. 19-21.

contributo desta lei romana, uma vez que sua aplicação e extensão pelos pretores e jurisconsultos a outras hipóteses representa a verdadeira doutrina romana da responsabilidade extracontratual.[509]

Assim, tendo a *Lex Aquilia* e a evolução da responsabilidade aquiliana no Direito romano iniciado a introdução do elemento da culpa (subjetivo) em face do direito primitivo (objetivo), inicia-se a tendência de substituição da pena pela reparação do dano e da diferenciação das responsabilidades penal e civil.[510]

José de Aguiar Dias[511] aponta a *Lex Aquilia* como precursora do "princípio geral regulador da reparação do dano" e como "o germe da jurisprudência clássica com relação à injúria", apontando-a como fonte direta da moderna concepção da culpa aquiliana, sintetizando a evolução da responsabilidade civil no Direito romano da seguinte forma:[512]

> [...] da vingança privada ao princípio de que a ninguém é lícito fazer justiça pelas próprias mãos, à medida que se afirma a autoridade do Estado; da primitiva assimilação da pena com a reparação, para a distinção entre responsabilidade civil e responsabilidade penal, por insinuação do elemento subjetivo da culpa, quando se entremostra o princípio *nulla poena sine lege*. Sem dúvida, fora dos casos expressos, subsistia na indenização o caráter de pena. Mas os textos autorizadores das ações de responsabilidade se multiplicaram, a tal ponto que, no último estágio do direito romano, contemplavam, não só os danos materiais, mas também os próprios danos morais.

A comprovação da coexistência de variados regimes de responsabilidade é reconhecida por John Gilissen ao narrar que ainda por volta do século V, no período do Direito germânico (direito arcaico), a responsabilidade civil solidária da família, do clã entre outros, dominava as relações sociais em detrimento de uma responsabilidade civil individual, esta pouco conhecida. Assim, causada injustiça ou dano a um membro de determinado grupo, o respectivo grupo se considerava lesado e autorizado a promover a vingança por sobre qualquer membro daquele grupo ao qual pertencia o ofensor. Havia, portanto, solidariedade grupal, ativa e passiva, executada por meio da vingança privada (*faida* germânica, *vendetta* etc.). Destaque-se que no direito germânico o tratamento dado aos casos de descumprimento de obrigações, delituais ou contratuais, não recebia distinção, o mesmo ocorrendo no caso de homicídio voluntário ou involuntário que deflagravam a vingança privada.[513]

---

[509] LIMA, Alvino. *Culpa e Risco*. 1999, p. 21-22.

[510] LIMA, Alvino. *Culpa e Risco*. 1999, p. 26-27.

[511] DIAS, José de Aguiar. *Da Responsabilidade Civil*. 11. ed. revista, atualizada de acordo com o Código Civil de 2002, e aumentada por Rui Berford Dias. Rio de Janeiro: Renovar, 2006, p. 28.

[512] DIAS, José de Aguiar. *Da Responsabilidade Civil*. 2006, p. 29.

[513] GILISSEN, John. *Introdução Histórica ao Direito*. 2001, p. 751.

E sobre a coexistência de regimes obrigacionais simultâneos, Caio Mário da Silva Pereira nega a existência de um "divisor de águas cronologicamente considerado", afirmando que esta simultaneidade é própria da evolução da responsabilidade civil:[514]

> Mas não existe um momento, à feição de um divisor de águas cronologicamente considerado, em que tenha ocorrido a individualização da obrigação. Ao revés, as duas formas de obrigar coexistiram por largo tempo, e só paulatinamente ganhou prestígio a obrigação individual, ao mesmo tempo que perdia terreno a obrigação coletiva. Também de um a outro povo os sistemas variam assinalando-se que, enquanto uns nitidamente marchavam para a mais franca individualização, outros praticavam ambas modalidades, e outros se mantinham ainda no terreno coletivista.

Na Idade Média, especialmente na Europa ocidental nos séculos XII e XIII, ainda predominavam os sistemas de responsabilidade coletiva e de vingança privada, que vão lentamente desaparecendo até os séculos XVI e XVII. O sistema de responsabilidade individual surge a partir do século XII para o direito penal, evoluindo para a punição exclusiva do autor do delito nos séculos XIII e XIV, sancionando-o corporal ou pecuniariamente.[515]

Neste momento vale ressaltar a influência do ideário sacro na fundamentação da responsabilidade penal e civil, a exemplo do sucedido com a propriedade, porém, com relação à responsabilidade jurídica foi especificamente o cristianismo decisivo na quadra medieval.

A religião se fez presente como aspecto inescapável da experiência social e se posiciona como relevante manifestação cultural a influir nos ordenamentos jurídicos europeus na Idade Média, especialmente por meio da ética, da teologia e da moral cristãs, como reconhece Paula Meira Lourenço:[516]

> Na responsabilidade civil, essa influência revelou-se na necessidade de recorrer à idéia de *pecatum* para definir as *obligationes ex delicta*, e pelo crescimento do papel da culpa, com as conseqüências dogmáticas retiradas por Menezes Cordeiro: a culpa era a justificação ideológica, no plano das idéias, da imputação delitual, conclusão que se mantém no instituto da responsabilidade civil do Ocidente. A canonística precedeu a recepção do direito romano (daí ser apelidado de pré-recepção), e criou as condições necessárias à sua imposição, como o direito natural, por força da sua dignidade histórica e autoridade, elevando-o à '*categoria de uma moral válida em geral*', o que faz sentido se lembrarmos que os decretistas tinham extraído das *Instituições* e do *Digesto* elementos do direito natural estóico. Como salienta Álvaro D'ors, a associação do Direito romano com o Direito canô-

---

[514] PEREIRA, Caio Mário da Silva. *Instituições de Direito Civil*. 1984, v. 2, p. 6-7.
[515] GILISSEN, John. *Introdução Histórica ao Direito*. 2001, p. 752.
[516] LOURENÇO, Paula Meira. *A Função Punitiva da Responsabilidade Civil*. Coimbra: Coimbra. 2006, p. 59-60.

nico constitui a base da cultura jurídica européia, que foi posteriormente objecto de uma elaboração científica, a pandectísta.

Esta influência cristã é reconhecida por Franz Wieacker que, ao comentar os fundamentos medievais da história do Direito Privado moderno, consigna que a religião cristã estabeleceu inicialmente o conceito de Direito, uma vez que adotou como fonte a ética cristã, tendo o pensamento jurídico europeu sido mediado pela teologia:[517]

> Talvez de forma ainda mais profunda, fez-se sentir a influência da igreja ocidental. Pelo menos desde Constantino, ela tinha assumido muitas das tarefas públicas, sociais e morais do antigo império [Império Romano do Ocidente, 476 d.C.]. Depois do colapso deste, ela subsistiu como um abrigo para as populações romanas e, para os germanos, com algo aceite, na maior parte dos casos, desde cedo e voluntariamente. A igreja aparece aos jovens povos como uma poderosa criação real, na qual sobreviviam ao mesmo tempo, como realidades presentes em carne e osso, Roma e o império romano; isto muito depois de o Império ter caído. Os seus dignatários substituíram, de forma de longe mais eficaz do que tudo o resto, a administração, a autoridade, a cultura, a jurisdição e as técnicas documentais, processuais e notariais das autoridades seculares. Mas, ao mesmo tempo, a cristandade fixou desde o início o conceito do direito. Na medida em que a fonte de todo o direito não escrito – que arrancava da consciência vital espontânea – continuou a ser a ética social, e na medida em que toda a ética européia continuou a ser, até bem tarde na época moderna, a ética cristã, a doutrina cristã influenciou o pensamento jurídico, mesmo quando legislador e juristas estavam pouco conscientes dessa relação. Através do cristianismo, todo o direito positivo entrou numa relação ancilar com os valores sobrenaturais, perante os quais ele tinha sempre que se legitimar. A partir do momento em que Santo Agostinho pensou a comunidade jurídica terrena do império romano como cópia da cidade divina, a metafísica do direito – ainda que sob a forma de sua negação – tornou-se o tema condutor de todo o pensamento jurídico até ao século passado. Esta metafísica, inteiramente estranha às origens da cristandade, bem como às do direito romano, foi descoberta por Platão, descoberta que os Padres da Igreja receberam e a teologia da alta Idade Média renovou. Ainda que ela seja considerada uma descoberta do espírito grego, o certo é que para o pensamento jurídico europeu até ao início da época moderna, foi quase exclusivamente mediado pela teologia.

Portanto, a Igreja e seus fundamentos apareceram como "a força espiritual mais importante" e a "a mais coerente e extensa organização social da Idade Média", isso sem se falar da sua ordem jurídica tida como a mais poderosa desse período.[518] O reconhecimento da importância da convivência entre o *jus canonicum* e o *jus civile* para a história do Direito privado, notadamente pelo impacto daquele sobre este em razão da influência da Igreja e da precariedade dos ordenamentos estatais, auxilia na compreensão desta fase evolutiva da responsabilidade jurídica.[519]

---

[517] WIEACKER, Franz. *História do Direito Privado Moderno*. A. M. Botelho Hespanha (Trad). Lisboa: Fundação Calouste Gulbenkian, 1980, p. 17-18.

[518] WIEACKER, Franz. *História do Direito Privado Moderno*. 1980, p. 67.

[519] WIEACKER, Franz. *História do Direito Privado Moderno*. 1980, p. 68.

A influência cristã se destaca no instituto da responsabilidade jurídica, notadamente para instituir a responsabilidade individual e subjetiva. Para isso, a prática da confissão e da penitência religiosa contribuiu para tipificar e jurisdicionalizar realidades morais, uma vez que o hábito penitencial exigia a consideração de aspectos individuais e subjetivos na avaliação dos comportamentos humanos: provém daí a teoria da culpa penal, a teoria dos contratos, a responsabilidade civil entre outros.[520]

Com este legado, na era moderna a responsabilidade civil individual aparece no século XVIII e a *Lex Aquilia* ainda recebia poucas referências, nem mesmo havendo a utilização da expressão "responsável", salvo como "garante", sendo raros os processos reclamando indenização por fatos não delituais. Mas foi no século XVIII que a responsabilidade civil se desenvolveu impulsionada pela influência do ideário da liberdade individual (Estado liberal), expressando-se, segundo John Gilissen,[521] fortemente no Código Civil francês de 1804, que se inspirou no Direito romano também no trato da responsabilidade civil, conforme José de Aguiar Dias.[522]

No Direito superveniente à Revolução Francesa de 1789, especialmente no Código Civil francês de 1804, o tema da responsabilidade civil vem tratado brevemente nos artigos 1.382 ao 1.386, quando se reconhece que o "homem é o garante de qualquer ação sua", o que se considerou como "uma das primeiras máximas da sociedade". Mas, como no Direito romano, foi a jurisprudência quem deu ao tema da responsabilidade civil a extensão que permitiu o estágio atual, especialmente quanto às noções de culpa, de dano e da relação de causalidade entre a culpa e o dano.[523]

Alvino Lima reconhece e destaca a transcendência dos ideais do Direito romano recebidos pelo Código Civil francês de 1804, precisamente da *Lex Aquilia*, e do legado do Código de Napoleão como referência-fonte para as legislações atuais no tema da responsabilidade civil, chamando atenção para as constantes modificações experimentadas:[524]

> O Código Civil francês, que é o padrão das legislações modernas e cuja influência nos códigos civis das nações cultas e nas legislações sem codificação, cada vez mais se estuda e se ressalta, seguindo a tradição de seu direito e os ensinamentos de Domat e Pothier, proclamou, no preceito genérico do art. 1.382, a responsabilidade extracontratual, tendo como fundamento a culpa efetiva e provada. São os ensinamentos e conceitos provindos do direito romano que constituem o fundamento da responsabilidade aquiliana do direito

---

[520] WIEACKER, Franz. *História do Direito Privado Moderno*. 1980, p. 76.
[521] GILISSEN, John. *Introdução Histórica ao Direito*. 2001, p. 752.
[522] DIAS, José de Aguiar. *Da Responsabilidade Civil*. 2006, p. 30.
[523] GILISSEN, John. *Introdução Histórica ao Direito*. 2001, p. 753.
[524] LIMA, Alvino. *Culpa e Risco*. 1999, p. 27-29.

moderno. O princípio da responsabilidade aquiliana continua, em sua essência, a ser o mesmo em todas as codificações dos povos cultos. Entretanto, como veremos no estudo dos preceitos legislativos, notáveis e profundas têm sido as modificações adotadas.

E Franz Wieacker, na metade do século XX, alude às transformações por que passa a Ciência do Direito ante a então centenária crise do pensamento jurídico, da qual não se mantém imune a teoria da responsabilidade civil, afirmando que há um condicionamento entre a história, o Direito Privado e as convicções jurídicas vigentes, o que exige "uma observação correcta da realidade social e uma conformação metodológico-sistemática desta realidade",[525] notadamente em razão das "novas construções de direito público ou oriundas do direito do estado social".[526]

Atendendo ao impulso de atualização e adaptação ante às exigências do Estado social o trato da responsabilidade civil se contrapõe ao pensamento liberal, passando a considerar de modo irrenunciável na solução de conflitos os valores da solidariedade e da responsabilidade social, valendo transcrever a síntese de Franz Wieacker:[527]

> Com o decurso da revolução industrial, que em todos os estados industrializados, independentemente da forma e da dimensão das transformações sociais, deu ao quarto estado uma cidadania plena e estabeleceu, em vez da sociedade de empresários em que a cidadania correspondia à propriedade, uma sociedade baseada (mais ou menos abertamente) nas funções de seus membros, o *pathos* político e o *ethos* econômico da antiga sociedade burguesa foram desaparecendo cada vez mais. Estes já não bastavam para a legitimação da ordem jurídica privada perante a consciência social. Em todos estes estados, a legislação, a administração, a jurisprudência e a opinião pública são cada vez mais dominadas pelo *pathos* e pelo *ethos* do estado social; este *pathos* ainda aumentou a evolução do estado-providência para a sociedade do bem-estar, em virtude das crescentes expectativas individuais de felicidade. Com isto, atenuou-se progressivamente a separação nítida, característica do estado constitucional do século XIX, entre os poderes públicos e a sociedade dos sujeitos privados, entre o direito e a actividade econômica. Entre os particulares e os estados introduzem-se os poderes legítimos e ilegítimos de grupos, poderes que se tornaram a sede e a origem do direito social. O *pathos* da sociedade de hoje, comprovado em geral por uma análise mais detida das tendências dominantes da legislação e da aplicação do direito (p. 623 ss.), é o da *solidariedade*: ou seja, da responsabilidade, não apenas dos poderes públicos, mas também da sociedade e de cada um dos seus membros individuais, pela existência social (e mesmo cada vez mais pelo bem-estar) de cada um dos outros membros da sociedade.

Neste momento de transição entre os paradigmas do individualismo e da solidariedade é que Hans Jonas[528] considera a hipertrofia tecnológica

---

[525] WIEACKER, Franz. *História do Direito Privado Moderno*. 1980, p. 716.

[526] WIEACKER, Franz. *História do Direito Privado Moderno*. 1980, p. 717.

[527] WIEACKER, Franz. *História do Direito Privado Moderno*. 1980, p. 718.

[528] JONAS, Hans. *O Princípio Responsabilidade:* ensaio de uma ética para a civilização tecnológica. Marijane Lisboa e Luiz Carlos Montez (Trad). Rio de Janeiro: Contraponto: PUC-Rio, 2006, p. 35.

experimentada desde o início da Revolução Industrial: no individualismo se atuava sobre objetos não humanos de forma eticamente neutra, interessando somente a relação entre homens e, por isso, revela a ética tradicional ser absolutamente antropocêntrica. Mas, quando a "técnica moderna introduziu ações de uma tal ordem inédita de grandeza, com tais novos objetos e consequências que a moldura da ética antiga não consegue mais enquadrá-las", inicia-se a modificação diante da constatação clarividente da "crítica vulnerabilidade da natureza provocada pela intervenção técnica do homem",[529] impondo ao homem uma nova ética.

E esta nova ética é proposta por Hans Jonas: é a ética da responsabilidade, que pode ser compreendida como fundada num imperativo ecológico que deve orientar o comportamento humano, impondo que o homem "aja de modo a que os efeitos da tua ação sejam compatíveis com a permanência de uma autêntica vida sobre a Terra" ou "aja de modo a que os efeitos da tua ação não sejam destrutivos para a possibilidade futura de uma tal vida" ou "não ponha em perigo as condições necessárias para a conservação indefinida da humanidade sobre a Terra" ou "inclua na tua escolha presente a futura integridade do homem como um dos objetivos do teu querer".[530]

Vê-se, portanto, que esta ética da responsabilidade exige um agir racional voltado para um fim, revelando-se tipicamente naqueles que se preocupam tanto com os meios para a realização de determinada tarefa quanto com os efeitos decorrentes da respectiva ação.[531]

---

[529] JONAS, Hans. *O Princípio Responsabilidade:* ensaio de uma ética para a civilização tecnológica. 2006, p. 39.

[530] JONAS, Hans. *O Princípio Responsabilidade:* ensaio de uma ética para a civilização tecnológica. 2006, p. 47-48.

[531] ABBAGNANO, Nicola. *Dicionário de Filosofia*. Alfredo Bossi (Trad.). 5. ed. São Paulo: Martins Fontes, 2007, p. 1009-1010. Em um apanhado filosófico este autor distingue os termos responsabilidade e imputabilidade. A responsabilidade deve ser entendida como a "possibilidade de prever os efeitos do próprio comportamento e de corrigi-lo com base em tal previsão", citando Platão ao dizer que "cada qual é a causa de sua própria escolha, ela não pode ser imputada à divindade" (República, X, p. 617; Timocracia, 42d). A imputabilidade deve ser compreendida como sendo "a atribuição de uma ação a um agente, considerado seu causador", expondo que para Kant "a imputação (*imputatio*) no significado moral é o juízo em virtude do qual alguém é considerado autor (causa livre) de uma ação que está submetida a leis e se chama fato" (*Met. Der Sitten*, I, Intr. IV). O termo e o conceito responsabilidade são recentes, datando de aproximadamente 1787, tanto em inglês por Alexander Hamilton quanto em francês por R. Mckeon. Seu primeiro significado foi político, como "governo responsável" ou "responsabilidade do governo", aludindo ao caráter constitucional (Estado de Direito). Filosoficamente, o termo responsabilidade foi utilizado nas controvérsias sobre a liberdade, servindo aos empiristas ingleses (Hume, Stuart e John Mill) para demonstrar a incompatibilidade do juízo moral com a liberdade e a necessidade absolutas. Precisamente, a noção de responsabilidade funda-se na de escolha, e a noção de escolha é essencial ao conceito de liberdade limitada. Para a filosofia, portanto, ser responsável é incluir nos "motivos de seu comportamento a previsão dos possíveis efeitos dele decorrentes. Porém, quando impossível esta inclusão, como no estado de necessidade, legítima defesa etc., não haverá se falar em responsabilidade, mas, sim, em imputabilidade ou inimputabilidade. O mesmo se diga quanto àqueles que por degradação mental não sejam capazes de autodeter-

Portanto, a ética da responsabilidade, preconizada por Hans Jonas, mantém ressonância com o princípio do poluidor-pagador, já analisado, aproximando-se por isso com outros princípios jurídicos, como o da precaução e da prevenção. Esta relação, em última instância, subsidia a via repressiva no caso de desconsideração dos meios para o almejo dos fins, além de realçar que o homem atual é responsável por legar aos pósteros o meio ambiente hígido, ou seja, capaz de manter a vida em todas as suas formas e em níveis tais que proporcione a perpetuidade das espécies,[532] e isso sem renunciar ao progresso tecnológico.

Um dos exemplos da adoção dos paradigmas da solidariedade e da responsabilidade é a consideração de instrumentos econômicos em geral como aptos a subsidiar políticas públicas ambientais, nos termos do inciso XIII do artigo 9º da Lei nº 6.938/1981 (Lei da Política Nacional do Meio Ambiente), recentemente acrescentado pela Lei nº 11.284/2006, o que expõe que os bens de produção (meio) devem ser considerados sob a perspectiva da preservação e da conservação ambiental (fim).[533]

Atente-se, pois, que esta implicação entre os instrumentos econômicos e a defesa do meio ambiente, agora expressamente positivada, representa o reconhecimento de demanda de autoria social que já não vê incompatibilidade entre desenvolvimento e preservação ou conservação.

Assim, os instrumentos econômicos consubstanciados nos financiamentos em geral e nos incentivos governamentais devem se render à solidariedade e se submeterem à responsabilidade jurídica, notadamente a civil e também na vertente repressiva sob o regime da responsabilidade objetiva, de modo a outorgar efetividade à defesa do meio ambiente nos termos preconizados pelo sistema constitucional ideado no artigo 225 da Constituição Federal, com o qual o artigo 12 e parágrafo único da Lei nº 6.938/1981 (Lei da Política Nacional do Meio Ambiente) contribuem decisivamente.

---

minação, integral ou parcial. Pode se falar em ética da responsabilidade e ética da convicção (Weber). Nesta o agir racional está direcionado ao valor, enquanto naquela o agir está voltado para o fim. Na ética da convicção, típica de quem se dedica de modo intransigente a um ideal, a compreensão pode ser resumida na máxima "desde que se faça justiça, que pereça o mundo" (Kant), demonstrando despreocupação com os meios necessários para a realização do ato ou mesmo com seus efeitos relacionados à ação. Aqui há uma indiferença quanto às conseqüências reais relacionadas com condutas humanas. Na ética da responsabilidade de Hans Jonas se prega o homem como "guardião do ser", dizendo de Dostoiévski que "somos todos responsáveis por tudo e por todos, diante de todos, e eu mais do que todos os outros".

[532] JONAS, Hans. *O Princípio Responsabilidade:* ensaio de uma ética para a civilização tecnológica. 2006, p. 229.

[533] BRASIL. Lei nº 6.938/1981. *Coletânea de Legislação Ambiental, Constituição Federal.* 2009, p. 847. Artigo 9º. São Instrumentos da Política Nacional do Meio Ambiente: [...] XIII – instrumentos econômicos, como concessão florestal, servidão ambiental, seguro ambiental e outros. (Incluído pela Lei nº 11.284/2006)

## 5.3. Responsabilidade civil objetiva

A defesa do conjunto dos bens jurídicos individuais e transindividuais pode ser exercida preventiva ou repressivamente, conforme disponha dado sistema jurídico e o respectivo regime de responsabilidade jurídica, podendo haver coexistência num mesmo sistema jurídico de regimes de responsabilidade díspares, segundo Roberto Senise Lisboa.[534] Mas, independentemente, do sistema e do regime vigentes, interessa apontar que a teleologia da responsabilidade jurídica mira na proteção dos comportamentos considerados lícitos e na repressão dos comportamentos acreditados como ilícitos ou contrários ao Direito.

Ressalte-se, mais uma vez, que não há como escapar da influência dos ideais sociais vigentes na formulação e na compreensão das obrigações impostas, sendo o sistema jurídico e os regimes de responsabilidade jurídica reflexos da realidade pulsante em determinado espaço e tempo.

Portanto, sob o domínio dos ideais liberais que superestimavam o individualismo e o subjetivismo, a teoria subjetiva da responsabilidade civil dominava os ordenamentos jurídicos, reclamando como pressupostos, a saber: a conduta voluntária violadora de dever jurídico (elemento formal) animada pela culpa ou dolo (elemento subjetivo) resultando na produção de dano (elemento material) e mantendo nexo de causalidade (elemento causal) entre aquele comportamento antijurídico e o resultado. A revelação da potência desta teoria subjetiva vem demonstrada na conservação pelas legislações civis modernas da reclamação pelos respectivos pressupostos para a imposição da obrigação de indenizar. Exemplo disso é o artigo 186 do Código Civil brasileiro de 2002. Contudo, as transformações experimentadas com a crescente exposição humana às novas tecnologias e aos novos riscos, ameaças e danos demonstram que a teoria subjetiva é inadequada para suprir o anseio social de proteção em face das mazelas da sociedade tecnológica, notadamente com relação aos agravos à qualidade do meio ambiente.

Nesse sentido, Herbert L. A. Hart,[535] ao abordar o Direito como união de regras primárias e secundárias, afirma que a compreensão da ideia geral de obrigação jurídica depende da existência de regras sociais: as regras sociais transformam determinadas condutas em padrões gerais de comportamento e, em seguida, distinguem individualmente aqueles que estão submetidos às regras, chamando atenção para o cumprimento e para

---

[534] LISBOA, Roberto Senise. *Responsabilidade Civil nas Relações de Consumo*. São Paulo: Revista dos Tribunais, 2001, p. 43.

[535] HART, Herbert L. A. *O Conceito de Direito*. A. Ribeiro Mendes (Trad.). Lisboa: Fundação Calouste Gulbekian, 2007, p. 95.

a possibilidade de sanção. Assim, "as regras são concebidas e referidas como impondo obrigações quando a procura geral de conformidade com elas é insistente e é grande a pressão social exercida sobre os que delas se desviam ou ameaçam desviar-se",[536] complementando o raciocínio ao ressaltar que o "importante é que a insistência na importância ou *seriedade* da pressão social subjacente às regras é o factor primário determinante para decidir se as mesmas são pensadas em termos de darem origem às obrigações".[537]

Rendendo razão a esta conclusão, importa reconhecer que nada é mais adequado na atualidade do que atribuir ao regime da responsabilidade civil objetiva função preponderante nos esforços de manutenção e de restabelecimento do equilíbrio econômico-jurídico nas relações jurídicas ambientadas sob o espectro cada vez abrangente da sociedade tecnológica dos séculos XX e XXI. Neste momento, como de há muito, cabe afirmar que a dependência de aspectos psicológicos para a fixação da responsabilidade civil não atende todas as necessidades reclamadas pela sociedade de risco, configurando-se a investigação da culpa num empecilho à concretização da equidade e da justiça social.

Nesta perspectiva, vem Caio Mário da Silva Pereira reconhecendo a inépcia da teoria subjetiva como regra absoluta para todos os casos, preferindo o regime da responsabilidade civil objetiva como alternativa para casos específicos e expressamente previstos em lei, por se tratar de modalidade que liberta e desembaraça a "expansão da solidariedade humana",[538] sobretudo diante das "imposições do progresso".[539]

Alvino Lima defende o regime da responsabilidade objetiva e a teoria do risco aproximando-as daqueles fundamentos propostos por Franz Wieacker e Hans Jonas, quais sejam, o da solidariedade e o da responsabilidade, que devem ser considerados para, diante da insuficiência da teoria da culpa ante ao progresso tecnológico, proporcionar segurança às vítimas expostas às situações de risco, evitar injustiças irreparáveis e restabelecer a igualdade nas relações,[540] concluindo:[541]

> Não há, pois, negação da liberdade humana, mas antes, a sua proclamação, a sua segurança, a sua estabilidade jurídica. Não é o antiindividualismo, porque, assentando-se em bases sociais, na proteção da coletividade, a teoria do risco assegura ao indivíduo a repa-

---

[536] HART, Herbert L. A. *O Conceito de Direito*. 2007, p. 96.

[537] HART, Herbert L. A. *O Conceito de Direito*. 2007, p. 97.

[538] PEREIRA, Caio Mário da Silva. *Instituições de Direito Civil*. 6. ed. Rio de Janeiro: Forense, 1984, V. 3, p. 393.

[539] PEREIRA, Caio Mário da Silva. *Instituições de Direito Civil*. 1984, V. 3, p. 395.

[540] LIMA, Alvino. *Culpa e Risco*. 1999, p. 195.

[541] LIMA, Alvino. *Culpa e Risco*. 1999, p. 196.

ração dos danos oriundos das atividades criadas pelos próprios homens, cujas causas não se descobrem, não se conhecem, não se provam, ou são ocultadas, astuta e triunfalmente, pelos causadores dos acidentes. Não é a socialização do direito que nega o indivíduo, que o relega a segundo plano, que lhe recalca os direitos; mas é a socialização do direito que, ante o perigo real da insegurança material dos indivíduos, refletindo-se nos interesses coletivos, proclama, defende e quer a "segurança jurídica".

Assim, a teoria objetiva instaura dissidência da doutrina subjetiva derivada do Direito romano e canônico, estando presente com crescente frequência nos ordenamentos jurídicos modernos por meio da expressa dispensa do elemento intencional ou da culpa na análise do comportamento gerador da ofensa, conforme aponta Luís Cabral de Moncada,[542] que assevera:[543]

> Pois bem: pode dizer-se ser uma conquista da jurisprudência e do direito modernos terem estes sabido libertar-se do exagerado exclusivismo deste dogma. Na verdade, é uma conquista do direito positivo moderno ter sabido alagar constantemente o número de casos em que às pessoas se atribuem certas responsabilidades *independentemente* de culpa; e, por outro lado, não é conquista menos notável da moderna "ciência pura" do direito o ter-se ela também sabido emancipar, pouco a pouco, das antigas concepções psicologistas e eticistas da culpa, vendo no problema do fundamento da responsabilidade, não já um problema propriamente jurídico, mas um problema *pré-jurídico*, cuja solução não lhe pertence.

Sinopse evolutiva da responsabilidade civil objetiva que pode ser adotada é aquela apresentada por Sérgio Cavalieri Filho que, reportando-se à Revolução Industrial, ao avanço da ciência e ao aumento demográfico exponencial, aponta, de início, a jurisprudência facilitando a prova da culpa para em seguida admitir a presunção de culpa em verdadeira inversão do ônus da prova,[544] o que mais adiante resultou no alargamento dos casos de responsabilidade contratual e culminou na admissão da responsabilidade civil sem culpa para expressos e determinados casos.[545] Resta claro, portanto, que a evolução da teoria objetiva da responsabilidade civil rumo à antijuridicidade objetiva está intimamente relacionada com a modificação da dinâmica socioeconômica.

Apontando para a inadequação da responsabilidade civil subjetiva diante da densidade populacional, do nível tecnológico e da multiplicidade de atividades geradoras de dano, Alvino Lima, já na metade do século XX, referia-se diretamente à exploração de recursos naturais para justificar que o conceito clássico de culpa deveria ser repensado, se não abandonado:[546]

---

[542] MONCADA, Luís Cabral de. *Lições de Direito Civil*. 4. ed. Coimbra: Almedina, 1995, p. 755.

[543] MONCADA, Luís Cabral de. *Lições de Direito Civil*. 1995, p. 756-757.

[544] CAVALIERI FILHO, Sérgio. *Programa de Responsabilidade Civil*. 7. ed. São Paulo: Atlas, 2007, p. 127.

[545] CAVALIERI FILHO, Sérgio. *Programa de Responsabilidade Civil*. 2007, p. 128.

[546] LIMA, Alvino. *Culpa e Risco*. 1999, p. 114.

Vimos que o conceito clássico da culpa, sob fundamento psicológico, exigindo do agente a imputabilidade moral, cedeu terreno às várias noções e aplicações da culpa objetiva, no sentido de eliminar da responsabilidade extracontratual o elemento subjetivo. O entrechoque, entretanto, cada vez mais crescente de interesses, aumentando as lesões de direitos em virtude da densidade progressiva das populações e da diversidade múltipla das atividades na exploração do solo e das riquezas; a multiplicação indefinida das causas produtoras do dano, advindas das invenções criadoras de perigos que se avolumam, ameaçando a segurança pessoal de cada um de nós; a necessidade imperiosa em face da luta díspar entre as empresas poderosas e as vítimas desprovidas de recursos; as dificuldades, dia a dia maiores, de se provar a causa dos acidentes produtores de danos e dela se deduzir a culpa, à vista dos fenômenos ainda não bem conhecidos na sua essência, como a eletricidade, a radioatividade e outros, não podiam deixar de influenciar no espírito e na consciência do jurista. Era imprescindível, pois, rebuscar um novo fundamento à responsabilidade extracontratual, que melhor resolvesse o grave problema da reparação dos danos, de molde a se evitarem injustiças que a consciência jurídica e humana repudiavam.

Enfim, a teoria objetiva da responsabilidade civil, assentando-se "em critérios de justiça e de utilidade social", conforme revela José Alberto González,[547] renuncia aos elementos subjetivos (culpa e dolo), porém, permanece considerando imprescindível o elemento causal (nexo de causalidade) vinculando os elementos formais (ação e omissão) e os elementos materiais (risco, ameaça e dano). Assim, desconsiderados os aspectos morais da conduta, torna-se irrelevante a ilicitude da ação ou da omissão geradora do resultado, o que, segundo José de Oliveira Ascensão,[548] deve vir consignado expressamente nos dispositivos legais como, por exemplo, sob a já consagrada cláusula "independentemente de culpa" ou, ainda, sob a forma de sentença em que a atividade não vem adjetivada pelo ilícito em sentido estrito.

Atualmente, ainda que reconhecidas as limitações da teoria da culpa, predomina nos ordenamentos jurídicos ocidentais o sistema da responsabilidade civil subjetiva, como se sucedeu com o revogado Código Civil de 1916, no artigo 159, e no vigente Código Civil, no artigo 186. Contudo, a dinâmica das relações na sociedade de risco exige adaptação e atualização permanente da teoria da responsabilidade civil, notadamente rumo ao abandono da investigação da culpa em determinadas hipóteses, cada vez mais numerosas, como nas relações que envolvem, por exemplo, o meio ambiente.

Neste passo, a responsabilidade civil objetiva vem conquistando espaço na evolução dos ordenamentos jurídicos ocidentais desde a eclosão da Revolução Industrial, apresentando-se no Brasil, por exemplo, na legislação atinente aos acidentes de trabalho (Decreto nº 24.637/1944, De-

---

[547] GONZÁLEZ, José Alberto. *Responsabilidade Civil*. Lisboa: Quid Juris. 2007, p. 145.
[548] ASCENSÃO, José de Oliveira. *Direito Civil Teoria Geral*. 2. ed. Coimbra: Coimbra, 2003, v. 2, p. 29.

creto-Lei n° 7.036/1944 e Lei n° 6.367/1976), no Código Brasileiro do Ar (Decreto-Lei 483/1938 e Lei n° 7.565/1986), no Código de Mineração (Decreto-Lei n° 277/1967), no Código Civil de 1916, nos artigos 1.519, 1520, parágrafo único, e 1.529, nas anotações de Caio Mário da Silva Pereira[549] e José de Aguiar Dias.[550] Mais recentemente, vieram as previsões no Código Civil de 2002, no parágrafo único do artigo 927,[551] com expressão de superior relevância do que na codificação de 1916, bem como no § 1° do artigo 14 da Lei n° 6.938/1981 (Lei da Política Nacional do Meio Ambiente),[552] no artigo 20 da Lei n° 11.105/2005 (Lei da Política Nacional de Biossegurança)[553] e nos artigos 12, 13 e 14 da Lei n° 8.078/1990 (Código de Defesa do Consumidor) etc.

A responsabilidade civil objetiva, portanto, revela-se no regime isento da investigação de aspectos subjetivos relacionados ao agente causador da ofensa, satisfazendo-se com os pressupostos, a saber: o comportamento violador de dever jurídico (elemento formal) produtor de dano (elemento material) e que sugira nexo de causalidade (elemento causal) entre aquela conduta contrária ao Direito e o resultado danoso. Extirpa-se no regime objetivo a culpa e o dolo (elementos subjetivos).

E é justa e especialmente o que ocorre, por exemplo, com a previsão da responsabilidade civil objetiva ambiental no ordenamento jurídico brasileiro, tanto no § 1° do artigo 14 da Lei n° 6.938/1981 (Lei da Política Nacional do Meio Ambiente) quanto no § 3° do artigo 225 da Constituição Federal.

### 5.3.1. Teorias do risco

A necessidade de enfrentamento de consequências advindas das novas situações decorrentes do desenvolvimento tecnológico exige reação

---

[549] PEREIRA, Caio Mário da Silva. *Responsabilidade civil*. 2001, p. 278.

[550] DIAS, José de Aguiar. *Da Responsabilidade Civil*. 2002, p. 96-97.

[551] BRASIL. Código Civil. *Constituição Federal. Código Civil. Código de Processo Civil. Código Comercial.* 2007, p. 337. Artigo 927. Aquele que, por ato ilícito (arts. 186 e 187), causar dano a outrem, fica obrigado a repará-lo. Parágrafo único. Haverá obrigação de reparar o dano, independentemente de culpa, nos casos especificados em lei, ou quando a atividade normalmente desenvolvida pelo autor do dano implicar, por sua natureza, risco para os direitos de outrem.

[552] BRASIL. Lei n° 6.938/1981. *Coletânea de Legislação Ambiental, Constituição Federal*. 2009, p. 848-849. Artigo 14, § 1°. Sem obstar a aplicação das penalidades previstas neste artigo, é o poluidor obrigado, independentemente da existência de culpa, a indenizar ou reparar os danos causados ao meio ambiente e a terceiros, afetados por sua atividade. O Ministério Público da União e dos Estados terá legitimidade para propor ação de responsabilidade civil e criminal, por danos causados ao meio ambiente.

[553] BRASIL. Lei n° 6.938/1981. *Coletânea de Legislação Ambiental, Constituição Federal*. 2009, p. 760. Artigo 20. Sem prejuízo da aplicação das penas previstas nesta Lei, os responsáveis pelos danos ao meio ambiente e a terceiros responderão, solidariamente, por sua indenização ou reparação integral, independentemente da existência de culpa.

sociojurídica visando a restabelecer e conservar o equilíbrio econômicojurídico nas relações, além de promover a equidade e concretizar o valor da solidariedade social, tudo mirando adequar o Direito às exigências da realidade vigente. Para tanto, iniciou-se a tendência de objetivação da responsabilidade civil na tentativa de deslocar as preocupações do comportamento do agente causador do dano para a efetiva reparação dos danos suportados pela vítima, sem prejuízo da eliminação dos riscos e da cessação das ameaças.

A reação do Direito, segundo Roberto Senise Lisboa,[554] ficou a cargo da jurisprudência alemã e da doutrina francesa. Na Alemanha, o Tribunal do Império, em 1885, decidiu que a responsabilidade era consequência da propriedade e que o titular daquela deveria representá-la perante terceiros. Na França, no final do século XIX, concebeu-se a teoria do risco a partir das obras de Raymond Saleilles e de Louis Josserand, que defendiam ser o responsável pelo dano aquele que havia criado o risco, sob o fundamento da solidariedade social.

A evolução da responsabilidade civil objetiva lega uma variedade de teorias fundamentadoras, sendo a compreensão de cada uma de relevante importância em razão das peculiares consequências jurídicas que ostentam. Para tanto, é útil a elaboração de uma sinopse de algumas destas teorias, a exemplo das teorias do risco proveito, do risco profissional, do risco excepcional, do risco criado e do risco integral.[555]

A teoria do risco proveito elege como responsável aquele que obtém proveito da atividade danosa, revelando-se na expressão latina *ubi emolumentum, ibi onus*, conforme salienta Washington de Barros Monteiro.[556] A toda evidência, esta teoria mantém a vítima em situação de extrema difi-

---

[554] LISBOA, Roberto Senise. *Responsabilidade Civil nas Relações de Consumo*. 2001, p. 34-35.

[555] PAULA. Carolina Bellini Arantes de. *As Excludentes de Responsabilidade Civil Objetiva*. São Paulo: Atlas, 2007, p. 16-28. Contudo, a responsabilidade civil objetiva não se contém na teoria do risco, também encontrando fundamento em outros "fatores de objetivação", relacionados, a saber: a paz pública e o bem social, considerados os melhores inspiradores da responsabilidade civil objetiva; a eqüidade, como princípio fundamental do Direito e que almeja o atendimento dos fins sociais e do bem comum, revelando-se "um fator de atribuição de responsabilidade aos atos danosos involuntários, englobados os atos humanos em que há afetação do discernimento ou da intenção e os provenientes de pessoas desprovidas de discernimento", desde que expressamente previsto; o abuso de direito, compreendido no exercício de direito extravasando limites e finalidades socioeconômicos relacionados, bem como aviltando a moral e os bons costumes ou arrepiando a boa-fé, revela, independentemente de culpa, situação irregular e contrária ao interesse social, o que transforma o exercício regular de direito em situação contrária ao Direito; a teoria da garantia ou o dever de segurança, fundamentados na absoluta proteção jurídica reservada ao homem, garantindo proteção aos direitos fundamentais do indivíduo e da coletividade, sendo a culpa insuficiente para outorgar efetividade; a obrigação de garantia, por seu turno, atribui à pessoa diversa da que praticou a conduta a responsabilidade civil pelos riscos, ameaças e danos.

[556] MONTEIRO, Washington de Barros. *Curso de Direito Civil*. 30. ed. São Paulo: Saraiva, 1998, v. 5, p. 400.

culdade, com encargo equiparável ou superior ao da pesquisa da culpa, segundo Sérgio Cavalieri Filho,[557] uma vez que condiciona a preservação ou o restabelecimento do equilíbrio econômico-jurídico à comprovação de obtenção de lucro ou vantagem por parte do autor da conduta.

Caio Mário da Silva Pereira,[558] por sua vez, afirma que, apesar da grande repercussão, a teoria do risco proveito não consegue atender adequadamente alguns questionamentos como, por exemplo, aquele, formulado por Mazeuad e Mazeaud, que indaga o que se deve entender por "proveito", se permanece restrito ao aspecto econômico ou se acolhe o interesse moral. A este questionamento responde Savatier, apontando que somente um insensato pratica atos sem interesse moral ou econômico. Enfim, exigir da vítima provar que "o mal foi causado não porque o agente empreendeu uma atividade geradora do dano, porém, porque desta atividade ele extraiu um proveito, é envolver, em última análise, uma influência subjetiva na conceituação da responsabilidade civil".[559]

Para a teoria do risco profissional a obrigação de indenizar existe quando o fato prejudicial decorre de uma atividade ou profissão exercida pelo ofendido, tendo as relações trabalhistas como sua fonte, na referência de Sílvio de Salvo Venosa.[560] Nesta teoria o empregado encontra eficiente esquiva para superar a desigualdade econômica e a dificuldade de produzir prova de ofensas decorrentes das atividades laborais, no apontamento de Carolina Bellini Arantes de Paula.[561]

A teoria do risco excepcional almeja proteger a coletividade de atividade agravada por sua natureza e que submete a população a riscos extraordinários, exemplificando Rui Stocco com a exploração de energia nuclear,[562] que o artigo 21, inciso XXIII, alínea c, da Constituição Federal, expressamente reserva à responsabilidade civil objetiva.

Sobre a teoria do risco profissional e a teoria do risco excepcional, Caio Mário da Silva Pereira,[563] aproximando-as, diz que naquela o dever de indenizar decorre da atividade ou da profissão do lesado, enquanto nesta a reparação é devida quando a ofensa é decorrência de evento excepcional na atividade da vítima, ainda que estranho ao trabalho exercido.

---

[557] CAVALIERI FILHO, Sérgio. *Programa de Responsabilidade Civil*. 2007, p. 129.

[558] PEREIRA, Caio Mário da Silva. *Responsabilidade Civil*. 2001, p. 281-282.

[559] PEREIRA, Caio Mário da Silva. *Responsabilidade Civil*. 2001, p. 287.

[560] VENOSA, Sílvio de Salvo. *Direito Civil*: responsabilidade civil. 3. ed. São Paulo: Atlas, 2003, V. 4, p. 17.

[561] PAULA, Carolina Bellini Arantes de. *As Excludentes de Responsabilidade Civil Objetiva*. 2007, p. 31-32.

[562] STOCCO, Rui. *Responsabilidade Civil e sua Interpretação Jurisprudencial*. 2. ed. São Paulo: Revista dos Tribunais, 1995, p. 145-147.

[563] PEREIRA, Caio Mário da Silva. *Responsabilidade Civil*. 2001, p. 270.

Para a teoria do risco criado aquele que cria situação de risco em razão de atividade ou profissão está obrigado a reparar o dano causado, salvo se conseguir comprovar que adotou todas as medidas idôneas tendentes a evitá-lo, conforme defende Caio Mário da Silva Pereira ao se referir ao Código Civil italiano.[564] Nesta teoria se concentra a atenção exclusivamente na atividade, isolando-a de qualquer valor social positivo ou negativo e impondo a obrigação de reparar o dano àquele que expõe alguém ao risco de suportar dano. Atente-se para o fato de que para o risco criado não há necessidade de excepcionalidade no risco, bastando que haja risco.

Em defesa da teoria do risco criado vem Caio Mário da Silva Pereira[565] depositando nela sua preferência, apontando-a como tendência de nosso Direito positivo e argumentando haver nela maior amplitude do que a teoria do risco proveito, uma vez que "pelo fato de agir, o homem frui todas as vantagens de sua atividade, criando riscos de prejuízos para os outros de que resulta o justo ônus dos encargos", o que diante da irrelevância dos aspectos subjetivos tem realçada a sensibilidade no âmbito do nexo de causalidade, já que deverá haver relação entre a atividade e o resultado.

A teoria do risco integral, na opinião de Carolina Bellini Arantes de Paula,[566] corresponde àquela que se satisfaz com a existência do dano para sustentar o dever de indenizar e que este dever persiste nas hipóteses de inexistência de nexo de causalidade, afirmando que esta teoria busca fundamento na do risco da atividade e se configura em "verdadeira responsabilidade automática", ao que se alinha Sérgio Cavalieri Filho.[567]

Caio Mário da Silva Pereira,[568] em tenaz crítica à teoria do risco integral nas relações de Direito privado, apesar de reconhecer ser a tendência para o Direito público, argumenta que para esta teoria "é suficiente apurar se houve dano, vinculado a um fato qualquer, para assegurar à vítima uma indenização", expondo seu perfil negativista ao renunciar à pesquisa de como ou porque ocorreu o dano. Reforçando a crítica, assinala que esta teoria retira "o princípio da responsabilidade civil do universo incontrolável do ambiente aleatório", o que afasta a incidência das excludentes de responsabilidade.

---

[564] PEREIRA, Caio Mário da Silva. *Instituições de Direito Civil*. 7. ed. Rio de Janeiro: Forense, 1984, v. 3, p. 397.

[565] PEREIRA, Caio Mário da Silva. *Responsabilidade Civil*. 2001, p. 284-285. A teoria do risco criado vem estampada no Projeto de Código de Obrigações de 1965, no artigo 872, no Projeto de código Civil de 1975 (Projeto 634-B), no artigo 929 e seu parágrafo único).

[566] PAULA, Carolina Bellini Arantes de. *As Excludentes de Responsabilidade Civil Objetiva*. 2007, p. 32.

[567] CAVALIERI FILHO, Sérgio. *Programa de Responsabilidade Civil*. 2007, p. 130-131.

[568] PEREIRA, Caio Mário da Silva. *Responsabilidade Civil*. 2001, p. 281.

### 5.3.2. Teorias da causa

De extrema relevância ao lado da teoria do risco e suas vertentes é o conhecimento das teorias da causa, a exemplo das teorias do dano direto e imediato, da causa eficiente, da causalidade adequada e da *conditio sine qua non* ou da equivalência das condições, uma vez que a adoção de qualquer destas teorias implica em consequências relativas ao dever de indenizar.

Na indicação de Carolina Bellini Arantes de Paula,[569] a teoria do dano direto e imediato exige entre a conduta imputada ao agente e o resultado haver uma relação de causa e efeito direta e imediata, o que revela ser causa somente aquela entendida como necessária para a concretização da ofensa.[570] Para esta teoria, há rompimento do nexo causal quando uma causa próxima ao dano é de autoria do ofendido ou de terceiro, bem como um fato natural, o que admite as excludentes de responsabilidade civil.[571]

Agostinho Alvim,[572] referindo-se ao artigo 1.060 do Código Civil brasileiro de 1916,[573] aponta esta teoria como adotada pelo legislador brasileiro na esteira do Código Civil francês de 1804, sendo o artigo 403 do Código Civil brasileiro de 2002 o seu correspondente parcial.[574]

A teoria da causa eficiente almeja distinguir dentre todas as condições aquelas eficientes para a produção do resultado, descartando as ineficientes ou inadequadas, apontando Carolina Bellini Arantes de Paula[575] que a fragilidade desta teoria é exposta na dificuldade prática da identificação de qual das causas é a eficiente.

A teoria da causalidade adequada, segundo anuncia Caio Mário da Silva Pereira,[576] foi desenvolvida pela doutrina francesa no século XIX e inspirada na ideia do filósofo alemão Von Kries, podendo ser sintetizada

---

[569] PAULA, Carolina Bellini Arantes de. *As Excludentes de Responsabilidade Civil Objetiva*. 2007, p. 46-47.

[570] PAULA, Carolina Bellini Arantes de. *As Excludentes de Responsabilidade Civil Objetiva*. 2007, p. 46.

[571] PAULA, Carolina Bellini Arantes de. *As Excludentes de Responsabilidade Civil Objetiva*. 2007, p. 47.

[572] ALVIM, Agostinho. *Da Inexecução das Obrigações e suas Conseqüências*. 5. ed. São Paulo: Saraiva, 1980, p. 346-347.

[573] Artigo 1.060 do Código Civil brasileiro de 1916: "Ainda que a inexecução resulte de dolo do devedor, as perdas e danos só incluem os prejuízos efetivos e os lucros cessantes por efeito dela direto e imediato".

[574] BRASIL. Código Civil. *Constituição Federal. Código Civil. Código de Processo Civil. Código Comercial.* 2007, p. 278. Art. 403. Ainda que a inexecução resulte de dolo do devedor, as perdas e danos só incluem os prejuízos efetivos e os lucros cessantes por efeito dela direto e imediato, sem prejuízo do disposto na lei processual.

[575] PAULA, Carolina Bellini Arantes de. *As Excludentes de Responsabilidade Civil Objetiva*. 2007, p. 47-48.

[576] PEREIRA, Caio Mário da Silva. *Responsabilidade Civil*. 2001, p. 78-79.

na afirmação de que "o problema da relação de causalidade é uma questão científica de probabilidade", devendo ser destacado dos antecedentes do dano aquele que está em condições de necessariamente produzi-lo. Na prática e com base nesta teoria o julgador elimina os fatos menos relevantes, aqueles indiferentes à efetivação do dano, buscando, por eliminação, estabelecer que mesmo ausentes o dano ocorre.

Portanto, sugere Carolina Bellini Arantes de Paula a distinção dentre as causas do evento danoso apenas daquela que em geral é apta para produzi-lo, ou seja, será causa o fato que provoque consequência normalmente previsível, o que deve ser aferido casuisticamente,[577] revelando, segundo a autora, confusão entre as noções de culpa e causalidade.[578]

A teoria da *conditio sine qua non* ou da equivalência das condições, segundo Agostinho Alvim,[579] é aquela que "aceita qualquer das causas como eficiente", significando que acaso excluída o dano não se verifica ou, ainda, que se uma das condições é ato do autor do dano haverá sua responsabilização, apoiando-se em Windscheid[580] para expor que não há necessidade de que o dano seja efeito imediato e necessário da atividade do agente, podendo a ofensa ser produzida por outros fatos, verificáveis ou não, previsíveis ou não, importando que fique "fora de dúvida que o prejuízo sobrevindo não teria acontecido se não tivesse havido o fato de que se trata".

Esta teoria, para Carolina Bellini Arantes de Paula, entende suficiente para a responsabilização no dever de reparar o dano haver conduta antecedente que possa ser imputada ao autor do fato ou ato jurídico, uma vez que todas as condições relativas ao evento danoso são consideradas equivalentes, sendo qualquer delas a causa das consequências: eliminada qualquer das causas o resultado não ocorreria,[581] sendo que neste caso não incidiriam as excludentes de responsabilidade civil por não se interromper o nexo causal.[582]

### 5.3.3. Adoção das teorias do risco integral e da equivalência das condições

A análise das teorias do risco e da causa possibilita a tomada de posição diante da complexa questão da responsabilidade civil ambiental,

---

[577] PAULA, Carolina Bellini Arantes de. *As Excludentes de Responsabilidade Civil Objetiva*. 2007, p. 48.
[578] PAULA, Carolina Bellini Arantes de. *As Excludentes de Responsabilidade Civil Objetiva*. 2007, p. 49.
[579] ALVIM, Agostinho. *Da Inexecução das Obrigações e suas Conseqüências*. 5. ed. São Paulo: Saraiva, 1980, p. 345.
[580] ALVIM, Agostinho. *Da Inexecução das Obrigações e suas Conseqüências*. 1980p. 373.
[581] PAULA, Carolina Bellini Arantes de. *As Excludentes de Responsabilidade Civil Objetiva*. 2007, p. 45.
[582] PAULA, Carolina Bellini Arantes de. *As Excludentes de Responsabilidade Civil Objetiva*. 2007, p. 46.

uma vez que a adoção de quaisquer das respectivas vertentes impõe consequências jurídicas relacionadas, o que não deve, por homenagem à coerência, destoar do plexo de fundamentos adotados para a interpretação e a aplicação das regras jurídicas concernentes à propriedade e sua função social, nos termos do artigo 170, incisos II e III, e ao acolhimento do direito humano fundamental ao meio ambiente ecologicamente equilibrado como uma das condições de concretização dos fundamentos e objetivos fundamentais da República Federativa do Brasil, consoante os artigos 1º, 3º e 225, todos da Constituição Federal.

Com relação à propriedade privada Fábio Konder Comparato demonstra extrema objetividade e sagacidade ao comentar a função social dos bens de produção, onde estão inseridos, por exemplo, o dinheiro, o crédito e o incentivo governamental, indicando que "se a propriedade está inscrita entre os direitos fundamentais, ela deve submeter-se ao regime jurídico que lhes é comum", salvo se se pretender pregar "o absurdo de que os direitos fundamentais inscritos na Constituição Federal são imediatamente eficazes para os órgãos do Estado, mas não para os particulares".[583] Aqui cabe uma primeira conclusão: não se pode admitir que a propriedade privada sufoque qualquer outro direito humano fundamental, a exemplo do direito fundamental ao meio ambiente ecologicamente equilibrado, a ponto de excluí-lo do acesso e do gozo dos demais titulares.

Neste sentido, Patrícia Faga Iglesias Lemos,[584] depois de afirmar que a prova do nexo de causalidade é mais uma questão jurídica do que fática, acentua a influência que o reconhecimento do meio ambiente como direito humano fundamental exerce sobre a interpretação acerca da responsabilidade civil:

> Reconhecido o direito ao meio ambiente como direito de personalidade, como um direito fundamental do homem, as limitações ao pleno desenvolvimento da pessoa, decorrentes da má utilização de componentes do meio ambiente, são por si só causa de responsabilidade civil.

Assim, a fidelidade a estas balizas cabe colecionar as lições de José Afonso da Silva[585] e Antônio Herman Vasconcelos Benjamin[586] sobre o ar-

---

[583] COMPARATO, Fábio Konder. Função Social da Propriedade dos Bens de Produção. *Revista de Direito Mercantil, Industrial, Econômico e Financeiro*. 1986, p. 76.

[584] LEMOS, Patrícia Faga Iglesias. *Meio Ambiente e Responsabilidade Civil do Proprietário*: análise do nexo causal. São Paulo: Revista dos Tribunais, 2008, p. 144.

[585] SILVA, José Afonso da. *Curso de Direito Constitucional Positivo*. 31. ed. São Paulo: Malheiros, 2008, p. 181.

[586] BENJAMIN, Antônio Herman Vasconcelos. Direito Ambiental Constitucional Brasileiro. In: CANOTILHO, José Joaquim Gomes; LEITE, José Rubens Morato (orgs.). *Direito Constitucional Ambiental Brasileiro*. São Paulo: Saraiva, 2007, p. 98-100.

tigo 225 da Constituição Federal se tratar da entronização do meio ambiente ecologicamente equilibrado como direito humano fundamental na ordem constitucional brasileira, gravando-o com os típicos atributos da irrenunciabilidade, inalienabilidade e imprescritibilidade.

A irrenunciabilidade, segundo José Afonso da Silva,[587] traduz-se na vedação da renúncia aos direitos fundamentais, o que Antônio Herman Vasconcelos Benjamin[588] completa apontando o impedimento da renúncia à obrigação de preservar, recuperar, restaurar e indenizar, retirando a eficácia da alegação do poluidor no sentido de deter o direito de poluir em razão da permissão ou da omissão do Poder Público na concessão de licenças ou na fiscalização inadequada, bem como esvazia de legitimidade qualquer avença celebrada com prejudicados ou instituições, a exemplo do Ministério Público, que importem na renúncia à defesa do meio ambiente.

A inalienabilidade, conforme assenta José Afonso da Silva,[589] grava os direitos fundamentais de forma a torná-los intransferíveis e inegociáveis em razão de seu conteúdo não econômico-patrimonial, especialmente porque a ordem constitucional os conferiu a todos (res omnium), o que os torna indisponíveis. Neste sentido, Antônio Herman Vasconcelos Benjamim[590] ressalta a titularidade difusa do bem ambiental, expressamente universalizado pela Constituição Federal no artigo 225, afirmando que não se admite a alienação individual ou coletiva, ativa ou passiva, da proteção ao meio ambiente ecologicamente equilibrado, especialmente diante da qualificação supraindividual do bem difuso constitucional.

A imprescritibilidade dos direitos fundamentais é ressaltada por José Afonso da Silva[591] ao afirmar que o mero reconhecimento dos direitos fundamentais pela ordem jurídica os torna aptos ao exercício imediato e para nunca deixarem de ser exigíveis, o que afasta a prescrição também pelo caráter não patrimonial que ostentam, sentenciando que "se são sempre exercíveis e exercidos, não há intercorrência temporal de não exercício que fundamente a perda da exigibilidade pela prescrição". Referindo-se à relação intergeracional que anima o Direito ambiental, Antônio Herman Vasconcelos Benjamim[592] aponta o perfil intertemporal ou atemporal do direito fundamental ao meio ambiente ecologicamente equilibrado,

---

[587] SILVA, José Afonso da. *Curso de Direito Constitucional Positivo*. 2008, p. 181.

[588] BENJAMIN, Antônio Herman Vasconcelos. *Direito Ambiental Constitucional Brasileiro*. 2007, p. 99.

[589] SILVA, José Afonso da. *Curso de Direito Constitucional Positivo*. 2008, p. 181.

[590] BENJAMIN, Antônio Herman Vasconcelos. *Direito Ambiental Constitucional Brasileiro*. 2007, p. 99.

[591] SILVA, José Afonso da. *Curso de Direito Constitucional Positivo*. 2008, p. 181.

[592] BENJAMIN, Antônio Herman Vasconcelos. *Direito Ambiental Constitucional Brasileiro*. 2007, p. 100.

revelando que seus beneficiários são as presentes e as futuras gerações, configurando-se um despropósito admitir que o bem que não pode ser ativamente alienado (inalienabilidade) possa ser alienado passivamente (imprescritibilidade), em decorrência da inexorabilidade do tempo.

Assim, adotadas as premissas da irrenunciabilidade, inalienabilidade e imprescritibilidade, bem como da necessária adequação dos direitos humanos fundamentais à propriedade privada e ao meio ambiente ecologicamente equilibrado ao regime dos direitos fundamentais em geral, vê-se que a admissão absoluta de excludentes de responsabilidade, como o caso fortuito ou a força maior, em matéria de responsabilidade civil ambiental importa, no mínimo, em duas consequências ruinosas para a defesa do meio ambiente: a primeira é a renúncia à irrenunciável obrigação de defender e preservar o meio ambiente para as presentes e futuras gerações constitucionalmente imposta ao Poder Público e à coletividade no artigo 225 da Constituição Federal; e, a segunda é adoção exclusiva, prévia e abstrata da subsunção em detrimento da técnica de ponderação na antinomia entre direitos fundamentais, o que não é constitucionalmente adequado, na advertência de Luis Roberto Barroso.[593]

A reforçar a preponderância absoluta do valor da vida humana que mantém estrita dependência da higidez do meio ambiente sobre a propriedade privada, calha bem renovar a referência à manifestação pioneira na doutrina de autoria de Sérgio Ferraz que, antes mesmo do advento da Lei n° 6.938/1981 (Lei da Política Nacional do Meio Ambiente), já assentava que a "ecologia está diretamente ligada à sobrevivência",[594] para, em seguida, afirmar que não se progredirá no tema da responsabilidade pelo dano ecológico se não se aceitar que o esquema tradicional da responsabilidade subjetiva tem que ser abandonado,[595] não havendo "dúvida em dizer que o próprio esquema da responsabilidade objetiva tem que ser, por seu turno, encarado com uma certa ousadia", propondo que "em termos de dano ecológico, não se pode pensar em outra colocação que não seja a do risco integral".[596]

A doutrina nacional, majoritariamente sensível à necessidade de proteção do meio ambiente e à preponderância sobre a propriedade priva-

---

[593] BARROSO, Luis Roberto. *Curso de Direito Constitucional Contemporâneo*: os conceitos fundamentais e a construção de um novo modelo. São Paulo: Saraiva, 2009, p. 333.

[594] FERRAZ, Sérgio. *Responsabilidade Civil por Dano Ecológico*. Revista de Direito Público, São Paulo: Revista dos Tribunais, n° 49-50, jan./set., 1979, p. 35.

[595] FERRAZ, Sérgio. *Responsabilidade Civil por Dano Ecológico*. 1979, p. 37.

[596] FERRAZ, Sérgio. *Responsabilidade Civil por Dano Ecológico*. 1979, p. 38.

da, representada por Sérgio Ferraz,[597] Nelson Nery Junior[598] e Rosa Maria de Andrade Nery,[599] Édis Milaré,[600] Sérgio Cavalieri Filho,[601] Rodolfo de Camargo Mancuso,[602] José Afonso da Silva,[603] Jorge Alex Nunes Athias,[604] Marcelo Abelha Rodrigues,[605] Marcos Destefenni,[606] Lucas Abreu Barroso,[607] Natascha Trennepohl,[608] Marcos Paulo de Souza Miranda,[609] Carlos André Birnfeld,[610] Paula Tonani Matteis de Arruda[611] e Jeanne da Silva Machado,[612] sustenta a adoção pela Constituição Federal e pela Lei nº 6.938/1981 (Lei da Política Nacional do Meio Ambiente) da teoria do risco integral, rechaçando a interferência das excludentes de responsabilidade, ao mesmo tempo em que adotam a teoria da *conditio sine qua non* ou da equivalência das condições. Em contraposição, vêm os partidários das teorias do risco criado e da causalidade adequada, a exemplo do Paulo

---

[597] FERRAZ, Sérgio. *Responsabilidade Civil por Dano Ecológico*. 1979, p. 34-41.

[598] NERY JUNIOR, Nelson. *Responsabilidade Civil por Dano Ecológico e a Ação Civil Pública*. Justitia, São Paulo: Procuradoria-Geral de Justiça e Associação Paulista do Ministério Público, nº 126, jul./set., 1984, p. 168-189.

[599] NERY JUNIOR, Nelson; NERY, Rosa Maria de Andrade. *Responsabilidade Civil, Meio Ambiente e Ação Coletiva Ambiental*. In: BENJAMIN, Antonio Hermann (coord.). Dano Ambiental: prevenção, reparação e repressão. São Paulo: Revista dos Tribunais, 1993, p. 278-307.

[600] MILARÉ, Édis. *Direito do Ambiente:* doutrina, jurisprudência, glossário. 2007, p. 896-898.

[601] CAVALIERI FILHO, Sérgio. *Programa de Responsabilidade Civil*. 2007, p. 136.

[602] MANCUSO, Rodolfo de Carmargo. *Ação Civil Pública:* em defesa do meio ambiente, do patrimônio cultural e dos consumidores: (Lei 7.347/85 e legislação complementar). 9. ed. São Paulo: Revista dos Tribunais, 2004, p. 463-464.

[603] SILVA, José Afonso da. *Direito Ambiental Constitucional*. 6. ed. São Paulo: Malheiros, 2007, p. 314--316.

[604] ATHIAS, Jorge Alex Nunes. *Responsabilidade Civil e Meio Ambiente:* breve panorama do Direito brasileiro. In: BENJAMIN, Antonio Hermann (coord.). Dano Ambiental: prevenção, reparação e repressão. São Paulo: Revista dos Tribunais, 1993, p. 237-249.

[605] RODRIGUES, Marcelo Abelha. *Instituições de Direito Ambiental*. São Paulo: Max Limonad, 2002, p. 204-205.

[606] DESTEFENNI, Marcos. *A Responsabilidade Civil Ambiental e as Formas de Reparação do Dano Ambiental:* aspectos teóricos e práticos. Campinas: Bookseller, 2005, p. 145-148.

[607] BARROSO, Lucas Abreu. *A Obrigação de Indenizar e a Determinação da Responsabilidade Civil por Dano Ambiental*. Rio de Janeiro: Forense, 2006, p. 83-88.

[608] TRENNEPOHL, Natascha. *Seguro Ambiental*. Salvador: JusPodivm, 2008, p. 53-56.

[609] MIRANDA, Marcos Paulo de Souza. *Tutela do Patrimônio Cultural Brasileiro:* doutrina, jurisprudência e legislação. Belo Horizonte: Del Rey, 2006, p. 259-261.

[610] BIRNFELD, Carlos André. Algumas Perspectivas sobre a Responsabilidade Civil do Poluidor por Danos Ambientais. In: LEITE, José Rubens Morato; BELLO FILHO, Ney de Barros. (org.). *Direito Ambiental Contemporâneo*. Barueri: Manole, 2004, p. 357-378.

[611] ARRUDA, Paula Tonani Matteis de. *Responsabilidade Civil Decorrente da Poluição por Resíduos Sólidos Domésticos*. São Paulo: Método, 2004, p. 88-89.

[612] MACHADO, Jeanne da Silva. *A Solidariedade na Responsabilidade Ambiental*. 2006, p. 82-90.

Affonso Leme Machado,[613] José de Aguiar Dias,[614] Fernando Baum Salomon,[615] Délton Winter de Carvalho[616] e Nelson de Freitas Porfírio Júnior[617] que, direta ou indiretamente, criticam a teoria do risco integral acoimando-a de implantar a automatização da responsabilidade, uma vez que dispensa a existência do nexo de causalidade, o que torna irrelevante as excludentes de responsabilidade.

Mesmo diante do dissenso, há o reconhecimento por parte da doutrina de que em hipóteses específicas, notadamente nas situações de responsabilidade civil ambiental, deve haver tempero no rigor da causalidade adequada de forma a se aproximar da *conditio sine qua non* ou da equivalência das condições, conforme Carolina Bellini Arantes de Paula,[618] o que vem reforçado pela observação crítica de Marcos Destefenni[619] ao dizer que para o Direito Ambiental a teoria do risco integral não despreza ou renuncia ao nexo de causalidade, mas, sim, adota a posição de atenuação do ônus probatório em face da conexão entre a atividade e o dano, presumindo-o.

Quanto à atenuação da comprovação do nexo nas hipóteses de responsabilidade civil ambiental, Carolina Bellini Arantes de Paula reconhece que os riscos e os danos ambientais na era tecnológica são relevantes, frequentes e apresentam extrema dificuldade quanto à prova do nexo causal,[620] o que diante da indivisibilidade do bem ambiental e da não fragmentação do dano há que admitir um nexo causal comum que abranja todas as atividades relacionadas, direta ou indiretamente, instaurando com isso a solidariedade passiva,[621] reconhecendo, por fim, que diante das causas múltiplas e sucessivas a prova destas relações de causalidade complexa envolvendo o meio ambiente vem recebendo atenuação ou fle-

---

[613] MACHADO, Paulo Affonso Leme. *Direito Ambiental Brasileiro*. 2007, p. 363-366.

[614] DIAS, José de Aguiar. *Da Responsabilidade Civil*. 2006, p. 720-726.

[615] SALOMON, Fernando Baum. *Nexo de Causalidade no Direito Privado e Ambiental*. Porto Alegre: Livraria do Advogado, 2009, p. 109-113.

[616] CARVALHO, Délton Winter de. *Dano Ambiental Futuro*: a responsabilidade civil pelo risco ambiental. Rio de Janeiro: Forense Universitária. 2008, p. 116-119.

[617] PORFIRIO JÚNIOR, Nelson de Freitas. *Responsabilidade do Estado em Face do Direito Ambiental*. São Paulo: Malheiros, 2002, p. 115-118.

[618] PAULA, Carolina Bellini Arantes de. *As Excludentes de Responsabilidade Civil Objetiva*. 2007, p. 49-51.

[619] DESTEFENNI, Marcos. *A Responsabilidade Civil Ambiental e as Formas de Reparação do Dano Ambiental*: aspectos teóricos e práticos. 2005, p. 167/168.

[620] PAULA, Carolina Bellini Arantes de. *As Excludentes de Responsabilidade Civil Objetiva*. 2007, p. 69.

[621] PAULA, Carolina Bellini Arantes de. *As Excludentes de Responsabilidade Civil Objetiva*. 2007, p. 72.

xibilização da prova do nexo,[622] no que é acompanhada por Patrícia Faga Iglesias Lemos.[623]

Enfim, a atenuação ou flexibilização do nexo de causalidade defendida pela doutrina expõe uma proximidade considerável entre as teorias da causalidade adequada e da *conditio sine qua non* ou da equivalência das condições, pois, segundo Ana Perestrelo de Oliveira,[624] aquela teoria não é contrária a esta, mas, sim, um seu complemento.

---

[622] PAULA, Carolina Bellini Arantes de. *As Excludentes de Responsabilidade Civil Objetiva*. 2007, p. 73-76.

[623] LEMOS, Patrícia Faga Iglesias. *Meio Ambiente e Responsabilidade Civil do Proprietário: análise do nexo causal*. 2008, p. 152.

[624] OLIVEIRA, Ana Perestrelo de. *Causalidade e Imputação na Responsabilidade Civil Ambiental*. Coimbra: Almedina, 2007, p. 58.

# 6. Financiamento e responsabilidade civil ambiental

## 6.1. Responsabilidade civil ambiental das instituições financeiras

Cumpre ressaltar que a responsabilidade civil ambiental das instituições financeiras, públicas ou privadas, nacionais ou estrangeiras, das quais se ocupa este estudo é restrita àquela relacionada ao financiamento de projetos de obras e atividades utilizadoras de recursos ambientais, consideradas efetiva ou potencialmente poluidoras, bem como capazes, sob qualquer forma, de causar degradação ambiental, nos termos dos artigos 10, 12 e parágrafo único, e 14, § 1º, da Lei nº 6.938/1981 (Lei da Política Nacional do Meio Ambiente), por exemplo.

A justificativa da abordagem do aspecto repressivo da responsabilidade civil ambiental das instituições financeiras relacionada aos financiamentos se encontra assentada no complemento referente à conduta, comissiva ou omissiva, dos agentes financiadores diante do plexo de textos normativos e princípios que exigem o cumprimento de deveres jurídicos originários, aqui entendidos como condutas externas impostas pelo Direito como exigência para o convívio social, que acaso sejam violados geram deveres jurídicos sucessivos, consubstanciados na responsabilidade pela reparação (sentido amplo), no apontamento de Sérgio Cavalieri Filho.[625]

Como deveres jurídicos originários correlatos à defesa do meio ambiente podem ser indicados, sem pretensão de saciedade, as imposições constitucionais de atendimento da função social da propriedade, da empresa, dos bens de produção, do sistema financeiro nacional, da defesa do meio ambiente e do obrigatório e prévio estudo de impacto ambiental a ser realizado no âmbito do licenciamento ambiental, todos referenciados nos artigos 170, incisos II, III e VI, 192 e 225, *caput*, e § 1º, inciso IV, da Constituição Federal.

---

[625] CAVALIERI FILHO, Sérgio. *Programa de Responsabilidade Civil*. 2007, p. 1-2.

Na senda infraconstitucional, podem ser citados a ação governamental na manutenção do equilíbrio ecológico, a compatibilização do desenvolvimento econômico-social com a preservação da qualidade do meio ambiente, a preservação e restauração dos recursos ambientais, o compulsório e prévio licenciamento ambiental como condição para a concessão de financiamentos e incentivos governamentais, sem prejuízo do cumprimento dos critérios, normas e padrões expedidos do Conselho Nacional do Meio Ambiente (CONAMA) e da obrigação de exigir que os projetos contemplem obras e equipamentos destinados ao controle da degradação ambiental e à melhoria da qualidade ambiental, consoante os artigos 1º, inciso I, 4º, incisos I e VI, 10, *caput*, 12 e parágrafo único, da Lei nº 6.938/1981 (Lei da Política Nacional do Meio Ambiente).

Em reforço aos referidos deveres jurídicos originários vem a Lei nº 6.938/1981 (Lei da Política Nacional do Meio Ambiente) no parágrafo único do artigo 5º e impõe que "as atividades empresariais públicas ou privadas serão exercidas em consonância com as diretrizes da Política Nacional do Meio Ambiente",[626] o que não deixa dúvida com relação à vinculação das atividades econômicas e financeiras em geral aos deveres jurídicos originários e à submissão às consequências da responsabilidade civil ambiental, como representação do dever jurídico sucessivo, vindo de Paulo de Bessa Antunes a afirmação de que as imposições da Política Nacional do Meio Ambiente não podem ser encaradas como simples orientações, mas, sim, como obrigações.[627]

Assim, acaso as instituições financeiras concedam financiamentos para projetos de obras ou atividades utilizadoras de recursos ambientais, consideradas efetiva ou potencialmente poluidoras, bem como capazes, sob qualquer forma, de causar degradação ambiental, nos termos dos artigos 10 da Lei nº 6.938/1981 (Lei da Política Nacional do Meio Ambiente), por exemplo, sem que seja exigida a comprovação do prévio licenciamento ambiental e do cumprimento das normas, dos critérios e dos padrões expedidos pelo Conselho Nacional do Meio Ambiente (CONAMA), bem

---

[626] BRASIL. Lei nº 6.938/1981. *Coletânea de Legislação Ambiental, Constituição Federal*. 2009, p. 844.

[627] ANTUNES, Paulo de Bessa. *Política Nacional do Meio Ambiente*: comentários à Lei 6.938, de 31 de agosto de 1981. Rio de Janeiro: Lumen Juris, 2005, p. 82-83: "A PNMA não pode se limitar a ser uma mera 'orientação' para a conservação do meio ambiente. A orientação tratada na lei deve ser compreendida como uma obrigação de levar em conta a proteção ambiental. Aliás, esta não é uma determinação da lei, mas isto sim, da própria Constituição Federal. Uma leitura conforme a Constituição do artigo nos mostra que a Administração Pública, em qualquer de seus níveis não pode promover ações sem que leve em conta as diretivas da PNMA. O próprio princípio da legalidade insculpido no artigo 37 caput da Lei Fundamental da República não pode ser concebido sem considerar que ele inclui, por inclui, por óbvio, a legalidade ambiental da qual uma das expressões mais características é a PNMA. Assim, uma licitação que não contemple os aspectos ambientais, ou que tenha por objeto uma ação que seja contrária com a proteção ambiental, tal como definido em lei, é de ser tida em desrespeito à legalidade".

como a inclusão nos projetos da realização de obras e aquisição de equipamentos destinados ao controle de degradação ambiental e à melhoria da qualidade do meio ambiente, consoante o artigo 12 e parágrafo único da Lei nº 6.938/1981 (Lei da Política Nacional do Meio Ambiente), estarão aptas a serem responsabilizadas civilmente pelos danos ambientais decorrentes da obra ou atividade financiada, ainda que como poluidor indireto, mas sempre sob o espectro da solidariedade com o empreendedor, poluidor direto, nos termos do artigo 225, § 3º, da Constituição Federal, dos artigos 3º, incisos III e IV, 4º, inciso VII, e 14, § 1º, da Lei nº 6.938/1981 (Lei da Política Nacional do Meio Ambiente) e dos artigos 264 e seguintes do Código Civil.

### 6.1.1. Financiador: poluidor indireto

O artigo 225 da Constituição Federal é claro ao impor "ao Poder Público e à coletividade" o dever de defender e preservar o meio ambiente ecologicamente equilibrado, sendo razoável concluir que esta obrigação imposta constitucionalmente tem a fragrância da ubiquidade e a certeza da generalização abarcadora de todas as pessoas físicas ou jurídicas, públicas ou privadas, nacionais ou estrangeiras ou internacionais, que, de qualquer modo, atuem, direta ou indiretamente, em atividades consideradas efetiva ou potencialmente poluidoras, bem como capazes, sob qualquer forma, de causar degradação ambiental.

No caso específico das instituições financeiras, o artigo 192 da Constituição Federal reforça a inclusão dos integrantes do sistema financeiro nacional como expressamente obrigados a atuar na defesa do meio ambiente, uma vez que impõe que "o sistema financeiro nacional estruturado de forma a promover o desenvolvimento equilibrado do País e a servir aos interesses da coletividade, em todas as partes que o compõem",[628] vinculando as atividades financeiras à função social, sobressaindo a dimensão ambiental na interpretação sistemática dos artigos 170, incisos III e VI, 192 e 225 da Constituição Federal, conforme acentuam Ana Luci Esteves Grizzi et al[629] e Paulo Affonso Leme Machado,[630] valendo a assertiva deste autor quando defende que "nem o dinheiro privado nem o dinheiro público podem financiar o crime, em qualquer de suas feições, e, portanto, não podem financiar a poluição e a degradação da natureza".

---

[628] BRASIL. Constituição Federal. *Coletânea de Legislação Ambiental, Constituição Federal*. 2009, p. 124.

[629] GRIZZI, Ana Luci Esteves; BERGAMO, Cintia Izilda; HUNGRIA, Cynthia Ferragi; CHEN, Josephine Eugenia. *Responsabilidade Civil Ambiental dos Financiadores*. 2003, p. 39-40.

[630] MACHADO, Paulo Affonso Leme. *Direito Ambiental Brasileiro*. 2007, p. 332.

Firmada, portanto, a posição de que as instituições financeiras estão obrigadas ao atendimento dos deveres jurídicos originários relativos à defesa do meio ambiente ecologicamente equilibrado, não se escapa da conclusão de que as instituições financeiras podem ser enquadradas como poluidores indiretos, o que se extrai da interpretação sistemática do artigo 3º, inciso IV, da Lei nº 6.938/1981 (Lei da Política Nacional do Meio Ambiente), que define o poluidor como sendo "a pessoa física ou jurídica, de direito público ou privado, responsável, direta ou indiretamente, por atividade causadora de degradação ambiental". O poluidor, portanto, é todo aquele que degrada, direta ou indiretamente, ainda que esteja empreendendo atividade lícita e dentro dos *standards* legais, regulamentares e técnicos, estando todos os envolvidos vinculados pela solidariedade passiva expressa.

Em acréscimo a esta conclusão, vem o artigo 4º, inciso VII, da Lei nº 6.938/1981 (Lei da Política Nacional do Meio Ambiente) como representação de um dos objetivos a ser perseguido na defesa do meio ambiente, qual seja: "à imposição, ao poluidor e ao predador, da obrigação de recuperar e/ou indenizar os danos causados e, ao usuário, da contribuição pela utilização de recursos ambientais com fins econômicos",[631] independentemente do grilhão da culpa ou da ilicitude da conduta.

Assim, diante do afastamento da culpa em razão adoção da teoria objetiva da responsabilidade civil para fins da imposição da eliminação de riscos, cessação de ameaças e reparação de danos causados ao meio ambiente, além da previsão expressa de solidariedade passiva entre o poluidor direto e o indireto, admite-se impor à instituição financeira concedente de financiamento a projetos considerados efetiva ou potencialmente poluidores, que utilizem recursos ambientais ou sejam capazes de causar degradação ambiental, a obrigação de recuperar e indenizar eventuais danos ambientais relacionados com as obras ou atividades financiadas, conforme interpretação sistemática e teleológica dos artigos 170, incisos III e VI, 192, e 225, *caput* e § 3º, da Constituição Federal, e dos artigos 3º, inciso IV, 4º, inciso VII, 5º, 12 e parágrafo único, e 14, § 1º, da Lei nº 6.938/1981 (Lei da Política Nacional do Meio Ambiente).

Neste sentido, manifesta-se com objetividade Glênio Sabbad Guedes,[632] afirmando que "o art. 3º, inc. VI, fala em responsabilidade direta ou indireta, o que leva à inclusão clara da responsabilidade daquele que

---

[631] BRASIL. Lei nº 6.938/1981. *Coletânea de Legislação Ambiental, Constituição Federal*. 2009, p. 844.

[632] GUEDES, Glênio Sabbad. Da Responsabilidade Ambiental das Instituições Financeiras. *Artigo on line*. Disponível em: <http://www.bcb.gov.br/crsfn/doutrina/ResponsabilidadeAmbiental.htm>. Acesso em: 16 mar. 2008.

contribui que a degradação ambiental aconteça. Portanto, admissível responsabilizar-se civilmente o financiador – poluidor indireto".

Annelise Monteiro Steigleder,[633] reforçando esta conclusão, anuncia que no caso de descumprimento do disposto no artigo 12 e parágrafo único da Lei nº 6.938/1981 (Lei da Política Nacional do Meio Ambiente) a instituição financeira será solidariamente responsável com o empreendedor, uma vez que a liberação e o emprego de recursos relacionados com a transgressão da lei "coloca o financiador numa atividade de cooperação ou de coautoria com o financiado em todos os atos lesivos ambientais que ele fizer, por ação ou omissão", fazendo incidir o art. 3º, inciso IV, Lei nº 6.938/1981 (Lei da Política Nacional do Meio Ambiente), no mínimo na posição de poluidor indireto.

Para Paula Bagrichevsky de Souza,[634] que acentua a teoria objetiva e a solidariedade em matéria de responsabilidade civil ambiental, as instituições financeiras podem ser responsabilizadas civilmente pela reparação dos danos ambientais acaso não promovam uma análise dos aspectos ambientais dos projetos candidatos ao financiamento.

Paulo de Bessa Antunes,[635] ao comentar o artigo 12 e parágrafo único da Lei nº 6.938/1981 (Lei da Política Nacional do Meio Ambiente), posiciona-se no sentido de não haver qualquer dúvida em sustentar que é aplicável, em tese, a figura do poluidor indireto para abranger as instituições financeiras na responsabilização civil por danos ambientais.

Importa, ainda, anotar a posição de Ana Luci Esteves Grizzi *et al* que, pugnando pela instituição do "financiamento como instrumento de controle da efetividade da legislação ambiental e econômico-financeira do Pais",[636] acrescenta não bastar a exigência formal da documentação relacionada ao licenciamento ambiental, mas, sim, deve haver o acompanhamento da execução do projeto por parte da instituição financeira objetivando evitar a ocorrência de danos ambientais decorrentes do projeto:[637]

---

[633] STEIGLDER, Annelise Monteiro. Responsabilidade Civil das Instituições Financeiras por Danos Ambientais. *Revista Jurídica do Ministério Público do Estado do Mato Grosso*. 2007, p. 112.

[634] SOUZA, Paula Bagrichevsky de. As Instituições Financeiras e a Proteção ao Meio Ambiente. *Artigo on line*. Revista do BNDES. Rio de Janeiro : BNDES, 2005, jun., nº 23, vol. 12, p. 271. Disponível em: <http://www.bndes.gov.br/conhecimento/revista/rev2312.pdf>. Acesso em: 17 dez. 2008.

[635] ANTUNES, Paulo de Bessa. *Política Nacional do Meio Ambiente:* comentários à Lei 6.938, de 31 de agosto de 1981. 2005, p. 193.

[636] GRIZZI, Ana Luci Esteves; BERGAMO, Cintia Izilda; HUNGRIA, Cynthia Ferragi; CHEN, Josephine Eugenia. *Responsabilidade Civil Ambiental dos Financiadores*. 2003, p. 32.

[637] GRIZZI, Ana Luci Esteves; BERGAMO, Cintia Izilda; HUNGRIA, Cynthia Ferragi; CHEN, Josephine Eugenia. *Responsabilidade Civil Ambiental dos Financiadores*. 2003, p. 36-37.

Nesse passo, o financiador de atividades efetiva ou potencialmente poluidoras tem o dever de, inicialmente, exigir a apresentação da documentação necessária, o que no caso em tela corresponde às licenças, para só assim, depois de constatada a regularidade junto aos critérios pré-estabelecidos, conceder o financiamento, sem contudo, deixar de controlar as atividades do financiado, sob pena de ser responsabilizado integralmente pelos danos por ele causados. [...] Devem os financiadores, ainda, analisar qual licença deve ser apresentada para a tramitação de cada projeto a ser financiado, o que indica que a análise é específica a cada empreendimento e deve ser realizada por corpo técnico especializado do financiador. [...] Conseqüentemente, a responsabilidade do financiador por eventuais danos ambientais causados pela atividade financiada não está adstrita à verificação da conformidade legal do financiado antes da celebração do contrato de financiamento. O financiador deve monitorar a aplicação dos recursos por ele disponibilizados ao longo do financiamento, cumprindo, dessa forma, seu deve constitucional de preservar e defender o meio ambiente ecologicamente equilibrado, essencial à sadia qualidade de vida.

Enfim, ressaltando a corresponsabilidade das instituições financeiras por danos ambientais, Paulo Affonso Leme Machado sentencia que "quem financia tem a obrigação de averiguar se o financiado está cumprindo a legislação ambiental, no momento do financiamento",[638] o que faz citando a Lei nº 8.974/1995 (Lei de Biossegurança) revogada pela Lei nº 11.105/2005 (Lei da Política Nacional de Biossegurança) que expressamente responsabiliza o financiador e o patrocinador. Entretanto, afirma o autor que mesmo em casos onde não haja previsão expressa a interpretação do artigo 12 e parágrafo único da Lei nº 6.938/1981 (Lei da Política Nacional do Meio Ambiente) é suficiente para subsidiar a responsabilidade civil da instituição financeira:[639]

Nos casos de aplicação do art. 12 da Lei 6.938/81, ainda que a corresponsabilidade não esteja expressamente definida nessa lei, parece-nos que ela está implícita. A alocação de recursos do financiador para o financiado, com a transgressão induvidosa da lei, coloca o financiador numa atividade de cooperação ou de coautoria com o financiado em todos os atos lesivos ambientais que ele fizer, por ação ou omissão.

Neste sentido já apontou o Superior Tribunal de Justiça nos Recursos Especiais nº 650.728,[640] 1.090.968[641] e 1.071.741[642] acentuando que para o fim de apuração do nexo de causalidade no dano ambiental, equiparam-se

---

[638] MACHADO, Paulo Affonso Leme. *Direito Ambiental Brasileiro*. 2007, p. 337.

[639] MACHADO, Paulo Affonso Leme. *Direito Ambiental Brasileiro*. 2007, p. 338.

[640] BRASIL. Superior Tribunal de Justiça. *Recurso Especial nº 650.728*. Segunda Turma, Brasília, DF, 23 de outubro de 2007. Diário Eletrônico do Superior Tribunal de Justiça. Poder Judiciário, Brasília, DF, 02 dez. 2009.

[641] BRASIL. Superior Tribunal de Justiça. *Recurso Especial nº 1.090.968*. Segunda Turma, Brasília, DF, 15 de junho de 2010. Diário Eletrônico do Superior Tribunal de Justiça. Poder Judiciário, Brasília, DF, 03 ago. 2010.

[642] BRASIL. Superior Tribunal de Justiça. *Recurso Especial nº 1.071.741*. Segunda Turma, Brasília, DF, 24 de março de 2009. Diário Eletrônico do Superior Tribunal de Justiça. Poder Judiciário, Brasília, DF, 16 dez. 2010.

quem faz, quem não faz quando deveria fazer, quem deixa fazer, quem não se importa que façam, "quem financia para que façam", e quem se beneficia quando outros fazem".

Não há dúvidas, portanto, que as instituições financeiras podem ser consideradas poluidores indiretos, nos termos do artigo 3º, inciso IV, da Lei nº 6.938/1981 (Lei da Política Nacional do Meio Ambiente), acaso os financiamentos concedidos tenham relação com projetos de obras ou atividades utilizadoras de recursos ambientais, consideradas efetiva ou potencialmente poluidores, bem como capazes, sob qualquer forma, de causar degradação ambiental, nos termos do artigo 10.

### 6.1.2. *Instituições financeiras: públicas, privadas, nacionais, estrangeiras e internacionais*

A abrangência das regras de responsabilidade civil por dano ambiental não encontra restrição relacionada com a natureza pública ou privada, nacional ou estrangeira ou internacional, das pessoas físicas ou jurídicas que atuem na atividade econômica ou financeira.

A respeito das pessoas jurídicas, assim consideradas as que o Código Civil de 2002 elenca, respectivamente, nos artigos 41[643] e 44,[644] reafirma-se que se encontram afetadas incondicionalmente pelas previsões contidas nos artigos 225, § 3º, da Constituição Federal, e nos artigos 3º, inciso IV, 4º, inciso VII, 5º e parágrafo único, e 14, § 1º, da Lei nº 6.938/1981 (Lei da Política Nacional do Meio Ambiente).

O artigo 41, incisos I ao V, do Código Civil de 2002[645] reconhece como pessoas jurídicas de direito público interno a União, os Estados, o Distrito Federal e os Territórios, os Municípios, as autarquias e as demais entidades de caráter público criadas por lei, o que em matéria de responsabilidade civil ambiental recebe o reforço do artigo 37, § 6º, da Constituição Federal,[646] que prevê que as pessoas jurídicas de direito público e as de direito privado que prestam serviços públicos responderão pelos danos que seus agentes, nessa qualidade, causarem a terceiros, assegurando-se o direito de regresso contra o responsável nas hipóteses de dolo e culpa.

---

[643] BRASIL. Código Civil. *Constituição Federal. Código Civil. Código de Processo Civil. Código Comercial.* 2007, p. 235.

[644] BRASIL. Código Civil. *Constituição Federal. Código Civil. Código de Processo Civil. Código Comercial.* 2007, p. 236.

[645] BRASIL. Código Civil. *Constituição Federal. Código Civil. Código de Processo Civil. Código Comercial.* 2007, p. 235.

[646] BRASIL. Código Civil. *Constituição Federal. Código Civil. Código de Processo Civil. Código Comercial.* 2007, p. 52.

Com relação às pessoas jurídicas de direito privado, a exemplo das associações, das sociedades e das fundações, há o reconhecimento outorgado pelo artigo 44, incisos I ao III, do Código Civil de 2002.[647] Deve ser anotado, ainda, que o parágrafo único do citado artigo 44 impõe que "as disposições concernentes às associações aplicam-se, subsidiariamente, às sociedades que são objeto do Livro II da Parte Especial deste Código",[648] a saber:[649] sociedade em comum (art. 986), sociedade em cota de participação (art. 991), sociedade simples (art. 997), sociedade em nome coletivo (art. 1.039), sociedade em comandita simples (art. 1.045), sociedade limitada (art. 1.052), sociedade anônima (art. 1.088), sociedade em comandita por ações (art. 1.090), sociedade cooperativa (art. 1.093), sociedades coligadas (art. 1.097), sociedade dependente de autorização (art. 1.123), sociedade nacional (art. 1.126) e sociedade estrangeira (art. 1.134).

Especificamente às instituições financeiras, que se constituem em sociedades nacionais ou estrangeiras ou internacionais que dependem de autorização do Poder Público para funcionamento, constituem-se por meio de pessoas jurídicas de direito público ou de direito privado, afirmando José Afonso da Silva[650] que a Constituição Federal prevê dois sistemas financeiros: o público, que se ocupa das finanças e dos orçamentos públicos, regulados pelos artigos 163 a 169 da Constituição Federal; e o parapúblico ou sistema financeiro nacional, que vela e regula as atividades das instituições financeiras creditícias, tanto públicas quanto privadas, de seguro, previdência privada e capitalização. E o artigo 192 da Constituição Federal instaura o estrito controle do Poder Público sobre todas estas atividades, cabendo ao Banco Central posição de ligação entre os referidos sistemas.

Para o fim de identificar as instituições financeiras e submetê-las ao regime de responsabilidade civil ambiental é suficiente referir à abrangente previsão do artigo 17 e parágrafo único da Lei nº 4.595/1964 (Lei da Política das Instituições Monetárias, Bancárias e Creditícias), que expressamente contempla tanto as pessoas jurídicas públicas quanto as pri-

---

[647] BRASIL. Código Civil. *Constituição Federal. Código Civil. Código de Processo Civil. Código Comercial.* 2007, p. 236.

[648] BRASIL. Código Civil. *Constituição Federal. Código Civil. Código de Processo Civil. Código Comercial.* 2007, p. 139.

[649] BRASIL. Código Civil. *Constituição Federal. Código Civil. Código de Processo Civil. Código Comercial.* 2007, p. 347-371.

[650] SILVA, José Afonso da. *Curso de Direito Constitucional Positivo.* 10. ed. São Paulo: Malheiros, 1995, p. 755.

vadas, bem como as pessoas físicas que exerçam atividades análogas, de forma eventual ou permanente:[651]

> Art. 17. Consideram-se instituições financeiras, para os efeitos da legislação em vigor, as pessoas jurídicas públicas ou privadas, que tenham como atividade principal ou acessória a coleta, a intermediação ou aplicação de recursos financeiros próprios ou de terceiros, em moeda nacional ou estrangeira, e a custódia de valor de propriedade de terceiros.
>
> Parágrafo único. Para fins desta lei e da legislação em vigor, equiparam-se às instituições financeiras as pessoas físicas que exerçam qualquer das atividades referidas neste artigo, de forma permanente ou eventual.

Em se tratando de instituições financeiras estrangeiras que pretendam operar no Brasil, há exigência expressa no artigo 18, §§ 1º e 3º, da Lei nº 4.595/1964 (Lei da Política das Instituições Monetárias, Bancárias e Creditícias), condicionando o funcionamento à prévia autorização do Banco Central ou decreto do Poder Executivo:[652]

> Art. 18. As instituições financeiras somente poderão funcionar no País mediante prévia autorização do Banco Central da República do Brasil ou decreto do Poder Executivo, quando forem estrangeiras.
>
> § 1º Além dos estabelecimentos bancários oficiais ou privados, das sociedades de crédito, financiamento e investimentos, das caixas econômicas e das cooperativas de crédito ou a seção de crédito das cooperativas que a tenham, também se subordinam às disposições e disciplina desta lei no que for aplicável, as bolsas de valores, companhias de seguros e de capitalização, as sociedades que efetuam distribuição de prêmios em imóveis, mercadorias ou dinheiro, mediante sorteio de títulos de sua emissão ou por qualquer forma, e as pessoas físicas ou jurídicas que exerçam, por conta própria ou de terceiros, atividade relacionada com a compra e venda de ações e outros quaisquer títulos, realizando nos mercados financeiros e de capitais operações ou serviços de natureza dos executados pelas instituições financeiras. [...]
>
> § 3º Dependerão de prévia autorização do Banco Central da República do Brasil as campanhas destinadas à coleta de recursos do público, praticadas por pessoas físicas ou jurídicas abrangidas neste artigo, salvo para subscrição pública de ações, nos termos da lei das sociedades por ações.

Relativamente aos recursos provenientes do exterior, trazidos por instituições financeiras estrangeiras ou entidades internacionais multilaterais, a Lei nº 4.131/1962 (Disciplina o Capital Estrangeiro e a Remessa ao Exterior), em seu artigo 1º, assim classifica o capital estrangeiro destinado à atividade econômica:[653]

> Art. 1º Consideram-se capitais estrangeiros, para os efeitos desta lei, os bens, máquinas e equipamentos, entrados no Brasil sem dispêndio inicial de divisas, destinados à produção de bens ou serviços, bem como os recursos financeiros ou monetários, introduzidos no

---

[651] BRASIL. Lei nº 4.594/1964. *Legislação Bancária*. 2006, p. 28.
[652] BRASIL. Lei nº 4.594/1964. *Legislação Bancária*. 2006, p. 18.
[653] BRASIL. Lei nº 4.594/1964. *Legislação Bancária*. 2006, p. 46.

País, para aplicação em atividades econômicas desde que, em ambas as hipóteses, pertençam a pessoas físicas ou jurídicas residentes, domiciliadas ou com sede no exterior.

E no artigo 2º da Lei nº 4.131/1962 (Disciplina o Capital Estrangeiro e a Remessa ao Exterior) há previsão de que o capital estrangeiro recebe idêntico tratamento jurídico dispensado ao capital nacional, salvo discriminação prevista na citada lei:[654]

> Art. 2º Ao capital estrangeiro que se investir no País, será dispensado tratamento jurídico idêntico ao concedido ao capital nacional em igualdade de condições, sendo vedadas quaisquer discriminações não previstas na presente lei.

Portanto, as instituições financeiras estrangeiras e as internacionais, a exemplo das nacionais, estão submetidas ao cumprimento dos princípios da ordem econômica e financeira e da função social do sistema financeiro, ansiados pelos artigos 170 e 192 da Constituição Federal, tais como os da função social da propriedade e dos bens de produção e da defesa do meio ambiente, previstos, respectivamente, nos incisos III e VI, que recebem concretude quando, por exemplo, cumprem o artigo 12 e parágrafo único da Lei nº 6.938/1981 (Lei de Política Nacional do Meio Ambiente), conforme anunciam Annelise Monteiro Steigleder[655] e Ana Luci Esteves Grizzi et al.[656]

Sidnei Turczyn,[657] ao confirmar que as atividades financeiras em geral estão inseridas no gênero das atividades econômicas, portanto, regradas pelo artigo 170 da Constituição Federal, reconhece que as instituições financeiras estão subordinadas à autorização, controle e fiscalização dos órgãos públicos, não sendo correto o entendimento de que com a alteração do artigo 192 da Constituição Federal houve a liberalização desta atividade, que permanece submetida ao controle estatal, apesar de se valer da garantia da livre iniciativa, nos termos do parágrafo único do citado artigo 170.[658]

E o controle e a fiscalização estatal sobre o sistema financeiro nacional, que pode afetar tanto a esfera pública quanto a parapública, são exercidos pelo Banco Central, autarquia federal, nos termos do artigo 8º da Lei nº 4.595/1964 (Lei da Política das Instituições Monetárias, Bancárias e Creditícias), a quem compete privativamente, conforme o artigo 10 da citada Lei, controlar o crédito, fiscalizar as instituições financeiras e

---

[654] BRASIL. Lei nº 4.131/1962. *Legislação Bancária*. 2006, p. 46.

[655] STEIGLDER, Annelise Monteiro. Responsabilidade Civil das Instituições Financeiras por Danos Ambientais. *Revista Jurídica do Ministério Público do Estado do Mato Grosso*. 2007, p. 110.

[656] GRIZZI, Ana Luci Esteves; BERGAMO, Cintia Izilda; HUNGRIA, Cynthia Ferragi; CHEN, Josephine Eugenia. *Responsabilidade Civil Ambiental dos Financiadores*. 2003, p. 41-47.

[657] TURCZYN, Sidnei. *O Sistema Financeiro Nacional e a Regulação Bancária*. 2005, p. 262.

[658] TURCZYN, Sidnei. *O Sistema Financeiro Nacional e a Regulação Bancária*. 2005, p. 263.

aplicar as penalidades respectivas, conceder autorizações para funcionamento de instituições financeiras entre outras:[659]

> Art. 10. Compete privativamente ao Banco Central da República do Brasil: [...]
> VI – Exercer o controle do crédito sob todas as suas formas; [...]
> IX – Exercer a fiscalização das instituições financeiras e aplicar as penalidades previstas;
> X – Conceder autorização às instituições financeiras, a fim de que possam: a) funcionar no País; [...]

Acresça-se, ainda, que nos termos do artigo 9º da Lei nº 4.595/1964 (Lei da Política das Instituições Monetárias, Bancárias e Creditícias) também compete precipuamente ao Banco Central cumprir e fazer cumprir a legislação vigente e as normas expedidas pelo Conselho Monetário Nacional:[660]

> Art. 9º Compete ao Banco Central da República do Brasil cumprir e fazer cumprir as disposições que lhe são atribuídas pela legislação em vigor e as normas expedidas pelo Conselho Monetário Nacional.

Assim, havendo sobre o Banco Central o encargo de controlar e fiscalizar a autuação das instituições financeiras é válido concluir que o descumprimento, por exemplo, do artigo 12 e parágrafo único da Lei nº 6.938/1981 (Lei de Política Nacional do Meio Ambiente) deve gerar apuração administrativa e aplicação de penalidade, na esteira do que entende Glênio Sabbad Guedes.[661] De outro lado, em tese, o Banco Central poderá ser incluso no elenco de responsáveis pela reparação do dano ambiental decorrente de financiamentos concedidos por instituições financeiras, em razão da solidariedade.

Enfim, diante do previsto nos artigos 170, incisos III e VI, 192 e 225, § 3º, da Constituição Federal, e nos artigos 3º, inciso IV, 4º, inciso VII, 5º e parágrafo único, e 14, § 1º, da Lei nº 6.938/1981 (Lei de Política Nacional do Meio Ambiente), as instituições financeiras públicas ou privadas, nacionais ou estrangeiras ou internacionais, sem prejuízo do Banco Central, nos termos dos artigos 8º, 9º e 10 da Lei 4.595/1964 (Lei da Política das Instituições Monetárias, Bancárias e Creditícias), estão aptas a serem responsabilizadas em decorrência de danos ambientais relacionados, direta ou indiretamente, com financiamentos concedidos para projetos de obras e atividades utilizadoras de recursos ambientais, consideradas efetiva ou potencialmente poluidores, bem como capazes, sob qualquer forma, de causar degradação ambiental.

---

[659] BRASIL. Lei nº 4.594/1964. *Legislação Bancária*. 2006, p. 24-25.

[660] BRASIL. Lei nº 4.131/1962. *Legislação Bancária*. 2006, p. 24.

[661] GUEDES, Glênio Sabbad. Da Responsabilidade Ambiental das Instituições Financeiras. *Texto on-line*. Disponível em: <http://www.bcb.gov.br/crsfn/doutrina/ResponsabilidadeAmbiental.htm>. Acesso em: 16 mar. 2008.

### 6.1.3. Solidariedade passiva e as instituições financeiras

O artigo 225, *caput*, da Constituição Federal ostenta com clareza a imposição de haver para o "Poder Público e a coletividade"[662] o dever de defender e preservar o meio ambiente ecologicamente equilibrado, considerado bem de uso comum do povo e essencial à sadia qualidade de vida, para que se garanta o acesso e gozo das presentes e futuras gerações.

A interpretação que se deve adotar para a compreensão do que está abrangido nas expressões Poder Público e coletividade não deve acolher restrição alguma, uma vez que, além da própria Constituição Federal não haver instaurado qualquer limite, é razoável concluir que todos os atores sociais se enquadram no âmbito público ou privado.

Nesse sentido, Paulo Affonso Leme Machado[663] generaliza para incluir na expressão Poder Público o Executivo, o Legislativo e Judiciário, todos inquestionável e constitucionalmente convocados para a defesa do meio ambiente, o que deve se traduzir em atuação e não somente em retórica. Contudo, ao tratar da coletividade, este autor aponta que o artigo 225, *caput*, da Constituição Federal silenciou a respeito do indivíduo, o que entende ser mera deficiência de linguagem que não representa qualquer mácula a comprometer a instaurada "cooperação do corpo social",[664] que Cristiane Derani anuncia como "responsabilidade social",[665] cuja responsabilidade jurídica se espraia por sobre todas as pessoas físicas e jurídicas, públicas ou privadas, nacionais ou estrangeiras ou internacionais, nos termos do ordenamento jurídico vigente.

Deste modo, qualquer agente, pessoa física ou jurídica em geral, está umbilicalmente vinculado tanto com a responsabilidade social quanto com a responsabilidade jurídica na defesa do meio ambiente, sendo que para a afetação por esta última, segundo Cristiane Derani,[666] há "a necessidade de produção de normas que viabilizem a colaboração e a participação da sociedade nas decisões", o que pode ser complementado com a afirmação de que assim também ocorre na formatação de um ambiente legal adequado à necessária repressão nos casos em que não se cumpra a responsabilidade social e jurídica da eliminação de riscos, na cessação de ameaças e na reparação de danos ambientais.

---
[662] BRASIL. Constituição Federal. *Coletânea de Legislação Ambiental, Constituição Federal*. 2009, p. 139.
[663] MACHADO, Paulo Affonso Leme. *Direito Ambiental Brasileiro*. 2007, p. 124.
[664] MACHADO, Paulo Affonso Leme. *Direito Ambiental Brasileiro*. 2007, p. 125.
[665] DERANI, Cristiane. *Direito Ambiental Econômico*. 2008, p. 250.
[666] DERANI, Cristiane. *Direito Ambiental Econômico*. 2008, p. 251.

Inicialmente, diga-se que o ordenamento jurídico brasileiro contém normas adequadas e suficientes para a identificação daqueles que eventualmente possam ser responsabilizados pela reparação dos danos ambientais relacionados, direta ou indiretamente, com a atividade desenvolvida e com os riscos dela decorrentes.

Assim, o artigo 3º, inciso IV, da Lei nº 6.938/1981 (Lei da Política Nacional do Meio Ambiente), que define o poluidor como "a pessoa física ou jurídica, de direito público ou privado, responsável, direta ou indiretamente, por atividade causadora de degradação ambiental",[667] possibilita posicionar as instituições financeiras como poluidor indireto na hipótese de degradação da qualidade ambiental proveniente, direta ou indiretamente, de projeto beneficiado com financiamento, conforme aponta Annelise Monteiro Steigleder,[668] incluindo-a no rol dos responsáveis pela reparação do dano ambiental solidariamente com o empreendedor, poluidor direto.

A este respeito, Antonio Herman Vasconcelos Benjamin, ao analisar o artigo 3º, inciso IV, da Lei nº 6.938/1981 (Lei da Política Nacional do Meio Ambiente), assenta que as instituições financeiras, a qual designa genericamente por "banco", podem ser consideradas poluidoras indiretas e serem solidariamente responsabilizadas pela reparação do dano ambiental:[669]

> Estatui a Lei n. 6.938/81 que poluidor é a pessoa física ou jurídica, de direito público ou privado, responsável direta ou indiretamente, por atividade causadora de degradação ambiental. O vocábulo é amplo e inclui aqueles que diretamente causam o dano ambiental (o fazendeiro, o industrial, o madeireiro, o minerador, o especulador), bem como as que indiretamente com ele contribuem, facilitando ou viabilizando a ocorrência do prejuízo (o banco, o órgão público licenciador, o engenheiro, o arquiteto, o incorporador, o corretor, o transportador, para citar alguns personagens).

Recorre Antonio Herman Vasconcelos Benjamin para sustentar solidariedade entre o poluidor direto e indireto à solução havida no revogado Código Civil de 1916, precisamente no artigo 1.518, cuja correspondência está no artigo 942 do Código Civil de 2002,[670] e que prescreve que "os bens do responsável pela ofensa ou violação do direito de outrem ficam sujeitos à reparação do dano causado; e, se a ofensa tiver mais de um autor, todos responderão solidariamente pela reparação", afirmando, por fim,

---

[667] BRASIL. Lei nº 6.938/1981. *Coletânea de Legislação Ambiental, Constituição Federal.* 2009, p. 844.

[668] STEIGLDER, Annelise Monteiro. Responsabilidade Civil das Instituições Financeiras por Danos Ambientais. *Revista Jurídica do Ministério Público do Estado do Mato Grosso.* 2007, p. 112.

[669] BENJAMIN, Antonio Herman Vasconcelos. Responsabilidade pelo dano ambiental. *Revista de Direito Ambiental.* São Paulo: Revista dos Tribunais, nº 9, jan./mar., 1998, p. 37.

[670] BRASIL. Código Civil. *Constituição Federal. Código Civil. Código de Processo Civil. Código Comercial.* 2007, p. 339.

que a Lei nº 6.938/1981 (Lei da Política Nacional do Meio Ambiente) se manteve fiel a esta solução encarando a degradação ambiental "como fato danoso *único* e *indivisível*, pressupondo que, em conseqüência da impossibilidade de fragmentação do dano, o nexo causal é *comum*".[671]

E prossegue afirmando este autor que a solidariedade na responsabilidade civil ambiental também se fundamenta na indivisibilidade do dano e na unidade infragmentável do meio ambiente, recorrendo-se à teoria geral dos atos ilícitos, positivada no artigo 892 do Código Civil de 1916, que tem correspondente na primeira parte do artigo 260 do Código Civil de 2002,[672] que reza que "se a pluralidade for de credores, poderá cada um destes exigir a dívida inteira [...]", tudo ratificado pela cláusula constitucional de bem de uso comum:[673]

> A solidariedade, no caso, é não só decorrência dos atributos particulares dos sujeitos responsáveis e da modalidade de atividade, mas também da própria *indivisibilidade* do dano, conseqüência de ser o meio ambiente uma *unidade* infragmentável. A responsabilização *in solidum*, em matéria ambiental, encontra seu fundamento originário no Código Civil, na teoria geral dos atos ilícitos, com maior ímpeto e força reaparece na norma constitucional, que desenhou de forma *indivisível* o meio ambiente, 'bem de uso comum de todos', cuja ofensa estão 'os poluidores' (no plural mesmo) obrigados a reparar, propiciando, por isso mesmo, a aplicação do art. 892, primeira parte do CC, sendo credora a totalidade da coletividade afetada.

Decorre desta conclusão que há solidariedade ativa e passiva para se exigir o objeto da prestação e para que haja adimplemento das prestações inscritas no artigo 225 da Constituição Federal, conforme previsto no artigo 267 do Código Civil de 2002,[674] que autoriza que "cada um dos credores solidários tem direito a exigir do devedor o cumprimento da prestação por inteiro", e que Caio Mário da Silva Pereira relaciona com a solidariedade passiva e a impossibilidade de fracionamento da prestação:[675]

> O princípio fundamental, nas *relações externas*, é o da integridade da *solutio*: qualquer dos credores tem a faculdade de demandar o devedor pela totalidade da dívida, e, inversamente, o devedor demandado tem de solver a obrigação, muito embora o implemento lhe seja reclamado por um e não por todos os credores solidários. É a conseqüência da própria natureza da solidariedade, incompatível com o fracionamento da prestação ou da pretensão do devedor a um *beneficium divisionis*.

---

[671] BENJAMIN, Antonio Herman Vasconcelos. Responsabilidade pelo dano ambiental. 1998, p. 38.

[672] BRASIL. Código Civil. *Constituição Federal. Código Civil. Código de Processo Civil. Código Comercial.* 2007, p. 265.

[673] BENJAMIN, Antonio Herman Vasconcelos. Responsabilidade pelo dano ambiental. 1998, p. 38.

[674] BRASIL. Código Civil. *Constituição Federal. Código Civil. Código de Processo Civil. Código Comercial.* 2007, p. 266.

[675] PEREIRA, Caio Mário da Silva. *Instituições de Direito Civil.* 1984, p. 63.

A respeito da unidade do meio ambiente e da não fragmentação do dano que reclamam a solidariedade na responsabilidade civil ambiental, vêm Carolina Bellini Arantes de Paula[676] e Gilmar Ferreira Mendes, Inocêncio Mártires Coelho e Paulo Gustavo Gonet Branco[677] que apontam o meio ambiente como conceito estrutural, funcional e unitário, o que aproxima por demais a indivisibilidade da obrigação ou da prestação e a solidariedade.

A consideração do meio ambiente como um bem unitário é ressaltada no artigo 3º, inciso I, da Lei nº 6.938/1981 (Lei da Política Nacional do Meio Ambiente),[678] que o define para os fins da referida lei como sendo "o conjunto de condições, leis, influências e interações de ordem física, química e biológica, que permite, abriga e rege a vida em todas as suas formas", propiciando que José Rubens Morato Leite[679] afirme que o legislador optou por realçar a interação e a interdependência entre o homem e a natureza, o que se traduz na proteção jurídica do meio ambiente como um bem unitário.

Nesse sentido, Pontes de Miranda[680] afirma que quando a indivisibilidade da obrigação decorre da lei, o que seria divisível passa a ser indivisível sob a perspectiva jurídica, decorrendo isso da cogência da regra jurídica que interdita que a vontade das partes contrarie a indivisibilidade jurídica do objeto da prestação.

Caio Mário da Silva Pereira,[681] abordando a relação entre a solidariedade e a indivisibilidade, afirma haver uma analogia entre os conceitos, mas adverte que não se podem confundir os conceitos e aponta suas diferenças:[682]

> Neste ponto, há uma analogia deste conceito com o da *solidariedade*, e tão íntima que códigos modernos os têm aproximado, pela atração das normas aplicáveis, como fizera o art. 431 do *BGB*, e mais recentemente o italiano de 1942, ao mandar este (art. 1.317) que à indivisibilidade se apliquem os princípios da solidariedade. Não são poucos os escritores que expõem a dogmática de uma e de outra sob a epígrafe de *obrigações coletivas*. Substancialmente, entretanto, muito diferem, a par desta exteriorização comum, pois que numa e noutra a *solutio pro parte* não pode fazer-se, mas a *prestação da dívida inteira*, intimamente diversificam-se: 1º) a causa da solidariedade é o título, e a da indivisibilidade

---

[676] PAULA, Carolina Bellini Arantes de. *As Excludentes de Responsabilidade Civil Objetiva.* 2007, p. 72.

[677] MENDES, Gilmar Ferreira; COELHO, Inocêncio Mártires; BRANCO, Paulo Gustavo Gonet. *Curso de Direito Constitucional.* 2008, p. 1370.

[678] BRASIL. Lei nº 6.938/1981. *Coletânea de Legislação Ambiental, Constituição Federal.* 2009, p. 843-844.

[679] LEITE, José Rubens Morato. *Dano Ambiental:* do individual ao coletivo extrapatrimonial. 2003, p. 78.

[680] MIRANDA, Francisco Cavalcante Pontes de. *Tratado de Direito Privado.* 3. ed. São Paulo: Revista dos Tribunais, 1984, Parte Especial, Tomo XXII, p. 162.

[681] PEREIRA, Caio Mário da Silva. *Instituições de Direito Civil.* 1984, V. II, p. 55.

[682] PEREIRA, Caio Mário da Silva. *Instituições de Direito Civil.* 1984, V. II, p. 55-56.

é (normalmente) a natureza da prestação; 2º) na solidariedade cada devedor paga por inteiro, porque deve por inteiro, enquanto que na indivisibilidade solve a totalidade, em razão da impossibilidade jurídica de repartir em cotas a coisa devida; 3º) a solidariedade é uma relação subjetiva, e a indivisibilidade é objetiva, em razão de que, enquanto a indivisibilidade assegura a unidade da prestação, a solidariedade visa a facilitar a exação do crédito e o pagamento do débito; 4º) a indivisibilidade justifica-se, às vezes, com a própria natureza da prestação, quando o objeto é em si mesmo insuscetível de fracionamento, enquanto a solidariedade é sempre de origem técnica, resultando da lei ou da vontade das partes, porém nunca um dado real; 5º) a solidariedade cessa com a morte dos devedores, mas a indivisibilidade subsiste enquanto a prestação a suportar; 6º) a indivisibilidade termina quando a obrigação se converte em perdas e danos, enquanto que a solidariedade conserva este atributo.

Portanto, a indivisibilidade da prestação objeto da obrigação prevista no artigo 225, *caput*, da Constituição Federal atende à natureza do bem jurídico protegido, não se admitindo o fracionamento e o reconhece como unidade referenciada no artigo 3º, inciso I, da Lei nº 6.938/1981 (Lei da Política Nacional do Meio Ambiente).

De outra parte, a solidariedade, que não se presume, deve sempre resultar da lei ou da vontade das partes, conforme o artigo 265 do Código Civil de 2002, havendo previsão expressa com relação à solidariedade na responsabilidade civil ambiental no artigo 225, § 3º, da Constituição Federal e nos artigos 3º, inciso IV, e 4º, inciso VII, da Lei nº 6.938/1981 (Lei da Política Nacional do Meio Ambiente).

Reconhecida a unidade do bem jurídico ambiental conceituado no artigo 225, *caput*, da Constituição Federal e definido no artigo 3º, inciso I, da Lei nº 6.938/1981 (Lei da Política Nacional do Meio Ambiente), culmina-se na indivisibilidade da obrigação ou da prestação de defendê-lo e preservá-lo para as presentes e futuras gerações, o que atribui ao dano ambiental perfil de caráter único e indivisível decorrente de relação de causalidade comum, abrangendo todos aqueles que, direta ou indiretamente, contribuem para o evento danoso, a exemplo dos empreendedores, das instituições financeiras, do Poder Público.

Ressalte-se, ainda, que a doutrina considera que, em geral, no regime capitalista, a atividade econômica é finalística (atividade-fim), enquanto a atividade financeira, uma das categorias de atividade econômica, apresenta-se, também, como "facilitadora do exercício das demais modalidades de atividades econômicas" (atividade-meio), conforme a perspectiva de Sidnei Turczyn.[683] Assim, conclui-se que a concessão de crédito por meio de financiamento implica entre a instituição financeira e o mutuário uma relação de solidariedade na responsabilidade civil ambiental, nota-

---

[683] TURCZYN, Sidnei. *O Sistema Financeiro Nacional e a Regulação Bancária*. 2005, p. 34.

damente em razão das obrigações previstas no artigo 12 e parágrafo único da Lei n° 6.938/1981 (Lei da Política Nacional do Meio Ambiente).

Neste momento cabe reafirmar a predileção deste estudo pela teoria do risco integral e pela teoria da *conditio sine qua non* ou da equivalência das condições, o que, juntamente com a indivisibilidade do bem jurídico ambiental e a obrigação da prestação integral de sua defesa e proteção, acrescentam subsídios relevantes para a conclusão de que as instituições financeiras são solidariamente responsáveis com os demais poluidores, diretos ou indiretos, pela preservação, conservação, recuperação, restauração, compensação e indenização em caso de degradação ambiental, para referir às definições do artigo 2° da Lei n° 9.985/2000 (Lei do Sistema Nacional de Unidades de Conservação).[684]

Enfim, por todo o exposto, conclui-se que as instituições financeiras podem vir a ser responsabilizadas civilmente por dano ambiental, na categoria de poluidor indireto, nos termos dos artigos 3°, inciso IV, 4°, inciso VII, e 14, § 1°, da Lei n° 6.938/1981 (Lei da Política Nacional do Meio Ambiente), acaso os financiamentos concedidos sejam empregados em projetos de obras e atividades utilizadoras de recursos ambientais, consideradas efetiva ou potencialmente poluidoras, bem como capazes, sob qualquer forma, de causar degradação ambiental, nos termos do artigo 10 e 12 parágrafo único da Lei n° 6.938/1981 (Lei da Política Nacional do Meio Ambiente).

### 6.1.4. Financiamento e nexo de causalidade

A admissão da preponderante participação da atividade financeira como facilitadora das demais atividades econômicas não encontra contrariedade, sendo adequado afirmar, por conseguinte, que a degradação da qualidade ambiental relacionada com obra ou atividade ungida por crédito decorrente de financiamento (sentido amplo) instaura nexo de causalidade entre o dano e a instituição financeira, especialmente nas hipóteses do artigo 10 da Lei n° 6.938/1981 (Lei da Política Nacional do Meio Ambiente).

#### 6.1.4.1. Contrato de financiamento: forma e prova

A afirmação do nexo de causalidade entre a atividade financeira, consubstanciada na concessão do crédito por meio de financiamento, e a degradação da qualidade ambiental se fundamenta, dentre outras, na

---

[684] BRASIL. Lei n° 9.985/2000. *Coletânea de Legislação Ambiental, Constituição Federal*. 2009, p. 1.033.

existência de contrato de empréstimo, de mútuo, de financiamento, entre outros, segundo Ana Luci Esteves Grizzi et al,[685] celebrado entre a instituição financeira e o mutuário, o que se regula, a priori, pelo disposto no artigo 586 do Código Civil de 2002,[686] que prescreve que "o mútuo é o empréstimo de coisas fungíveis. O mutuário é obrigado a restituir ao mutuante o que dele recebeu em coisa do mesmo gênero, qualidade e quantidade".

O artigo 591 do Código Civil de 2002 complementa que "destinando-se o mútuo a fins econômicos, presumem-se devidos juros, os quais, sob pena de redução, não poderão exceder a taxa que se refere o art. 406, permitindo-se a capitalização anual",[687] o que se aplica especialmente aos mútuos em dinheiro, enfim, ao crédito mediante financiamento em geral.

Com relação à vigência do mútuo, prevê o artigo 592, incisos I, II e III, do Código Civil de 2002[688] que poderá viger "até a próxima colheita, se o mútuo for de produtos agrícolas, assim para o consumo, como para semeadura", ou vigorará pelo prazo "de 30 (trinta) dias, pelo menos, se for de dinheiro", ou, ainda, será "do espaço de tempo que declarar o mutuante, se for de qualquer outra coisa fungível". A este estudo, interessa a hipótese do mútuo em dinheiro, em especial.

Segundo Silvio de Salvo Venosa,[689] que chama atenção especial para os mútuos em dinheiro, o contrato de mútuo não visa "transferir o domínio, mas proporcionar a utilização da coisa pelo mutuário, na verdade seu consumo, para que este devolva findo certo prazo", sendo esta transferência apenas necessária "para possibilitar o consumo por parte do mutuário",[690] caracterizando-se o mútuo oneroso e remunerado como regra geral.[691]

Nesta linha, Nelson Rosenvald[692] afirma que "o mútuo perfaz empréstimo de consumo, pelo qual se transmite propriedade de coisa móvel

---

[685] GRIZZI, Ana Luci Esteves; BERGAMO, Cintia Izilda; HUNGRIA, Cynthia Ferragi; CHEN, Josephine Eugenia. *Responsabilidade Civil Ambiental dos Financiadores*. 2003, p. 51.

[686] BRASIL. Código Civil. *Constituição Federal. Código Civil. Código de Processo Civil. Código Comercial*. 2007, p. 298.

[687] BRASIL. Código Civil. *Constituição Federal. Código Civil. Código de Processo Civil. Código Comercial*. 2007, p. 299.

[688] BRASIL. Código Civil. *Constituição Federal. Código Civil. Código de Processo Civil. Código Comercial*. 2007, p. 299.

[689] VENOSA, Silvio de Salvo. *Direito Civil:* contratos em espécie. v. 3. 3. ed. São Paulo: Atlas, 2003, p. 236.

[690] VENOSA, Silvio de Salvo. *Direito Civil:* contratos em espécie. v. 3. 2003, p. 236.

[691] VENOSA, Silvio de Salvo. *Direito Civil:* contratos em espécie. v. 3. 2003, p. 237.

[692] ROSENVALD, Nelson. In: Cezar Peluso (coord). *Código Civil Comentado*. 2007, p. 462.

fungível, com a obrigação do mutuário restituir a coisa do mesmo gênero, qualidade e quantidade (art. 85 do CC)", sendo que "no empréstimo em dinheiro quem responderá pelos juros e pela atualização monetária será o mutuário que usufruir a coisa em proveito próprio".[693]

Para Pontes de Miranda, nos negócios jurídicos de mútuo "há os três momentos: contrato de empréstimo, acôrdo de transferência, tradição; e não só dois: acôrdo de transferência, em mútuo; tradição",[694] sendo que "no contrato de mútuo real, os momentos são num só momento".[695] Ainda, conforme este autor, "no direito brasileiro, o mútuo é, de regra, contrato real: exige, para ser, o elemento 'entrega da coisa'",[696] que "não é elemento necessário à validade do contrato, nem à sua eficácia: é elemento necessário à sua existência", concluindo:[697]

> Hoje, se não se disse que se transmitia a propriedade do dinheiro ou da coisa fungível, mas apenas que se prometia prestar, não houve mútuo contrato real, e sim mútuo contrato consensual ou promessa de mútuo (*pactum de mutuo dando*, pré-contrato de mútuo). Para que o mútuo real ocorra, é preciso que o mutuário adquira, à conclusão do contrato, o uso do bem fungível; não que seja proprietário da coisa entregue o mutuante. O mutuário pode receber do mutuante a coisa que é de outrem, mas da qual podia dispor, ou recebê-la de terceiro, em virtude de ordem ou mandato do mutuante, ou de assinação, ou de cessão de crédito. O mútuo contrato real conclui-se no momento em que se dá a transferência do dinheiro ou do título; não só no momento em que o portador do título recebe a soma constante do *título*. É freqüente concluir-se o mútuo com o ato de creditar-se na conta do mutuário a soma, ou de se entregar ao mutuário a ordem de transferência do crédito. O recibo do valor para efeito de se considerar paga ao mutuante alguma conta do mutuário, ou de terceiro, é elemento suficiente.

Mais adiante, Pontes de Miranda afirma que "também é permitida e assaz empregada a promessa bilateral, que contém a declaração de dar mútuo e a de receber mútuo (*pactum de mutuo dando et accipiendo*)",[698] pois, "se no pré-contrato já se fala em juros, estabeleceu-se a bilateralidade do contrato",[699] concluindo que "não há qualquer óbice a que se

---

[693] ROSENVALD, Nelson. In: Cezar Peluso (coord). *Código Civil Comentado*. 2007, p. 463.

[694] MIRANDA, Francisco Cavalcante Pontes de. *Tratado de Direito Privado*. 3. ed. São Paulo: Revista dos Tribunais, 1984, Parte Especial, Tomo XLII, p. 8.

[695] MIRANDA, Francisco Cavalcante Pontes de. *Tratado de Direito Privado*. 1984, Parte Especial, Tomo XLII, p. 8.

[696] MIRANDA, Francisco Cavalcante Pontes de. *Tratado de Direito Privado*. 1984, Parte Especial, Tomo XLII, p. 8.

[697] MIRANDA, Francisco Cavalcante Pontes de. *Tratado de Direito Privado*. 1984, Parte Especial, Tomo XLII, p. 9.

[698] MIRANDA, Francisco Cavalcante Pontes de. *Tratado de Direito Privado*. 3. ed. São Paulo: Revista dos Tribunais, 1984, Parte Especial, Tomo XLII, p. 33.

[699] MIRANDA, Francisco Cavalcante Pontes de. *Tratado de Direito Privado*. 1984, Parte Especial, Tomo XLII, p. 33.

conclua pré-contrato de contrato real",[700] sendo possível e usual que o contrato de mútuo preveja a tradição de todo o objeto ou de partes do avençado, o que resulta na existência de apenas um contrato e não de tantos quantas forem as entregas:[701]

> No contrato de mutuo em que a entrega é por partes, dita restituição *rateal*, quer isso resulte do contrato quer de lei, como se atende a necessidade sucessivas para construção, ou aquisições, ou obras, há um só contrato de mútuo, e não tantos contratos quantas as entregas parciais.

Com relação à forma de tradição do bem mutuado, Pontes de Miranda encerra afirmando que no contrato de mútuo real a tradição integra o contrato ou se agrega aos demais pressupostos já satisfeitos anteriormente, havendo "entre o pré-contrato e a tradição intervalo em que se tem de exercer a pretensão ao contrato e se adimplir a promessa de contratar",[702] sendo que "a função da tradição, aí, é apenas a de dar ao mutuário direito de propriedade sôbre o bem mutuado, criando-se-lhe o dever de restituição".[703]

Assim, vê-se de modo irrebatível que a concessão de financiamento para o emprego em obras e atividades utilizadoras de recursos ambientais, consideradas efetiva ou potencialmente poluidoras, bem como capazes, sob qualquer forma, de causar degradação ambiental, marca essencialmente a atividade financeira como "atividade-meio" a possibilitar ou a facilitar a realização de atividade econômica subsidiada, considerada "atividade-fim", incluindo as instituições financeiras, também por isso, no conjunto daqueles atores sociais que poderão ser responsabilizados pela prática de danos ambientais, ainda que de forma indireta, em razão da solidariedade.

Aponte-se, ainda, que a previsão da restituição do valor pactuado no mútuo em dinheiro acrescido de juros, além de outros acréscimos legais ou contratuais, denota que as instituições financeiras atuam com, no mínimo, um interesse específico, a saber: a obtenção da restituição em valor superior ao total do crédito concedido, o que insofismavelmente escancara o proveito econômico, o lucro. Ressalte-se, aqui, que esta constatação lógica, inferida das próprias regras da experiência, já satisfaz um dos aspectos da teoria do risco proveito, mesmo não sendo a predileta da

---

[700] MIRANDA, Francisco Cavalcante Pontes de. *Tratado de Direito Privado*. 1984, Parte Especial, Tomo XLII, p. 34.

[701] MIRANDA, Francisco Cavalcante Pontes de. *Tratado de Direito Privado*. 1984, Parte Especial, Tomo XLII, p. 50.

[702] MIRANDA, Francisco Cavalcante Pontes de. *Tratado de Direito Privado*. 1984, Parte Especial, Tomo XLII, p. 51-52.

[703] MIRANDA, Francisco Cavalcante Pontes de. *Tratado de Direito Privado*. 1984, Parte Especial, Tomo XLII, p. 52.

doutrina e nem mesmo deste estudo em razão de sua inadequação para a defesa do meio ambiente.

A respeito do contrato de financiamento, prelecionam Nelson Nery Junior e Rosa Maria de Andrade Nery[704] que não há, de regra, forma especial prevista na legislação civil para o contrato de mútuo, nos termos do artigo 107 do Código Civil de 2002,[705] que prescreve que "a validade da declaração de vontade não dependerá de forma especial, senão quando a lei expressamente a exigir". No mesmo sentido, vem Nestor Rocha[706] para quem "a regra é a liberdade de forma; entretanto, para alguns negócios, a lei estabelece forma especial e servirá sempre para sua documentação, uma vez que corresponde ao modo de exteriorizar a vontade", não se devendo confundir forma com solenidade prevista como requisito de alguns negócios jurídicos, consoante o artigo 166, inciso V, do Código Civil de 2002.[707]

De igual forma, reza o artigo 212 do Código Civil de 2002[708] que "salvo o negócio a que se impõe forma especial, o fato jurídico pode ser provado mediante; I – confissão; II – documento; III – testemunha; IV – presunção; V – perícia", o que, segundo Nestor Rocha,[709] estabelece em alguns casos "um vínculo entre a prova e a forma dos negócios jurídicos, pois alguns deles exigem forma especial e em tal circunstância outro meio de prova não será admitido (arts. 104, III, 107 e 166, V, do CC; art. 366 do CPC)".

Assim, para os contratos de mútuo em geral não se exige forma especial, o que submete a prova de sua existência ao desafio das provas legalmente admitidas pelo ordenamento jurídico, no limite do artigo 5º, inciso LIV, da Constituição Federal. Contudo, no caso da legislação prever forma especial para a exteriorização da vontade e comprovação da existência do negócio, como no caso do *warrant* e armazéns gerais,[710] dos

---

[704] NERY JUNIOR, Nelson; NERY, Rosa Maria de Andrade. *Código Civil anotado e legislação extravagante*. 2003, p. 393.

[705] BRASIL. Código Civil. *Constituição Federal. Código Civil. Código de Processo Civil. Código Comercial.* 2007, p. 245.

[706] ROCHA, Nestor. In: PELUSO, Cezar (coord). *Código Civil Comentado.* 2007, p. 107. Exemplo para estes casos é a imprescindibilidade da escritura pública para os negócios jurídicos relativos à constituição, transferência, modificação ou renúncia de direitos reais sobre imóveis cujo valor ultrapasse trinta vezes o salário mínimo em vigor, nos termos do artigo 108 do Código Civil de 2002.

[707] ROCHA, Nestor. In: PELUSO, Cezar (coord). *Código Civil Comentado.* 2007, p. 108.

[708] BRASIL. Código Civil. *Constituição Federal. Código Civil. Código de Processo Civil. Código Comercial.* 2007, p. 258-259.

[709] ROCHA, Nestor. In: Cezar Peluso (coord). *Código Civil Comentado.* 2007, p. 144.

[710] BRASIL. Decreto nº 1.102/1903 e Lei Delegada nº 3/1962. *Legislação Bancária.* 2006, p. 273-287.

títulos relativos ao crédito rural,[711] das duplicatas,[712] das cédulas,[713] do cheque,[714] das letras de câmbio e notas promissórias,[715] do arrendamento mercantil[716] entre outros, será necessária a obtenção do título ou equivalente para a prova da existência da relação jurídica.

### 6.1.4.2. Sigilo bancário e o registro público

Importante aspecto se relaciona com a prova da existência da relação jurídica entre a instituição financeira e o mutuário, uma vez que, segundo o artigo 1º da Lei Complementar nº 105/2001 (Lei do Sigilo Bancário),[717] "as instituições financeiras conservarão sigilo em suas operações ativas e passivas e serviços prestados", o que se estende ao Banco Central, consoante o artigo 2º.[718] A par disso, há previsão de exceções ao dever de sigilo e que vêm dispostas nos §§ 3º e 4º do citado artigo 1º.

Analisando o rol do artigo 1º, § 1º, incisos I ao XIII, da Lei Complementar nº 105/2001 (Lei do Sigilo Bancário), vê-se que são consideradas instituições financeiras, dentre outras, bancos de qualquer espécie, as sociedades de crédito, financiamento e investimentos, sociedade de crédito imobiliário, sociedade de arrendamento mercantil, cooperativas de crédito, associações de poupança e empréstimo, as sociedades de fomento comercial ou *factoring* e outras sociedades que venham ser consideradas instituições financeiras pelo Conselho Monetário Nacional, todas, portanto, obrigadas ao dever de sigilo.

Assim, dando-se ao artigo 1º da Lei Complementar nº 105/2001 (Lei do Sigilo Bancário)[719] interpretação não restritiva, as instituições financeiras devem conservar sigilo em suas operações ativas e passivas e serviços prestados, abrangidos as operações de mútuo, de financiamento, entre outras, o que, a princípio, dificulta, mas não impossibilita obtenção de prova da existência da relação jurídica entre a instituição financeira e o mutuário, já que o artigo 3º da Lei Complementar nº 105/2001 (Lei do Sigilo Bancário) prevê que por ordem do Poder Judiciário devem ser

---

[711] BRASIL. Decreto nº 1.102/1903 e Lei Delegada nº 3/1962. *Legislação Bancária*. 2006, p. 289-314.
[712] BRASIL. Decreto nº 1.102/1903 e Lei Delegada nº 3/1962. *Legislação Bancária*. 2006, p. 327.
[713] BRASIL. Decreto nº 1.102/1903 e Lei Delegada nº 3/1962. *Legislação Bancária*. 2006, p. 336-350.
[714] BRASIL. Decreto nº 1.102/1903 e Lei Delegada nº 3/1962. *Legislação Bancária*. 2006, p. 351.
[715] BRASIL. Decreto nº 1.102/1903 e Lei Delegada nº 3/1962. *Legislação Bancária*. 2006, p. 363.
[716] BRASIL. Decreto nº 1.102/1903 e Lei Delegada nº 3/1962. *Legislação Bancária*. 2006, p. 376.
[717] BRASIL. Lei Complementar nº 105/2001. *Legislação Bancária*. 2006, p. 41-42.
[718] BRASIL. Lei Complementar nº 105/2001. *Legislação Bancária*. 2006, p. 42-43.
[719] BRASIL. Lei Complementar nº 105/2001. *Legislação Bancária*. 2006, p. 41-42.

prestadas as informações resguardadas pelo sigilo bancário, sem que isso afete o caráter sigiloso das informações prestadas:[720]

Art. 3º Serão prestadas pelo Banco Central do Brasil, pela Comissão de Valores Mobiliários e pelas instituições financeiras as informações ordenadas pelo Poder Judiciário, preservando o seu caráter sigiloso, mediante acesso restrito às partes, que delas não poderão servir-se para fins estranhos à lide.

A ratificar a imposição de sigilo bancário para as operações ativas e passivas e serviços prestados vêm a jurisprudência do Supremo Tribunal Federal[721] e a do Superior Tribunal de Justiça,[722] que reafirmam de modo dominante a imprescindibilidade de requisição judicial para a respectiva quebra, negando-se, por exemplo, ao Ministério Público a obtenção direta de informações acobertadas pelo sigilo imposto pela Lei Complementar nº 105/2001 (Lei do Sigilo Bancário). Em posicionamento que diverge destes entendimentos jurisprudenciais vêm Nelson Nery Junior e Rosa Maria de Andrade Nery,[723] com relação ao Ministério Público.

Mas, independentemente da necessidade de ordem judicial como condição para a obtenção de informação resguarda pelo sigilo bancário, o que dependendo da forma ou do conteúdo do ato poderá ser absolutamente imprescindível (extratos, dados cadastrais etc.), nas hipóteses de contrato de mútuo em geral as instituições financeiras adotam a praxe de condicionar a contratação à instituição de garantia real, impondo-se o compulsório registro no sistema de registro imobiliário. Desta forma, viabiliza-se alternativa legal para a obtenção de informações bancárias sigilosas, uma vez que promove a publicidade irrestrita por meio de registros, transcrições, inscrições e averbações junto ao registro civil,[724] nos termos dos artigos 16 e 17 da Lei nº 6.015/1973 (Lei dos Registros Públicos),[725] que preveem, respectivamente, que os oficiais do registro são obri-

---

[720] BRASIL. Lei Complementar nº 105/2001. *Legislação Bancária*. 2006, p. 43.

[721] BRASIL. Supremo Tribunal Federal. *Agravo Regimental no Recurso Extraordinário nº 318.136*. Segunda Turma, Brasília, DF, 12 jun. 2006. Diário Oficial da República Federativa do Brasil. Poder Executivo. Diário da Justiça, Poder Judiciário, Brasília, DF 6 out. 2006, p. 64.

[722] BRASIL. Superior Tribunal de Justiça. *Recurso Especial nº 633.250*. Quinta Turma, Brasília, DF, 21 nov. 2006. Diário Oficial da República Federativa do Brasil. Poder Executivo. Diário da Justiça, Poder Judiciário, Brasília, DF 26 fev. 2007, p. 632.

[723] NERY JUNIOR, Nelson; NERY, Rosa Maria de Andrade. *Constituição Federal Comentada*. 2009, p. 841-842.

[724] DINIZ, Maria Helena. *Sistemas de Registros Públicos*. São Paulo: Saraiva, 1992, p. 60. "No termo 'registro' estão, pela Lei n. 6.015/73, no art. 168, englobadas a *transcrição* e a *inscrição* a que se referem as normas civis (CC, arts. 533, 530, I, 531, 856, 859, 860 e parágrafo único). O registro compreenderia a *transcrição* dos títulos de transmissão ou de declaração da propriedade imobiliária e a *inscrição* dos títulos constitutivos de ônus reais. [...] Tecnicamente não se deveria falar mais em transcrição e inscrição, pois todos os atos designam-se *registro*".

[725] BRASIL. Lei nº 6.015/1973. *Constituição Federal. Código Civil. Código de Processo Civil. Código Comercial*. 2007, p. 947.

gados "a lavrar certidão do que lhes for requerido" e "a fornecer às partes as informações solicitadas", além do que "qualquer pessoa pode requerer certidão do registro sem informar ao oficial ou ao funcionário o motivo ou interesse do pedido".

A publicidade outorgada aos documentos e informações objeto do registro e da averbação previstos pela Lei n° 6.015/1973 (Lei dos Registros Públicos) gera três efeitos, segundo Walter Ceneviva, a saber:[726] o constitutivo, "sem o registro o direito não nasce", o comprobatório, "o registro prova a existência e a veracidade do ato ao qual se reporta", e, o publicitário, em que "o ato registrado, com raras exceções, é acessível ao conhecimento de todos, interessados ou não interessados". E este autor, ao discorrer sobre a função publicitária e sua amplitude, afirma que "quaisquer que sejam os característicos ou o fim dos assentamentos mencionados pela Lei n. 6.015, devem estar os registros permanentemente abertos – com poucas exceções [art. 18] – ao integral conhecimento de todos".[727]

Para Maria Helena Diniz, o registro apresentará eficácia *erga omnes*, "ou seja, em relação a terceiros, já que pela publicidade que gera, terá aptidão para produzir efeito de resguardar a boa-fé daqueles que vieram a realizar negócios imobiliários",[728] sendo "o registro idôneo para valer contra terceiros, pois entre as partes o título terá validade, independentemente do assentamento registral",[729] concluindo:[730]

> a) *Publicidade*, conferida pelo Estado por meio de seu órgão competente, da mutações da propriedade imobiliária e da instituição de ônus reais sobre o bem de raiz, dando segurança às operações realizadas com o imóvel. [...] Se o domínio obriga a todos, pode ser oposto a todos, importando, assim, que todos conheçam suas evoluções, a fim de prevenir fraudes que a má-fé de uns, protegida pela clandestinidade, pode preparar em prejuízo da boa-fé de outros. [...] O registro imobiliário constitui um meio legal de publicidade, garantindo o direito de propriedade do titular e a validade de seus efeitos perante terceiros.

Sobre a publicidade como aspecto essencial dos registros públicos assenta Miguel Maria de Serpa Lopes afirmando-a como corolário substancial, dizendo:[731]

> Os fatos ou atos nele exarados destinam-se ao público e não só às partes diretamente interessadas. O instituto da *evidência* ou da *aparência* dos fatos jurídicos compreende não

---

[726] CENEVIVA. Walter. *Lei dos Registros Públicos Comentada*. 10. ed. São Paulo: Saraiva, 1995, p. 5.

[727] CENEVIVA. Walter. *Lei dos Registros Públicos Comentada*. 1995, p. 34.

[728] DINIZ, Maria Helena. *Sistemas de Registros Públicos*. São Paulo: Saraiva, 1992, p. 22.

[729] DINIZ, Maria Helena. *Sistemas de Registros Públicos*. São Paulo: Saraiva, 1992, p. 22

[730] DINIZ, Maria Helena. *Sistemas de Registros Públicos*. São Paulo: Saraiva, 1992, p. 24-25.

[731] SERPA LOPES, Miguel Maria de. *Tratado dos Registros Públicos*. 5. ed. Brasília: Brasília Jurídica, 1995, v. 1, p. 113-114.

somente a evidência e a aparência da circulação, como ainda a necessidade, ou pelo menos, a conveniência de se tornarem os ditos fatos conhecidos de determinadas pessoas. Além dos fins de circulação, a *publicidade* destina-se a indicar, de um lado, as *pessoas* e os *bens*, e, de outro, as propriedades destes e daqueles: a primeira constata a existência dos homens, ou de grupos de homens e coisas; a segunda, a existência de fatos, dos quais procede a aquisição originária ou derivada dos direitos a favor de determinadas e determinadas coisas. Por isso, os preceitos contidos nos arts. 19 a 25 são todos conducentes a tornar rigorosa a obrigação dos Oficiais dos Registros Públicos, quaisquer que sejam, a certificar os atos constantes dos seus livros ou a exibir estes aos interessados. O objetivo do legislador foi tornar possível a qualquer pessoa conhecer tudo quanto consta dos Registros Públicos, sem que ao interessado possa caber a obrigação de declarar a razão do seu interesse.

Assim, não se apresentam absolutamente necessárias a requisição do Poder Judiciário às instituições financeiras em razão do registro que institui garantia real, uma vez que o efeito da publicidade recai sobre os negócios relacionados com os registros respectivos.

Desta feita, podem estar transcritos ou registrados no registro de títulos e documentos, segundo os artigos 127 e 129 da Lei nº 6.015/1973 (Lei dos Registros Públicos),[732] dentre outros: a transcrição dos instrumentos particulares, para a prova das obrigações convencionais de qualquer valor e do contrato de parceria agrícola ou pecuária, além do registro dos documentos decorrentes de depósitos ou cauções feitos em garantia de cumprimento de obrigações contratuais, ainda que em separado dos respectivos instrumentos, e dos instrumentos de cessão de direitos e de créditos, de sub-rogação e de dação em pagamento.

Por sua vez, conforme o artigo 167 da Lei nº 6.015/1973 (Lei dos Registros Públicos),[733] que trata do registro de imóveis, podem estar registradas as hipotecas legais, judiciais ou convencionais, o penhor de máquinas e de aparelhos utilizados na indústria, instalados e em funcionamento, com os respectivos pertences ou sem eles, as cédulas de crédito rural e industrial, os contratos de penhor rural, além das averbações de cédula hipotecária, dentre outras.

Enfim, a depender do caso concreto, pode se mostrar eficiente a realização de pesquisa e eventual requisição de certidões junto ao sistema de serviços notariais e de registro para que se obtenha comprovação autêntica, segura e eficaz dos atos jurídicos relacionados com a contratação de mútuos em razão da garantia de publicidade, nos termos do artigo 1º

---

[732] BRASIL. Lei nº 6.015/1973. *Constituição Federal. Código Civil. Código de Processo Civil. Código Comercial.* 2007, p. 967-968.

[733] BRASIL. Lei nº 6.015/1973. *Constituição Federal. Código Civil. Código de Processo Civil. Código Comercial.* 2007, p. 972-976.

da Lei nº 8.935/1994 (Lei dos Notários e Registradores),[734] sem prejuízo da utilização da requisição judicial para a obtenção destas ou de outras informações que exponham o nexo de causalidade entre o financiamento e o dano ambiental.

### 6.1.5. Função social do contrato de financiamento

Não há dúvida quanto à admissão das instituições financeiras no rol dos poluidores indiretos a serem responsabilizados civilmente por danos ambientais decorrentes de obras e atividades utilizadoras de recursos ambientais, considerados efetiva ou potencialmente poluidores, bem como capazes, sob qualquer forma, de causar degradação ambiental, acaso os financiamentos em geral reservem crédito ou destinem recursos empregados no empreendimento ambientalmente degradante, nos termos dos artigos 3º, inciso IV, 4º, inciso VII, e 14, § 1º, da Lei nº 6.938/1981 (Lei da Política Nacional do Meio Ambiente).

Para esta conclusão contribui decisivamente a noção de função social da propriedade e da utilidade social da empresa conforme preleciona Pietro Perlingieri,[735] para quem "falar hoje de 'função social' em relação à propriedade e de 'utilidade social' em relação à iniciativa econômica privada significa falar de alguma coisa especial", uma vez que "a função social predeterminada para a propriedade privada não diz respeito exclusivamente aos seus limites", mas, sobretudo, de um encargo do tipo promocional:[736]

> Em um sistema inspirado na solidariedade política, econômica e social e ao pleno desenvolvimento da pessoa (art. 2 Const.) o conteúdo da função social assume um papel de tipo promocional, no sentido de que a disciplina das formas de propriedade e as suas interpretações deveriam ser atuadas para garantir e para promover os valores sobre os quais se funda o ordenamento. E isso não se realiza somente finalizando a disciplina dos limites à função social. Esta deve ser entendida não como uma intervenção "em ódio" à propriedade privada, mas torna-se "a própria razão pela qual o direito de propriedade foi atribuído a um determinado sujeito", um critério de ação para o legislador, e um critério de individuação da normativa a ser aplicada para o intérprete chamado a avaliar as situações conexas à realidade de atos e de atividades do titular.

A refletir a implicação entre propriedade privada, atividades econômicas ou empresariais, pública ou privadas, e a função social apregoada na doutrina, na jurisprudência e no artigo 170, inciso III, da Constituição

---

[734] BRASIL. Lei nº 6.015/1973. *Constituição Federal. Código Civil. Código de Processo Civil. Código Comercial*. 2007, p. 1285.

[735] PERLINGIERI, Pietro. *Perfis do Direito Civil*. Maria Cristina De Cicco (Trad.). 3. ed. Rio de Janeiro: Renovar, 2002, p. 226.

[736] PERLINGIERI, Pietro. *Perfis do Direito Civil*. 2002, p. 226.

Federal de 1998, cumprindo tradição das Constituições Federais brasileiras de 1946 (art. 147), de 1967 (art. 157, inc. III) e na Emenda Constitucional nº 1/1969 (art. 160, inc. III), eleva-se em importância o parágrafo único do artigo 5º da Lei nº 6.938/1981 (Lei da Política Nacional do Meio Ambiente), que exige que "as atividades empresariais públicas ou privadas serão exercidas em consonância com as diretrizes da Política Nacional do Meio Ambiente".[737]

A subsidiar a proeminência da função social do Direito vem a exortação de Miguel Reale que, na exposição de motivos do Código Civil de 2002,[738] afirma haver exigência da superação do individualismo e o reconhecimento do Direito como originado e vocacionado para o atendimento dos valores sociais ansiados e que devem ser concretizados pela sociedade e pelo Poder Público:[739]

> Superado de vez o individualismo, que condicionara as fontes inspiradoras do Código vigente, reconhecendo-se cada vez mais que o Direito é social em sua origem e em seu destino, impondo a correlação concreta e dinâmica dos valores coletivos com os individuais, para que a pessoa humana seja preservada sem privilégios e exclusivismos, numa ordem global de comum participação, não pode ser julgada temerária, mas antes urgente e indispensável, a renovação dos códigos atuais, como uma das mais nobres e corajosas metas de governo. Por outro lado, os que têm se manifestado sobre a chamada 'crise da Justiça' reconhecem que uma das causas desta advém do obsoletismo de muitas normas legais vigentes, quer pela inadequação de seu conteúdo à realidade social contemporânea, quer pelo vincado sentido formalista que as inspira, multiplicando as áreas e os motivos dos conflitos de interesse.

Exemplo da impregnação da função social do Direito nas relações individuais é o reconhecimento da função social do contrato que, conforme Miguel Reale,[740] dá-se da forma com que se dá com o direito de propriedade, contrapondo-se à onerosidade excessiva entre os contratantes "dando-se a medida do propósito de conferir aos contratos estrutura e finalidade sociais",[741] reafirmando a liberdade de contratar, porém, condicionando-a aos fins sociais do contrato:[742]

> c) Tornar explícito, como princípio condicionador de todo o processo hermenêutico, que a *liberdade de contratar* só pode ser exercida em consonância com os fins sociais do contrato, implicando os valores primordiais da boa-fé e da probidade. Trata-se de preceito fundamental, dispensável talvez sob o enfoque de uma estreita compreensão positivista

---

[737] BRASIL. Lei nº 6.938/1981. *Coletânea de Legislação Ambiental, Constituição Federal*. 2009, p. 844.

[738] BRASIL. *Novo Código Civil*: Exposição de Motivos e Texto Sancionado. Brasília: Senado Federal, Subsecretaria de Edições Técnicas, 2002, p. 23-61.

[739] BRASIL. *Novo Código Civil*: Exposição de Motivos e Texto Sancionado. 2002, p. 25-26.

[740] BRASIL. *Novo Código Civil*: Exposição de Motivos e Texto Sancionado. 2002, p. 42.

[741] BRASIL. *Novo Código Civil*: Exposição de Motivos e Texto Sancionado. 2002, p. 43.

[742] BRASIL. *Novo Código Civil*: Exposição de Motivos e Texto Sancionado. 2002, p. 44.

do Direito, mas essencial à adequação das normas particulares à concreção ética da experiência jurídica.

Inclinando-se no mesmo sentido vem Rosa Maria de Andrade Nery que, apregoando uma compreensão moderna do contrato em direção da promoção social, afirma:[743]

> Já não é mais possível preservar a idéia de que o contrato opera efeitos apenas entre as partes que o celebram. Há na compreensão moderna do contrato, bem como da empresa que opera o mercado e da propriedade privada, um sentido funcional de promoção social que ultrapassa os limites da funcionalidade do ato e do negócio, como mera experiência particular de um sujeito. Os institutos do direito de obrigações não podem abdicar de sua função construtiva de uma sociedade mais justa. Não pode o contrato, fruto da mais elaborada técnica jurídica, dispor-se a representar um papel que se ponha contra essa finalidade científica do direito. É por isso que o contrato, expressão jurídica máxima da liberdade contratual, deve ser estudado não apenas sob o ponto de vista de sua base subjetiva, ou seja, da manifestação da liberdade negocial das partes, mas também, e principalmente, sob o ponto de vista de sua base objetiva e, por que não dizer, de sua *função social*.

Assim, o artigo 421 do Código Civil de 2002,[744] que reza que "a liberdade de contratar será exercida em razão e nos limites da função social do contrato", representa inovação sem precedente na codificação civil revogada, o que, segundo Lafayete Josué Petter, fundamenta o entendimento da função social do contrato como decorrência lógica do princípio da função social da propriedade, devendo o contrato ser entendido para além da vontade dos contratantes e em busca da promoção de valores socialmente caros:[745]

> Parte da doutrina entende que a função social do contrato (CC, art. 421) é decorrência lógica do princípio da função social da propriedade. Isto porque a função mais característica do contrato é sua finalidade econômica, propiciando a desejada circulação das riquezas. Como a circulação da riqueza pressupõe a sua apropriação privada e esta se dá mediante o instituto da propriedade, há substanciais razões para inferir-se que este princípio do direito obrigacional tem fundamento constitucional justamente no princípio da função social da propriedade. A liberdade de contratar se insere na autonomia da vontade, mas a função instrumentalizadora derivada da função social do contrato matiza o negócio jurídico, [...] Ou seja, a função social do contrato simboliza e realiza no regime contratual privado a justiça social, valor comum juridicizado no ordenamento como princípio geral de direito, postulando uma hermenêutica que privilegia a interpretação teleológica do regime contratual, em prol de uma coerência científica que convirja para os fins sociais do direito, o que sobreleva a função social da jurisprudência. [...] Certo é que a função social do contrato reconduz ao sistema normativo em sua inteireza, invocando a prevalência dos valores so-

---

[743] NERY, Rosa Maria de Andrade. *Introdução ao Pensamento Jurídico e à Teoria Geral do Direito Privado*. 2008, p. 249.

[744] BRASIL. Código Civil. *Constituição Federal. Código Civil. Código de Processo Civil. Código Comercial.* 2007, p. 281.

[745] PETTER, Lafayete Josué. *Princípios Constitucionais da Ordem Econômica*: o significado e o alcance do art. 170 da Constituição Federal. 2. ed. São Paulo: Revista dos Tribunais, 2008, p. 244-246.

cialmente úteis. Se a autonomia privada está na base da formação do contrato, a circulação econômica que ele contém deve promover uma eficácia socialmente útil, pois este mesmo contrato é celebrado no interior da sociedade e promove efeitos que ultrapassam de muito os respectivos contratantes.

Para José de Oliveira Ascensão, que aborda a função social do contrato relacionada com o abuso e fim social ou econômico do Direito, "toda a atribuição jurídica é realizada também para utilidade social. O exercício do direito não se pode fazer de maneira que esta definição básica seja violada",[746] para, em seguida, afirmando categórica e enfaticamente que "a funcionalidade está no objecto, e não na actividade do intérprete. Um direito não se abrange com uma mera descrição; tem uma dimensão funcional, que impõe a actividade correspondente para descobrir suas exigências",[747] concluindo que:[748]

> Cada direito passa pelo crivo da função social, que se pode reduzir à manifestação genérica do princípio da função social dos direitos patrimoniais, ou exprimir exigências mais concretas em relação a certa categoria de direitos. A fixação das exigências da função social na situação concreta localiza-se na fase de aplicação. [...] A evolução permitiu separar este princípio, quer do da função pessoal, por nós já examinado, quer da *funcionarização* da propriedade, própria dos regimes colectivistas. O proprietário não é um funcionário, tem um espaço necessário de autonomia, mas esse espaço é sempre demarcado por uma exigência de prossecução, ou ao menos de não contrariedade, a finalidade colectivas.

Assim, apresenta-se indiscutível que o contrato de financiamento, notadamente aquele referido no artigo 12 e parágrafo único da Lei nº 6.938/1981 (Lei da Política Nacional do Meio Ambiente), deve promover a defesa do meio ambiente por meio do cumprimento da função social do contrato em sua dimensão ambiental, na interpretação teleológica dos artigos 170, incisos III e VI, 192 e 225 da Constituição Federal, uma vez que salta indisfarçável do *caput* do mencionado artigo 12 que as instituições financeiras "condicionarão a aprovação de projetos habilitados a esses benefícios ao licenciamento, na forma desta Lei, e ao cumprimento das normas, dos critérios e dos padrões expedidos pelo CONAMA",[749] o que objetiva materializar o princípio da prevenção, previsto no artigo 225, § 1º, inciso IV, da Constituição Federal.

Não obstante o contido no *caput* do artigo 12 da Lei nº 6.938/1981 (Lei da Política Nacional do Meio Ambiente), eleva-se em importância o respectivo parágrafo único que, refletindo o princípio do poluidor-pagador, impõe às instituições financeiras e aos mutuários que "deverão fazer

---

[746] ASCENSÃO, José de Oliveira. *Direito Civil Teoria Geral*. Coimbra: Coimbra Editora, 2002, v. 3, p. 270.

[747] ASCENSÃO, José de Oliveira. *Direito Civil Teoria Geral*. 2002, v. 3, p. 271.

[748] ASCENSÃO, José de Oliveira. *Direito Civil Teoria Geral*. 2002, v. 3, p. 272-273.

[749] BRASIL. Lei nº 6.938/1981. *Coletânea de Legislação Ambiental, Constituição Federal*. 2009, p. 848.

constar dos projetos a realização de obras e aquisição de equipamentos destinados ao controle de degradação ambiental e à melhoria da qualidade do meio ambiente",[750] o que complementado pelos artigos 3º, inciso IV, 4º, inciso VII, 5º e parágrafo único, e 14, § 1º, da Lei nº 6.938/1981 (Lei da Política Nacional do Meio Ambiente), visa a conferir concretude ao artigo 225, § 1º, incisos I e V, e § 3º, da Constituição Federal, que impõem a preservação e restauração de processos ecológicos, o controle da produção, da comercialização e emprego de técnicas, métodos e substâncias que comportem risco para a vida, a qualidade de vida e o meio ambiente, o que acaso não seja cumprido possibilita responsabilização civil, sem prejuízo da administrativa e da penal.

### 6.1.6. Contrato de financiamento: momentos

O artigo 12 e parágrafo único da Lei nº 6.938/1981 (Lei da Política Nacional do Meio Ambiente) estabelece, textualmente, que:[751]

Art. 12. As entidades e órgãos de financiamento e incentivos governamentais condicionarão a aprovação de projetos habilitados a esses benefícios ao licenciamento, na forma desta Lei, e ao cumprimento das normas, dos critérios e dos padrões expedidos pelo CONAMA.

Parágrafo único. As entidades e órgãos referidos no *caput* deste artigo deverão fazer constar dos projetos a realização de obras e aquisição de equipamentos destinados ao controle de degradação ambiental e à melhoria da qualidade do meio ambiente.

Especificamente com relação à responsabilidade civil ambiental prevista no artigo 225, § 3º, da Constituição Federal, e nos artigos 4º, inciso VII, e 14, § 1º, da Lei nº 6.938/1981 (Lei da Política Nacional do Meio Ambiente), convém analisar alguns momentos relacionados com o negócio jurídico do financiamento e com o projeto beneficiado na perspectiva do artigo 12 e parágrafo único da Lei nº 6.938/1981 (Lei da Política Nacional do Meio Ambiente), a saber: o momento que antecede a contratação; o momento que se protrai no tempo durante todo o período de vigência do contrato; e, enfim, o momento posterior à quitação ou rescisão.

Visualizando apenas dois momentos vêm Ana Luci Esteves Grizzi *et al*,[752] para quem a concretização da responsabilidade civil ambiental das instituições financeiras em razão do financiamento de atividade potencial ou efetivamente poluidora deve ser analisada a partir do momento que denominam de "fase pré-aprovação", que antecede a assinatura do contrato, para em seguida examinar a "fase pós-concessão", que se inicia com

---

[750] BRASIL. Lei nº 6.938/1981. *Coletânea de Legislação Ambiental, Constituição Federal*. 2009, p. 848.

[751] BRASIL. Lei nº 6.938/1981. *Coletânea de Legislação Ambiental, Constituição Federal*. 2009, p. 848.

[752] GRIZZI, Ana Luci Esteves; BERGAMO, Cintia Izilda; HUNGRIA, Cynthia Ferragi; CHEN, Josephine Eugenia. *Responsabilidade Civil Ambiental dos Financiadores*. 2003, p. 53.

a contratação formalizada. Esta divisão, segundo os autores, faz-se necessária diante dos "diferentes graus de responsabilidade dos financiadores em casa fase do processo de financiamento":[753]

> Entendemos necessária referida divisão por vislumbrarmos diferentes graus de responsabilidade dos financiadores em cada fase do processo de financiamento, fundamentando nosso posicionamento no desenvolvimento sustentável. Caso a responsabilidade dos financiadores fosse aplicada de maneira uniforme, sem levar em conta peculiaridades negociais do financiamento, certamente haveria retração do mercado de créditos, o que inviabilizaria o desenvolvimento economicamente viável, essencial do desenvolvimento sustentável.

Importante assinalar aqui que as obrigações originárias impostas às instituições financeiras e constantes do artigo 12 e parágrafo único da Lei nº 6.938/1981 (Lei da Política Nacional do Meio Ambiente) para a celebração do contrato de financiamento para obras e atividades utilizadoras de recursos ambientais, consideradas efetiva ou potencialmente poluidoras, bem como capazes, sob qualquer forma, de causar degradação ambiental, constituem-se verdadeiros pressupostos[754] de fato e de Direito, assim entendidos por De Plácido e Silva[755] como sendo "o que deve vir antes, ou é natural que antes se verificasse", ou, ainda, "em face do que é presente, o *pressuposto* revela a certeza do que, necessariamente, lhe antecedeu".

Frise-se, ainda, que Ana Luci Esteves Grizzi *et al*, escorados na crença da existência de diferentes graus de responsabilidade das instituições financeiras a depender da fase da negociação do financiamento concluem "que a responsabilidade civil ambiental dos financiadores por danos causados pelas atividades por eles financiadas é limitada",[756] sendo a limitação "estipulada quantitativa e temporalmente, circunscrita ao valor concedido em financiamento e à vigência do contrato de financiamento, respectivamente".[757]

Tudo visto, apresenta-se relevante analisar cada um dos momentos ou fases que compõem o negócio jurídico do mútuo entre instituição financeira e empreendedor para, ao final, rechaçar a limitação quantitativa e temporal que restrinja ou isente de responsabilização civil as instituições financeiras concedente de crédito para atividade efetiva ou poten-

---

[753] GRIZZI, Ana Luci Esteves; BERGAMO, Cintia Izilda; HUNGRIA, Cynthia Ferragi; CHEN, Josephine Eugenia. *Responsabilidade Civil Ambiental dos Financiadores*. 2003, p. 53.

[754] HOUAISS, Antônio; VILLAR, Mauro de Salles. *Dicionário Houaiss da Língua Portuguesa*. Rio de Janeiro: Objetiva, 2001, p. 2293. "Pressuposto. [...] 5 JUR circunstância ou fato em que se considera um antecedente necessário de outro".

[755] SILVA, De Plácido e. *Vocabulário Jurídico*. 12. ed. Rio de Janeiro: Forense, 1993, v. 3, p. 438..

[756] GRIZZI, Ana Luci Esteves; BERGAMO, Cintia Izilda; HUNGRIA, Cynthia Ferragi; CHEN, Josephine Eugenia. *Responsabilidade Civil Ambiental dos Financiadores*. 2003, p. 55.

[757] GRIZZI, Ana Luci Esteves; BERGAMO, Cintia Izilda; HUNGRIA, Cynthia Ferragi; CHEN, Josephine Eugenia. *Responsabilidade Civil Ambiental dos Financiadores*. 2003, p. 55.

cialmente degradante da qualidade ambiental, o que se deve fazer sob a luz do princípio da reparação integral e do instituto da solidariedade passiva em matéria de dano ambiental, previstos no artigo 225, § 3°, da Constituição Federal, e nos artigos 3°, inciso IV, 4°, inciso VII, e 14, § 1°, da Lei n° 6.938/1981 (Lei da Política Nacional do Meio Ambiente), subsidiando-se ainda nos artigos 264 a 285 e 927 e parágrafo único do Código Civil de 2002.

### 6.1.6.1. Antes da contratação: pressupostos instantâneos

De início, cumpre ressaltar que o momento havido entre a prospecção do empreendedor em busca de crédito ou a respectiva oferta no mercado por parte das instituições financeiras e a celebração do contrato de financiamento é marcado por negociações que somente têm relevância jurídica para fins de responsabilidade civil ambiental acaso haja formalização do mútuo, pois, conforme Silvio de Salvo Venosa,[758] "em qualquer situação que se avalie a hipótese de uma responsabilidade antes do contrato, deve preponderar o exame da quebra de confiança", uma vez que somente a contratação do financiamento produz novas consequências jurídicas relacionadas com a responsabilidade civil ambiental, seja para as instituições financeiras seja para o pretendente ao crédito. Contudo, na hipótese de celebração do financiamento a realidade ganha complexidade, sendo dela que se ocupa este estudo.

Sobre este momento que antecede a contratação do financiamento e as exigências impostas às instituições financeiras representadas pelos referidos pressupostos, Ana Luci Esteves Grizzi et al[759] afirmam que "o legislador procurou, com isso, o apoio dos bancos para aplicar concretamente a legislação ambiental, indicando a necessidade de atuação conjunta entre bancos e órgãos ambientais de fiscalização".

Mas, sobre este entendimento, não de todo equivocado, deve incidir uma crítica que, mais do que desmerecê-lo, deve servir para recolocar os sujeitos em sua devida posição diante das mencionadas obrigações originárias, a saber: acreditar que se trata de mero apoio das instituições financeiras pode deixar transparecer que o compulsório cumprimento da função social da propriedade, da empresa, do contrato, enfim, do sistema

---

[758] VENOSA, Sílvio de Salvo. *Direito Civil:* teoria geral das obrigações e teoria geral dos contratos. 3. ed. São Paulo: Atlas, 2003, v. 2, p. 479. "Trata-se do que a doutrina costuma denominar 'dano de confiança', dentro do que se entende por 'interesse negativo'. Fundamentalmente, denomina-se interesse negativo porque o interessado deseja que o ato ou negócio jurídico em questão nunca tivesse existido".

[759] GRIZZI, Ana Luci Esteves; BERGAMO, Cintia Izilda; HUNGRIA, Cynthia Ferragi; CHEN, Josephine Eugenia. *Responsabilidade Civil Ambiental dos Financiadores.* 2003, p. 53-54.

financeiro nacional, revela-se mera cooperação das instituições financeiras, como se pudessem se exonerar de tal imposição constitucional, nos termos dos artigos 170, incisos II e III, 192 e 225 da Constituição Federal, e das consequências de seu inadimplemento relacionadas com a responsabilização civil, conforme o artigo 225, § 3º, da Constituição Federal, e os artigos 3º, inciso IV, 4º, inciso VII, e 14, § 1º, da Lei nº 6.938/1981 (Lei da Política Nacional do Meio Ambiente).

Da leitura do artigo 12 e parágrafo único da Lei nº 6.938/1981 (Lei da Política Nacional do Meio Ambiente) se constata, facilmente, que antes da aprovação do financiamento, têm as instituições financeiras de adimplir algumas obrigações originárias, verdadeiros pressupostos, para que ocorra a celebração do negócio jurídico do financiamento e a liberação do crédito, integralmente ou em parcelas, a saber: a) o licenciamento ambiental, que deve ser prévio; b) o cumprimento das normas, critérios e padrões expedidos pelo CONAMA, devidamente comprovado; c) o dever de constar nos projetos a realização de obras e aquisição de equipamentos destinados ao controle de degradação ambiental e à melhoria da qualidade do meio ambiente, devidamente comprovado.

Interpretando-se os pressupostos reclamados pelo artigo 12 e parágrafo único da Lei nº 6.938/1981 (Lei da Política Nacional do Meio Ambiente) é adequado concluir que se tratam de "pressupostos instantâneos", ou seja, são exigidos e devem estar comprovados de plano no instante da celebração do mútuo, tanto pela documentação exigida e expedida pelos órgãos ambientais quanto pela comprovação de constarem dos projetos técnicos e estudos ambientais que devem subsidiar o procedimento de licenciamento ambiental, o pleito de financiamento entre outros.

O primeiro destes pressupostos é representado pelo licenciamento ambiental que deve anteceder a contratação do financiamento, já que o artigo 12, *caput*, da Lei nº 6.938/1981 (Lei da Política Nacional do Meio Ambiente) impõe que a aprovação de projetos habilitados ao crédito estão condicionados "ao licenciamento, na forma desta Lei",[760] o que remete ao artigo 10 que, compulsoriamente, exige que a construção, instalação, ampliação e funcionamento de estabelecimentos e atividades considerados efetiva ou potencialmente poluidores, bem como os capazes, sob qualquer forma, de causar degradação ambiental, dependerão de "prévio licenciamento ambiental".[761]

A definição de licenciamento ambiental vem gravada no artigo 1º, inciso I, da Resolução nº 237/1997 do Conselho Nacional do Meio Am-

---

[760] BRASIL. Lei nº 6.938/1981. *Coletânea de Legislação Ambiental, Constituição Federal*. 2009, p. 848.

[761] BRASIL. Lei nº 6.938/1981. *Coletânea de Legislação Ambiental, Constituição Federal*. 2009, p. 847.

biente (CONAMA),[762] que regula os aspectos do licenciamento ambiental estabelecidos na Política Nacional do Meio Ambiente, ao que se deve acrescentar que sua realização deve ser prévia a qualquer intervenção no meio ambiente:

> Art. 1º. Para efeito desta Resolução, são adotadas as seguintes definições:
>
> I – Licenciamento Ambiental: procedimento administrativo pelo qual o órgão ambiental competente licencia a localização, instalação, ampliação e a operação de empreendimentos e atividades utilizadoras de recursos ambientais, consideradas efetiva ou potencialmente poluidoras ou daquelas que, sob qualquer forma, possam causar degradação ambiental, considerando as disposições legais e regulamentares e as normas técnicas aplicáveis ao caso.

A par disso, é adequado afirmar que os demais pressupostos do artigo 12 e parágrafo único da Lei nº 6.938/1981 (Lei da Política Nacional do Meio Ambiente) devem estar comprovadamente presentes no momento à celebração do contrato de mútuo também naquelas hipóteses em que a obra ou a atividade receba do órgão ambiental competente a isenção referente à obrigatoriedade do prévio licenciamento ambiental, uma vez que o nexo de causalidade entre a instituição financeira e o dano ambiental não se instaura com o licenciamento ambiental, mas, sim, com concessão do crédito para obra ou atividade potencial ou efetivamente degradante da qualidade do meio ambiente.

Assim, o licenciamento ambiental prévio deve ser exigido pela instituição financeira e cumprido pelo empreendedor, o que deve ser comprovado, no mínimo, com a apresentação das licenças ambientais pertinentes a cada fase do procedimento de licenciamento ambiental e ao tipo de obra ou atividade, nos termos do artigo 10 da Lei nº 6.938/1981 (Lei da Política Nacional do Meio Ambiente) e das Resoluções nº 001/1986[763] e 237/1997[764] do Conselho Nacional do Meio Ambiente (CONAMA), por exemplo.

A consideração da exigência das licenças ambientais como providência mínima ou básica a ser adotada pela instituição financeira encontra fundamento em dois aspectos relevantes, a saber: o primeiro diz respeito à liberdade de contratar que possibilita que outras exigências possam ser feitas pelas instituições financeiras como condição eleita para a formalização do negócio jurídico, além das previstas na lei, nos regulamentos entre outros; a segunda tem relação com o atributo da irrenunciabilidade ao direito humano fundamental ao meio ambiente ecologicamente equilibrado que, segundo José Afonso da Silva[765] e Antônio Herman

---

[762] BRASIL. Lei nº 6.938/1981. *Coletânea de Legislação Ambiental, Constituição Federal*. 2009, p. 617.

[763] BRASIL. Lei nº 6.938/1981. *Coletânea de Legislação Ambiental, Constituição Federal*. 2009, p. 611.

[764] BRASIL. Lei nº 6.938/1981. *Coletânea de Legislação Ambiental, Constituição Federal*. 2009, p. 616.

[765] SILVA, José Afonso da. *Curso de Direito Constitucional Positivo*. 2008, p. 181.

Vasconcelos Benjamin,[766] interdita ao Poder Público e à coletividade renunciar à obrigação de preservar, recuperar, restaurar e indenizar danos ambientais, tornando ilegítima eventual alegação do poluidor, direto ou indireto, de que em razão da obtenção de licença ambiental há o direito de poluir.

A licença ambiental, portanto, revela-se como exigência mínima por não representar salvo-conduto ou garantir que a obra ou a atividade licenciada esteja exonerada da relação com o instituto da responsabilidade civil a incidir sobre o poluidor direto e indireto, ainda que instalada e em operação conforme os critérios, normas e padrões legais ou regulamentares, uma vez que, segundo Paulo Affonso Leme Machado,[767] não se pode supor que "o Poder Público pudesse ter o direito de consentir na agressão à saúde da população através do controle exercido pelos seus órgãos", no que vem acompanhado, dentre outros, por Édis Milaré[768] e Jorge Alex Nunes Athias,[769] para quem "a licitude da atividade não é excludente, em hipótese alguma, da responsabilidade civil nesses casos".

Com relação aos demais pressupostos impostos às instituições financeiras para a celebração do financiamento, revelados no cumprimento das normas, critérios e padrões expedidos pelo CONAMA e no dever de constar nos projetos a realização de obras e aquisição de equipamentos destinados ao controle de degradação ambiental e à melhoria da qualidade do meio ambiente, deve ser empregado idêntico raciocínio àquele relacionado ao licenciamento ambiental. E isto facilmente se explica, uma vez que deve ser no âmbito do procedimento de licenciamento ambiental, precisamente nas licenças ambientais prévia, de instalação e de operação que devem ser previstas e exigidas as condições, impostas as restrições e as medidas de controle ambiental de cumprimento compulsório, conforme o previsto no artigo 1º, inciso II, da Resolução nº 237/1997[770] do Conselho Nacional do Meio Ambiente (CONAMA):

> Art. 1º. Para efeito desta Resolução, são adotadas as seguintes definições: [...]
> II – Licença Ambiental: ato administrativo pelo qual o órgão ambiental competente, estabelece as condições, restrições e medidas de controle ambiental que deverão ser obedecidas pelo empreendedor, pessoa física ou jurídica, para localizar, instalar, ampliar e operar empreendimentos ou atividades utilizadoras dos recursos ambientais consideradas efetiva

---

[766] BENJAMIN, Antônio Herman Vasconcelos. *Direito Ambiental Constitucional Brasileiro*. 2007, p. 99.

[767] MACHADO, Paulo Affonso Leme. *Direito Ambiental Brasileiro*. 2007, p. 352.

[768] MILARÉ, Édis. *Direito do Ambiente:* doutrina, jurisprudência, glossário. 2007, p. 905.

[769] ATHIAS, Jorge Alex Nunes. *Responsabilidade Civil e Meio Ambiente:* breve panorama do Direito brasileiro. 1993, p. 247.

[770] BRASIL. Lei nº 6.938/1981. *Coletânea de Legislação Ambiental, Constituição Federal*. 2009, p. 617.

ou potencialmente poluidoras ou aqueles que, sob qualquer forma, possam causar degradação ambiental.

Acresça-se, aqui, no tocante às licenças ambientais que, conforme o artigo 8º, incisos I, II e III, e parágrafo único da Resolução nº 237/1997 do Conselho Nacional do Meio Ambiente (CONAMA),[771] estão previstas e definidas, respectivamente, as licenças prévia, de instalação e de operação que têm finalidades e conteúdo próprios:

> Art. 8º. O Poder Público, no exercício de sua competência de controle, expedirá as seguintes licenças:
>
> I – Licença Prévia (LP) – concedida na fase preliminar do planejamento do empreendimento ou atividade aprovando sua localização e concepção, atestando a viabilidade ambiental e estabelecendo os requisitos básicos e condicionantes a serem atendidos nas próximas fases de sua implementação;
>
> II – Licença de Instalação (LI) – autoriza a instalação do empreendimento ou atividade de acordo com as especificações constantes dos planos, programas e projetos aprovados, incluindo as medidas de controle ambiental e demais condicionantes, da qual constituem motivo determinante;
>
> III – Licença de Operação (LO) – autoriza a operação da atividade ou empreendimento, após a verificação do efetivo cumprimento do que consta das licenças anteriores, com as medidas de controle ambiental e condicionantes determinados para a operação.
>
> Parágrafo único. As licenças ambientais poderão ser expedidas isolada ou sucessivamente, de acordo com a natureza, características e fase do empreendimento ou atividade.

Assim, não escapam as instituições financeiras da admissão do licenciamento ambiental como "um conjunto de procedimentos a serem determinados pelo órgão administrativo de meio ambiente competente, com o intuito de garantir o meio ambiente ecologicamente equilibrado e de defender a qualidade de vida da coletividade", conforme preleciona Talden Farias,[772] devendo, também, compreender as licenças ambientais como atos administrativos que vinculam o empreendedor e terceiros aos limites, às exigências e às condicionantes próprias, o que deve ser de conhecimento da instituição financeira para que as decisões da contratação e da liberação dos recursos de modo compatível com a execução do projeto.

Assim, as instituições financeiras devem conhecer quais as atividades podem estar sujeitas ao prévio licenciamento ambiental e qual licença ambiental é exigida para cada uma das fases em empreendimento financiado, do projeto à operação, o que poderá ser analisado por especialistas

---

[771] BRASIL. Lei nº 6.938/1981. *Coletânea de Legislação Ambiental, Constituição Federal*. 2009, p. 619.

[772] FARIAS, Talden. *Licenciamento ambiental*: aspectos teóricos e práticos. Belo Horizonte: Fórum, 2007, p. 30.

integrantes do quadro da instituição financeira ou contratados, segundo Ana Luci Esteves Grizzi et al[773] e Annelise Monteiro Steigleder.[774]

Por fim, vale analisar o entendimento de Ana Luci Esteves Grizzi et al[775] no sentido de que o contrato de financiamento que não cumpra o artigo 12 e parágrafo único da Lei nº 6.938/1981 (Lei da Política Nacional do Meio Ambiente) deve ser considerado ilegal, afirmando que por isso o "contrato com objeto ilícito é contrato inválido, nulo de pleno direito, reputado como contrato que nunca existiu e que, portanto, não produziu efeitos desde a sua celebração (a nulidade absoluta opera com efeitos *ex tunc*)",[776] o que redunda em posicionar as instituições financeiras como poluidor direto, "na condição assemelhada de 'sócio-investidor'".[777]

Em face deste entendimento, revelando discordância com suas premissas e sua conclusão, basta dizer que a ilicitude da conduta é irrelevante para o regime de responsabilidade civil objetiva no caso de danos ambientais, pois, ainda que seja cumpram todas as obrigações originárias haverá responsabilização civil pela ofensa ao bem jurídico difuso. Com relação à reclassificação de poluidor indireto em poluidor direto fundada na ilegalidade do contrato, não se vê qualquer vantagem para a efetividade da responsabilidade civil ambiental, uma vez que o princípio da reparação integral e o instituto da solidariedade dispensam a consideração da ilicitude ou do abuso de direito.

### 6.1.6.2. *Após a contratação: pressupostos instantâneos de efeitos permanentes*

A partir do instante da celebração do contrato de financiamento, ainda que não se efetive nesse momento a transferência do dinheiro para o mutuário, o contrato de mútuo já existe e produz efeitos entre os contratantes, sendo o principal deles a disponibilização do crédito para a execução do projeto financiado, o que instaura vinculação com a responsabilidade civil por danos ambientais decorrentes de obra ou atividade potencial ou efetivamente degradante do meio ambiente, especialmente

---

[773] GRIZZI, Ana Luci Esteves; BERGAMO, Cintia Izilda; HUNGRIA, Cynthia Ferragi; CHEN, Josephine Eugenia. *Responsabilidade Civil Ambiental dos Financiadores*. 2003, p. 36.

[774] STEIGLDER, Annelise Monteiro. Responsabilidade Civil das Instituições Financeiras por Danos Ambientais. *Revista Jurídica do Ministério Público do Estado do Mato Grosso*. 2007, p. 111.

[775] GRIZZI, Ana Luci Esteves; BERGAMO, Cintia Izilda; HUNGRIA, Cynthia Ferragi; CHEN, Josephine Eugenia. *Responsabilidade Civil Ambiental dos Financiadores*. 2003, p. 57.

[776] GRIZZI, Ana Luci Esteves; BERGAMO, Cintia Izilda; HUNGRIA, Cynthia Ferragi; CHEN, Josephine Eugenia. *Responsabilidade Civil Ambiental dos Financiadores*. 2003, p. 58.

[777] GRIZZI, Ana Luci Esteves; BERGAMO, Cintia Izilda; HUNGRIA, Cynthia Ferragi; CHEN, Josephine Eugenia. *Responsabilidade Civil Ambiental dos Financiadores*. 2003, p. 59.

aquelas relacionadas com os pressupostos reclamados pelo artigo 12 e parágrafo único da Lei nº 6.938/1981 (Lei da Política Nacional do Meio Ambiente).

Analisando as obrigações originárias contidas no artigo 12 e no parágrafo único da Lei nº 6.938/1981 (Lei da Política Nacional do Meio Ambiente), precisamente o "cumprimento das normas, dos critérios e dos padrões expedidos pelo CONAMA"[778] e a "obrigação de fazer constar dos projetos a realização de obras e aquisição de equipamentos destinados ao controle de degradação ambiental e à melhoria da qualidade do meio ambiente",[779] pode-se afirmar que devem ser consideradas "pressupostos instantâneos de efeitos permanentes", uma vez que não se apresenta suficiente que as instituições financeiras se satisfaçam com a promessa ou o compromisso formal do empreendedor em atendê-las visando à obtenção do financiamento, mas, sim, deve haver garantia de que efetivamente haja o cumprimento permanente dos objetivos colimados na norma, a saber: controlar a degradação e melhorar a qualidade ambiental.

E é de ressaltar que o cumprimento de *standards* fixados pelo Conselho Nacional do Meio Ambiente (CONAMA), por exemplo, e as expressões "controle" e "melhoria" reclamam permanente atuação, tanto durante a vigência do contrato de mútuo quanto depois de extinta a relação entre mutuante e mutuário por quitação ou rescisão contratual, uma vez que a obrigatoriedade do cumprimento de normas, critérios e padrões, bem como controle e melhoria da qualidade ambiental, não são impostas somente nos casos de concessão de financiamento, mas, sim, a todos os empreendimentos e empreendedores, público e privados, durante todo o tempo de operação da atividade.

Nas hipóteses em que seja concedido financiamento se mostra útil às instituições financeiras acompanhar a execução do projeto em todas as suas fases, monitorando a aplicação do crédito disponibilizado, exigindo o atendimento do cronograma proposto para o empreendimento e de todas as cláusulas contratuais, especialmente aquelas atinentes à obrigatoriedade de cumprimento das normas, critérios e padrões, bem como controle e melhoria da qualidade ambiental, visando atender a teleologia do artigo 12 e parágrafo único da Lei nº 6.938/1981 (Lei da Política Nacional do Meio Ambiente).

Assim, durante o período de vigência do financiamento se mostra adequado haver o acompanhamento da execução do projeto financiado e acaso as instituições financeiras constatem ação ou omissão do empreendedor que revele indícios de descumprimento, por exemplo, dos *stan-*

---

[778] BRASIL. Lei nº 6.938/1981. *Coletânea de Legislação Ambiental, Constituição Federal.* 2009, p. 848.

[779] BRASIL. Lei nº 6.938/1981. *Coletânea de Legislação Ambiental, Constituição Federal.* 2009, p. 848.

*dards* fixados pelo Conselho Nacional do Meio Ambiente (CONAMA), da não realização de obras ou da não aquisição de equipamentos destinados, respectivamente, ao controle da degradação ambiental e à melhoria da qualidade do meio ambiente, devem imediatamente notificar o mutuário e suspender o crédito ou a liberação de parcelas do financiamento até a correção das inadequações ambientais, conforme preceitua Ana Luci Esteves Grizzi *et al*,[780] sem prejuízo da rescisão contratual. Não agindo desta forma, as instituições financeiras se expõem à responsabilização civil de modo mais evidente.

### 6.1.6.3. Após a quitação ou rescisão: imputação de resultados tardios

Depois de superados os momentos antecedentes à contratação e ao transcurso do período de vigência do financiamento, há de se considerar que, em regra, a permanência das instalações físicas do empreendimento e a operação de atividades não estão sujeitas a prazo determinado e, por isso mesmo, o cumprimento de normas, critérios e padrões expedidos pelo Conselho Nacional do Meio Ambiente (CONAMA), por exemplo, e o dever realizar obras e adquirir equipamentos destinados ao controle de degradação ambiental e à melhoria da qualidade do meio ambiente não cessa para o mutuário com a quitação ou a rescisão do contrato de financiamento.

Esta conclusão implica na permanente obrigação do empreendedor, poluidor direto, de adimplir eficientemente todas as obrigações legais, regulamentares e técnicas aptas à defesa do meio ambiente, nos termos do artigo 255 da Constituição Federal. Entretanto, sabe-se que mesmo agindo licitamente e cumprindo todas as obrigações ambientais permanecerá sujeito à responsabilização civil pelos danos causados pela atividade, consoante os artigos 4°, inciso VII, e 14, § 1°, da Lei n° 6.938/1981 (Lei da Política Nacional do Meio Ambiente).

Aspecto interessante para fins de responsabilidade civil do financiador é aquele que se revela a partir do termo final do contrato de financiamento, em razão da quitação ou da rescisão, com relação aos danos ambientais decorrentes de obras e atividades potencial ou efetivamente degradantes do meio ambiente beneficiados com o financiamento.

A este respeito Annelise Monteiro Steigleder[781] expõe situação em que "a instituição financeira monitora os investimentos durante o período

---

[780] GRIZZI, Ana Luci Esteves; BERGAMO, Cintia Izilda; HUNGRIA, Cynthia Ferragi; CHEN, Josephine Eugenia. *Responsabilidade Civil Ambiental dos Financiadores*. 2003, p. 37.

[781] STEIGLEDER, Annelise Monteiro. Responsabilidade Civil das Instituições Financeiras por Danos Ambientais. *Revista Jurídica do Ministério Público do Estado do Mato Grosso*. 2007, p. 114.

de repasse de recursos, e o dano ambiental ocorre muito tempo depois", findando por concluir que "haveria grande dificuldade de determinação do liame causal entre o investimento financeiro e o dano ambiental, que pode ter sido produzido por outra causa, independentemente das atividades desenvolvidas para a instalação do empreendimento".[782]

Vê-se por este posicionamento que não se descarta a responsabilidade civil das instituições financeiras no caso da ocorrência de dano ambiental em momento posterior à quitação ou rescisão do contrato de financiamento, porém, exige que se comprove que o financiamento é revela nexo de causalidade com o dano.

Com outro entendimento vêm Ana Luci Esteves Grizzi *et al*[783] defendendo que a limitação da responsabilidade civil das instituições financeiras deve coincidir com o termo final de vigência do contrato de financiamento, uma vez que "é importante fator para que se determine até quando, é ou será, o financiador considerado responsável pelos danos ambientais decorrentes da atividade financiada".[784]

Não há como admitir que a quitação ou a rescisão do contrato de financiamento possam desfazer automaticamente e em abstrato a relação de causalidade instaurada pela contratação do mútuo, uma vez que os danos ambientais relacionados com a obra ou atividade financiada podem eclodir ou serem suportados muito tempo depois de expirada a vigência do contrato, o que Délton Winter de Carvalho[785] relaciona com a transtemporalidade e a imprevisibilidade típicas da complexa questão ambiental e da sociedade de risco.

Reportando-se ao dano futuro, Paulo de Bessa Antunes[786] afirma que o dano "muitas vezes, não pode ser provado de plano, vindo a materializar-se, somente, com o decorrer do tempo", o que vem ratificado por Annelise Monteiro Steigleder[787] que, ao abordar os danos futuros, expõe que o fundamento para a reparação do dano futuro é a "percepção de que o dano ambiental possui um caráter dinâmico, de sorte que muitos dos

---

[782] STEIGLEDER, Annelise Monteiro. Responsabilidade Civil das Instituições Financeiras por Danos Ambientais. *Revista Jurídica do Ministério Público do Estado do Mato Grosso*. 2007, p. 114.

[783] GRIZZI, Ana Luci Esteves; BERGAMO, Cintia Izilda; HUNGRIA, Cynthia Ferragi; CHEN, Josephine Eugenia. *Responsabilidade Civil Ambiental dos Financiadores*. 2003, p. 55.

[784] GRIZZI, Ana Luci Esteves; BERGAMO, Cintia Izilda; HUNGRIA, Cynthia Ferragi; CHEN, Josephine Eugenia. *Responsabilidade Civil Ambiental dos Financiadores*. 2003, p. 56.

[785] CARVALHO, Délton Winter. *Dano Ambiental Futuro:* a responsabilização pelo risco ambiental. Rio de Janeiro: Forense Universitária, 2008, p. 123.

[786] ANTUNES, Paulo de Bessa. *Direito Ambiental*. 2004, p. 241.

[787] STEIGLEDER, Annelise Monteiro. *Responsabilidade civil Ambiental:* as dimensões do dano ambiental no Direito brasileiro. 2004, p. 145.

danos sofrerão um processo de dilatação a longo prazo", o que, aliado à outras fontes, expõe o caráter progressivo ou acumulativo:[788]

> Ademais, o dano ambiental poderá ser um dano "progressivo", que se caracteriza por uma sucessão de atos, de iniciativa de um ou mais agentes, que, isoladamente, não tem potencialidade lesiva, mas cujo acúmulo acaba se tornando insustentável. Ou seja, é o efeito acumulativo das emissões, no decorrer do tempo, que gera o dano ambiental.

Com acuidade, Marcos Destefenni se refere aos efeitos retardados da poluição relacionando-os à imputação de resultados tardios em razão do espaço temporal entre a conduta e o resultado, pois, "no Direito Ambiental, trata-se de tema que merece estar em primeiro plano, uma vez que os efeitos da poluição, por exemplo, costumam demorar muitos anos para serem sentidos".[789]

Assim, a par da indiscutível admissão da responsabilidade do poluidor direto, revela-se admissível a responsabilização civil das instituições financeiras, como poluidores indiretos, por danos ambientais relacionados com obras ou atividades financiadas que eclodam, sejam constatados ou suportados depois de expirado o período de vigência do contrato de financiamento. Nestas hipóteses, adotando-se a teoria do risco integral ou a do risco criado ou a teoria da causalidade adequada ou a da equivalência das condições, deverá ser analisado o caso concreto para dele se extrair o elemento causal a possibilitar a imputação, o que não se revela impossível, apesar das dificuldades.

### 6.2. Limites da responsabilidade civil do financiador

De pronto, vale ressaltar que não se encontra nas disposições constitucionais ou infraconstitucionais qualquer menção expressa que preveja a limitação da responsabilidade civil por danos ao meio ambiente, mas, em sentido contrário vem o previsto nos artigos 225, § 3º, da Constituição Federal, e nos artigos 3º, inciso IV, 4º, inciso VII, e 14, § 1º, da Lei nº 6.938/1981 (Lei da Política Nacional do Meio Ambiente), por exemplo.

Afirme-se, em reforço, que não há qualquer referência normativa que autorize a tarifação ou a fixação de teto para a responsabilidade civil ambiental ou, ainda, a exclusão de qualquer dos atores sociais que possam ser enquadrados na moldura legal do artigo 3º, inciso IV, da Lei nº 6.938/1981 (Lei da Política Nacional do Meio Ambiente).

---

[788] STEIGLEDER, Annelise Monteiro. *Responsabilidade civil Ambiental:* as dimensões do dano ambiental no Direito brasileiro. 2004, p. 145.

[789] DESTEFENNI, Marcos. *A Responsabilidade Civil Ambiental e as Formas de Reparação do Dano Ambiental: aspectos teóricos e práticos.* 2005, p. 172.

A respeito da limitação da responsabilidade civil das instituições financeiras em decorrência de danos ambientais relacionados com obras ou atividades degradantes da qualidade ambiental que tenham recebido recursos ou se valido de créditos decorrentes de financiamentos, destaca-se a posição de Ana Luci Esteves Grizzi *et al*[790] que afirmam que "se a responsabilidade ambiental dos financiadores for considerada 'ilimitada', certamente haverá um intenso movimento de retração do setor financeiro e uma provável diminuição da oferta de crédito em âmbito nacional":[791]

> A retração do setor financeiro e a impossibilidade de se conceder créditos em função da responsabilidade civil ambiental ilimitada do financiador acarretaria conseqüências em cadeia, quais sejam, retração econômica generalizada e todos os indesejáveis problemas sociais daí decorrentes. Dessa forma, ao invés de progredirmos em direção ao desenvolvimento sustentável, estaremos retroagindo e criando uma reação econômica totalmente desfavorável e que vai de encontro aos preceitos da legislação ambiental brasileira.

Contudo, apesar da eloquência com que se anuncia um intenso movimento de retração do setor financeiro ou a diminuição da oferta de crédito em âmbito nacional ou a retração econômica generalizada e todos os indesejáveis problemas sociais daí decorrentes ou uma reação econômica totalmente desfavorável, Ana Luci Esteves Grizzi *et al*[792] sonegam do leitor os fundamentos sociais, econômicos e jurídicos sob as quais repousam tais afirmações, esvaziando-os de senso científico.

De qualquer forma, ainda que se respeite o entendimento acerca da limitação de responsabilidade civil das instituições financeiras na hipótese estudada, não há como aderir a esta interpretação, pois, tanto o princípio da reparação integral quanto o instituto da solidariedade, dentre outros, devem ter seus fundamentos negados e renegados. Seguem alinhados, então, os argumentos dos defensores da limitação e a réplica deste estudo em defesa da não limitação quanto aos aspectos objetiva ou quantitativa, subjetivo e temporal.

### 6.2.1. Limitação objetiva

A limitação objetiva ou quantitativa pretende atingir a extensão e a qualidade da reparação em sentido amplo, sem prejuízo da restrição do valor da indenização pelo dano ambiental, chegando ao extremo de admitir a exclusão da responsabilidade.

---

[790] GRIZZI, Ana Luci Esteves; BERGAMO, Cintia Izilda; HUNGRIA, Cynthia Ferragi; CHEN, Josephine Eugenia. *Responsabilidade Civil Ambiental dos Financiadores*. 2003, p. 54.

[791] GRIZZI, Ana Luci Esteves; BERGAMO, Cintia Izilda; HUNGRIA, Cynthia Ferragi; CHEN, Josephine Eugenia. *Responsabilidade Civil Ambiental dos Financiadores*. 2003, p. 54-55.

[792] GRIZZI, Ana Luci Esteves; BERGAMO, Cintia Izilda; HUNGRIA, Cynthia Ferragi; CHEN, Josephine Eugenia. *Responsabilidade Civil Ambiental dos Financiadores*. 2003, p. 54-55.

Defendendo a limitação ou exclusão da responsabilidade civil ambiental das instituições financeiras na hipótese de financiamentos de obras ou atividades degradantes da qualidade ambiental, Ana Luci Esteves Grizzi *et al* sustentam haver "diferentes graus de responsabilidade dos financiadores em cada fase do processo de financiamento",[793] o que pode ser invocado "desde que os financiadores tenham respeitado os ditames das normas ambientais federais, estaduais e municipais aplicáveis", conforme as exigências, por exemplo, do artigo 12 e parágrafo único da Lei n° 6.938/1981 (Lei da Política Nacional do Meio Ambiente).

Examinando os argumentos da referida tese defensora da limitação objetiva ou quantitativa, vê-se que se originam e se mantêm intrinsecamente implicados aos aspectos subjetivos renegados pela teoria objetiva, a saber: a admissão de diferentes graus de culpa e a reação econômica indesejada acaso não se admita limitação.

De chofre, contrapondo a tese defensiva da limitação objetiva ou quantitativa, inicia-se relembrando que em matéria de dano ambiental o ordenamento jurídico brasileiro adotou indistintamente o regime objetivo de responsabilidade civil e a imposição da reparação integral, independentemente da análise da conduta do agente e da ilicitude da atividade.

No sentido da reparação integral, reafirma a doutrina nacional de forma copiosa o entendimento de que a "responsabilidade é objetiva *integral*. Não se pode limitar a indenização a um teto, como às vezes se quer, mediante forma de *seguro-poluição*", conforme José Afonso da Silva.[794] A corroborar este entendimento vêm, dentre outros, Paulo Affonso Leme Machado,[795] Marcos Paulo de Souza Miranda,[796] José Rubens Morato Leite,[797] Édis Milaré,[798] Marcos Destefenni,[799] Annelise Monteiro Steigleder[800] e Álvaro Luiz Valery Mirra.[801]

---

[793] GRIZZI, Ana Luci Esteves; BERGAMO, Cintia Izilda; HUNGRIA, Cynthia Ferragi; CHEN, Josephine Eugenia. *Responsabilidade Civil Ambiental dos Financiadores*. 2003, p. 53.

[794] SILVA, José Afonso. *Comentário Contextual à Constituição*. 2007, p. 850.

[795] MACHADO, Paulo Affonso Leme. *Direito Ambiental Brasileiro*. 2007, p. 358-361.

[796] MIRANDA, Marcos Paulo de Souza. *Tutela do Patrimônio Cultural Brasileiro:* doutrina, jurisprudência e legislação. Belo Horizonte: Del Rey, 2006, p. 289.

[797] LEITE, José Rubens Morato. *Dano Ambiental:* do individual ao coletivo extrapatrimonial. 2003, p. 224-225.

[798] MILARÉ, Édis. *Direito do Ambiente*: doutrina, jurisprudência, glossário. 2007, p. 900-901.

[799] DESTEFENNI, Marcos. *A Responsabilidade Civil Ambiental e as Formas de Reparação do Dano Ambiental: aspectos teóricos e práticos*. 2005, p. 145-148.

[800] STEIGLEDER, Annelise Monteiro. *Responsabilidade civil Ambiental:* as dimensões do dano ambiental no Direito brasileiro. 2004, p. 235-268.

[801] MIRRA, Álvaro Luiz Valery. *A Ação Civil Pública e a Reparação do Dano ao Meio Ambiente*. 2. ed. São Paulo: Juarez de Oliveira, 2004, p. 310-324.

Para Álvaro Luiz Valery Mirra, que reafirma que "nenhuma disposição legislativa no sentido restritivo da reparação de danos, tendente a limitar a sua extensão, pode ser considerada legítima",[802] pois, "a reparação incompleta equivaleria a verdadeira ausência de reparação e implicaria em disposição de um direito humano fundamental, na realidade indisponível",[803] concluindo que nem mesmo as limitações decorrentes de critérios de equidade tem incidência, a exemplo do disposto no parágrafo único do artigo 944 do Código Civil de 2002,[804] que não se presta no regime objetivo de responsabilidade civil por exigir análise da conduta do agente:[805]

> As limitações decorrentes de critérios de equidade, próprias do direito privado, devem, de pronto ser descartadas, mesmo à luz do disposto no parágrafo único do art. 944 do Código Civil. Com efeito, a Constituição Federal, no art. 225, § 3º, e a Lei n. 6.938/81, em seu art. 14, § 1º, estabeleceram a *responsabilidade objetiva do degradador* pelos danos ambientais causados, independentemente da existência de culpa e pelo simples fato da atividade. Tal opção do legislador, é bem de ver, não pode ter qualquer repercussão sobre a extensão da reparação, para o fim de limitá-la. Desde logo, importa anotar que a norma do parágrafo único do art. 944 do novo Código Civil, autorizadora de redução da indenização pelo juiz com base na eqüidade, apesar de ser norma geral em tema de responsabilidade civil, não tem aplicação à reparação do dano ambiental. [...] Além disso, a responsabilidade civil ambiental tem como fundamento o risco criado pelas atividades degradadoras e não a culpa do degradador. Já a norma do parágrafo único do art. 944 do Código Civil parece relacionar-se mais às hipóteses de responsabilidade fundada na culpa, se se considerar que, para autorizar a redução eqüitativa da indenização, o legislador impõe o confronto entre a gravidade da culpa do agente e o dano causado. [...] Compreenda-se bem: limitar a reparação dos danos ambientais em virtude da menor culpa ou da ausência de culpa do degradador significaria, no final das contas, reinserir na responsabilidade objetiva a discussão da culpa, agora não mais para a definição da responsabilidade em si mesma, no caso concreto, mas para a definição do montante reparatório, o que a Constituição de 1988 e a Lei da Política Nacional do Meio Ambiente pretenderam precisamente afastar. À evidência, artifício normativo ou interpretativo dessa natureza não pode ser aceito, na medida em que esbarra no sentido teleológico da Constituição Federal e da Lei n. 6.938/81, que, como ressaltado por Nelson Nery Júnior, ao exegeta incumbe sempre acompanhar.

---

[802] MIRRA, Álvaro Luiz Valery. *A Ação Civil Pública e a Reparação do Dano ao Meio Ambiente*. 2004, p. 323.

[803] MIRRA, Álvaro Luiz Valery. *A Ação Civil Pública e a Reparação do Dano ao Meio Ambiente*. 2004, p. 323.

[804] BRASIL. Código Civil. *Constituição Federal. Código Civil. Código de Processo Civil. Código Comercial*. 2007, p. 340. Art. 944. A indenização mede-se pela extensão do dano. Parágrafo único. Se houver excessiva desproporção entre a gravidade da culpa e o dano, poderá o juiz reduzir, equitativamente, a indenização.

[805] MIRRA, Álvaro Luiz Valery. *A Ação Civil Pública e a Reparação do Dano ao Meio Ambiente*. 2004, p. 317-318. No mesmo sentido: MIRRA, Álvaro Luiz Valery. Princípios Fundamentais do Direito Ambiental. *Revista de Direito Ambiental*. São Paulo: Revista dos Tribunais, nº 2, abr./jun., 1996, p. 64.

Vê-se, portanto, que a limitação da responsabilidade civil por dano ambiental não se harmoniza com a teleologia da Constituição Federal e do ordenamento jurídico positivo, que se vinculam umbilicalmente ao princípio da reparação integral.

Resta, por fim, o argumento de que acaso seja ilimitada a responsabilidade civil das instituições financeiras em decorrência de danos ambientais relacionados com obras ou atividades degradantes da qualidade ambiental que tenham recebido recursos ou se valido de créditos decorrentes de financiamentos, haverá um intenso movimento de retração do setor financeiro ou a diminuição da oferta de crédito em âmbito nacional ou a retração econômica generalizada e todos os indesejáveis problemas sociais daí decorrentes ou uma reação econômica totalmente desfavorável, todos vaticinados por Ana Luci Esteves Grizzi et al.[806]

A contrapor e desfazer este frágil argumento é suficiente invocar experiência revelada com a decisão do Supremo Tribunal Federal, na Ação Direta de Inconstitucionalidade n° 2591,[807] no sentido de que as atividades financeiras estão submetidas à Lei n° 8.078/1990 (Código de Defesa do Consumidor). Sabe-se, muito bem, que tal submissão não se revelou maléfica para a economia, ao contrário, impulsionou os bancos a serem mais seletivos na concessão de crédito, sem impedir que o mercado financeiro no Brasil venha atingindo lucro anteriormente não auferido pelas instituições financeiras, conforme levantamento realizado pela Federação dos Bancários do Paraná entre os anos de 2003 e 2007.[808]

### 6.2.2. Limitação subjetiva

A limitação subjetiva tem a pretensão de excluir do rol dos poluidores indiretos a instituição financeira que financia obra ou empreendimento potencial ou efetivamente degradante da qualidade ambiental, a depender da conduta adotada em cada momento do financiamento, tanto pela licitude da atividade quanto pela admissão das excludentes de responsabilidade.

---

[806] GRIZZI, Ana Luci Esteves; BERGAMO, Cintia Izilda; HUNGRIA, Cynthia Ferragi; CHEN, Josephine Eugenia. *Responsabilidade Civil Ambiental dos Financiadores.* 2003, p. 54-55.

[807] BRASIL. Supremo Tribunal Federal. *Ação Direta da Inconstitucionalidade n° 2.591.* Plenário, Brasília, DF, 7 jun. 2006. Diário Oficial da República Federativa do Brasil. Poder Executivo. Diário da Justiça, Poder Judiciário, Brasília, DF, 29 set. 2006, p. 31.

[808] FEDERAÇÃO DOS BANCÁRIOS DO PARANÁ. Lucro dos Bancos. *Texto on line.* Disponível em: <http://www.feebpr.org.br/lucroban.htm>. Acesso em: 30 jul. 2009.

### 6.2.2.1. Licitude da atividade

A limitação subjetiva proposta por Ana Luci Esteves Grizzi *et al*[809] deixa antever que "cumprida a etapa inicial para a liberação do crédito, qual seja, o atendimento das disposições legais ambientais supra mencionadas, estaria o financiador imune a pleitos referentes ao empreendimento financiado". Em outras palavras: cumpridas as exigências legais não há nexo de causalidade entre o financiamento e o dano ambiental.

Os argumentos pela limitação subjetiva, novamente, vinculam-se intrinsecamente a critérios subjetivos relacionados com a avaliação da conduta das instituições financeiras nos momentos do negócio jurídico de financiamento, revelados pela análise do cumprimento ou não das obrigações originárias contidas no artigo 12 e parágrafo único da Lei nº 6.938/1981 (Lei da Política Nacional do Meio Ambiente).

Contrapondo a tese da limitação subjetiva e a exclusão das instituições financeiras do rol dos poluidores indiretos por haverem cumprido o disposto no artigo 12 e parágrafo único da Lei nº 6.938/1981 (Lei da Política Nacional do Meio Ambiente), vem Annelise Monteiro Steigleder[810] afirmando que "o dano ambiental pode ocorrer mesmo que os padrões de emissão de poluentes e demais condicionantes postas na licença sejam cumpridas, pois o conceito jurídico de dano não se limita ao critério de atendimento de parâmetros legais", admitindo as instituições financeiras e o empreendedor como responsáveis civilmente pela reparação integral do dano em razão da solidariedade entre poluidor direto e indireto:[811]

> Daí que, mesmo que o explorador da atividade tenha licenciamento ambiental e esteja cumprindo as condicionantes, se a atividade se revelar em concreto lesiva ao meio ambiente, responderão, solidariamente pelos danos a instituição financeira e o empreendedor, independentemente de uma possível co-responsabilidade também do Poder Público, incumbido do licenciamento.

Este posicionamento é a confirmação e a mais adequada interpretação do disposto no artigo 225, § 3º, da Constituição Federal, e nos artigos 4º, inciso VII, e 14, § 1º, da Lei nº 6.938/1981 (Lei da Política Nacional do Meio Ambiente), que não exigem que as atividades estejam adjetivadas pela ilicitude ou abuso de direito para a instauração do nexo de cau-

---

[809] GRIZZI, Ana Luci Esteves; BERGAMO, Cintia Izilda; HUNGRIA, Cynthia Ferragi; CHEN, Josephine Eugenia. *Responsabilidade Civil Ambiental dos Financiadores*. 2003, p. 54.

[810] STEIGLEDER, Annelise Monteiro. Responsabilidade Civil das Instituições Financeiras por Danos Ambientais. *Revista Jurídica do Ministério Público do Estado do Mato Grosso*. 2007, p. 114.

[811] STEIGLEDER, Annelise Monteiro. Responsabilidade Civil das Instituições Financeiras por Danos Ambientais. *Revista Jurídica do Ministério Público do Estado do Mato Grosso*. 2007, p. 114.

salidade entre a atividade e o dano ambiental, sendo irrelevante apurar a ilicitude da atividade, conforme reafirmado por Vladimir Passos de Freitas.[812]

Para demonstrar o paradoxo revelador da fragilidade da tese da limitação subjetiva, basta revelar que Ana Luci Esteves Grizzi *et al*[813] defendem simultaneamente a irrelevância da ilicitude da conduta para instaurar nexo de causalidade com o dano ambiental e a imunização ou a limitação subjetiva para o caso das instituições financeiras cumprirem todas as normas ambientais aplicáveis, o que justificam na adoção da teoria do risco criado.

Mais uma vez, Ana Luci Esteves Grizzi *et al* fundamentam a adoção da teoria do risco criado e a limitação subjetiva da responsabilidade civil das instituições financeiras nos transtornos ao sistema financeiro retração na oferta de créditos caso seja adotada a teoria do risco integral, afirmando:[814]

> Neste ponto, merece destaque nosso posicionamento acerca da não vinculação da responsabilidade objetiva à teoria do risco integral. Entendemos que acaso adotássemos a teoria do risco integral da atividade exercida pelas instituições financeiras associada à responsabilidade objetiva ambiental, a aplicabilidade da responsabilidade civil ambiental aos financiadores seria de difícil implementação, causando transtornos ao sistema financeiro, com conseqüente retração na oferta de créditos. A finalidade deste trabalho é demonstrar que as leis existentes demandam a responsabilização do financiador e que, na prática, referida responsabilização é possível e pode (leia-se, deve) ser implementada, o que não ocorreria caso adotássemos a vinculação da responsabilidade objetiva à teoria do risco integral da atividade. Ademais, entendemos que o capital financeiro não vincula o financiador à atividade desenvolvida, no limite pretendido pela teoria do risco integral. Conforme explicitados no tópico 5.4, a responsabilidade dos financiadores deve ser limitada quantitativa e temporalmente, desde que preenchidos certos requisitos.

A opção pela teoria do risco criado deve ser respeitada, ainda que dela se discorde. Contudo, a afirmação de que a adoção da teoria do risco integral na responsabilidade civil ambiental aos financiadores dificulta sua implantação e causa transtornos ao sistema financeiro por causa da retração na oferta de créditos, é exercício de premonição desprovido de qualquer conteúdo científico, que não serve para defender a adoção da teoria do risco criado ou para afastar a teoria do risco integral.

---

[812] FREITAS, Vladimir Passos de. *A Constituição Federal e a Efetividade das Normas Ambientais*. 2. ed. São Paulo: Revista dos Tribunais, 2002, p. 177.

[813] GRIZZI, Ana Luci Esteves; BERGAMO, Cintia Izilda; HUNGRIA, Cynthia Ferragi; CHEN, Josephine Eugenia. *Responsabilidade Civil Ambiental dos Financiadores*. 2003, p. 24-25

[814] GRIZZI, Ana Luci Esteves; BERGAMO, Cintia Izilda; HUNGRIA, Cynthia Ferragi; CHEN, Josephine Eugenia. *Responsabilidade Civil Ambiental dos Financiadores*. 2003, p. 24.

Novamente, apenas citando o precedente do Supremo Tribunal Federal, na Ação Direta de Inconstitucionalidade n° 2591,[815] que submeteu as instituições financeiras à Lei n° 8.078/1990 (Código de Defesa do Consumidor), não há qualquer evento posterior que comprove que o crédito se tornou inacessível ou que os juros tenham sofrido altas exageradas. Mas, ao contrário, o mercado financeiro no Brasil nunca foi tão lucrativo para as instituições financeiras,[816] revelando cenário economicamente pujante.

Com relação à teoria do risco criado, já se demonstrou neste estudo não ser adequada à efetiva defesa do meio ambiente, uma vez que, ombreada com a teoria da causalidade adequada, admite excludentes de responsabilidade civil e onera a coletividade com a imposição da identificação da causa eficiente do dano. Portanto, a teoria do risco criado, além de sobrecarregar a coletividade com o ônus da pesquisa da causa adequada, avilta o atributo da irrenunciabilidade, essencialmente presente no direito humano fundamental ao meio ambiente ecologicamente equilibrado, ao admitir as excludentes de responsabilidade civil. Por isso, reafirma-se a predileção deste estudo em favor da teoria do risco integral.

### 6.2.2.2. Excludentes de responsabilidade civil

A previsão legal de excludentes de responsabilidade civil como o caso fortuito e a força maior estavam inscritas no artigo 1.058 do Código Civil de 1916 e foi renovada, conservando-se a literalidade, no artigo 393 e parágrafo único do Código Civil de 2002:[817]

> Art. 393. O devedor não responde pelos prejuízos resultantes de caso fortuito ou força maior, se expressamente não se houver por eles responsabilizado.
>
> Parágrafo único. O caso fortuito ou de força maior verifica-se no fato necessário, cujos efeitos não era possível evitar ou impedir.

A respeito do caso fortuito e da força maior, Clóvis Bevilaqua, ao comentar o artigo 1.058 do Código Civil de 1916, afirma que há distinção conceitual entre ambos, contudo, não é a imprevisibilidade que os caracterizam, mas, sim, a inevitabilidade:[818]

---

[815] BRASIL. Supremo Tribunal Federal. *Ação Direta da Inconstitucionalidade n° 2.591*. Plenário, Brasília, DF, 7 jun. 2006. Diário Oficial da República Federativa do Brasil. Poder Executivo. Diário da Justiça, Poder Judiciário, Brasília, DF, 29 set. 2006, p. 31.

[816] FEDERAÇÃO DOS BANCÁRIOS DO PARANÁ. Lucro dos Bancos. *Texto on line*. Disponível em: <http://www.feebpr.org.br/lucroban.htm>. Acesso em: 30 jul. 2009.

[817] BRASIL. Código Civil. *Constituição Federal. Código Civil. Código de Processo Civil. Código Comercial*. 2007, p. 277.

[818] BEVILAQUA, Clóvis. *Código Civil dos Estados Unidos do Brasil Commentado*. 7. ed. Rio de Janeiro: Livraria Francisco Alves, v. 4, 1946, p. 212.

Conceitualmente o *caso fortuito* e a *força maior* se distinguem. O primeiro, segundo a definição de Huc, é "o accidente produzido por força physica initelligente, em condições, que não podiam ser previstas pelas partes". A segunda é "o facto de terceiro, que creou, para a inexecução da obrigação, um obstáculo, que a bôa vontade do devedor não pôde vencer". Não é, porém, a imprevisibilidade que deve, principalmente, caracterizar o caso fortuito, e, sim, a *inevitabilidade*. E, porque a força maior também é inevitável, juridicamente, se assimilam estas duas causas de irresponsabilidade.

Em seguida, Clóvis Bevilaqua acentua que "o essencial é, pois, que do facto resulte a impossibilidade, em que se acha o devedor de cumprir a obrigação",[819] asseverando que "se a impossibilidade de cumprir a obrigação é completa, o devedor fica inteiramente livre; a obrigação se resolve. Se, porém, o impedimento é parcial, o credor poderá obter, segundo a natureza e o fim do contrato, o cumprimento do que lhe for útil".[820]

Neste ponto, recorde-se o caráter unitário do bem difuso ambiental, a indivisibilidade da prestação objeto da obrigação e a não fragmentação do dano ambiental, nos termos do no artigo 225, *caput* e § 3º, da Constituição Federal, que reforça a unidade positivada no artigo 3º, inciso I, da Lei nº 6.938/1981 (Lei da Política Nacional do Meio Ambiente), que não admite cumprimento aquém do integral, sob pena de se aceitar a renunciabilidade e a alinenabilidade do direito humano fundamental ao meio ambiente. Assim, as excludentes de responsabilidade civil não são adequadas à defesa do meio ambiente.

Mas é José de Aguiar Dias que chama atenção para a tendência de restrição do caso fortuito e da força maior, o que reforça a inadequação das excludentes de responsabilidade civil no caso de danos ambientais, quando afirma este autor que a inevitabilidade e a imprevisibilidade não devem ser relacionadas com o fato necessário, mas, sim, com os efeitos decorrentes:[821]

> É claro que dos fatos nasce o direito. Mas a definição jurídica permanece. Tem havido, por outro lado, deslocamento da sua caracterização, que o Código Civil de 2002, art. 393, parágrafo único, assim como já fazia o Código Civil de 1916, atribui os efeitos e não ao fato necessário. A inevitabilidade e a imprevisibilidade são geralmente atribuídas ao último, quando a lei as fixa nos efeitos. Sem dúvida, o fato necessário pode conter, ele também, carga de imprevisão e inevitabilidade. Ela, porém, não basta à caracterização de caso fortuito ou de força maior. Parece-nos, assim, que se constitui matéria de fato a apuração da inevitabilidade e imprevisibilidade dos efeitos, não há espaço para discutir se ocorreu o mesmo no fato necessário, precisamente por ser necessário: o que é necessário, isto é forçoso, pertencente ao que acontece, como fenômeno natural, está na previsão dos responsáveis, sendo até, quanto às chuvas, corrente entre os meteorologistas que a maior chuva é aquela que está por vir.

---

[819] BEVILAQUA, Clóvis. *Código Civil dos Estados Unidos do Brasil Commentado*. v. 4, 1946, p. 212.

[820] BEVILAQUA, Clóvis. *Código Civil dos Estados Unidos do Brasil Commentado*. 1946, p. 213.

[821] DIAS, José de Aguiar. *Da Responsabilidade Civil*. 2006, p. 940.

Para Paulo Affonso Leme Machado, aliado a José de Aguar Dias na consideração dos efeitos do fato necessário, os terremotos, os raios e as inundações são considerados "fatos necessários que poderão gerar efeitos que, em tese, poderiam afastar a responsabilidade do devedor. Mas é preciso que sejam examinados os casos concretos para comprovar se os efeitos desses fatos podiam ser evitados e impedidos".[822] E, em seguida diz que "se for aplicada a responsabilidade objetiva, é analisada a ausência de previsão e de tomada de medidas para evitar os efeitos do fato necessário, sem se levar em conta a diligência dos atos do devedor, pois a ocorrência da responsabilidade independe de sua culpa".[823]

Sobre este mesmo aspecto, qual seja, o de inserir a análise da culpa do devedor para se obter o proveito das excludentes de responsabilidade civil, convém destacar na abordagem de Clóvis Bevilaqua a afirmação de que "ao devedor incumbe provar o caso fortuito ou força maior, que allega. Não lhe aproveita a prova do facto, se teve culpa na sua realização".[824]

Assim, revela-se uma incongruência entre as excludentes de responsabilidade civil e a teoria do risco integral aplicada aos danos ambientais, a saber: a imprescindibilidade da prova da ausência de culpa para aquelas e a irrelevância da culpa para esta. Portanto, de nada adianta o devedor provar que não atuou com culpa se o regime de responsabilidade civil ambiental é fundado na teoria objetiva, que dispensa consideração a aspectos subjetivos.

Mesmo diante de todas estas incompatibilidades fundamentais entre as excludentes de responsabilidade civil e a responsabilidade civil objetiva em matéria de danos ambientais, a tese da limitação subjetiva nas hipóteses de responsabilidade civil das instituições financeiras que aprovem projetos e reservem ou destinem recursos financeiros ou créditos para obras ou atividades degradantes da qualidade ambiental que produzam danos ambientais, busca se sustentar, também, na admissão das excludentes de responsabilidade civil, tais como o caso fortuito e a força maior, admitidas pela teoria do risco criado e teoria da causalidade adequada, como fazem Ana Luci Esteves Grizzi *et al*[825] e Annelise Monteiro Steigleder.[826]

---

[822] MACHADO, Paulo Affonso Leme. *Direito Ambiental Brasileiro*. 2007, p. 364.

[823] MACHADO, Paulo Affonso Leme. *Direito Ambiental Brasileiro*. 2007, p. 364.

[824] BEVILAQUA, Clóvis. *Código Civil dos Estados Unidos do Brasil Commentado*. 1946, p. 213.

[825] GRIZZI, Ana Luci Esteves; BERGAMO, Cintia Izilda; HUNGRIA, Cynthia Ferragi; CHEN, Josephine Eugenia. *Responsabilidade Civil Ambiental dos Financiadores*. 2003, p. 25-30.

[826] STEIGLEDER, Annelise Monteiro. Responsabilidade Civil das Instituições Financeiras por Danos Ambientais. *Revista Jurídica do Ministério Público do Estado do Mato Grosso*. 2007, p. 114.

Ana Luci Esteves Grizzi et al[827] defendem a incidência das excludentes de responsabilidade civil no caso de danos ambientais com relação às instituições financeiras em razão dos danos ambientais decorrentes de obras ou atividades beneficiadas por financiamentos, justificando que assim não se impedirá o desenvolvimento econômico socialmente justo e ambientalmente correto (desenvolvimento sustentável), uma vez que:[828]

> [...] entendemos que o degradador que respeite as disposições da legislação ambiental, principalmente o princípio da prevenção e precaução no desenvolvimento de suas atividades, pode invocar as excludentes de responsabilidade do direito civil para eximir-se da responsabilidade ambiental de reparar os danos ambientalmente causados.

Sobre esta justificativa, fundada na alegação de que o "degradador" que respeite as disposições da legislação ambiental e os princípios prevenção e da precaução pode invocar as excludentes de responsabilidade do Direito civil, dois aspectos devem ser ressaltados e, em seguida, criticados para o fim de demonstrar sua fragilidade, a saber: primeiro, é que no caso de se estar diante de um degradador ou poluidor, nos termos do artigo 3º, inciso IV, da Lei nº 6.938/1981 (Lei da Política Nacional do Meio Ambiente), torna-se irrelevante invocar o respeito às normas e aos princípios de Direito Ambiental; segundo, é que esta irrelevância é adotada pela própria teoria do risco criado, a qual se alinham Ana Luci Esteves Grizzi et al,[829] dentre outros, revelando um paradoxo que arruína a justificativa sob exame.

A respeito do financiamento e do nexo de causalidade com o dano, Annelise Monteiro Steigleder, que admite as excludentes de responsabilidade civil em favor das instituições financeiras, também afirma, contrariando Ana Luci Esteves Grizzi et al,[830] que "o financiamento sequer precisa ser imprescindível para o desenvolvimento da atividade que se revelar lesiva ao meio ambiente, pois mesmo a teoria do risco criado admite as concausas".[831] Em outras palavras: "basta que o financiamento seja um das causas adequadas à produção do dano ambiental, interagindo com outras causas".[832]

---

[827] GRIZZI, Ana Luci Esteves; BERGAMO, Cintia Izilda; HUNGRIA, Cynthia Ferragi; CHEN, Josephine Eugenia. *Responsabilidade Civil Ambiental dos Financiadores*. 2003, p. 28.

[828] GRIZZI, Ana Luci Esteves; BERGAMO, Cintia Izilda; HUNGRIA, Cynthia Ferragi; CHEN, Josephine Eugenia. *Responsabilidade Civil Ambiental dos Financiadores*. 2003, p. 28-29.

[829] GRIZZI, Ana Luci Esteves; BERGAMO, Cintia Izilda; HUNGRIA, Cynthia Ferragi; CHEN, Josephine Eugenia. *Responsabilidade Civil Ambiental dos Financiadores*. 2003, p. 28.

[830] GRIZZI, Ana Luci Esteves; BERGAMO, Cintia Izilda; HUNGRIA, Cynthia Ferragi; CHEN, Josephine Eugenia. *Responsabilidade Civil Ambiental dos Financiadores*. 2003, p. 51.

[831] STEIGLEDER, Annelise Monteiro. Responsabilidade Civil das Instituições Financeiras por Danos Ambientais. *Revista Jurídica do Ministério Público do Estado do Mato Grosso*. 2007, p. 113.

[832] STEIGLEDER, Annelise Monteiro. Responsabilidade Civil das Instituições Financeiras por Danos Ambientais. *Revista Jurídica do Ministério Público do Estado do Mato Grosso*. 2007, p. 113.

Annelise Monteiro Steigleder, adotando a teoria do risco criado e a teoria da causalidade adequada no trato dos danos ambientais, admite a incidência das excludentes de responsabilidade civil para os casos de danos ambientais relacionadas ao financiamento concedido por instituições financeiras, afirmando que com relação às instituições financeiras "o investimento não constitui causa adequada do dano, tendo ocorrido situação superveniente (força maior) que produziu o dano. Por sua vez, o empreendedor deve ser responsabilizado pelo dano, posto que sobre ele incide a teoria do risco integral".[833]

Com todo o respeito que este posicionamento merece, não há como com ele concordar.

Primeiro, porque sendo o financiamento considerado causa ou concausa do dano ambiental, conforme a teoria da causalidade adequada, não se pode rechaçá-lo como causa ou concausa apenas e tão somente em razão de estarem sendo invocadas excludentes de responsabilidade civil, acolhidas pela teoria do risco criado. Em resumo: ou o financiamento é causa ou concausa ou não é, o que não se pode é considerá-lo ou desconsiderá-lo como causa ou concausa a depender da conveniência possibilitada pela invocação de excludentes no caso concreto.

Segundo, porque não há adequação ou justificativa jurídica razoável que sustente haver numa mesma relação obrigacional referente à reparação de danos ambientais a aplicação simultânea de duas teorias acerca da responsabilidade civil objetiva: a do risco criado para as instituições financeiras e a do risco integral para o empreendedor, nos termos propostos por Annelise Monteiro Steigleder,[834] uma vez que a solidariedade na responsabilidade civil ambiental implica na opção por uma teoria, sendo a do risco integral na preferência deste estudo.

### 6.3. Limitação temporal: prescrição

A outra forma de limitar a responsabilidade civil ambiental das instituições financeiras é, segundo seus defensores, admitir a incidência da prescrição, relacionada diretamente com o prazo de vigência do contrato de financiamento.

Trata-se aqui de limitação temporal que, acaso acolhida, possibilita pelo decurso do tempo a exclusão das instituições financeiras do elenco

---

[833] STEIGLEDER, Annelise Monteiro. Responsabilidade Civil das Instituições Financeiras por Danos Ambientais. *Revista Jurídica do Ministério Público do Estado do Mato Grosso*. 2007, p. 114.

[834] STEIGLEDER, Annelise Monteiro. Responsabilidade Civil das Instituições Financeiras por Danos Ambientais. *Revista Jurídica do Ministério Público do Estado do Mato Grosso*. 2007, p. 114.

de responsáveis pela reparação (sentido amplo) e pela indenização dos danos ambientais decorrentes de obras ou atividades degradantes da qualidade ambiental que receberam recursos ou créditos.

Em defesa da prescrição em favor das instituições financeiras vêm Ana Luci Esteves Grizzi *et al* que, relacionando-a com o prazo de vigência do contrato de financiamento, afirmam que a obrigação de reparar relativa às instituições financeiras é passível de prescrição, o que não significa que o dano ambiental prescreva:[835]

> Essa limitação temporal deve ser vinculada ao período de vigência do contrato de financiamento, sendo o dever de reparação dos financiadores passível de prescrição, o que não implica na possibilidade de prescrição do dano ambiental (o direito ao meio ambiente ecologicamente equilibrado é direito difuso, personalíssimo, fundamental da pessoa humana, integrante da esfera de valores permanentes e indisponíveis e, portanto, imprescritível).

Para a defesa deste entendimento, Ana Luci Esteves Grizzi *et al* argumentam que da mesma forma que não existe uma norma expressa que adote a teoria do risco integral não há um outra que preveja ser ilimitada a responsabilidade civil ambiental, especialmente a dos financiadores:[836]

> Neste ponto, poder-se-ia questionar a inexistência de norma jurídica expressa que determine a limitação da responsabilidade civil ambiental do poluidor. Esclarecemos que realmente não há norma jurídica nesse desiderato, no entanto, entendemos que também não há norma jurídica que sustente a teoria do risco integral da atividade, e que esta é até o momento, criação doutrinária, passível de questionamento, adotada por uns e rejeitada por outros.

Do exame desta tese da limitação temporal em razão da prescrição, há alguns pontos que merecem ser ressaltados para serem criticados, a saber: primeiro, que o direito ao meio ambiente ecologicamente equilibrado é direito humano fundamental e está sujeito à prescrição; segundo, que a prescrição do dever de reparação aproveita os financiadores, ainda que não extinga o dano ambiental; terceiro, que a previsão de prescrição do dever de reparação e indenização que recai sobre as instituições financeiras dispensa norma jurídica expressa; quarto, que apesar de defender a incidência da prescrição não aponta qual o prazo respectivo.

A rebater estes argumentos se faz necessário incursionar pelo instituto da prescrição, previsto no artigo 189 e seguintes do Código Civil de 2002, que, como se verá, não incide sobre o direito ao meio ambiente ecologicamente equilibrado, ansiado no artigo 225 na Constituição Federal.

Para Orlando Gomes, "a prescrição é o modo pelo qual um direito se extingue em virtude da inércia, durante certo lapso de tempo, do seu

---

[835] GRIZZI, Ana Luci Esteves; BERGAMO, Cintia Izilda; HUNGRIA, Cynthia Ferragi; CHEN, Josephine Eugenia. *Responsabilidade Civil Ambiental dos Financiadores*. 2003, p. 51.

[836] GRIZZI, Ana Luci Esteves; BERGAMO, Cintia Izilda; HUNGRIA, Cynthia Ferragi; CHEN, Josephine Eugenia. *Responsabilidade Civil Ambiental dos Financiadores*. 2003, p. 51.

titular, que, em conseqüência, fica sem *ação* para assegurá-lo",[837] sendo necessária a conjugação da inércia do titular do direito e do decurso do prazo, pois, "transcorrido o prazo no qual o direito deve ser exercido, sem que seu titular pratique qualquer ato para conservá-lo, a lei o declara extinto, por *via de conseqüência*, trancando a ação judicial que poderia ele se ter valido para conservá-lo".[838]

Clóvis Bevilaqua, por sua vez, afirma que "prescrição é a perda da acção attribuida a um direito, de toda a sua capacidade defensiva, em consequencia do não uso della, durante um determinado espaço de tempo",[839] não sendo a falta do exercício do direito que atinge seu vigor, que pode se conservar inativo e com eficácia, mas, é "o não uso da acção que lhe atrophia a capacidade de reagir".[840]

Para o Luís Cabral de Moncada, a prescrição extintiva "é a desoneração de obrigações pela não exigência do seu cumprimento. Isto é: o meio pelo qual, em determinadas condições e decorrido um certo tempo, alguém é desonerado duma obrigação",[841]

Entretanto, vale ressaltar que a doutrina admite e defende a imprescritibilidade de alguns direitos, o que faz Orlando Gomes apontar não sujeitos à prescrição aqueles "direitos que pertencem ao sujeito independentemente da sua vontade",[842] bem como aqueles "direitos que, por sua natureza, são imprescritíveis, dispensando declaração legal nesse sentido"[843] e àqueles "direitos de que o titular não pode dispor", portanto, inalienáveis:[844]

> Não se perdem por prescrição: 1) os direitos que pertencem ao sujeito independentemente da sua vontade; 2) os direitos cuja falta de exercício não possa ser atribuída à *inércia* do titular; 3) os direitos sem pretensão. [...] Somente a lei que tem autoridade para declarar imprescritível um *direito*. Um direito prescritível não pode converter-se, por contrato, em direito imprescritível. Há direitos que, por sua natureza, são imprescritíveis, dispensando declaração legal nesse sentido. [...] Em suma: os direitos de que o titular não pode dispor.

No sentido da imprescritibilidade de alguns direitos, independentemente de expressa previsão legal, notadamente aqueles relacionados com

---

[837] GOMES, Orlando. *Introdução ao Direito Civil*. 8. ed. Rio de Janeiro: Forense, 1986, p. 421.

[838] GOMES, Orlando. *Introdução ao Direito Civil*. 1986, p. 421-422.

[839] BEVILAQUA, Clóvis. *Código Civil dos Estados Unidos do Brasil Commentado*. 7. ed. Rio de Janeiro: Livraria Francisco Alves, v. 1, 1944, p. 458.

[840] BEVILAQUA, Clóvis. *Código Civil dos Estados Unidos do Brasil Commentado*. v. 1, 1944, p. 458.

[841] MONCADA, Luís Cabral de. *Lições de Direito Civil*. 4. ed. Coimbra: Almedina, 1995, p. 729.

[842] GOMES, Orlando. *Introdução ao Direito Civil*. 8. ed. Rio de Janeiro: Forense, 1986, p. 422.

[843] GOMES, Orlando. *Introdução ao Direito Civil*. 1986, p. 423.

[844] GOMES, Orlando. *Introdução ao Direito Civil*. 1986, p. 423.

a dignidade humana, Clóvis Bevilacqua sustenta que a prescrição atinge os direitos patrimoniais e alienáveis, sendo:[845]

> A prescripção applica-se a toda espécie de acções; mas ha direitos imprescriptíveis, ainda no campo do direito privado, pois o objecto da prescripção são os direitos patrimoniais e alienáveis. [...] Não estão sujeitos á prescripção: a) Os direitos que são emanações immediatas da personalidade, como a vida, a honra, e liberdade, a parte pessoal do direito do autor, e o nome ou firma commercial. [...] É, pois, irrecusável que ha acções imprescriptíveis e que não ha incorrecção em denominar imprescriptíveis os direitos cuja vivacidade não se amortece com o decurso do tempo.

Fixada a definição de prescrição, a existência de direitos imprescritíveis e a desnecessidade de norma jurídica expressa para prevê-los imprescritíveis, cumpre revelar, invocando Caio Mário da Silva Pereira, que a prescrição "implica algo mais do que o perecimento da ação",[846] sendo que "pelo efeito do tempo, entretanto, aliado à inércia do sujeito, é o *próprio direito* que perece".[847]

Para Luís Cabral de Moncada, que se refere ao artigo 537 do Código Civil Português, há alguns direitos imprescritíveis sobre os quais "o tempo nada pode contra eles",[848] destacando-se a coincidência entre a inalienabilidade e a imprescritibilidade, afirmando que "desde que se trate de obrigações, não só correspondentes a direitos inalienáveis, mas independentes de limitação no tempo, tais obrigações são imprescritíveis",[849] concluindo que "se são imprescritíveis tais obrigações, segue-se que as acções que lhes dizem respeito não podem também deixar de o ser. Aliás prescreveriam as obrigações que a lei declara imprescritíveis".[850]

Contrariando a admissão da prescrição do dever de reparar os danos ambientais, seja com relação ao poluidor direto quanto ao indireto, reafirme-se a convicção defendida neste estudo acerca da irrenunciabilidade, inalienabilidade e imprescritibilidade dos direitos humanos fundamentais e, especificamente, do direito humano fundamental ao meio ambiente ecologicamente equilibrado, valendo renovar a predileção pelos argumentos de José Afonso da Silva[851] e de Antônio Herman Vasconcelos Benjamim.[852]

---

[845] BEVILAQUA, Clóvis. *Código Civil dos Estados Unidos do Brasil Commentado.* 1944, p. 459-460.

[846] PEREIRA, Caio Mário da Silva. *Instituições de Direito Civil.* 9. ed. Rio de Janeiro: Forense, 1985, v. 1, p. 473.

[847] PEREIRA, Caio Mário da Silva. *Instituições de Direito Civil.* 1985, v. 1, p. 473.

[848] MONCADA, Luís Cabral de. *Lições de Direito Civil.* 1995, p. 731.

[849] MONCADA, Luís Cabral de. *Lições de Direito Civil.* 1995, p. 731.

[850] MONCADA, Luís Cabral de. *Lições de Direito Civil.* 1995, p. 731.

[851] SILVA, José Afonso da. *Curso de Direito Constitucional Positivo.* 2008, p. 181.

[852] BENJAMIN, Antônio Herman Vasconcelos. Direito Ambiental Constitucional Brasileiro. In: CANOTILHO, José Joaquim Gomes; LEITE, José Rubens Morato (orgs.). *Direito Constitucional Ambiental Brasileiro.* 2007, p. 100.

Assim, conforme Fernanda Luiza Fontoura de Medeiros,[853] incluído o meio ambiente como bem jurídico tutelável o constituinte reconhece a existência de outra dimensão do direito fundamental à vida e do próprio princípio da dignidade da pessoa humana, haja vista que no meio ambiente se desenvolve a vida em todas as suas formas, o que repugna admissão da prescrição sob qualquer fundamento.

Diante disso, acaso vingue a tese da prescritibilidade do dever de reparar (sentido amplo) e indenizar os danos decorrentes de obras e atividades utilizadoras de recursos ambientais, consideradas efetiva ou potencialmente poluidores, bem como capazes, sob qualquer forma, de causar degradação ambiental, independentemente de estarem relacionadas com financiamentos, não se estará extinguindo somente a ação propriamente dita, mas, sim, o próprio conteúdo do direito humano fundamental ao meio ambiente ecologicamente equilibrado.

Enfim, revela-se flagrante incongruência entre a admissão do direito humano fundamental ao meio ambiente ecologicamente equilibrado e a incidência da prescrição, da ação ou do direito, não se mostrando adequada a prescrição proveitosa a quaisquer dos poluidores, diretos ou indiretos. E mais: salta desnecessária a previsão legal quanto à imprescritibilidade do dever de reparar (sentido amplo) e indenizar danos ambientais relacionados com obras ou atividades utilizadoras de recursos ambientais, consideradas efetiva ou potencialmente poluidores, bem como capazes, sob qualquer forma, de causar degradação ambiental, uma vez que o respectivo direito humano fundamental é essencialmente irrenunciável, inalienável e imprescritível.

### 6.4. Casos concretos

A escassez de bibliografia a respeito da responsabilidade civil ambiental das instituições financeiras em decorrência de financiamento de obras ou atividades utilizadoras de recursos ambientais, considerados efetiva ou potencialmente poluidoras, bem como os capazes, sob qualquer forma, de causar degradação ambiental, a exemplo do que dispõe o artigo 10 da Lei nº 6.938/1981 (Lei de Política Nacional do Meio Ambiente), estende-se à jurisprudência brasileira.

De início, apenas dois casos que envolvem as instituições financeiras, o financiamento e a degradação ambiental estão aptos à análise crítica, a saber: o Recurso de Apelação Cível nº 25.408 do Tribunal de Justiça

---

[853] MEDEIROS, Fernando Luiza Fontoura de. *Meio Ambiente:* direito e deve fundamental. Porto Alegre: Livraria do Advogado, 2004, p. 113.

do Mato Grosso, relativo à ação civil pública ajuizada pelo Ministério Público do Mato Grosso, e o Agravo de Instrumento nº 2002.01.00.036329-1, do Tribunal Regional Federal da 1ª Região.

### 6.4.1. Recurso de Apelação Cível nº 25.408 do Tribunal de Justiça do Mato Grosso

Neste primeiro dos casos pesquisados o Ministério Público de Mato Grosso obteve, em ação civil pública proposta em face do Banco do Brasil S.A., sentença de procedência que condenou a referida instituição financeira na obrigação de fazer, consistente na exigência de comprovação por parte dos proprietários de imóveis rurais da averbação da reserva legal ambiental exigida pela Lei nº 4.771/1965 (Código Florestal), como condição para securitização ou repactuação de empréstimos e financiamentos rurais.

Em face desta decisão de primeiro grau houve o Recurso de Apelação Cível nº 25.408, que foi julgado pelo Tribunal de Justiça do Mato Grosso, cujo acórdão decide pela reforma da sentença de primeiro grau, conforme a ementa a seguir transcrita:[854]

> AÇÃO CIVIL PÚBLICA – MINISTÉRIO PÚBLICO – PROCEDÊNCIA EM 1º GRAU – FINANCIAMENTO OU INCENTIVOS RURAIS – EXIGÊNCIA NO CUMPRIMENTO DA LEGISLAÇÃO AMBIENTAL – INEXISTÊNCIA DE OBRIGATORIEDADE – SUCUMBÊNCIA – APLICAÇÃO DA LEI Nº 7.347/85 – RECURSO PROVIDO.
>
> Inadmissível, especialmente quanto não vem olvidando o Banco-apelante nenhuma exigência legal protetiva do meio ambiente, responsabilizá-lo por uma possível ocorrência de agressão ambiental. Embora digna de encômios a atuação brilhante do representante do Ministério Público, não se pode deixar de reconhecer a gravidade da situação ambiental no país, dá-se provimento ao recurso para reformar a sentença recorrida e julgar improcedente a ação civil pública.

Para a reforma da decisão de primeiro grau, o Tribunal de Justiça do Mato Grosso se escorou nos seguintes fundamentos, cuja transcrição segue:[855]

> Egrégia Turma, não obstante os respeitáveis e bem articulados fundamentos do decisório monocrático a propósito da delicada questão, ora em análise, quer diante dos cânones constitucionais vigentes no direito positivo brasileiro, quer das normas defluentes das Leis nº 6.595/76, 6.477/65, 4.829/65 e Decreto nº 58.830/66, não verifiquei patenteada a obrigatoriedade de o apelante exercer, por imperativo legal, fiscalização no sentido de exigir, para a concessão de 'financiamentos ou incentivos rurais', a documentação mencionada na

---

[854] BRASIL. Tribunal de Justiça de Mato Grosso. *Recurso de Apelação Cível nº 25.408*. Segunda Câmara Cível. MT, 17 abr. 2001.

[855] BRASIL. Tribunal de Justiça de Mato Grosso. *Recurso de Apelação Cível nº 25.408*. Segunda Câmara Cível. MT, 17 abr. 2001.

peça fundamental. [...] Possivelmente com o aprimoramento da lei, adequando-se à nova realidade, o desiderato ato acalentado pelo diligente representante do Ministério Público Estadual produza bons frutos em defesa do interesse público. É por estas considerações que, embora digna de encômios a iniciativa e atuação brilhante do douto Promotor de Justiça, não posso de deixar de reconhecer a gravidade da situação ambiental do pais, dou provimento ao recurso para reformar a sentença recorrida e julgar improcedente a ação civil pública.

Da fundamentação do acórdão, enfim, extrai-se o seguinte: a) não há disposição constitucional ou infraconstitucional expressa que determine às instituições financeiras que exijam dos pretendentes ao crédito rural, por meio de financiamentos ou incentivos, a comprovação da reserva legal devidamente averbada na margem da matrícula, conforme exige o artigo 16 da Lei nº 4.771/1965 (Código Florestal); b) há necessidade do aprimoramento da lei para que se possa impor às instituições financeiras a exigência exposta na sentença reformada.

Nesta breve referência ao julgamento proferido pelo Tribunal de Justiça de Mato Grosso pode ser afirmado, em síntese, que, no mínimo, foram olvidadas na fundamentação da decisão a consideração das normas constitucionais e infraconstitucionais expressas e que impõem obrigações originárias de defesa ambiental, a exemplo dos artigos 170, incisos III e VI, e 225, *caput*, e § 1º, inciso III, da Constituição Federal, dos artigos 3º, inciso IV, 4º, inciso VII, 5º e parágrafo único, e 10 da Lei nº 6.938/1981 (Lei da Política Nacional do Meio Ambiente).

E, ainda, especificamente com relação às obrigações originárias das instituições financeiras e que revelam a função social do sistema financeiro, das instituições financeiras, do contrato, do financiamento entre outras, pode ser afirmado que foram desprezadas as disposições expressamente contidas no artigo 192 da Constituição Federal, no artigo 116 da Lei nº 6.404/1976 (Lei das Sociedades por Ações) e nos artigos 2º e 3º, inciso IV, da Lei nº 4.595/1964 (Lei da Política das Instituições Monetárias, Bancárias e Creditícias) que, acaso interpretadas sistemática e teleologicamente com o disposto expressamente no artigo 12 e parágrafo único da Lei nº 6.938/1981 (Lei da Política Nacional do Meio Ambiente), sem prejuízo dos outros dispositivos acima referidos, já comprovam que o aprimoramento reclamado no acórdão já está à disposição do intérprete. Contudo, basta que se tenha a coragem e se queira retirar das disposições constitucionais e legais o verdadeiro sentido e alcance, libertando-as dos grilhões da literalidade.

### 6.4.2. Agravo de Instrumento nº 2002.01.00.036329-1, do Tribunal Regional Federal da 1ª Região

O segundo dos casos pesquisados se refere ao Agravo de Instrumento nº 2002.01.00.036329-1,[856] do Tribunal Regional Federal da 1ª Região, relacionado com ação de rito ordinário com pedido de indenização por danos ambientais em propriedade privada proposta por autor individual em face do Estado de Minas Gerais, da Fundação Estadual de Meio Ambiente (FEAM), do Instituto Mineiro de Gestão de Águas (IGAM), da Companhia Mineira de Metais (CMM), do Instituto Brasileiro do Meio Ambiente e dos Recursos Naturais Renováveis (IBAMA), do Departamento Nacional de Produção Mineral (DNPM) e do Banco Nacional de Desenvolvimento Econômico e Social (BNDES).

Inicialmente, a referida ação de rito ordinário com pedido de indenização por danos ambientais foi proposta perante a Justiça Federal, sobrevindo decisão que excluiu do pólo passivo o Estado de Minas Gerais, a Fundação Estadual de Meio Ambiente (FEAM), o Instituto Mineiro de Gestão de Águas (IGAM), o Instituto Brasileiro do Meio Ambiente e dos Recursos Naturais Renováveis (IBAMA), o Departamento Nacional de Produção Mineral (DNPM) e o Banco Nacional de Desenvolvimento Econômico e Social (BNDES), mantendo somente como ré a Companhia Mineira de Metais (CMM) e remetendo os autos para a Justiça Estadual. Em face desta decisão houve agravo de instrumento.

No julgamento do Agravo de Instrumento nº 2002.01.00.036329-1 o Tribunal Regional Federal da 1ª Região houve por bem dar provimento ao recurso, fundamentando, entre outras, na solidariedade passiva que rege a responsabilidade civil por danos ambientais a manutenção de todos legitimados passivos que haviam sido excluídos, inclusive o Banco Nacional de Desenvolvimento Econômico e Social (BNDES), o que resultou na conservação da competência da Justiça Federal, nos termos do artigo 109, inciso I, da Constituição Federal.

Mas, precisamente no que se refere ao Banco Nacional de Desenvolvimento Econômico e Social (BNDES), consta da ementa e da fundamentação do acórdão que se a instituição financeira tem conhecimento da ocorrência de danos ambientais relacionados com a obra ou atividade financiada e mesmo assim continua a liberar recursos, poderá ser respon-

---

[856] BRASIL. Tribunal Regional Federal da 1ª Região. *Agravo de Instrumento nº 2002.01.00.036329-1*. Quinta Turma. DF, 15.12.2003. Diário Oficial da República Federativa do Brasil. Poder Executivo. Diário da Justiça, Poder Judiciário, Brasília, DF 13 set. 2004.

sabilizada solidariamente na reparação e indenização pela degradação ambiental:[857]

> 6. [...] Quanto ao BNDES, o simples fato de ser ele a instituição financeira incumbida de financiar a atividade mineradora da CMM, em princípio, por si só, não o legitima para figurar no pólo passivo da demanda. Todavia, se vier a ficar comprovado, no curso da ação ordinária, que a referida empresa pública, mesmo ciente da ocorrência dos danos ambientais que se mostram sérios e graves e que refletem significativa degradação do meio ambiente, ou ciente do início da ocorrência deles, houver liberado parcelas intermediárias ou finais dos recursos para o projeto de exploração minerária da dita empresa, aí, sim, caber-lhe-á responder solidariamente com as demais entidades-rés pelos danos ocasionados no imóvel de que se trata, por força da norma inscrita no art. 225, *caput*, § 1º, e respectivos incisos, notadamente os incisos IV, V e VII, da Lei Maior.

Da decisão sob análise se extrai que a comprovação da relação entre a instituição financeira e o empreendedor, consubstanciada no negócio jurídico de financiamento, não é, *a priori*, suficiente para instaurar nexo de causalidade com a degradação ambiental. A decisão adota o entendimento no sentido de exigir comprovação de que a instituição financeira tinha conhecimento da degradação ambiental e mesmo diante disso continuou disponibilizando crédito para o mutuário.

Apesar da decisão do Tribunal Regional Federal da 1ª Região já haver reconhecido e aplicado o aprimoramento legal desconhecido pelo Tribunal de Justiça de Mato Grosso, um aspecto merece destaque, a saber: o entendimento de que, para haver nexo de causalidade e responsabilidade civil ambiental a afetar a instituição financeira em razão da solidariedade, deve ficar comprovada a ciência da instituição financeira com relação aos danos ambientais decorrentes da obra ou da atividade financiada.

Uma breve análise desta decisão autoriza afirmar que a exigência de se provar que a instituição financeira tem ciência dos danos ambientais não se harmoniza com o regime de responsabilidade civil ambiental, regida pela teoria objetiva e, em especial, pela teoria do risco integral e pela teoria da equivalência das condições, uma vez que transferir para o ofendido o ônus da prova de estado de fato ou de consciência do poluidor, direto ou indireto, revela considerar imprescindível o exame de aspectos subjetivos, totalmente irrelevantes para as teorias objetiva e do risco integral. Além disso, reforce-se afirmando que o conhecimento da ocorrência de danos ambientais não pode ser eleito como causa ou concausa para fins de responsabilidade civil ambiental, sob pena de se impregnar com subjetivismo a teoria objetiva.

---

[857] BRASIL. Tribunal Regional Federal da 1ª Região. *Agravo de Instrumento nº 2002.01.00.036329-1*. Quinta Turma. DF, 15.12.2003. Diário Oficial da República Federativa do Brasil. Poder Executivo. Diário da Justiça, Poder Judiciário, Brasília, DF 13 set. 2004.

## Considerações finais

A crença no caráter sagrado e absoluto da propriedade foi legada pelos romanos e recrusdescida pela influência que o pensamento liberal de John Locke exerceu sobre os ideais que animaram a Revolução Francesa, inspirando o artigo 544 do Código Civil Francês de 1804 e sua replicação nos ordenamentos jurídicos mundo a fora. O instituto da propriedade se fundou e se desenvolveu sobre a equivocada ideia de algo sacro e ilimitado ao longo da história da humanidade, revelando-se, aparentemente, isento de obrigações e interditado às exigências em favor da sociedade.

A Revolução Industrial acentua a exploração dos recursos naturais e o consumo de bens e serviços, provocando a reação da ordem jurídica na transição dos séculos XIX e XX, especialmente com as contribuições da Constituição mexicana de 1917 e da Constituição alemã de 1919 (Weimer). É na Constituição Alemã de 1949, no artigo 151, que se impõe que a ordenação da vida econômica obedeça princípios de justiça, visando a assegurar a todos uma existência conforme a dignidade do homem, garantindo, desde que atendida a imposição, a livre iniciativa econômica. No Brasil, desde a Constituição Federal de 1946 e na Constituição Federal de 1988, a função social da propriedade consta dos textos constitucionais. Atualmente, como princípio da ordem econômica e financeira juntamente com a defesa do meio ambiente, a função social da propriedade busca concretizar o princípio da dignidade da pessoa humana, o princípio da solidariedade, entre outros.

É absoluta a submissão da propriedade em geral e da livre iniciativa econômica à função social, mantendo sob seu espectro os proprietários e os possuidores, a qualquer título, as pessoas físicas e jurídicas que mantenham relação direta ou indireta com a propriedade, a posse ou a atividade desenvolvida. Sob a força normativa da função social se encontram também os administradores, os controladores, os acionistas e os cotistas, minoritários ou não, os funcionários, as entidades de incentivo governamental e o Poder Público, os patrocinadores, as instituições financeiras públicas ou privadas, nacionais ou estrangeiras e internacionais, inclusive consumidores e usuários, entre outros.

Merece destaque a previsão do artigo 116 da Lei nº 6.404/1976 (Lei das Sociedades por Ações). Este artigo impõe ao acionista controlador o dever de usar o poder com o fim de fazer a companhia realizar o seu objeto e cumprir sua função social, bem como o impõe deveres e responsabilidades para com os demais acionistas, com os funcionários e, sobretudo, com a comunidade em que atua, cujos direito e interesses deve lealmente respeitar e atender.

Por oportuno, ressalte-se que as instituições financeiras no Brasil somente podem ser constituídas sob a modalidade de sociedades anônimas, conforme exige o artigo artigo 25, *caput*, da Lei nº 4.595/1964 (Lei da Política das Instituições Monetárias, Bancárias e Creditícias).

Assim, sendo a atividade financeira uma espécie do gênero atividade econômica, o crédito, por exemplo, deve ser considerado típico bens de produção, está obrigado à função social, nos termos do artigo 170, inciso III, da Constituição Federal. Reforçando esta assertiva, vem o artigo 192 da Constituição Federal impondo ao sistema financeiro nacional o dever de ser estruturado de forma a promover o desenvolvimento equilibrado do País e a servir aos interesses da coletividade. Expõe-se, desta forma, expressa previsão constitucional da função social da atividade financeira, que deve balizar a atuação das instituições financeiras, os produtos e os serviços disponibilizados no mercado financeiro, destinados à produção e ao consumo. Em patamar infraconstitucional, a Lei nº 4.595/1964 (Lei da Política das Instituições Monetárias, Bancárias e Creditícias) refere à função social da atividade financeira nos artigos 2º e 3º, inciso IV, revelando que deve estar a serviço do desenvolvimento equilibrado do País e dos interesses da coletividade.

Implicados o sistema financeiro, as instituições financeiras, o crédito e os financiamentos em geral com função social da propriedade, do contrato, dos bens de produção, entre outros, afirma-se que a defesa do meio ambiente está inegavelmente presente na relação entre atividade financeira (atividade-meio) e produção (atividade-fim).

O parágrafo único do artigo 170 da Constituição Federal garante a livre iniciativa, mas ressalva que a lei poderá exigir prévia autorização dos órgãos públicos. No caso, há a imposição de que as atividades empresariais públicas ou privadas serão exercidas em consonância, por exemplo, com as diretrizes da Política Nacional do Meio Ambiente, conforme o parágrafo único do artigo 5º da Lei nº 6.938/1981 (Lei da Política Nacional do Meio Ambiente). Dentre as importantes diretrizes e e pressupostos decorrentes da ressalva, destacam-se, a saber: o prévio licenciamento ambiental e sua exigência para aprovação de financiamentos, bem como o cumprimento de normas e padrões expedidos pelo Conselho Nacional do

Meio Ambiente (CONAMA), além da obrigatória previsão nos projetos financiados da realização de obras e aquisição de equipamentos destinados ao controle da degradação ambiental e à melhoria da qualidade do meio ambiente, nos exatos termos dos artigos 10 e 12 e parágrafo único da citada Lei.

Não por acaso o Direito Ambiental busca sustentação na Economia, precisamente na teoria das externalidades, para fundamentar eminência preventiva do princípio do poluidor-pagador, transparecendo este princípio na imposição às instituições financeiras do atendimento dos pressupostos do artigo 12 e parágrafo único da Lei n° 6.938/1981 (Lei da Política Nacional do Meio Ambiente). A relação direta entre financiamento e meio ambiente se expõe na constatação de que na dinâmica da economia mundial a atividade financeira é condição para empreender. Assim, não se deve admitir que enquanto o lucro beneficie um número restrito de atores sociais, a exemplo do setor produtivo e das instituições financeiras e seus acionistas, toda a sociedade seja onerada com os efeitos, as medidas e as despesas exigidas para a reparação do meio ambiente.

Nesta perspectiva, o artigo 12 e parágrafo único da Lei n° 6.938/1981 (Lei da Política Nacional do Meio Ambiente) representam, acaso efetivamente atendido, um dos instrumentos econômicos de *enforcement* visando a defesa do meio ambiente, o que já vem reclamado pela Conferência das Nações Unidas sobre o Meio Ambiente Humano de 1972, nos princípios 4, 8, 10, 11, 12 e 13 da Declaração de Estocolmo, e pela Conferência Mundial para o Meio Ambiente e Desenvolvimento de 1992, no princípio 16 da Declaração do Rio. Mas, apesar das previsões legais, no Brasil não há políticas públicas que considerem a relação entre financiamento e meio ambiente, sendo o mero conjunto de textos normativos ou de políticas de crédito setoriais é insuficiente para configuração do que se entende por política publica em sentido estrito.

Na hipótese de não cumprimento de obrigações originárias ambientais (prevenção), a exemplo dos casos de não cumprimento do artigo 12 e parágrafo único da Lei n° 6.938/1981 (Lei da Política Nacional do Meio Ambiente), havendo ou não danos ambientais decorrentes de obras ou atividades financiadas, abre-se a possibilidade da responsabilização civil. Na constatação da ocorrência de condutas aviltantes ao meio ambiente, comissivas ou omissivas, e da instauração do nexo de causalidade, são irrelevantes quaisquer alegações de licitude da atividade ou de excludentes de responsabilidade, já que ambas reclamam análise de aspectos subjetivos incompatíveis com o regime de responsabldiade civil objetiva. Assim, mais adequadas à defesa do meio ambiente são a teoria do risco integral e a teoria da *conditio sine qua non* ou da equivalência das condições, que possibilitam maior efetividade na concretização do direito humano fundamental ao meio ambiente ecologicamente equilibrado.

Conclui-se, por isso, que, independentemente do cumprimento do artigo 12 e parágrafo único da Lei n° 6.938/1981 (Lei de Política Nacional do Meio Ambiente), para projetos que se enquadrem nas hipóteses do artigo 10 da citada Lei, as instituições financeiras em geral estão aptas a ser responsabilizadas civilmente pelos danos ambientais decorrentes da obra ou atividade financiada. A admissão das instituições financeiras em geral como poluidores indiretos tem assento constitucional na responsabilidade social e jurídica, incidindo a solidariedade passiva entre empreendedor, poluidor direto, e a instituição financeira, poluidor indireto, nos termos do artigo 225, § 3°, da Constituição Federal, dos artigos 3°, incisos III e IV, 4°, inciso VII, e 14, § 1°, da Lei n° 6.938/1981 (Lei da Política Nacional do Meio Ambiente) e dos artigos 264 e seguintes do Código Civil.

Em suma, as instituições financeiras podem ser consideradas poluidores indiretos nas hipóteses em que as obras ou atividades financiadas possam promover ou promovam a degradação da qualidade ambiental, ainda que atividade financiada seja lícita e esteja sendo desenvolvida dentro dos *standards* legais, regulamentares e técnicos, inclusive com relação ao cumprimento do artigo 12 e parágrafo único da Lei n° 6.938/1981 (Lei da Política Nacional do Meio Ambiente). Isso se dá com fundamento no artigo 225, § 3°, da Constituição Federal, e artigos 3°, inciso IV, e 4°, inciso VII, da Lei n° 6.938/1981 (Lei da Política Nacional do Meio Ambiente).

O nexo de causalidade entre a atividade financeira e a degradação da qualidade ambiental se instaura com a concessão do crédito ou financiamento em geral, podendo ser comprovado com obtenção de prova da existência do contrato de mútuo celebrado entre a instituição financeira e o mutuário.

Com relação à comprovação da existência do contrato de financiamento entre a instituição financeira e o empreendedor para fins de responsabilidade civil ambiental, uma dificuldade se apresenta de modo especial, a saber: a imposição do sigilo bancário previsto pelo artigo 1° da Lei Complementar n° 105/2001 (Lei do Sigilo Bancário), que abrange as operações ativas e passivas e os serviços prestados. Contudo, a experiência demonstra que as instituições financeiras adotam, como forma de diminuir o risco financeiro, a prática de exigir garantia real na concessão de financiamentos. Assim, surge o registro do instrumento mútuo junto ao registro civil imobiliário, sem prejuízo da constituição de garantias junto ao registro civil de títulos e documentos, conforme preconizam os artigos 127, 129 e 167 da Lei n° 6.015/1973 (Lei dos Registros Públicos). Há, com isso, alternativa legal de obtenção de informações sobre o mútuo, sendo que com o registro civil tais informações se garante o acesso irrestrito às informações e aos documentos registrados, consoante o princípio da publicidade dos registros públicos previsto nos artigos 16 e 17 da Lei nº 6.015/1973 (Lei dos Registros Públicos) e no artigo 1º da Lei nº 8.935/1994 (Lei dos Notários e Registradores).

A comprovação do nexo de causalidade expõe alguns momentos do negócio jurídico de financiamento e a responsabilidade civil ambiental das instituições financeiras em decorrência do financiamento de obras ou atividades enquadradas nos termos dos artigos 10 e 12 e parágrafo único da Lei nº 6.938/1981 (Lei da Política Nacional do Meio Ambiente), a saber: antes da contratação, após a contratação e após a quitação ou rescisão.

Assim, antes da aprovação do projeto e do financiamento as instituições financeiras têm o dever de cumprir algumas obrigações originárias, verdadeiros pressupostos instantâneos, para que ocorra a celebração do negócio jurídico do financiamento e a liberação do crédito, integralmente ou em parcelas, a saber: a) o licenciamento ambiental, que deve ser prévio; b) o cumprimento das normas, critérios e padrões expedidos pelo CONAMA, devidamente comprovado; c) o dever de constar nos projetos a realização de obras e aquisição de equipamentos destinados ao controle de degradação ambiental e à melhoria da qualidade do meio ambiente, devidamente comprovado, nos termos do artigo 12 e parágrafo único d Lei nº 6.938/1981 (Lei da Política Nacional do Meio Ambiente).

Em outras palavras: são exigências que devem estar comprovadas de plano no instante da celebração do mútuo, tanto pela documentação exigida e expedida pelos órgãos ambientais quanto pela comprovação de constarem dos projetos técnicos e estudos ambientais que devem subsidiar o procedimento de licenciamento ambiental, o pleito de financiamento, entre outros. Com relação ao licenciamento ambiental prévio e as licenças ambientais, que devem ser exigidos e apresentados para a contratação do financiamento, deve ser ressaltado que são providências mínimas a serem adotadas pelas instituições financeiras, que podem impor outras exigências em razão da liberdade de contratar, mas, que, por si só, não representam salvo-conduto em caso de ocorrência de degradação ambiental, uma vez que restará intacto o nexo de causalidade entre a atividade financeira e a degradação ambiental.

A partir da celebração do contrato de financiamento, ainda que não se realize neste momento a transferência do dinheiro para o mutuário, o contrato de mútuo já existe e produz efeitos entre os contratantes, sendo o principal deles a disponibilização do crédito para a execução do projeto financiado, o que vincula a instituição financeira à ocorrência da degradação ambiental. Analisando o artigo 12 e parágrafo único da Lei nº 6.938/1981 (Lei da Política Nacional do Meio Ambiente), vê-se que o cumprimento das normas, dos critérios e dos padrões expedidos pelo Conselho Nacional do Meio Ambiente (CONAMA), bem como a realização de obras e a aquisição de equipamentos destinados ao controle da degradação ambiental e à melhoria da qualidade ambiental, devem ser considerados *pressupostos instantâneos de efeitos permanentes*, uma vez que, além do atendimento no ato da contratação, devem continuar a ser atendidos durante a vigência do contrato, a execução do projeto e a operação do empreendimento.

Ressalte-se, aqui, que o cumprimento de *standards* fixados pelo Conselho Nacional do Meio Ambiente (CONAMA), por exemplo, e as expressões "controle" e "melhoria" reclamam permanente atuação, tanto durante a vigência do contrato de mútuo quanto depois de extinta a relação entre mutuante e mutuário por quitação ou rescisão contratual, uma vez que a obrigatoriedade do cumprimento de normas, critérios e padrões, bem como controle e melhoria da qualidade ambiental, não são impostas somente nos casos de concessão de financiamento, mas, sim, a todos os empreendimentos e empreendedores, público e privados, durante todo o tempo de operação da atividade. Em face disso, durante o período de vigência do financiamento se mostra adequado o acompanhamento da execução do projeto financiado por parte das instituições financeiras que constando ação ou omissão do empreendedor que revele indícios de descumprimento, por exemplo, dos *standards* fixados pelo Conselho Nacional do Meio Ambiente (CONAMA), da não realização de obras ou da não aquisição de equipamentos destinados, respectivamente, ao controle da degradação ambiental e à melhoria da qualidade do meio ambiente, devem imediatamente notificar o mutuário e suspender o crédito ou a liberação de parcelas do financiamento até a correção das inadequações ambientais.

No que diz respeito ao momento posterior à quitação ou à rescisão do contrato de mútuo, as instituições financeiras podem vir a ser responsabilizadas civilmente por danos ambientais relacionados com as obras ou as atividades financiadas, bastando para isso que se comprove o nexo de causalidade, uma vez que há danos ambientais que podem eclodir ou ser suportados muito tempo depois de expirada a vigência do mútuo, expondo a transtemporalidade e a imprevisibilidade típica da complexa questão ambiental e da sociedade de risco. Nestas hipóteses, ainda que se adote a teoria do risco integral e a da equivalência das condições, deverá ser analisado o caso concreto para dele se extrair o elemento causal a possibilitar a imputação, o que não se revela impossível, apesar das dificuldades.

A respeito da limitação objetiva ou quantitativa da responsabilidade civil do financiador, afirme-se que não se encontra nas disposições constitucionais ou infraconstitucionais qualquer menção expressa que preveja a tarifação, a fixação de teto ou limitação, a qualquer título, da responsabilidade civil por danos ao meio ambiente, tanto com relação ao poluidor direto quanto ao indireto. Mas, ao contrário, o princípio da reparação integral e a solidariedade passiva, previstos nos artigos 225, § 3º, da Constituição Federal, e nos artigos 3º, inciso IV, 4º, inciso VII, e 14, § 1º, da Lei nº 6.938/1981 (Lei da Política Nacional do Meio Ambiente), tornam ilegítima qualquer iniciativa legislativa e inadequada a interpretação em sentido contrário.

Assim, contrapondo qualquer limitação objetiva ou quantitativa da responsabilidade civil ambiental das instituições financeiras em decorrência de danos ambientais relacionados com obras ou atividades financiadas, reafirme-se que o ordenamento jurídico brasileiro adota o regime objetivo de responsabilidade civil, o princípio da reparação integral e a solidariedade passiva. Portanto, a limitação da responsabilidade civil por dano ambiental não se harmoniza com a teleologia da Constituição Federal e do ordenamento jurídico positivo, que se vinculam umbilicalmente ao princípio da reparação integral.

Não se deve admitir a limitação subjetiva e a exclusão das instituições financeiras do rol dos poluidores indiretos por haverem cumprido, por exemplo, o disposto no artigo 12 e parágrafo único da Lei nº 6.938/1981 (Lei da Política Nacional do Meio Ambiente), tanto com base na licitude da atividade quanto na incidência de excludentes de responsabilidade.

Quanto à limitação fundada na licitude, sabe-se que os danos ambientais podem ocorrer ainda que os padrões de emissão de poluentes e demais condicionantes da licença sejam cumpridas, tendo em vista que conceito jurídico de dano não se restringe ao critério de atendimento de parâmetros legais. Este posicionamento é a confirmação e a mais adequada interpretação do disposto no artigo 225, § 3º, da Constituição Federal, e nos artigos 4º, inciso VII, e 14, § 1º, da Lei nº 6.938/1981 (Lei da Política Nacional do Meio Ambiente), que não exigem ilicitude ou abuso de direito para a instauração do nexo de causalidade entre a atividade e o dano ambiental.

A respeito das excludentes de responsabilidade civil, como o caso fortuito e a força maior, previstas no artigo 393 e parágrafo único do Código Civil de 2002, deve ser ressaltado que não incidem nas hipóteses de danos ambientais, tanto com relação ao poluidor direto quanto ao poluidor indireto, como no caso das instituições financeiras, uma vez que há incompatibilidade fundamental com a irrenunciabilidade e a inalienabilidade do direito humano fundamental ao meio ambiente, além do que para a análise das referidas excludentes há a necessidade de se analisar se houve ou não culpa do autor da conduta, o que não se harmoniza com a teoria objetiva.

A respeito da limitação temporal da responsabilidade civil ambiental em razão do decurso do tempo ou da prescrição cumpre ressaltar sua não incidência nos casos de danos ambientais, tanto com relação ao poluidor direto quanto ao poluidor indireto, no caso as instituições financeiras, pois, a toda evidência, há incompatibilidade fundamental com o aspecto da imprescritibilidade do direito humano fundamental ao meio ambiente. Além disso, deve ser reconhecida a imprescritibilidade de direitos que pertençam ao sujeito independentemente de sua vontade ou de direitos dos quais o titular não possa dispor, como aqueles relacionados à vida, à dignidade humana e, enfim, ao meio ambiente.

Enfim, ainda que complexas e intrincadas as relações que envolvem a responsabilidade civil ambiental das instituições financeiras na hipótese de danos ambientais relacionados com as obras ou atividades financiadas, conclui-se que a questão precisa ser debatida com mais atenção e seriedade, sempre fundada no conhecimento científico e em critérios objetivos, afastando os interesses puramente econômicos ou políticos que entorpecem as interpretações, tudo para que se proporcione à sociedade uma maior efetividade na ansiada e constitucional defesa do meio ambiente.

# Referências

ABBAGNANO, Nicola. *Dicionário de Filosofia*. Alfredo Bosi e Ivone Castilho Benedetti (Trad.). 5. ed. São Paulo: Martins Fontes, 2007.

ADAMI, Humberto. Meio Ambiente e Bancos: 10 anos depois, a volta da questão da responsabilidade ambiental das instituições financeiras. Advocacia de combate e estratégias, colocando lado a lado movimento social e ministério público. In: WERNECK, Mário; SILVA, Bruno Campos; MOURÃO, Henrique A; MORAES, Marcus Vinicius Ferreira de; OLIVEIRA, Walter Soares (Coord.). *Direito Ambiental*: visto por nós advogados. Belo Horizonte: Del Rey, 2005.

ALENCAR, José de. *A Propriedade*. Brasília: Senado Federal, Conselho Editorial: Superior Tribunal de Justiça, 2004.

ALESSI, Renato. *Sistema Istituzionale del Diritto Amministrativo Italiano*. 2. ed. Milão: Giuffrè, 1960.

ALTAVILA, Jayme de. *Origem dos Direitos dos 0Povos*. 11. ed. São Paulo: Ícone, 2006.

ALVES, José Carlos Moreira. *Direito Romano*. 14. ed. Rio de Janeiro: Forense, 2007.

ALVES, Wagner Antônio. *Princípios da Precaução e da Prevenção do Direito Ambiental Brasileiro*. São Paulo: Juarez de Oliveira, 2005.

ALVIM, Agostinho. *Da Inexecução das Obrigações e suas Conseqüências*. 5. ed. São Paulo: Saraiva, 1980.

AMAZÔNIA. Protocolo Verde. *Arquivos online*. Disponível em: <http://www.amazonia.org.br/arquivos/168395.pdf>. Acesso em: 17 dez. 2008.

ANTUNES, Paulo de Bessa. *Direito Ambiental*. 7. ed. Rio de Janeiro: Lumen Juris, 2004.

——. *Política Nacional do Meio Ambiente:* comentários à Lei 6.938, de 31 de agosto de 1981. Rio de Janeiro: Lumen Juris, 2005.

ANUATTI NETO, Francisco. Regulamentação dos mercados. *In*: PINHO, Diva Benevides; VASCONCELLOS, Marco Antonio Sandoval de. (Org.). *Manual de Economia*. 5. ed. São Paulo: Saraiva, 2006.

ARAGÃO, Maria Alexandra de Sousa. *Direito Comunitário do Ambiente*. Coimbra: Almedina, 2002. (Cadernos Cedoua).

——. *O Direito dos Resíduos*. Coimbra: Almedina, 2003.

——. *O Princípio do Poluidor Pagador*. Coimbra: Coimbra Editora, 1997.

ARGENTINA. Código Civil Argentino. *Legislação online*. Disponível em: <http://www.jusneuquen.gov.ar/share/legislacion/leyes/codigos/codigo_civil/CC_art2506a2610.htm>. Acesso em: 16 set. 2008.

ARISTÓTELES. *Ética a Nicomaco*. Edson Bini (Trad.). 2. ed. Bauru: EDIPRO, 2007.

ARRUDA, Paula Tonani Matteis de. *Responsabilidade Civil Decorrente da Poluição por Resíduos Sólidos Domésticos*. São Paulo: Método, 2004.

ASCENSÃO, José de Oliveira. *Direito Civil Teoria Geral.* 2. ed. Coimbra: Coimbra, 2003, V. 2.

——. *Direito Civil Teoria Geral.* Coimbra: Coimbra Editora, 2002, V. 3.

ASSIS, Alexandre Camanho de. O Princípio do Poluidor-Pagador: Presença Controvertida na Política Nacional do Meio Ambiente. *In*: ROCHA, João Carlos de Carvalho; HENRIQUES FILHO, Tarcísio Humberto Parreiras; CAZETTA, Ubiratan. (coord.). *Política Nacional do Meio Ambiente:* 25 anos da Lei n° 6.938/81. Belo Horizonte: Del Rey, 2007.

ATHIAS, Jorge Alex Nunes. *Responsabilidade Civil e Meio Ambiente:* breve panorama do Direito brasileiro. *In*: BENJAMIN, Antonio Hermann (coord.). Dano Ambiental: prevenção, reparação e repressão. São Paulo: Revista dos Tribunais, 1993.

ÁVILA, Humberto. *Teoria dos Princípios*: da definição à aplicação dos princípios jurídicos. 6. ed. São Paulo: Malheiros, 2006.

AZEVEDO, Antonio Carlos do Amaral. *Dicionários de Nomes, Termos e Conceitos Históricos.* 2. ed. Rio de Janeiro: Nova Fronteira, 1997.

AZEVEDO, Luiz Carlos de. *Introdução à História do Direito.* 2. ed. São Paulo: Revista dos Tribunais, 2007.

BACHELARD, Gaston. *A Formação do Espírito Científico.* Estela dos Santos Abreu (Trad.). Rio de Janeiro: Contraponto, 1996.

BANCO CENTRAL DO BRASIL. Da Responsabilidade Ambiental das Instituições Financeiras. *Doutrina online.* Disponível em: <http://www.bcb.gov.br/crsfn/doutrina/ResponsabilidadeAmbiental.htm>. Acesso em: 16 mar. 2008.

——. Manual de Crédito Rural do Banco Central do Brasil. *Normativo online.* Disponível em: <http://www4.bcb.gov.br/NXT/gateway.dll?f=templates&fn=default.htm&vid=nmsDenorMCR:idvDenorMCR>. Acesso em: 1 dez. 2008.

——. Resolução n° 3.545, de 29 de fevereiro de 2008, do Conselho Monetário Nacional. *Normativo online.* Disponível em: <https://www3.bcb.gov.br/normativo/detalharNormativo.do?N=108019002&method=detalharNormativo>. Acesso em: 24 nov. 2008.

——. Resolução n° 3.545, de 29 de fevereiro de 2008, do Conselho Monetário Nacional. *Normativo online.* Disponível em: <https://www3.bcb.gov.br/normativo/detalharNormativo.do?N=108019002&method=detalharNormativo>. Acesso em: 24 nov. 2008.

——. Resolução n° 3.803, de 28 de outubro de 2009, do Conselho Monetário Nacional. *Normativo online.* Disponível em: <https://www3.bcb.gov.br/normativo/detalharNormativo.do?N=109093035&method=detalharNormativo>. Acesso em: 19 jan. 2010.

——. Resolução n° 3.813, de 26 de novembro de 2009, do Conselho Monetário Nacional. *Normativo online.* Disponível em: <https://www3.bcb.gov.br/normativo/detalharNormativo.do?N=109102943&method=detalharNormativo>. Acesso em: 19 jan. 2010.

BARROSO, Lucas Abreu. A Obrigação de Indenizar e a Determinação da Responsabilidade Civil por Dano Ambiental. Rio de Janeiro: Forense, 2006.

BARROSO, Luis Roberto. *Curso de Direito Constitucional Contemporâneo*: os conceitos fundamentais e a construção de um novo modelo. São Paulo: Saraiva, 2009.

BASTOS, Celso Ribeiro; MARTINS, Ives Gandra da Silva. *Comentários à Constituição do Brasil.* São Paulo: Saraiva, 1989, vol. II.

BEAUCHAMP, Chantal. *Revolução Industrial e Crescimento Econômico no Século XIX.* Carlos Alberto Aboim de Brito (Trad.). Lisboa: Edições 70, 1998.

BENJAMIM, Antônio Herman Vasconcelos. *Direito Ambiental Constitucional Brasileiro*. In: CANOTILHO, José Joaquim Gomes; LEITE, José Rubens Morato (orgs.). *Direito Constitucional Ambiental Brasileiro*. São Paulo: Saraiva, 2007.

BENJAMIN, Antonio Herman Vasconcelos. O Princípio Poluidor-Pagador e a Reparação do Dano Ambiental. In: BENJAMIN, Antonio Herman Vasconcelos (coord.). *Dano Ambiental*: prevenção, reparação e repressão. São Paulo: Revista dos Tribunais, 1993.

———. Reflexões sobre a Hipertrofia do Direito de Propriedade na Tutela da Reserva Legal e das Áreas de Preservação Permanente. *Revista de Direito Ambiental*. São Paulo: Revista dos Tribunais, nº 4, out./dez., 1996.

———. Responsabilidade pelo dano ambiental. *Revista de Direito Ambiental*. São Paulo: Revista dos Tribunais, nº 9, jan./mar., 1998

BERCOVICI, Gilberto. *Constituição Econômica e Desenvolvimento:* uma leitura a partir da Constituição de 1988. São Paulo: Malheiros, 2005.

BERGEL, Jean-Louis. *Teoria Geral do Direito*. Maria Ermantina de Almeida Prado Galvão (Trad.). 2. ed. São Paulo: Martins Fontes, 2006.

BEVILAQUA, Clóvis. *Código Civil dos Estados Unidos do Brasil Commentado*. 7. ed. Rio de Janeiro: Livraria Francisco Alves, 1946, V. 4.

———. *Código Civil dos Estados Unidos do Brasil Commentado*. 7. ed. Rio de Janeiro: Livraria Francisco Alves, 1944, V. 1,

———. *Código Civil dos Estados Unidos do Brasil Commentado*. 7. ed. Rio de Janeiro: Livraria Francisco Alvez, 1945, V. 3..

BIRNFELD, Carlos André. Algumas Perspectivas sobre a Responsabilidade Civil do Poluidor por Danos Ambientais. In: LEITE, José Rubens Morato; BELLO FILHO, Ney de Barros. (org.). *Direito Ambiental Contemporâneo*. Barueri: Manole, 2004, p. 357-378.

BNDES. BANCO NACIONAL DE DESENVOLVIMENTO. Protocolo Verde. *Texto online*. Disponível em: < http://www.bndes.gov.br/ProtocoloVerde.pdf>. Acesso em: 17 dez. 2008.

BOBBIO Norberto. *Teoria do Ordenamento Jurídico*. Cláudio De Cicco e Maria Celeste C. J. Santos (Trad.). São Paulo: Polis; Brasília: Universidade de Brasília, 1989.

———. *A Era dos Direitos*. Rio de Janeiro: Campus, 1992.

———. *O Positivismo Jurídico:* lições de filosofia do direito. Márcio Pugliesi, Edson Bini, Carlos E. Rodrigues (Trad.). São Paulo: Ícone, 2006.

BOFF, Leonardo. *Ecologia, mundialização e espiritualidade*. Rio de Janeiro: Record, 2008.

BOLIVIA. Código Civil Boliviano. *Legislação online*. Disponível em: <http://www.cajpe.org.pe/rij/bases/legisla/bolivia/ley11.HTM>. Acesso em: 16 set. 2008.

BONAVIDES, Paulo. *Curso de Direito Constitucional*. 21. ed. São Paulo: Malheiros, 2007.

———. *Do Estado Liberal ao Estado Social*. 7. ed. São Paulo: Malheiros, 2004.

BORGES, Roxana Cardoso Brasileiro. Função Ambiental da Propriedade. *Revista de Direito Ambiental*. São Paulo: Revista dos Tribunais, nº 9. jan./mar. 1998.

BORGES, Wilson Hilário. *Historicidade e Materialidade dos Ordenamentos Jurídicos*. São Paulo: Edusp, Ícone, 1993.

BOVESPA. ISE. Índice de Sustentabilidade Empresarial. *Texto online*. Disponível em: < http://www.bovespa.com.br/Pdf/Indices/ISE.pdf>. Acesso em: 29 dez. 2008.

BRASIL. Código Civil. *Constituição Federal. Código Civil. Código de Processo Civil. Código Comercial*. Yussef Said Cahali (org.). 9. ed. São Paulo: Revista dos Tribunais, 2007.

―――. *Coletânea de Legislação Ambiental, Constituição Federal.* Odete Medauar (org.). 8. ed. São Paulo: Revista dos Tribunais, 2009.

―――. *Coletânea de Legislação Ambiental, Constituição Federal.* Odete Medauar (org.). 10. ed. São Paulo: Revista dos Tribunais, 2011.

―――. Constituição Federal de 1946. *Legislação on line.* Disponível em: <http://www.planalto.gov.br/ccivil_03/Constituicao/Constituiçao46.htm>. Acesso em: 30 jun. 2009.

―――. Constituição Federal de 1946. *Legislação online.* Disponível em: <http://www.planalto.gov.br/ccivil_03/Constituicao/Constituiçao46.htm>. Acesso em: 8 out. 2008. Artigo 141, § 16, da Constituição Federal de 1946.

―――. Constituição Federal de 1967. Emenda Constitucional n° 1/1969. *Legislação on line.* Disponível em: <http://www.planalto.gov.br/ccivil_03/Constituicao/Emendas/Emc_anterior1988/emc01-69.htm>. Acesso em 30 jun. 2009.

―――. Constituição Federal de 1967. *Legislação on line.* Disponível em: <http://www.planalto.gov.br/ccivil_03/Constituicao/Constituiçao67.htm>. Acesso em: 30 jun. 2009.

―――. *Constituição Federal. Código Civil. Código de Processo Civil. Código Comercial.* Yussef Said Cahali (org.). 9. ed. São Paulo: Revista dos Tribunais, 2007.

―――. Constituição Federal. *Coletânea de Legislação Ambiental, Constituição Federal.* Odete Medauar (org.). 8. ed. São Paulo: Revista dos Tribunais, 2009.

―――. Decreto de 28 de abril de 1995. *Legislação online.* Diponível em: <http://www.planalto.gov.br/ccivil_03/DNN/Anterior%20a%202000/1995/Dnn3103.htm>. O texto foi alterado pelo Decreto de 29 de maio de 1995. *Legislação online.* Disponível em: <http://www.planalto.gov.br/ccivil_03/DNN/Anterior%20a%202000/1995/Dnn3136.htm>. Acesso em: 29 dez. 2008.

―――. Decreto n° 6.961, de 17 de setembro de 2009. *Legislação on line.* Disponível em: <https://www.planalto.gov.br/ccivil_03/_ato2007-2010/2009/decreto/d6961.htm>. Acesso em 15 jan. 2010.

―――. *Legislação Bancária.* Marcos Rolim Fernandes e Ivo Waisberg (orgs.). São Paulo: Quartier Latin, 2006.

―――. Lei n° 11.105/2005. *Legislação online.* Disponível em: <https://www.planalto.gov.br/ccivil_03/_Ato2004-2006/2005/Lei/L11105.htm>. Acesso em: 30 jun. 2009.

―――. Lei n° 4.829, de 5 de novembro de 2965. *Legislação on line.* Disponível em: <https://https://www.planalto.gov.br/ccivil_03/leis/l4829.htm>. Acesso em 15 jan. 2010.

―――. *Coletânea de Legislação Ambiental, Constituição Federal.* Odete Medauar (org.). 8. ed. São Paulo: Revista dos Tribunais, 2009.

―――. Lei n° 8.974/1995 (revogada). *Legislação on line.* Disponível em: <https://www.planalto.gov.br/ccivil_03/leis/l8974.htm>. Acesso em: 30 jun. 2009.

―――. *Novo Código Civil:* Exposição de Motivos e Texto Sancionado. Brasília: Senado Federal, Subsecretaria de Edições Técnicas, 2002.

―――. Lei n° 12.187/2009. *Coletânea de Legislação Ambiental, Constituição Federal.* Odete Medauar (org.). 10. ed. São Paulo: Revista dos Tribunais, 2010.

―――. Superior Tribunal de Justiça. *Recurso Especial n° 633.250.* Quinta Turma, Brasília, DF, 21 nov. 2006. Diário Oficial da República Federativa do Brasil. Poder Executivo. Diário da Justiça, Poder Judiciário, Brasília, DF 26 fev. 2007.

―――. Supremo Tribunal Federal. *Ação Direta da Inconstitucionalidade n° 2.591.* Plenário, Brasília, DF, 7 jun. 2006. Diário Oficial da República Federativa do Brasil. Poder Executivo. Diário da Justiça, Poder Judiciário, Brasília, DF, 29 set. 2006.

_____. Supremo Tribunal Federal. *Agravo Regimental no Recurso Extraordinário nº 318.136*. Segunda Turma, Brasília, DF, 12 jun. 2006. Diário Oficial da República Federativa do Brasil. Poder Executivo. Diário da Justiça, Poder Judiciário, Brasília, DF 6 out. 2006.

_____. Supremo Tribunal Federal. *Mandado de Segurança nº 22.164*. Tribunal Pleno, Brasília, DF, 30 de outubro de 1995. Diário Oficial da República Federativa do Brasil. Poder Executivo. Diário da Justiça, Poder Judiciário, Brasília, DF, 17 nov. 1995.

_____. Superior Tribunal de Justiça. *Recurso Especial nº 650.728*. Segunda Turma, Brasília, DF, 23 de outubro de 2007. Diário Eletrônico do Superior Tribunal de Justiça. Poder Judiciário, Brasília, DF, 02 dez. 2009.

_____. Superior Tribunal de Justiça. *Recurso Especial nº 1.090.968*. Segunda Turma, Brasília, DF, 15 de junho de 2010. Diário Eletrônico do Superior Tribunal de Justiça. Poder Judiciário, Brasília, DF, 03 ago. 2010.

_____. Superior Tribunal de Justiça. *Recurso Especial nº 1.071.741*. Segunda Turma, Brasília, DF, 24 de março de 2009. Diário Eletrônico do Superior Tribunal de Justiça. Poder Judiciário, Brasília, DF, 16 dez. 2010.

_____. Tribunal de Justiça de Mato Grosso. *Recurso de Apelação Cível nº 25.408*. Segunda Câmara Cível. MT, 17 abr. 2001.

_____. Tribunal Regional Federal da 1ª Região. *Agravo de Instrumento nº 2002.01.00.036329-1*. Quinta Turma. DF, 15.12.2003. Diário Oficial da República Federativa do Brasil. Poder Executivo. Diário da Justiça, Poder Judiciário, Brasília, DF 13 set. 2004.

BRITO, Edvaldo. *A Constituição Federal Brasileira 1988*: interpretações. Rio de Janeiro: Forense Universitária. Fundação Dom Cabral. Academia Internacional de Direito e Economia, 1988.

BUCCI, Maria Paula Dallari. *Direito Administrativo e Políticas Públicas*. São Paulo: Saraiva, 2002.

CABRAL, Roque; CAEIRO, Francisco da Gama; FREITAS, Manoel da Costa; MORUJÃO, Alexandre Fradique; BACELAR e OLIVEIRA, José do Patrocínio; PAIM, António (Dir.). [et. All]. *Logos*: enciclopédia luso-brasileira de filosofia. Lisboa/São Paulo: Verbo, 1990, p. 116. Vol. II.

CAFFERATTA, Néstor A. Princípio de Derecho Ambiental. *In*: *Régimen Jurídico Ambiental de La República del Paraguay*. Assunção: Instituto de Derecho y Economia Ambiental, 2007.

CANOTILHO, José Joaquim Gomes; MOREIRA, Vital. *Fundamentos da Constituição*. Coimbra: Coimbra, 1991.

CARVALHO, Délton Winter de. *Dano Ambiental Futuro*: a responsabilização pelo risco ambiental. Rio de Janeiro: Forense Universitária, 2008.

CATALAN, Marcos. *Proteção Constitucional do Meio Ambiente e seus Mecanismos de Tutela*. São Paulo: Método, 2008.

CAVALIERI FILHO, Sérgio. *Programa de Responsabilidade Civil*. 7. ed. São Paulo: Atlas, 2007.

CEBDS. CONSELHO EMPRESARIAL BRASILEIRO PARA O DESENVOLVIEMENTO SUSTENTÁVEL. Quem somos. *Texto online*. Disponível em: <http://www.cebds.org.br/cebds/cebds-quem-somos.asp>. Acesso em: 17 dez. 2008.

_____. CONSELHO EMPRESARIAL BRASILEIRO PARA O DESENVOLVIEMENTO SUSTENTÁVEL. CTFIN. *Texto online*. Disponível em: <http://www.cebds.org.br/cebds/fi-ctfin.asp>. Acesso em: 17 dez. 2008.

CENEVIVA. Walter. *Lei dos Registros Públicos Comentada*. 10. ed. São Paulo: Saraiva, 1995.

CHILE. Código Civil Chileno. *Legislação online*. Disponível em: <http://www.cajpe.org.pe/rij/bases/legisla/chile/codcivch.htm>. Acesso em: 16 set. 2008.

CNBB – Conselho Nacional dos Bispos do Brasil. Campanha da Fraternidade. *Modulo online*. Disponível em: <http://www.cnbb.org.br/ns/modules/mastop_publish/?tac=574>. Acesso em: 02 abr. 2009.

COLOMBIA. Código Civil Colombiano. *Legislação online*. Disponível em: <https://www.superservicios.gov.co/basedoc/docs/codigos/c_civil.html>. Acesso em: 16 set. 2008.

COMP\ENVIR2\CERCLA. *Comprehensive Environmental Response, Compensation, and liability act of 1980 "SUPERFUND"*. Texto online. Disponível em: <http://epw.senate.gov/cercla.pdf>. Acesso em: 17 dez. 2008.

COMPARATO, Fábio Konder. *A Afirmação Histórica dos Direitos Humanos*. 2. ed. São Paulo: Saraiva, 2001.

──. *Ética*: direito, moral e religião no mundo moderno. São Paulo: Companhia das Letras, 2006.

──. Função Social da Propriedade dos Bens de Produção. *Revista de Direito Mercantil, Industrial, Econômico e Financeiro*. São Paulo: Revista dos Tribunais, nº 63. ano XXV (Nova Série). jul./set., 1986.

COULANGES, Fustel de. *A Cidade Antiga*. Fernando de Aguiar (Trad.). 4. ed. São Paulo: Martins Fontes, 1998.

DANILO Marcondes. *Iniciação à História da Filosofia*: dos pré-socráticos a Wittgenstein. 2. ed. Rio de Janeiro: Jorge Zahar Editor, 1998.

DE CICCO, Cláudio. *Direito*: tradição e modernidade. São Paulo: Ícone, 1993.

──. História do Pensamento Jurídico e da Filosofia do Direito. 3. ed. São Paulo: Saraiva, 2007.

DEL VECCHIO, Giorgio. *História da Filosofia do Direito*. João Baptista da Silva (Trad.). Belo Horizonte: Líder, 2006.

DERANI, Cristiane. *Direito Ambiental Econômico*. 3. ed. São Paulo: Saraiva, 2008.

DESTEFENNI, Marcos. A Responsabilidade Civil Ambiental e as Formas de Reparação do Dano Ambiental: aspectos teóricos e práticos. Campinas: Bookseller, 2005.

DIAS, José de Aguiar. *Da Responsabilidade Civil*. 11. ed. revista, atualizada de acordo com o Código Civil de 2002, e aumentada por Rui Berford Dias. Rio de Janeiro: Renovar, 2006.

DIAS, José Eduardo Figueiredo. *Direito Constitucional e Administrativo do Ambiente*. 2. ed. Coimbra: Almedina, 2007.

DINIZ, Maria Helena. *Código Civil Anotado*. São Paulo: Saraiva, 1995.

──. *Sistemas de Registros Públicos*. São Paulo: Saraiva, 1992.

DOW JONES SUSTAINABILITY INDEXES. Components – Djsi World And Djsi World Ex Us. *Texto online*. Disponível em: <http://www.sustainability-index.com/07_htmle/data/djsiworld.html>. Acesso em: 18 dez. 2008.

DUGUIT, Léon. *Fundamentos do Direito*. Campinas: Servanda Editora, 2008.

EL SALVADOR. Código Civil Salvadoreño. *Legislação online*. Disponível em: <http://www.ssf.gob.sv/frm_marco/codigos/cdg_civil.doc>. Acesso em: 16 set. 2008.

ENGISH, Karl. *Introdução do Pensamento Jurídico*. J. Baptista Machado. (Trad.). 6. ed. Lisboa: Calouste Gulbekian, 1983.

EQUADOR. Código Civil Ecuatoriano. *Legislação online.* Disponível em: <http://www.dlh.lahora.com.ec/paginas/judicial/PAGINAS/Codcivil2.html#anchor717059>. Acesso em: 16 set. 2008.

——. Princípios do Equador. Um referencial do setor financeiro para identificação, avaliação e gestão de risco socioambiental no financiamento de projetos. Londres: Julho de 2006. *Texto online.* Disponível em: <http://www.equator-principles.com/documents/ep_translations/EP_Portuguese.pdf>. Acesso em: 18 dez. 2008. Tradução não oficial.

ESPANHA. Código Civil Espanhol. *Legislação online.* Disponível em: <http://www.ucm.es/info/civil/jgstorch/leyes/cc_0512.htm#TÍTULO%20II.%20De%20la%20propiedad>. Acesso em: 16 set. 2008.

EUR-LEX. Tratado da União Européia (versão consolidada), Jornal Oficial da União Européia n° C 115. 09 de maio de 2008, p. 1-388. *Texto online.* Disponível em: <http://eur-lex.europa.eu/LexUriServ/LexUriServ.do?uri=OJ:C:2008:115:0001:01:PT:HTML>. Acesso em: 9 dez. 2008.

——. Tratado da União Européia, Jornal Oficial da União Européia n° C 191, de 29 de julho de 2002. *Texto online.* Disponível em: <http://eur-lex.europa.eu/pt/treaties/dat/11992M/htm/11992M.html#0001000001>. Acesso em: 10 dez.2008.

——. Tratado da União Européia. Jornal Oficial da Comunidade Européia n° C 112, de 20 de dezembro de 1973. *Texto online.* Disponível em: <http://eur-lex.europa.eu/LexUriServ/LexUriServ.do?uri=CELEX:41973X1220:PT:HTML>. Acesso em: 10 dez. 2008.

FARIAS, Talden. *Licenciamento ambiental:* aspectos teóricos e práticos. Belo Horizonte: Fórum, 2007.

FEDERAÇÃO DOS BANCÁRIOS DO PARANÁ. Lucro dos Bancos. *Texto on line.* Disponível em: <http://www.feebpr.org.br/lucroban.htm>. Acesso em: 30 jul. 2009.

FERRAZ, Sérgio. *Responsabilidade Civil por Dano Ecológico.* Revista de Direito Público, São Paulo: Revista dos Tribunais, n° 49-50, jan./set., 1979.

FERREIRA, Pinto. *Comentário à Constituição Brasileira.* São Paulo: Saraiva, 1994, V. 6.

FERREIRA FILHO, Manoel Gonçalves. *Direitos Humanos Fundamentais.* 4. ed . São Paulo: Saraiva, 2000.

FIGUEIREDO, Guilherme José Purvin de. *A Propriedade no Direito Ambiental.* Rio de Janeiro: Esplanada, 2004.

FIORILLO, Celso Antônio Pacheco. *Curso de Direito Ambiental Brasileiro.* 8. ed. São Paulo: Saraiva, 2007.

FRANÇA, Vladimir da Rocha. Um Estudo Sobre a Relação Entre o Estado e a Propriedade Privada. *Revista de Direito Constitucional e Internacional.* São Paulo: Revista dos Tribunais, n° 37, out./dez., 2001.

FREITAS, Vladimir Passos de. *A Constituição Federal e a Efetividade das Normas Ambientais.* 2. ed. São Paulo: Revista dos Tribunais, 2002.

GASPAR, Pedro Portugal. *O Estado de Emergência Ambiental.* Coimbra: Almedina, 2005.

GERENT, Juliana. Internalização das externalidades negativas ambientais: uma breve análise jurídico-econômica. *Revista de Direito Ambiental.* São Paulo: Revista dos Tribunais, n° 44, out./dez., 2002, p. 58-61.

GILISSEN, John. *Introdução Histórica ao Direito.* 2. ed. A. M. Hespanha e L. M. Macaísta Malheiros (Trad.). Lisboa: Fundação Calouste Gulbenkian, 1995.

GINA, Marques; GONÇALVES, Alexandre. Manipulação genética e poluição são pecados modernos, diz Vaticano. O Estado de São Paulo, São Paulo, 11 mar. 2008, Geral, p. A16. *Artigo online*. Disponível em: < http://www.estadao.com.br/geral/not_ger138183,0.htm>. Acesso em: 17 out. 2008.

GOMES, Orlando. *Introdução ao Direito Civil*. 8. ed. Rio de Janeiro: Forense, 1986.

GONZÁLEZ, José Alberto. *Responsabilidade Civil*. Lisboa: Quid Juris. 2007.

GOUVEIA, Ana; MARTINS, Freitas. *O Princípio da Precaução no Direito do Ambiente*. Lisboa: Associação Acadêmica da Faculdade de Direito de Lisboa, 2002.

GOYARD-FABRE, Simone. *Fundamentos da Ordem Jurídica*. Cláudia Berliner (Trad.). Revisão da tradução Maria Ermantina Galvão. São Paulo: Martins Fontes, 2002.

GRAU, Eros Roberto. *A Ordem Econômica na Constituição de 1988*. 11. ed. São Paulo: Malheiros, 2006.

GRIZZI, Ana Luci Esteves; BERGAMO, Cintia Izilda; HUNGRIA, Cynthia Ferragi; CHEN, Josephine Eugenia. *Responsabilidade Civil Ambiental dos Financiadores*. Rio de Janeiro: Lumen Juris, 2003.

GROTTI, Dinorá Adelaide Musetti. *Inviolabilidade do Domicílio na Constituição*. São Paulo: Malheiros, 1993.

GUATEMALA. Código Civil Guatemalteco. *Legislação online*. Disponível em: <http://www.oj.gob.gt/es/QueEsOJ/EstructuraOJ/UnidadesAdministrativas/CentroAnalisisDocumentacionJudicial/cds/2004/PDFs/Codigos/CODIGO%20CIVIL.pdf>. Acesso em: 16 set. 2008.

GUEDES, Glênio Sabbad. Da Responsabilidade Ambiental das Instituições Financeiras. *Texto online*. Disponível em: <http://www.bcb.gov.br/crsfn/doutrina/ResponsabilidadeAmbiental.htm>. Acesso em: 16 mar. 2008.

GUIMARÃES JUNIOR, Renato. O Futuro do Ministério Público como Guardião do Meio Ambiente e a História do Direito Ecológico. *Revista Justitia*. São Paulo: Procuradoria-Geral de Justiça. Associação Paulista do Ministério Público, nº 113, abr./jun., 1981, p. 151-192.

HART, Herbert L. A. *O Conceito de Direito*. A. Ribeiro Mendes (Trad.). Lisboa: Fundação Calouste Gulbekian, 2007.

HART, Michael H. *As 100 Maiores Personalidades da História:* uma classificação das pessoas que mais influenciaram a história. Antônio Canavarro Pereira (Trad.). Rio de Janeiro: DIFEL, 2001.

HEILBRONER, Robert L. *O Capitalismo do Século XXI*. Sergio Goes de Paula (Trad.). Rio de Janeiro: Jorge Zahar, 1994.

HESSE, Konrad *A Força Normativa da Constituição*. Porto Alegre: Sérgio Antonio Fabris Editor, 1991.

——. *Derecho Constitucional y Derecho Privado*. Ignacio Gutiérrez Gutiérrez (Trad.). Madrid: Civitas Ediciones, 1995.

HOBSBAWM, E. J. *A Revolução Francesa*. Maria Tereza Lopes Teixeira e Marcos Penchel (Trad.). Rio de Janeiro: Paz e Terra, 1996 (Coleção Leitura).

HONDURAS. Código Civil Hondurenho. *Legislação online*. Disponível em: <http://www.honduraslegal.com/legislacion/civil.htm>. Acesso em: 16 set. 2008.

HOUAISS, Antônio; VILLAR, Mauro de Salles. *Dicionário Houaiss da Língua Portuguesa*. Rio de Janeiro: Objetiva, 2001.

HUNT, E. K. *História do Pensamento Econômico*: uma perspectiva crítica. José Ricardo Brandão Azevedo e Maria José Cyhlar Monteiro (Trad.). 2. ed. Rio de Janeiro: Elsevier, 2005.

IFC. CORPORAÇÃO FIANANCEIRA INTERNACIONAL. Política de Sustentabilidade Social e Ambiental. 30 de abril de 2006. *Texto online*. Disponível em: <http://www.ifc.org/ifcext/sustainability.nsf/AttachmentsByTitle/pol_SocEnvSustainability2006_Portuguese/$FILE/SustainabilityPolicy_Portuguese.pdf>. Acesso em: 18 dez. 2008.

———. Sobre o IFC. *Texto online*. Disponível em: <http://www.ifc.org/ifcext/portuguese.nsf/Content/Home>. Acesso em: 18 dez. 2008.

ISE. INDICE DE SUSTENTABILIDADE EMPRESARIAL. *Índice online*. Disponível em: <http://www.bovespa.com.br/Mercado/RendaVariavel/Indices/FormConsultaCarteiraP.asp?Indice=ISE>. Acesso em 29 dez. 2008.

ITÁLIA. Código Civil Italiano. *Legislação online*. Disponível em: <http://www.studiocelentano.it/codici/cc/lIIItII.htm>. Acesso em: 16 set. 2008.

JONAS, Hans. *O Princípio Responsabilidade*: ensaio de uma ética para a civilização tecnológica. Marijane Lisboa e Luiz Carlos Montez (Trad). Rio de Janeiro: Contraponto: PUC-Rio, 2006.

KAUFMANN, Arthur. *Filosofia do Direito*. António Ulisses Cortês (Trad.). 2. ed. Lisboa: Calouste Gulbekian, 2007.

LANFREDI, Geraldo Ferreira. *Política Ambiental*: busca de efetividade de seus instrumentos. São Paulo: Revista dos Tribunais, 2002.

LAW SCHOOL. CORNELL UNIVERSITY. Federal Code. Code collection. *Legal Information*. Disponível em: <http://www4.law.cornell.edu/uscode/html/uscode42/usc_sup_01_42_10_103.html>. Acesso em: 17 dez. 2008.

LEITE, José Rubens Morato. *Dano Ambiental*: do individual ao coletivo extrapatrimonial. 2. ed. São Paulo: Revista dos Tribunais, 2003.

———; AYALA, Patryck de Araújo. *Direito Ambiental na Sociedade de Risco*. 2. ed. Rio de Janeiro: Forense, 2004.

LEMOS, Patrícia Faga Iglesias. *Meio Ambiente e Responsabilidade Civil do Proprietário*: análise do nexo causal. São Paulo: Revista dos Tribunais, 2008.

———. *Responsabilidade Civil por Dano ao Meio Ambiente*. São Paulo: Juarez de Oliveira, 2003.

LIMA FILHO, Acácio Vaz de. *O Poder na Antiguidade*: aspectos históricos e jurídicos. São Paulo: Ícone, 1999.

LIMA, Alvino. *Culpa e Risco*. 2. ed. São Paulo: Revista dos Tribunais, 1999.

LISBOA, Roberto Senise. *Responsabilidade Civil nas Relações de Consumo*. São Paulo: Revista dos Tribunais, 2001.

LOCKE, John. *Dois Tratados Sobre O Governo*. Júlio Fischer (Trad.). Revisão técnica Renato Janine Ribeiro. Revisão da tradução Eunice Ostrensky. 2. ed. São Paulo: Martins Fontes, 2005. (Clássicos).

LOURENÇO, Paula Meira. *A Função Punitiva da Responsabilidade Civil*. Coimbra: Coimbra. 2006.

LUSTOSA, Maria Cecília Junqueira; CÁNEPA, Eugenio Miguel; YOUNG, Carlos Eduardo Frickmann. Política Ambiental. In: *Economia do Meio Ambiente*: teoria e prática. MAY, Peter H.; LUSTOSA, Maria Cecília Junqueira; DA VINHA, Valéria (Org.). Rio de Janeiro: Elsevier, 2003.

MACHADO, Jeanne da Silva. *A Solidariedade na Responsabilidade Ambiental*. Rio de Janeiro: Lumen Juris, 2006.

MACHADO, Paulo Affonso Leme. *Direito Ambiental Brasileiro*. 15. ed. São Paulo: Malheiros, 2007.

——. *Recursos Hídricos*: Direito brasileiro e internacional. São Paulo: Malheiros. 2002.

MANCUSO, Rodolfo de Carmargo. *Ação Civil Pública:* em defesa do meio ambiente, do patrimônio cultural e dos consumidores: (Lei 7.347/85 e legislação complementar). 9. ed. São Paulo: Revista dos Tribunais, 2004.

MARUM, Jorge Alberto de Oliveira. Meio Ambiente e Direitos Humanos. *Revista de Direito Ambiental*. São Paulo: Revista dos Tribunais, n° 28, out./dez., 2002, p. 128-129.

MEDEIROS, Fernando Luiza Fontoura de. *Meio Ambiente:* direito e deve fundamental. Porto Alegre: Livraria do Advogado, 2004.

MENDES, Gilmar Ferreira. *Direitos Fundamentais e Controle de Constitucionalidade*. Estudos de Direito Constitucional. 3. ed. São Paulo: Saraiva, 2004.

——; COELHO, Inocêncio Mártires; BRANCO, Paulo Gustavo Gonet. *Curso de Direito Constitucional*. 2. ed. São Paulo: Saraiva, 2008.

MENDONÇA, Sergio Luis Alves. *Estado Poluidor*. São Paulo: Juarez de Oliveira, 2003.

MEXICO. Código Civil Mexicano. *Legislação online*. Disponível em: <http://www.solon.org/Statutes/Mexico/Spanish/libro2/l2t4c1.html>. Acesso em: 16 set. 2008.

——. Constituição Federal Mexicana de 1917. *Legislação online*. Disponível em: <http://pdba.georgetown.edu/Constitutions/Mexico/mexico1917.html>. Acesso em: 30 jun. 2009.

MILARÉ, Édis. *Direito do Ambiente*: doutrina, jurisprudência, glossário. 5. ed. São Paulo: Revista dos Tribunais, 2007.

MIRANDA, Francisco Cavalcante Pontes de. *Tratado de Direito Privado*. 4. ed. São Paulo: Revista dos Tribunais, 1983, Parte Especial, Tomo XI.

——. *Tratado de Direito Privado*. 3. ed. São Paulo: Revista dos Tribunais, 1984, Parte Especial, Tomo XXII.

——. *Tratado de Direito Privado*. 3. ed. São Paulo: Revista dos Tribunais, 1984, Parte Especial, Tomo XLII.

MIRANDA, Marcos Paulo de Souza. *Tutela do Patrimônio Cultural Brasileiro:* doutrina, jurisprudência e legislação. Belo Horizonte: Del Rey, 2006.

MIRRA, Álvaro Luiz Valery. *A Ação Civil Pública e a Reparação do Dano ao Meio Ambiente*. 2. ed. São Paulo: Juarez de Oliveira, 2004.

MIRRA, Álvaro Luiz Valery. Princípios Fundamentais do Direito Ambiental. *Revista de Direito Ambiental*. São Paulo: Revista dos Tribunais, n° 2, abr./jun., 1996.

MONCADA, Luís Cabral de. *Lições de Direito Civil*. 4. ed. Coimbra: Almedina, 1995.

MONTEIRO, Washington de Barros. *Curso de Direito Civil*. 30. ed. São Paulo: Saraiva, 1998, V. 5.

MORRIS, Clarence (org.). *Os Grandes Filósofos do Direito*. Reinaldo Guarany (Trad.). Ver. da tradução Silvana Vieira e Claudia Berliner. Revisão técnica Sérgio Sérvulo da Cunha. São Paulo: Martins Fontes, 2002

MORRISON, Wayne. *Filosofia do Direito*: dos gregos ao pós-modernismo. Jefferson Luiz Camargo (Trad.). São Paulo: Martins Fontes, 2006.

MOURA, Luiz Antônio Abdalla de. *Economia Ambiental*: gestão de custos e investimentos. 3. ed. São Paulo: Juarez de Oliveira, 2006.

MÜLLER, Geraldo. Economia & Ecologia e Agricultura Sustentável. Rio Claro, jul. 1999. *Artigo online*. Disponível em: <http://www.rc.unesp.br/igce/planejamento/publicacoes/TextosPDF/GMuller02.pdf>. Acesso em: 17 jul. 2007.

MUKAI, Toshio. *Direito Ambiental Sistematizado*. 4. ed. Rio de Janeiro: Forense Universitária, 2002.

NERY, Rosa Maria de Andrade. *Introdução ao Pensamento Jurídico e à Teoria Geral do Direito Privado*. São Paulo: Revista dos Tribunais, 2008.

NERY JUNIOR, Nelson. *Responsabilidade Civil por Dano Ecológico e a Ação Civil Pública*. Justitia, São Paulo: Procuradoria-Geral de Justiça e Associação Paulista do Ministério Público, n° 126, jul./set., 1984.

——; NERY, Rosa Maria de Andrade. *Responsabilidade Civil, Meio Ambiente e Ação Coletiva Ambiental*. In: BENJAMIN, Antonio Hermann (coord.). Dano Ambiental: prevenção, reparação e repressão. São Paulo: Revista dos Tribunais, 1993, p. 278-307.

NICARÁGUA. Código Civil Nicaraguense. *Legislação online*. Disponível em: <http://www.biblioteca.jus.gov.ar/CodigoNicaragua.PDF>. Acesso em: 16 set. 2008.

NUNES, António José Avelãs. *Uma Introdução à Economia Política*. São Paulo: Quartier Latin, 2007.

NUSDEO, Fábio. *Curso de Economia*: introdução ao Direito econômico. 5. ed. São Paulo: Revista dos Tribunais, 2008.

OCDE/GD (92) 81, The Polluter-Pays Principle, OCDE Analyses and Recommendations, Environment Directorate, Paris, 1992. *Texto online*. Disponível em: <http://www.ukma.kiev.ua/ua/faculties/fac_prn/ecology/homepage/ukr/pdf/poluter.pdf>. Acesso em 13 dez. 2008.

OECD Instument. Recommendation of the Council on Guiding Principles concerning International Economic Aspects of Environmental Policies. 26 May 1972 – C(72)128. Texto online. Disponível em: <http://webdomino1.oecd.org/horizontal/oecdacts.nsf/linkto/C(72)128>. Acesso em: 9 dez. 2008.

OLIVEIRA, Ana Perestrelo de. Causalidade e Imputação na Responsabilidade Civil Ambiental. Coimbra: Almedina, 2007.

OLIVEIRA, Roberto Guena de. Economia do Meio Ambiente. In: PINHO, Diva Benevides; VASCONCELLOS, Marco Antonio Sandoval de. *Manual de Economia*. 5. ed. São Paulo: Saraiva, 2006.

OST, François. *A Natureza à Margem da Lei*. Joana Chaves (Trad.). Lisboa: Instituto Piaget, 1995.

PARAGUAI. *Código Civil Paraguaio*. Repertório El Foro Legislativo. Assunção: Libreria El Foro, 2009.

PAULA. Carolina Bellini Arantes de. *As Excludentes de Responsabilidade Civil Objetiva*. São Paulo: Atlas, 2007.

PELIZZOLI, M. L. *Correntes da Ética Ambiental*. 3. ed. Petrópolis: Vozes, 2007.

PELUSO, Cezar (org.). *Código Civil Comentado*. Barueri: Manole, 2007.

PEREIRA, Caio Mário da Silva. *Instituições de Direito Civil*. 6. ed. Rio de Janeiro: Forense, 1984, V. 4.

——. *Instituições de Direito Civil*. 7. ed. Rio de Janeiro: Forense, 1984, V. 3.

——. *Instituições de Direito Civil*. 8. ed. Rio de Janeiro: Forense, 1985 V. 1..

―――. *Responsabilidade civil.* 9. ed. Rio de Janeiro: Forense, 2001.

PEREIRA, Osny Duarte. *Direito Florestal Brasileiro.* Rio de Janeiro: Borsoi, 1950.

PERLINGIERI, Pietro. *Perfis do Direito Civil.* Maria Cristina De Cicco (Trad.). 3. ed. Rio de Janeiro: Renovar, 2002.

PERU. Código Civil Peruano. *Legislação online.* Disponível em: <http://www.cajpe.org.pe/rij/bases/legisla/peru/codciv.htm>. Acesso em: 16 set. 2008.

PETER, Lafayete Josué. *Princípios Constitucionais da Ordem Econômica*: o significado e o alcance do art. 170 da Constituição Federal. 2. ed. São Paulo: Revista dos Tribunais, 2008.

POLIDO, Walter. *Seguro para Riscos Ambientais.* São Paulo: Revista dos Tribunais, 2003.

PORFIRIO JÚNIOR, Nelson de Freitas. *Responsabilidade do Estado em Face do Direito Ambiental.* São Paulo: Malheiros, 2002.

PORTUGAL. Código Civil Português. *Legislação online.* Disponível em: <http://www.stj.pt/nsrepo/geral/cptlp/Portugal/CodigoCivil.pdf>. Acesso em 16 set. 2008.

REALE, Miguel. *Horizontes do Direito e da História.* 3. ed. São Paulo: Saraiva, 2000.

―――. *Teoria do Direito e do Estado.* 5. ed. São Paulo: Saraiva, 2005.

RISTER, Carla Abrantkoski. *Direito ao Desenvolvimento*: antecedentes, significados e conseqüências. Rio de Janeiro: Renovar, 2007.

RIZZIERI, Juarez Alexandre Baldini. Introdução à Economia. *In:* PINHO, Diva Benevides; VASCONCELLOS, Marco Antonio S. de. *Manual de Economia.* 5. ed. São Paulo: Saraiva, 2006.

ROCHA, Nestor. *In*: PELUSO, Cezar (coord). *Código Civil Comentado.* Barueri: Manole, 2007.

ROCHA, Sílvio Luís Ferreira da. *Função Social da Propriedade Pública.* São Paulo: Malheiros, 2005.

RODRIGUES, Marcelo Abelha. *Elementos de Direito Ambiental.* 2. ed. São Paulo: Revista dos Tribunais, 2005.

―――. *Instituições de Direito Ambiental.* São Paulo: Max Limonad, 2002.

RODRIGUES, Silvio. *Direito Civil*: direito das coisas. 20. ed. São Paulo: Saraiva, 1993, V. 5.

RODRIGUES, Vasco. *Análise Econômica do Direito*: uma introdução. Coimbra: Almedina, 2007.

ROGEIRO, Nuno. A Lei Fundamental da República Federal da Alemanha. Coimbra: Coimbra, 1996.

ROSENFIELD, Denis Lerrer. *Reflexões sobre o Direito à Propriedade.* Rio de Janeiro: Elsevier, 2008.

ROSENVALD, Nelson. *In*: Cezar Peluso (coord). *Código Civil Comentado.* Barueri: Manole, 2007.

SACHS, Ignacy. *Rumo à ecossocioeconomia*: teoria e prática do desenvolvimento. Paulo Freire Vieira (org.). São Paulo: Cortez, 2007.

SALOMON, Fernando Baum. *Nexo de Causalidade no Direito Privado e Ambiental.* Porto Alegre: Livraria do Advogado, 2009.

SANDRONI, Paulo. *Dicionário de Economia.* São Paulo: Best Seller, 1994.

―――. *Novíssimo Dicionário de Economia.* São Paulo: Best Seller, 1999.

SANTOS, Cláudia Maria Cruz; DIAS, José Eduardo de Oliveira Figueiredo; ARAGÃO, Maria Alexandra de Sousa. Princípios do Direito do Ambiente. CANOTILHO, José Joaquim Gomes (coord.). *In: Introdução do Direito do Ambiente.* Lisboa: Universidade Aberta, 1998.

SENDIM, José de Sousa Cunhal. *Responsabilidade Civil por Danos Ecológicos*. Coimbra: Almedina, 2002. (Cadernos Cedoua).

SERPA LOPES, Miguel Maria de. *Tratado dos Registros Públicos*. 5. ed. Brasília: Brasília Jurídica, 1995, V. 1.

SILVA FILHO, Carlos da Costa e. O Princípio do Poluidor-Pagador: da eficiência econômica à realização da Justiça. In: MOTA, Maurício (Coord.). *Fundamentos Teóricos do Direito Ambiental*. Rio de Janeiro: Elsevier, 2008, p. 81-99.

SILVA, De Plácido e. *Vocabulário Jurídico*. 12. ed. Rio de Janeiro: Forense, 1993, V. 3.

——. *Vocabulário Jurídico*. 12. ed. Rio de Janeiro: Forense, 1993, V. 1.

SILVA, Geraldo Eulálio do Nascimento e. *Direito Ambiental Internacional*. 2. ed. Rio de Janeiro: Thex, 2002.

SILVA, Isabel Marques da Silva. O Princípio do Poluidor-Pagador. *In*: ROCHA, Mário de Melo (coord.). *Estudos de Direito do Ambiente*: sessões do seminário de 2002 de Direito do Ambiente. Porto: Publicações Universidade Católica, 2003, p. 102-103.

SILVA, José Afonso da. *Comentário Contextual à Constituição*. 4. ed. São Paulo: Malheiros, 2007.

——. *Curso de Direito Constitucional Positivo*. 10. ed. São Paulo: Malheiros, 1995.

——. *Curso de Direito Constitucional Positivo*. 31. ed. São Paulo: Malheiros, 2008.

——. *Direito Ambiental Constitucional*. 6. ed. São Paulo: Malheiros, 2007.

SILVA, Rafael Egídio Leal e Silva. Função Social da Propriedade Rural. *Revista de Direito Constitucional e Internacional*. São Paulo: Revista dos Tribunais, n° 37, out./dez., 2001.

SOARES, Cláudia Alexandra Dias. *O Imposto Ecológico*: contributo para o estudo dos instrumentos econômicos de defesa do ambiente. Coimbra: Coimbra Editora, 2001.

——. *O Imposto Ambiental:* direito fiscal do ambiente. Coimbra: Almedina, 2002. (Cadernos Cedoua).

SOARES, Guido Fernandes Silva. Direitos Humanos e Meio Ambiente. *In*: JUNIOR, Alberto do Amaral; PERRONE-MOISÉS, Cláudia (orgs.). *O Cinqüentenário da Declaração Universal dos Direitos do Homem*. São Paulo: Universidade de São Paulo, 1999.

SOARES, Guido Fernando Silva. *A Proteção Internacional do Meio Ambiente*. Barueri: Manole, 2003. (Entender o mundo).

SOUZA, Paula Bagrichevsky de. As Instituições Financeiras e a Proteção ao Meio Ambiente. *Revista do BNDES*. n. 23. vol. 12. jun. 2005. Rio de Janeiro: BNDES, 2005. Disponível em: <http://www.bndes.gov.br/conhecimento/revista/rev2312.pdf>. Acesso em: 17 dez. 2008.

——. As Instituições Financeiras e a Proteção ao Meio Ambiente. *Artigo on line*. Revista do BNDES. Rio de Janeiro : BNDES, 2005, jun., n° 23, vol. 12, p. 271. Disponível em: <http://www.bndes.gov.br/conhecimento/revista/rev2312.pdf>. Acesso em: 17 dez. 2008.

STEIGLEDER, Annelise Monteiro. Responsabilidade Civil das Instituições Financeiras por Danos Ambientais. *Revista Jurídica do Ministério Público do Estado do Mato Grosso*. Cuiabá: Entrelinhas, n° 2, jan./jul., 2007.

———. *Responsabilidade Civil Ambiental*: as dimensões do dano ambiental no Direito brasileiro. Porto Alegre: Livraria do Advogado, 2004.

———. Responsabilidade civil das instituições financeiras por danos ambientais. *Revista Jurídica do Ministério Público do Estado do Mato Grosso*. Cuiabá: Entrelinhas, n° 2, jan./jul., 2007, p. 109-110.

STOCCO, Rui. Responsabilidade Civil e sua Interpretação Jurisprudencial. 2. ed. São Paulo: Revista dos Tribunais, 1995.

SUIÇA. Código Civil Suíço. *Legislação online*. Disponível em : <http://www.admin.ch/ch/f/rs/210/a641.html>. Acesso em : 16 set. 2008.

SYSWERDA, Jean. E. *Bíblia Jovem*. Valdemar Kroker (Trad.). 2.ed. São Paulo: Vida, 2001, p. 949. Salmo 115, versículo 16.

THE EQUATOR PRINCIPLES. A benchmark for the financial industr to manage social and environmental issues in project financing. *Texto online*. Disponível em: <http://www.equator-principles.com/index.shtml>. Acesso em: 18 dez. 2008.

TOSINI, Maria de Fátima Cavalcante. *Risco Ambiental para as Instituições Financeiras*. São Paulo: Annablume, 2006.

TRENNEPOHL, Natascha. *Seguro Ambiental*. Salvador: JusPodivm, 2008.

TRENNEPOHL, Terence Dornelles. *Incentivos Fiscais no Direito Ambiental*. São Paulo: Saraiva, 2008.

TRINDADE, Antônio Augusto Cançado. *Direito Humanos e Meio Ambiente*: paralelo dos sistemas de proteção internacional. Porto Alegre: Sérgio Antônio Fabris Editor, 1993.

TURCZYN, Sidnei. *O Sistema Financeiro Nacional e a Regulação Bancária*. São Paulo: Revista dos Tribunais, 2005.

UNEP UNITED NATIONS ENVIRONMENT PROGRAMME. Finance Initiative. Innovative financing for sustainability. Declaração Internacional da Banca sobre Ambiente e Desenvolvimento Sustentável (Sustain-Ability). *Texto online* Disponível em: <http://www.unepfi.org/fileadmin/statements/fi/fi_statement_pt.pdf>. Acesso em: 18 dez. 2008.

———. Our Signatories. *Texto online*. Disponível em: <http://www.unepfi.org/signatories/index.html>. Acesso em: 18 dez. 2008.

UNEP. UNITED NATIONS ENVIRONMENT PROGRAMME. Finance Initiative. Innovate financing for sustainability. About UNEP FI. *Texto online*. Disponível em: <http://www.unepfi.org/about/index.html>. Acesso em: 18 dez. 2008.

UNITED STATES – ENVIROMENTAL PROTECTION AGENCY. Brownfields and Land Revitalization. Asset Conservation, Lender Liability, and Deposit Insurance Protection Act. *Texto online*. Disponível em: <http://www.epa.gov/brownfields/html-doc/lendliab.htm>. Acesso em: 17 dez. 2008.

URUGUAIO. Código Civil Uruguaio. *Legislação online*. Disponível em: <http://www.parlamento.gub.uy/htmlstat/pl/codigos/CodigoCivil/2002/L2t2.htm>. Acesso em: 26 mar.2009.

VENEZUELA. Código Civil Venezuelano. *Legislação online*. Disponível em: <http://www.mintra.gov.ve/legal/codigos/civilvenezuela.html>. Acesso em: 16 set. 2008.

VENOSA, Silvio de Salvo. *Direito Civil*: contratos em espécie. 3. ed. São Paulo: Atlas, 2003, V. 3.

———. *Direito Civil*: direitos reais. 3. ed. São Paulo: Atlas, 2003, V. 5.

———. *Direito Civil*: responsabilidade civil. 3. ed. São Paulo: Atlas, 2003, V. 4.

―――. *Direito Civil:* teoria geral das obrigações e teoria geral dos contratos. 3. ed. São Paulo: Atlas, 2003, V. 2.

VILLEY, Michel. *A Formação do Pensamento Jurídico Moderno.* Cláudia Berliner (Trad.). São Paulo: Martins Fontes, 2005.

WIEACKER, Franz. *História do Direito Privado Moderno.* A. M. Botelho Hespanha (Trad). Lisboa: Fundação Calouste Gulbekian, 1980.

WILHELM-CANARIS, Claus. *Direitos Fundamentais e Direito Privado.* Ingo Wolfgang Sarlet e Paulo Mota Pinto (Trad.). Coimbra: Almedina, 2006.